三人谈

刑事实体

若干热点问题的再思考

贺小电　谭　君　贺律川◎著

中国民主法制出版社

全国百佳图书出版单位

图书在版编目（CIP）数据

三人谈：刑事实体若干热点问题的再思考/贺小电，谭君，贺律川著 . —北京：中国民主法制出版社，2024.1

ISBN 978-7-5162-3458-7

Ⅰ.①三… Ⅱ.①贺… ②谭… ③贺… Ⅲ.①刑事诉讼—研究—中国 Ⅳ.①D925.204

中国国家版本馆 CIP 数据核字（2023）第 247537 号

图书出品人：刘海涛
责 任 编 辑：庞贺鑫

书名/三人谈：刑事实体若干热点问题的再思考
作者/贺小电　谭　君　贺律川　著

出版·发行/中国民主法制出版社
地址/北京市丰台区右安门外玉林里 7 号（100069）
电话/（010）63055259（总编室）　63058068　63057714（营销中心）
传真/（010）63055259
http：// www.npcpub.com
E-mail：mzfz@ npcpub.com
经销/新华书店
开本/16 开　710 毫米×1000 毫米
印张/21.5　**字数/**366 千字
版本/2024 年 1 月第 1 版　2024 年 1 月第 1 次印刷
印刷/北京天宇万达印刷有限公司

书号/ISBN 978-7-5162-3458-7
定价/98.00 元

代　序

贪官失联后再审，反而在法定刑以下量刑？

近日，最高人民法院裁定的一起在法定刑以下量刑的贪腐案，引发关注。

原审被告人为受贿13.2万元的镇党委副书记沈智，其受贿案案发于2008年。一审法院对其判刑10年，二审改判为2年。检察机关抗诉，却因"无法找到"沈智，导致该案在抗诉6年后的2019年才又启动再审。在此期间，国家不断修法，十二届全国人大常委会通过了《刑法修正案（九）》，随后相关配套司法解释出台。《刑法修正案（九）》及其司法解释对贪腐犯罪涉案金额的量刑标准大幅提高。再审中，沈智因此获得在法定刑以下量刑2年的结果。而最高人民法院也认为"本案发生至今，法律已有较大改变，根据罪责刑相适应的原则并综合考虑本案情况，对沈智可以在法定刑以下判处刑罚"。

那么，该贪腐案当事人为何能够获得法定刑以下量刑？当事人通过"失联"的方式等到刑法修改而获得法律"优惠"是否合法？湖南省刑法学研究会原副会长、著名刑辩律师贺小电，湖南纲维律师事务所律师贺律川接受澎湃新闻采访，进行了相关分析。

受贿 10 余万起刑 10 年，可作"特殊"处理

澎湃新闻：该案之所以能从10年改判为2年，如此大的跨度，是因为在法定刑以下量刑。而法院的裁判依据是《刑法》第63条第2款的规定，犯罪分子虽然不具有本法规

定的减轻处罚情节，但是根据案件的特殊情况，经最高人民法院核准，也可以在法定刑以下判处刑罚。我们怎么来认识本案的"特殊情况"？

贺小电： 最高人民法院的刑事裁定书指出，沈智受贿13.2万元，二审以非国家工作人员受贿罪判处沈智有期徒刑2年，属于适用法律错误。按照二审2011年9月19日作出生效裁判这一时间的《刑法》规定，在无自首、重大立功等减轻处罚情节的情况下，其主刑的起点为10年有期徒刑，检察机关抗诉正确。再审审理期间，要与二审生效裁判适用同样的法律，此案没有减轻处罚情节，如果不适用《刑法》第63条规定的法定刑以下判处刑罚规则，就不能在10年以下判处刑罚。

法定刑以下判处刑罚规则适用的条件，包括实体与程序两个方面。前者要求案件具有"特殊情况"，后者要求经最高人民法院核准。"特殊情况"没有明确的法律规范，除外交、统战等非法律方面的因素外，就法律情况来考虑，我认为，主要是对被告人的量刑是否符合"罪刑相适用"这一量刑基本原则。

倘若对被告人的量刑依照分则的规定裁量最低刑罚，按照社会一般人的观念，刑罚仍属过重时，就是罪刑不相适用。所以，法院在法律规则允许的情况下可以加以调整。本着刑法谦抑性原则的基本要求，可杀可不杀的坚决不杀，可轻可重的应当从轻，这也是我党历来倡导的宽严相济、以人为本的刑事政策。我们不能固守传统的重刑主义，一味从严从重用刑罚来威慑、震吓。一些恶性的刑事案件的遏制，要通过消除犯罪产生的土壤来实现，而不可能仅仅通过单纯的重刑适用就可以解决。

受贿 10 余万与受贿 1000 余万的量刑不能一样

澎湃新闻： 我注意到，裁定书中，最高人民法院裁定核准本案在法定刑以下判处刑罚，考虑了原审被告人的两个因素：一是"沈智归案后，主动如实供述自己的罪行，并积极退赃，确有悔罪表现"的法定从轻或酌情从轻处罚情节；二是"本案发生至今，法律已有较大改变，根据罪责刑相适应的原则"。这两个因素，哪一个是主要的？如果只有一个因素，是否就不能从10年减为2年？

贺小电： 第一个因素是大多数刑事案件特别是贪污贿赂等职务犯罪案件通常都有的，只能算一般的从轻处罚量刑情节，不能作为减轻处罚的根据，更不可能构成法定刑以下判处刑罚中的"特殊情况"。话说满点，应当说绝无可能成为"法定刑以下量刑"的理由。

对沈智在法定刑以下判处刑罚，起作用而且唯一起作用的是第二个因素。没有第二个因素绝对不可能对其适用法定刑以下判处刑罚，否则"特殊情况"就没有任何特殊之处，并由此会造成该规定的滥用。

那么，第二种因素的核心之处在于，若对其受贿13.2万元还依照当时的法定量刑幅度判处最低刑10年，按照现有的法律及其观念标准来衡量，罪刑明显不相适应。这当然是基于法律发生重大变化的考量。

其实，即使没有《刑法修正案（九）》对《刑法》贪污受贿罪量刑情节的修正，以及"两高"《关于办理贪污贿赂刑事案件适用法律若干问题的解释》（下称《两高解释》）关于贪污受贿罪量刑的数额标准及其他情节的大幅度提升，考虑到现在的经济发展水平及通货膨胀等情况，对其判处10年有期徒刑也让人难以感受到罪刑相适应。因为现在的司法实践中，对受贿1000万～7000万元的被告人，也就是10余年的量刑。

从另一角度来讲，严刑已经不符合经济、社会发展情况的法律规定，也有悖于"罪刑相适应"等基本原则，有悖于人们根据时代发展感受到的公平正义及其观念。

凡事都要从实际出发，在法律允许的范围内，根据事情的发展变化合乎时宜地处理有关事情。法律经常的修改就体现了这一点。早在秦始皇统治时期，相国吕不韦令其门下食客各抒所闻著成了一部传世之作——《吕氏春秋》。其中的《察今》一文就言简意赅地告诉人们："凡先王之法，有要于时也，时不与法俱在，法虽今而在，犹若不可法。故释先王之成法，而法其所以为法。"说明古今时世不同，制定法令，应当察明当前形势，不应死守故法。1800余年后，英国著名思想家，大法官弗·培根也精辟地指出："历史是川流不息的，若不能因时而进，顽固恪守旧俗，这本身就是治乱之源。"两者同出一辙，道出了法随时而改、法依时而变的这一古今中外制定、修改法律时都应遵循的基本原理。立法是如此，有关司法只要法律允许，亦应该如此。

再审案件无法适用"从旧兼从轻"原则

澎湃新闻：本案2019年通过检察院抗诉再次启动再审时，贪污贿赂的起刑点已大大提高。2016年4月18日发布的《两高解释》第3条规定，"贪污或者受贿数额在三百万元以上的，应当认定为刑法第三百八十三条第一款规定的'数额特别巨大'，依法判处十年以上有期徒刑、无期徒刑或者死刑，并处罚金或者没收财产"。如此，"10年以上有期徒刑或者无期徒刑"则要受贿在300万元以上。

那么，该案再审时，为何不直接适用"从旧兼从轻"原则而让当事人获得轻判，而仍要报请最高人民法院核准在法定刑以下量刑？

贺律川："从旧兼从轻"原则，只能适用于尚未对被告人形成生效裁判的一审、二审程序中，不能适用于审判监督程序。

如果某一案件，一审完成后进入二审程序，有利于被告人新法恰好实施，因一审判决并非生效判决，二审就可以适用"从旧兼从轻"原则，直接适用有利于被告人的新法，对一审判决改判轻刑。

案件的裁判生效后，即使基于各种原因再审，再审适用的法律也应当与原生效裁判适用的法律保持同一。也只有这样，才能客观地评价原生效裁判是否存在错误，是否需要改判，并保持正确的生效裁判的稳定性、权威性。不然，所有生效裁判都需要改判而没有任何稳定性。

澎湃新闻：所以本案虽只是一桩涉案10余万元的贪腐小案，但在跨越10余年后，仍需报最高人民法院来一锤定音？

贺律川：本案虽不能按"从旧兼从轻"原则进行，但适用"法定刑以下判处刑罚"的规则，不存在任何障碍，并且是一条合法且体现着法律原则性与灵活性相结合的"活路"。

所以，最终也达到了"从旧兼从轻"原则相同的效果，殊途同归。

通过自己的行为争取"法律优惠"不违法

澎湃新闻：该案有一个特殊的细节，就是在广东省人民检察院抗诉、广东省高级人民法院启动再审时，由于"无法找到"原审被告人而将案子退回。直到将近6年后，原审被告人被抓获归案，该案才又启动再审。而正是在原审被告人失联期间，国家出台了有利于被告人的《刑法修正案（九）》，从而使最高人民法院基于"本案发生至今，法律已有较大改变"而核准其法定刑以下量刑。那么，其他当事人是不是都可以通过不断申诉、再审，或者制造其他情况来延长诉讼时间，而获得这样的"法律优惠"？

贺小电：我们知道，刑法有关当事人的自由与生命，不仅涉及当事人本人，而且涉及父母、配偶、子女等众多人的利益，会将家人牵涉其中。所以，在理论上有刑法谦抑性原理的学说。刑法有关自首、立功、认罪认罚、追诉时效、"从旧兼从轻"原则、法定刑以下判处刑罚等均可以说是法定的给予被告人的"优惠"，只不过是有些"优惠"如认罪认罚要靠自己的行为争取，有的则完全系因为社会发展变化所产生的结果。例如，罪刑是否相适应，与一个社会对自由、生命的重视，刑罚日益轻化等观念的进步密切相关。可以说，该案的再审结果之功主要是归结于后者。

问题是，法律给予的"优惠"怎么获得，结论固然是要通过合法的途径获得，至少不能违法获得。一个人犯罪，基于人的本能往往会逃跑。过去因为交通信息不发达，逃跑很难再抓住，就会量刑很重。

其实，任何法律规定都不可能尽善尽美，总有这样或那样的问题，关键在于怎样堵住这种漏洞。如侦查机关则应当加大侦查力度，采取立案等措施，阻止追诉时效过期。其实，逃跑也是一件很痛苦的事，也是犯罪所付出的代价，若经过法定期间没有再犯新罪，从犯罪预防的角度来讲，也达到了刑罚适用同样的效果。另外，故意躲避追究，在现代信息如此发达的情况下，久逃在外也很难成功。

此外，通过不法方式制造有利于自己获取"法律优惠"的情形，其实不少。比如，看见侦查人员来抓自己，马上逃跑，然后立即到公安机关投案。如不逃跑被抓，不构成自首，逃跑后主动投案并如实供述自己罪行的则构成自首，依法可以从轻或者减轻处罚甚至免除处罚。这样，不守法的似乎得到了更多好处。但这是法律的规定。利用这种规定的，毕竟是少数。不能说，法律是在鼓励逃跑，或者我们去假定有很多人会去效仿。毕竟，后者只是一种理论上的假设和理想的逻辑推理。

因为，基于各种各样的因素，这种假设及其效仿现象，在现实生活中很少见；一旦多见，在适用某种规则时自然会加以调整。比如，法定刑以下判处刑罚的前提条件——"特殊情况"，本身就是没有具体内涵与外延的抽象标准，法院完全可以根据不同的情况，进行从严或从宽的调整。

目　录

第一章
防卫之衡

一、昆山于海明反杀、涞源王新元家人反杀的正当防卫

1. 昆山反杀案

2018年8月27日21时30分许，刘海龙醉酒驾驶一辆宝马轿车载着刘甲、刘乙、唐丙沿昆山市震川路西行至顺帆路路口时，向右强行闯入非机动车道，与正常骑自行车的于海明险些碰擦，刘甲下车后与于海明理论并发生争执，经同行人员劝解返回车辆时，刘海龙突然下车，上前对于海明推搡、踢打，虽经他人劝阻，仍对于海明持续追打，并返回从宝马轿车取出1把砍刀，连续用之击打于海明的颈部、腰部、腿部。击打过程中砍刀甩脱，于海明抢到砍刀，并在争夺中捅刺刘海龙腹部、臀部，砍击刘海龙右胸、左肩、左肘，刺砍过程持续7秒。刘海龙受伤后跑向宝马轿车，于海明继续追砍2刀均未砍中，其中1刀砍中汽车。刘海龙跑向宝马轿车东北侧，于海明返回宝马轿车处将车内刘海龙的手机拿出放入自己口袋。民警到达现场后，于海明将手机和砍刀主动交给处警民警。

刘海龙逃离现场后，倒在距宝马轿车东北侧30余米处的绿化带内，经送医抢救无效于当日死亡。

2018年9月1日江苏省昆山市公安局通报，于海明的行为属于正当防卫，不负刑事责任，决定依法撤销于海明故意伤害案。

2019年3月12日，最高人民检察院检察长张军在十三届全国人大二次会议上作的《最高人民检察院工作报告》称，媒体披露"昆山反杀案"后，指导江苏检察机关提前介入，提出案件定性意见，支持公安机关撤案，并作为正当防卫典型案例公开发布。

2. 涞源反杀案

2018年1月寒假期间，在大学就读的王庚到北京其母亲赵印芝打工的餐厅当服务

员，与在餐厅打工的黑龙江26岁的男子王磊相识。王磊多次联系王庚请求进一步交往，均遭到拒绝。

2018年4月28日，王庚到北京的餐厅找其母亲，次日下午王磊将之约出直至第2天凌晨四五点钟仍不断纠缠，强行不让其回去，赵印芝等人找到王庚将其送回位于河北保定涞源县乌龙沟乡邓庄村的家中，王磊追到王庚家中并要求见面，仍遭到拒绝。

2018年5月至6月期间，王磊采取携带甩棍、刀具上门滋扰，以自杀相威胁，发送含有死亡威胁内容的手机短信，扬言要杀王庚兄妹，先后6次到王庚家中、学校等地对王庚及其家人不断骚扰、威胁，王庚就读的学校为此专门制定了应急预案对王磊加以防范，王庚及家人则先后躲避到县城宾馆、亲戚家居住，并向涞源县、张家口市、北京市等地公安机关报警，公安机关也多次出警，对王磊进行训诫，但王磊依然如故。

2018年6月底，王庚的家人借来两条狗看家护院，并在家院中安装了监控设备，在卧室放置了铁锹、菜刀、木棍等，且让王庚不定期更换卧室，以防范王磊对王庚实施过激行为。

2018年7月11日17时许，王磊又来到涞源县城，购买了2把水果刀和霹雳手套。23时许，王磊乘预约车到王庚家门口后，携带2把水果刀、甩棍翻墙进入王庚院中，引起护院狗叫。王新元在住房内见到王磊持凶器进入院中，立即让王庚报警，并拿铁锹冲出住房，与王磊打斗。王磊用水果刀划伤王新元手臂。随后，赵印芝持菜刀跑出住房加入打斗，王磊用甩棍击打赵印芝头部、手部，赵印芝手中的菜刀被打掉落地。此时，王庚也从住房内拿出菜刀跑到院中，王磊见后即冲向王庚，王庚转身往回跑，王磊在后追赶。

王新元、赵印芝为了保护王庚，追打王磊，3人扭打在一起。王庚上前拉拽，被王磊划伤腹部。王磊用右臂勒住王庚脖子，王新元、赵印芝急忙冲上前去，赵印芝拉拽着王磊，王新元用铁锹从后面猛击王磊。王磊勒着王庚脖子躲闪并将王庚拉倒在地，王庚挣脱起身后回屋拿出菜刀，向王磊砍击。其间，王庚回屋用手机报警2次。

王新元、赵印芝继续持木棍、菜刀与王磊对打，王磊倒地后2次想起身。王新元、赵印芝担心其起身实施侵害，就连续先后用菜刀、木棍击打王磊，直至王磊不再动弹。事后，王新元、赵印芝、王庚3人在院中等待警察到来。

经鉴定，王磊头面部、枕部、颈部、双肩及双臂多处受伤，符合颅脑损伤合并失血性休克死亡；王新元胸部、双臂多处受刺伤、划伤，伤情属于轻伤2级；赵印芝头部、手部受伤，王庚腹部受伤，均属轻微伤。

之后，王庚一家3口因涉嫌故意杀人罪被拘留，王新元、赵印芝后被批准逮捕，王庚被取保候审。

再后，涞源县检方认为，事发当晚，王庚家人生命安全受到威胁，一家3口合力杀死持刀闯入家中的王磊，实属无奈，该行为具有正当防卫性质，对赵印芝没有羁押的必要性，建议侦查机关变更强制措施，但未得到采纳。

2018年10月17日，案件侦查终结后移送涞源县人民检察院审查起诉。审查起诉期间，2次退回公安机关补充侦查。

2019年1月21日，河北保定市政法委介入，指导保定市警方、检方及涞源县警方、检方审查该案，并由保定市人民检察院启动审查程序。

2019年2月24日，涞源县公安局以王新元之女王庚的行为属于正当防卫为由，终止侦查，解除取保候审，以王新元、赵印芝涉嫌故意杀人罪重新移送审查起诉。

2019年3月3日上午，保定市人民检察院发布"涞源反杀案"最新通报称，案中女生父母王新元、赵印芝属正当防卫，决定不予起诉。

2019年3月27日，王新元夫妇及女儿已分别委托律师向相关部门提出金额为104万元的国家赔偿申请，并希望对相关人员进行追责。

2019年4月3日，当事人王新元夫妇决定放弃国家赔偿的申请。

2020年5月25日，最高人民检察院检察长张军在十三届全国人大三次会议上的《最高人民检察院工作报告》指出，指导地方检察机关查明涞源反杀案、邢台董民刚案、杭州盛春平案、丽江唐雪案等影响性防卫案件事实，依法认定正当防卫，引领、重塑正当防卫理念，"法不能向不法让步"深入人心。

二、福州赵宇的见义勇为

50岁的包工头李甲与27岁的娱乐场所服务员邹丁2018年10月相识，有多次往来。2018年12月26日23时许，2人酒后一同乘车到达邹丁的暂住处福州市晋安区某公寓内，并在室内发生争吵，李甲被邹丁推出后关在门外。李甲强行踹门而入，殴打谩骂邹丁，引来邻居围观。暂住在楼上的赵宇（22岁，房地产公司保安）闻声下楼查看，见李甲把邹丁摁在墙上并殴打其头部，即上前制止并从背后拉拽李甲，2人同时倒地。起身后，李甲打了赵宇2拳（此处最高检表述为：李甲起身后欲殴打赵宇，威胁要叫人"弄死你们"），赵宇随即将李甲推倒在地，接着上前打了李甲2拳，朝其腹部踹了一脚，并拿起房间内的凳子欲砸向李甲，被邹丁拦下，在自己妻子劝说下离开现场。经法医鉴定，李甲腹部横结肠破裂，伤情属重伤2级；邹丁面部软组织挫伤，属轻微伤。

2018年12月29日，在医院陪护临产妻子的赵宇被警方以涉嫌故意伤害罪为由刑事拘留。

2019年1月10日，赵宇因"检察院不批准逮捕"被获取保释放。

2019年2月20日，公安机关以赵宇涉嫌过失致人重伤罪向检察院移送审查起诉。次日，福州市晋安区人民检察院认为，赵宇的行为属正当防卫，但超过必要限度，造成了被害人李某重伤的后果。鉴于赵宇有制止不法侵害的行为，为弘扬社会正气，鼓励见义勇为，综合全案事实证据，对赵宇作出不起诉决定。

2019年2月22日凌晨1点多，赵宇被解除取保候审。

赵宇的遭遇被媒体公开后，引起社会舆论的高度关注。对于赵宇的遭遇和李甲的逍遥，一些网友调侃道："见义勇为十四天，强奸未遂打麻将。"受害人称："对于我个人而言，我真的很感激赵宇，如果没有他挺身而出，我不知道后果会怎么样。但是我没想到，他帮我这么大的忙，反而被关进去。我希望，能给我和赵宇一个公平公正。"赵宇表示对当晚的行为并不后悔："我是退伍军人，再出现一次这样的情况，我还是会义无反顾地出手相救。因为我救了她，不后悔，但我又特别懊恼，这个决定可能会让我判刑，要我赔偿，伤害到我的家庭、我的家人。"

后来，在最高人民检察院指导下，福建省人民检察院指令福州市人民检察院对该案进行审查，于2019年3月1日以正当防卫对赵宇作出无罪的不起诉决定。同日，福州市公安局通报称，公安机关将积极为赵宇申请见义勇为表彰，切实弘扬社会正气、彰显法治精神、体现公平正义。目前，李甲涉嫌非法侵入住宅罪的案件正在进一步调查之中。

2019年3月19日，福州公安机关为赵宇颁发了见义勇为证书。

2019年3月12日，最高人民检察院检察长张军在十三届全国人大二次会议上作的

《最高人民检察院工作报告》指出，认定赵宇见义勇为全致不法侵害人重伤属正当防卫，依法不负刑事责任，昭示法不能向不法让步，在社会起到了匡正风气的积极效果。

2019年12月18日，福州市见义勇为基金会召开表彰大会，为赵宇和其他见义勇为先进分子颁奖。

三、山东于欢案中的防卫过当

山东源大工贸有限公司（下称源大工贸）负责人苏银霞及其丈夫因借高利贷，自2014年4月1日起被赵甲、杜乙等多名催债人采取在源大工贸车棚内驻扎、在办公楼前支锅做饭，更换苏丈夫名下住房门锁强行入住并搬出其中物品，限制人身自由等方式讨债。4月14日16时许，赵甲纠集郭丙多人又到源大工贸先后在办公楼前呼喊，在财务室内、餐厅外盯守，在办公楼门厅外烧烤、饮酒催苏还款。20时48分，郭丙要求苏到办公楼1楼接待室，于欢等人陪同。21时53分，杜乙等人进入接待室，将苏、于的手机收起，对2人辱骂，并将烟头弹到苏胸前衣服上，且将裤子褪至大腿处裸露下体，朝坐在沙发上的苏、于等人左右转动身体，用手拍打于欢面颊，揪抓于欢头发或按压于欢肩部不准起身等。22时17分，民警接到报警来到接待室了解情况，后带领辅警到院内寻找报警人。于欢欲随民警离开接待室，杜乙等人阻拦，并强迫于欢遭到拒绝，便卡于欢项部，并将于欢推拉至接待室东南角，于欢持单刃尖刀警告杜乙等人不要靠近，杜乙出言挑衅并逼近于欢，于欢遂捅刺杜乙腹部1刀，又捅刺围逼在其身边的程某胸部、严某腹部、郭丙背部各1刀，造成1死2重伤1轻伤。2017年2月17日，聊城市中级人民法院一审以故意伤害罪判处于欢无期徒刑。同年6月23日，山东省高级人民法院认定于欢构成故意伤害罪，但属于防卫过当，依法对其减轻处罚，改判为有期徒刑5年。

四、陕西张扣扣故意杀人案

1996年8月27日，因邻里纠纷，陕西省汉中市南郑县新集镇王坪村14组的时仅17岁的王正军，在张扣扣之母汪秀萍拿了一节扁铁在其左额部及左脸部各打了一下后，即捡起1根木棒猛击汪秀萍头部一下，致汪重伤后死亡。3个月后的同年12月5日，南郑县人民法院鉴于其"未满18周岁，且能坦白认罪，其父已代为支付死者丧葬费用，加之被害人汪秀萍对引发本案起因上有一定的过错行为""系在校学生，又未成年，且家庭经济困难，确实无力全额赔偿"等原因，以故意伤害罪判处王正军有期徒刑7年，并由之监护人王自新一次性偿付附带民事诉讼原告人张福如经济损失9639.3元。

此后，两家再未发生新的冲突。1983年1月出生的汪秀萍之子张扣扣初中毕业即参军在某武警部队服役，2003年退役后未婚，在城务工，因母亲被王正军伤害致死心怀怨恨，加之工作、生活不如意而对王家产生报复的念头。

2018年春节前，张扣扣发现王正军回家过年，遂产生杀人报复之念，准备了单刃刀、汽油燃烧瓶、玩具手枪、帽子、口罩等作案工具，并暗中观察王正军及其家人的行踪。

2018年2月15日（除夕）12时许，张扣扣发现王正军及其兄王校军与亲戚上山扫坟祭祖，便戴上帽子、口罩等进行伪装，携带单刃刀、玩具手枪尾随至村委会门口守候，待2人返回时持刀先后朝王正军颈部、胸腹部等处割刺数刀，朝王校军胸腹部捅刺数刀，再对王正军捅刺数刀，致2人当场死亡。随后，又到王自新家中，持刀朝王自新胸腹部、颈部等处捅刺数刀，致其死亡，并又回家取来菜刀、汽油燃烧瓶，将王校军的小轿车左后车窗玻璃砍碎，用汽油燃烧瓶将车点燃焚烧，之后才逃离现场。

次日21时许，张扣扣潜回家中取钱，被巡逻民警、武警发现遂翻墙趁夜逃脱，随即警方再次组织地毯式的大搜捕行动。

2月17日7时许，张扣扣到公安机关主动投案。

2019年1月8日，汉中市中级人民法院对张扣扣故意杀人、故意毁坏财物一案公开开庭审理。庭审中，一辩护人认为张扣扣进入看守所时心电图异常，这种异常心电图完全有可能出于心理疾病的因素，加上张也对其作案前、作案时看到王正军时所产生的系列反应，提出应当由具有专业知识的人员出庭和进行精神病鉴定。另一辩护人则认为张幼年时候当面看到母亲死亡、解剖，对人心理的影响是必然的，张高度可能患有精神障碍，需要进行鉴定，但均被当庭驳回。

一审审理后法院认为，"张扣扣蓄谋报复杀人，选择除夕之日，当众行凶，先后切割、捅刺被害人王正军、王校军和王自新的颈部、胸腹部、背部等要害部位共计数十刀，连杀3人，还烧毁王校军家用车辆，其犯罪动机卑劣，杀人犯意坚决，犯罪手段特别残忍，情节特别恶劣，后果和罪行极其严重，人身危险性和社会危害性极大""本案虽然事出有因，张扣扣系初犯且有自首情节，但是依法不足以对其从轻处罚"，于是当庭宣判，以故意杀人罪、故意毁坏财物罪分别判处张扣扣死刑，剥夺政治权利终身及有期徒刑4年，两罪并罚，决定执行死刑，剥夺政治权利终身。

2019年4月11日，陕西省高级人民法院对张扣扣故意杀人、故意毁坏财物一案二审开庭审理后认为，张扣扣因对1996年其母被本案被害人之一王正军伤害致死而长期心怀怨恨，加之工作、生活不如意，继而迁怒于王正军及其家人，选择在除夕之日报复杀人，持刀连续杀死王正军、王校军、王自新，且犯罪过程中有追杀王校军和2次加害王正军的情节，杀人犯意坚决，犯罪手段特别残忍，情节特别恶劣，后果和罪行极其严重，人身危险性和社会危害性极大，虽有自首情节，但根据其犯罪的事实、性质、情节和对社会的危害程度，依法不对其从轻处罚，于是当庭裁定驳回张扣扣的上诉，维持原判，并报请最高人民法院核准。

2019年7月17日，汉中市中级人民法院向张扣扣宣告并送达了最高人民法院核准张扣扣死刑的刑事裁定书，并遵照最高人民法院院长签发的执行死刑命令，对张扣扣执行了死刑。

五、正当防卫构成条件的静态与动态的把握

谭君：从昆山反杀案、涞源反杀案到赵宇见义勇为案再到于欢防卫过当案，当事人最开始都因造成了他人重伤或死亡的结果，被立案采取刑事拘留等强制措施，或者被判处重刑，但最后都在更高级别司法机关的指导下改变了定性，实现了命运的根本性逆转。从现有披露的信息看，您如何评价上述案例中司法机关的处置？

贺小电：非刑事案件的办案人员，包括司法人员，我认为不宜对司法机关对某一发生的刑事案件进行处置的实体结果按照自己的主观意图进行评价。非办案人员，不可能看阅所有案卷材料，无法全面了解案件的事实，仅凭媒体的介绍，对司法机关就某一个关系到当事人人身自由甚至生命的刑事案件作出的处置结果进行评判，是不负责任

的，也是对司法机关作出的结论不尊重的表现。在我国，司法权威远远不足，民意左右案件的现象并不少见，实际上难以形成以法律及其正当的司法行为引导、调整、规范人们行为的良好氛围。当然，不能对司法机关就刑事案件作出的结论进行评价，并不排除对有关案例就司法机关作出的结论进行学理性的解释，更不排除学校、律师等与法律有关的人员对案件进行探讨。然这种探讨仅是限于理论上的研究。在讨论案件时，也是限制在有限的范围内，且不通过媒体广泛传播，对案件的走向并不存在什么影响。这些解释或者讨论研究本身，不存在主观上的明显倾向，更不存在对司法机关作出的结论正确与否作出评价。

从您介绍的情况看，在上述案件中，我们看到了舆论的推动作用，有的案件上级机关也介入进来，甚至调卷审查。这种做法，从追求实体正义的目的来讲，无可非议。但从追求程序正义的另一目标来说，似存在一些问题。起码来说，上级机关的介入，对于《刑事诉讼法》第29条关于侦查人员、检察人员、审判人员的回避制度在形式上就无法落实。尽管上级机关介入的人员，在实质上并不具有回避的条件，从实质正义分析没有问题。可是，在形式上，当事人连什么人对自己行使侦查权、审查起诉权或者审判权都不清楚，自然就无法申请回避。如此，回避制度在形式上所要求的程序正义就无法得到体现。在我国，一些重大刑事案件一线的办案人员，通常不是案件的决定人员，决定案件性质及其走向的乃是那些并未参与实际办理案件的人员，他们往往只是听取承办人员的汇报，然后再作出决定，就是我们经常所说的"审者不判""判者不审"。程序价值相对于实体价值的追求来说，此时被搁置在一边。这也是我国司法制度及其长期运转的结果。一下子要加以改变，也不现实。何况还涉及侦查人员、检察人员、审判人员的数量、素质乃至人们对程序价值与实体价值追求的传统观念、文化等各方面的问题。

谭君： 昆山反杀案、涞源反杀案、福州赵宇见义勇为案，都有一个共同特点，就是由于"正当防卫"而得以刑事豁免。"正当防卫"在我国法律中究竟是怎样规定的，它的构成需要具有什么条件？

贺小电： 关于正当防卫的规定在《刑法》第20条中，一共涉及3款。其中，第1款规定："为了使国家、公共利益、本人或者他人的人身、财产和其他权利免受正在进行的不法侵害，而采取的制止不法侵害的行为，对不法侵害人造成损害的，属于正当防卫，不负刑事责任。"这是一个基础性条款。它从正面即肯定的方面根据正当防卫的性质、特征，规定了正当防卫构成所应具备的条件及其不负刑事责任的法律后果。一般说来，构成正当防卫，应当具备以下5个方面的条件：

首先是起因条件。它要求必须具有客观存在的不法侵害。这是任何防卫行为得以实施的基本前提与基础。倘若不存在不法侵害，固然就不存在对之进行防卫的问题。不法侵害，在这里并非一定属于犯罪行为，一般的违法侵害也可以成为正当防卫的起因条件。对此，最高人民法院、最高人民检察院、公安部印发的《关于依法适用正当防卫制度的指导意见》（法发〔2020〕31号）第5条明确指出："正当防卫的前提是存在不法侵害。不法侵害既包括侵犯生命、健康权利的行为，也包括侵犯人身自由、公私财产等权利的行为；既包括犯罪行为，也包括违法行为。不应将不法侵害不当限缩为暴力侵害或者犯罪行为。对于非法限制他人人身自由、非法侵入他人住宅等不法侵害，可以实行防卫。不法侵害既包括针对本人的不法侵害，也包括危害国家、公共利益或者针对他人的不法侵害。对于正在进行的拉拽方向盘、殴打司机等妨害安全驾驶、危害公共安全的违法犯罪行为，可以实行防卫。成年人对于未成年人正在实施的针对其他未成年人的不法侵害，应当劝阻、制止；劝阻、制止无效的，可以实行防卫。"如非法侵入他人住宅、非法限制他人人身自由、面对面的直接进行人身侮辱等，即使尚不构成犯罪，也可以成为正当防卫的起因条件。您前面介绍的于欢故意伤害案，从催债人杜乙脱裤子侮辱于母到于捅刺杜乙，这中间夹着警方的介入。假如民警处警，使事态得到缓和，不法侵害得到有效制止，那么，于欢就失去了防卫的正当性——防卫不适时。然二审认定，杜乙等人对于欢进行不法侵害的行为，没有因为民警处警得到控制和停止。民警离开时于也想随着离开，杜乙等便通过卡项部、按肩膀等强制行为，不让于离开，杜乙等人的行为明显属于阻碍于自由行动的不法侵害，乃至杜某多次并在案发当日较长时间采取不法手段催债对于、苏进行不法侵害的继续，于为此进行防卫，符合正当防卫构成的起因条件。这点没有问题。所要注意的是，并非一切不法侵害，都允许实施正当防卫。例如，明知为精神病人实施的不法侵害，他人实施的贪污、受贿等不具有危及人身财产安全紧迫性的不法侵害，原则上就应当采取紧急避险等措施来避免不法侵害的损害发生。

其次是时间条件。它要求现实存在的不法侵害必须正在进行，即防卫适时。尚未开始进行或者虽已开始进行然已结束的不法侵害，不能对之进行防卫。前者称为事前防卫，还可能出于"先下手为强"的不当意图；后者则属于事后防卫。就昆山反杀案而言，刘海龙拿砍刀连续击打于海明时，刀虽然甩脱，但并不意味着不法侵害就此结束，于捡起刀后便朝刘连续砍了数刀，致刘死亡，符合正当防卫的主观条件、起因条件。至于正在进行的不法侵害，还要注意的是，加害人已经开始实施了侵害国家利益、公共利益及他人合法权利的不法行为，这种行为因为实施不仅具有现实性，而且具有对利益侵害的客观性、紧迫性，故有必要对之进行正当防卫，造成加害人适度损害致其无法再进行不法侵害。具有侵害意图可未付诸实施，或者只是在准备实施如为杀人准备工具，虽对社会具有危害性可以构成不法侵害甚至犯罪预备的犯罪行为，然其不具有危及他人权益的紧迫性，对之也不能以正在进行的不法侵害论而进行防卫。此时，则可以采取报警等其他方式来阻止可能发生的不法侵害。对此，《关于依法适用正当防卫制度的指导意见》第6条明确规定，正当防卫必须是针对正在进行的不法侵害。对于不法侵害已经形成现实、紧迫危险的，应当认定为不法侵害已经开始；对于不法侵害虽然暂时中断或者被暂时制止，但不法侵害人仍有继续实施侵害的现实可能性的，应当认定为不法侵害仍在进行；在财产犯罪中，不法侵害人虽已取得财物，但通过追赶、阻击等措施能够追回财物的，可以视为不法侵害仍在进行；对于不法侵害人确已失去侵害能力或者确已放弃侵害的，应当认定为不法侵害已经结束。对于不法侵害是否已经开始或者结束，应当立足防卫人在防卫时所处情境，按照社会公众的一般认知，依法作出合乎情理的判断，不能苛求防卫人。对于防卫人因为恐慌、紧张等心理，对不法侵害是否已经开始或者结束产生错误认识的，应当根据主客观相统一原则，依法作出妥当处理。

再次是主观条件。它要求防卫人必须出于保护国家、公共利益、个人权利免受不法侵害的正当目的与动机。不是出于这一正当的主观意图，而是为了加害他人故意激将他人对自己实施不法侵害然后借之进行所谓的"防卫"，造成他人损害的，不属于正当防卫，而属于"防卫挑拨"。《关于依法适用正当防卫制度的指导意见》第8条就指出，正当防卫必须是为了使国家、公共利益、本人或者他人的人身、财产和其他权利免受不法侵害。对于故意以语言、行为等挑动对方侵害自己再予以反击的防卫挑拨，不应认定为防卫行为。

另外，对于现实生活中经常存在的相互斗殴的情况，《关于依法适用正当防卫制度的指导意见》第9条规定，防卫行为与相互斗殴具有外观上的相似性，准确区分两者要坚持主客观相统一原则，通过综合考量案发起因、对冲突升级是否有过错、是否使用或者准备使用凶器、是否采用明显不相当的暴力、是否纠集他人参与打斗等客观情节，准确判断行为人的主观意图和行为性质。因琐事发生争执，双方均不能保持克制而引发打斗，对于有过错的一方先动手且手段明显过激，或者一方先动手，在对方努力避免冲突的情况下仍继续侵害的，还击一方的行为一般应当认定为防卫行为。双方因琐事发生冲突，冲突结束后，一方又实施不法侵害，对方还击，包括使用工具还击的，一般应当认定为防卫行为。不能仅因行为人事先进行防卫准备，就影响对其防卫意图的认定。

至于双方出于聚众斗殴的意图而相互聚众斗殴的，由于双方均出于互殴的不法意图，与正当防卫目的的正当性相背，一般情况下不能认定为正当防卫。

还有，防卫人防卫的目的，并非仅限于维护自身的权利，而且还包括保护国家、公共利益以及他人的权利。换言之，为了保护国家、公共利益及他人的利益而防卫的，也属于正当防卫。此种防卫，在现实生活中又叫见义勇为。至于个人权利，既包括人身安全、人身自由、人格权利、财产权利等各种各样的权利。权利，顾名思义，应以合法为前提。我们常说，要维护自己的合法权利，由此似乎可以得出还有非法权利之说。其实，权利本身就蕴含着合法性这一基础，非法的权利是不存在的。在称权利时加上合法二字，正如卫生本身用不着打扫可我们却常说打扫卫生一样，完全是一种语言习惯用法，而非说明权利有非法与合法之分。

又次是对象条件。它要求防卫行为只能针对正在实施不法侵害的行为实施，没有实施不法侵害的，也不存在对之进行防卫的问题。单独实施的不法侵害，对之实施防卫一般不存在认识上的争议。问题是共同犯罪，之间分工合作，有的指挥，有的实施具体实行行为，有的则望风或者前去助威等。对于指挥者、望风者是否可以进行防卫，就有不同看法。在我看来，可以对之进行防卫，如望风者比较弱小，防卫人选择对之防卫让其他人停止不法活动，未尝不可。还有，俗话说，擒贼先擒王，对正在指挥犯罪的人采取防卫往往更能达到制止不法侵害进行的效果，更不应当加以否定。但是，在多人殴打他人时，乙前去制止，将一过路人或者前去劝架或者见义勇为的防卫之人当作加害人对之防卫，则属于假想防卫，而不属于正当防卫。对此，《关于依法适用正当防卫制度的指导意见》第7条规定，正当防卫必须针对不法侵害人进行。对于多人共同实施不法侵害的，既可以针对直接实施不法侵害的人进行防卫，也可以针对在现场共同实施不法侵害的人进行防卫。明知侵害人是无刑事责任能力人或者限制刑事责任能力人的，应当尽量使用其他方式避免或者制止侵害；没有其他方式可以避免、制止不法侵害，或者不法侵害严重危及人身安全的，可以进行反击。

最后是限度条件。它要求防卫人基于正在进行的不法侵害而对加害人实施防卫给之造成的重大损害不得明显超过必要限度。如果说，前面所说的起因条件、时间条件、主观条件、对象条件乃是从应有的质的特征上对正当防卫的条件进行界定的话，那么，限度条件则是从量的方面对正当防卫进行的限制，要求正当防卫的损害结果必须在必要的限度范围内。明显超过这一必要限度，正当防卫行为的性质就会发生变化，属于防卫过当，对此应当负刑事责任的犯罪行为，需要从法律上加以否定。对此，《关于依法适用正当防卫制度的指导意见》第10条明确要求防止将滥用防卫权的行为认定为防卫行为。对于显著轻微的不法侵害，行为人在可以辨识的情况下，直接使用足以致人重伤或者死亡的方式进行制止的，不应认定为防卫行为。不法侵害系因行为人的重大过错引发，行为人在可以使用其他手段避免侵害的情况下，仍故意使用足以致人重伤或者死亡的方式还击的，不应认定为防卫行为。

这是因为，任何事物、现象的性质都与一定的量相联系。一事物、现象之所以是某事物或现象，不仅与该事物、现象所应具有的从而成为区别于他事物、现象的性质与特征即质相关，而且与该事物、现象的质相对应量的界限，即一定事物保持自己质的稳定性的数量界限的度相联。一事物、现象之所以还是该事物、现象，乃是因为之质所对应的量依然保持在其质所要求的量的界限、幅度或范围，即量并没有超过该事物、现象保持其性质的度的范围。否则，一旦由于运动、变化等原因致使某一事物、现象的量超过该事物、现象保持其性质对应量的界限即度的范围，则就不再属于某一事物、现象，而是成为另外一种新的事物、现象。对于不法侵害人的正当防卫，所造成的损害只是一般的损害如轻伤，法律明确将之排除在超过必要限度外，故不会产生防卫过当的问题。问题在于，正当防卫行为造成了加害人的重大损害，是否明显超过必要限度，基于文化传统、经历等各种各样的因素，会有不同看法，致使属于正当防卫还是属于防卫过当认识不一。它是正当防卫认定与否在司法实践中最为常见而又难以统一的问题。毕竟这是一个从量的方面对正当防卫质的把握的问题。然一定的量相对于一定的质来说，有一定的幅度、范围，而正当防卫与防卫过当的确定其实是对处于量的临界点的防卫行为性质的判断，稍往左一点，将重大损害结果认定在与正当防卫质相对应的量的幅度即度的范围内，就属于正当防卫。反之，稍往右一点，重大损害结果的量便在与正当防卫的质相对应的量的幅度即度的范围外，就会构成防卫过当。显然，此时的判断不是一个简单的问题，不仅涉及加害人与防卫人的行为、两行为所针对权益的价值、行为时的环境等主客观因素，而且涉及国家、民族、社会的法律文化传统、伦理道德观念、宗教信仰风俗等方面，还与评价人的经历、情绪、教育、职业背景等相联系。如对一个崇尚佛教的人来说，基于"不杀生""人命大于天"等观念，就可能对防卫人致死加害人的行为认为属于防卫过当；而对一个主张见义勇为，愤慨社会上普遍存在的对不法侵害熟视无睹、事不关己、高高挂起的人来说，就容易将不法侵害造成重大损害的行为认定为正当防卫。可以说，赵宇见义勇为案，从某种程度上就是当今社会"该出手时就出手"的情况异常少见，而对不法侵害冷漠视之充当旁观者时常发生的现象要予以否认的需求折射。其实，该案李甲与邹丁若是夫妻，其他情况都不变，从法律的性质上来讲，赵的行为不会因为这一因素的变化而变化，但得出的结论恐怕就会截然相反。又如，对在家里经历过入室抢劫、强奸的被害人来说，在入室抢劫、强奸的加害人被他人防卫致死时，基于人性通常也容易作出对防卫人有利的结论。

谭君：照您所说，从静态上讲，把握正当防卫的性质及其构成条件，似不那么困难。但从动态上讲，将之与现实生活中各种各样的不法行为及对应的自卫行为结合，准确认定正当防卫的性质，有时候并不是件容易的事。

贺小电：是的。对于某一事物或者现象，从静态上分析，我们可以分析得头头是道，可在现实运用起来却并非那么一回事。如我们根据梨子的构成成分等分析其对人体健康有多少多少好处，然对于一个患有某种疾病根本不能吃梨子的人来说，梨子的好处不但不是好处，而且还是一种坏处，而要判断哪些病与梨子的好处不相适应则就不那么容易。还有，古语说的纸上谈兵容易，真要进行实战，做到战之必胜，固然不是仅仅熟读兵书而静态掌握战争的所谓规律就能做到的。所以，我们不能认为，法官、检察官等作出的司法结论是件轻而易举的事，尤其是在法治环境不完善，司法行为要受到这样或那样约束制约甚至干扰的情况下更是如此。对于一些敏感复杂，涉及各方利益与情感、社会传统文化等诸多方面的案件，如何寻求案件结果的平衡，又不失法律最基本的价值取向，有时确实是件很困难的事。是以，司法人员可能想方设法费了心思，然社会上可能还是会说这说那，求全责备。当然，从静态上把握事物或者现象的性质、特征及其条件，乃是在动态中把握该事实或者现象性质及其规律的前提与基础，不能将两者截然分开。这正如一个人站都站不稳，更不可能在转动上的球上站稳。静中有动，动中有静，将静态的特征灵活运用于动态的行为，以把握动态行为的本质，才是我们所要达到的境界。如果说，静态把握是基础，那么，动态适用中的把握才是真正的目的。这大概就是我们所说的学以致用吧！

六、防卫过当与正当防卫

谭君：您刚才从质与量统一的角度详细介绍了正当防卫的构成条件，并谈到了基于正当防卫的行为之损害结果要是超过了其所对应的量，其性质就会发生变化，构成应当负刑事责任的犯罪行为的防卫过当。您能谈谈防卫过当的构成条件吗？

贺小电：刚才我们讲的正当防卫规定在《刑法》第20条的第1款中，可在具体认定上离不开该条第2款关于防卫过当的规定。此款规定："正当防卫明显超过必要限度造成重大损害的，应当负刑事责任，但是应当减轻或者免除处罚。"如此，防卫过当的前提，是不考虑正当防卫构成上的量的条件，即单纯从质的方面考察，已经符合了正当防卫的所有条件，包括起因条件、时间条件、主观条件、对象条件等4个方面。正源于此，《刑法》规定中的是"正当防卫"明显超过了必要限度。换言之，防卫人在造成加害人明显超过必要限度的重大损害前，尚属于正当防卫，只是后来因为给加害人造成了明显超过必要限度的重大损害时，正当防卫的行为性质才由于明显超过必要限度的重大损害这一量变才导致其行为性质的质变而转化为防卫过当这一应当负刑事责任的犯罪行为。如果事先不存在正当防卫这一质的前提，就不存在正当防卫转化为非正当防卫的防卫过当的问题。之前行为是否构成正当防卫，要依照第1款的规定加以认定。然而，是否属于防卫过当，则要根据第2款的规定认定。故，第1款规定的正当防卫与第2款规定的防卫过当，两者是相辅相成的，实质是同一问题的两个方面：前者是从正面积极肯定正当防卫的质，以揭示正当防卫构成所应具备的基本条件；后者则是在第1款有关正当防卫质的规定上，从量的另一方面消极地否定不属于正当防卫的情形，即将超越了正当防卫相对应量的范围而构成防卫过当的行为排除在正当防卫之外。这样，在认定正当防卫时，往往又离不开第2款的规定。当事人的行为在质上虽属正当防卫，然其在损害结果这一量上"明显超过必要限度造成重大损害"时，即不符合正当防卫所应有的量的要求时，就变为了应当负刑事责任的防卫过当。对于应当负刑事责任的防卫过当的条件，法律规定是非常严格的。它要求防卫的结果必须同时满足如下4个方面，缺一不可：

一是造成了重大损害。正当防卫行为即使造成了损害可不是重大损害，而是一般的损害，仍然属于第1款规定的不负刑事责任的正当防卫。至于"造成重大损害"，《关于依法适用正当防卫制度的指导意见》第13条明确规定，是指造成不法侵害人重伤、死亡。造成轻伤及以下损害的，不属于重大损害。防卫行为虽然明显超过必要限度但没有造成重大损害的，不应认定为防卫过当。

二是造成的重大损害乃是人身损害，非人身损害如财产损害、名誉损害等，不管多么重大，亦非防卫过当中的重大损害。

三是造成了重大损害，必须超过了必要限度。防卫行为虽给加害人造成了重大损害，但其没有超过必要限度，也不属于防卫过当，依然要按第1款规定认定为不负刑事责任的正当防卫。是否超过了必要限度，是与加害人的行为及其环境情况等相对而言的。如一个很瘦弱的老年人对一个小学生敲诈勒索，一个身强力壮的年轻人见到后将老人打成重伤；或者一个老年人未拿凶器殴打其家人时，很多人在场围观，一个身强力壮的人拿木棍将老年人打成重伤，在我看来，应当属于超过必要限度。但若加害人与防卫人均属于年轻人，且在晚上，没有他人在场，此时的结果认定就可能发生变化而不认定为超过必要限度。这样，是否超过必要限度并非一个静止的死概念，而是一个应当根据案件具体情况具体分析的活概念，需要根据案件加害人正在进行不法侵害的法益及其价值，加害人、防卫人双方的身体自然条件，采取行为的方式，使用的工具，以及案件发生的环境、时间等结合作出判断。这也是我上面讲的，不看案卷材料就对司法机关就案件行为作出的处置结果作出评价，是不负责任的表现。

四是防卫人超过必要限度而给加害人造成的重大损害还必须明显超过了必要限度。给加害人造成的重大损害虽超过了必要限度，然不是明显超过必要限度的，即在是否超过必要限度上并不明显，表现为存在重大争议时，这时就不能认定为防卫过当。是否明显超过必要限度，不能单从损害结果加以考量，同样应当根据当时的情况，看防卫人所要保护的价值,双方所采取的手段、方式,所处的环境等案件主客观情况来认定。如甲在家殴打家人,乙见后上前阻止将甲拉开,不想用力过猛将甲拉倒时致甲碰到桌角而死亡,或者乙将甲拉开后,甲打乙,乙回手将甲打倒在地,不想甲之心脏病突发而死亡,从其所实施的方式来讲,就很难得出损害结果明显超过了必要限度的结论。但在甲空手在家殴打家人的情况下,乙将甲拉开便用刀将甲刺成重伤,从其采取的方式来看,所造成的损害结果我认为就属于明显超过必要限度。对此,《关于依法适用正当防卫制度的指导意见》第12条明确指出,防卫是否"明显超过必要限度",应当综合不法侵害的性质、手段、强度、危害程度和防卫的时机、手段、强度、损害后果等情节,考虑双方力量对比,立足防卫人防卫时所处情境,结合社会公众的一般认知作出判断。在判断不法侵害的危害程度时,不仅要考虑已经造成的损害,还要考虑造成进一步损害的紧迫危险性和现实可能性。不应当苛求防卫人必须采取与不法侵害基本相当的反击方式和强度。通过综合考量,对于防卫行为与不法侵害相差悬殊、明显过激的,应当认定防卫明显超过必要限度。

以最高人民法院2020年11月27日发布的正当防卫不捕不诉典型案例之2"河北省辛集市耿某华正当防卫不批捕案——为保护住宅安宁、人身和财产安全实施防卫致人重伤的认定"加以说明。

案件发生在2017年8月,石家庄某房地产公司与康某某达成口头协议,由其负责该公司开发的辛集市某城中村改造项目中尚未签订协议的耿某华等8户人家的拆迁工作,约定拆迁劳务费为50万元。

同年10月1日凌晨2时许,康某某纠集卓某某等8人赶到项目所在地强拆民宅。其中,卓某某组织张某某、谷某明、王某某、俱某某、赵某某、谷某章、谷某石(以上人员均因犯故意毁坏财物罪另案处理)等人,在康某某带领下,携带橡胶棒、镐把、头盔、防刺服、盾牌等工具,翻墙进入耿某华家中。耿某华妻子刘某某听到响动后出屋来到院中,即被人摁住并架出院子。耿某华随后持一把农用分苗刀出来查看,强拆人员对其进行殴打,欲强制带其离开房屋,实施拆迁。耿某华遂用分苗刀乱挥、乱捅,将强拆人员王某某、谷某明、俱某某3人捅伤。随后,卓某某、谷某章、赵某某等人将耿某华按倒在地,并将耿某华架出院子。刘某某被人用胶带绑住手脚、封住嘴后用车拉至村外扔在路边。与此同时,康某某组织其他人员使用挖掘机等进行强拆。当晚,强拆人员将受伤的王某某、谷某明、俱某某以及耿某华等人送往医院救治。经鉴定，王某某、俱某某2人损伤程度均构成重伤二级，谷某明、耿某华因伤情较轻未作鉴定。经勘验检查，耿某华部分房屋被毁坏。

案发后，公安机关对强拆人员以故意毁坏财物罪立案侦查。其中，康某某、卓某某、王某某、张某某、俱某某被分别判处有期徒刑2年6个月、3年2个月等相应的刑罚。石家庄某房地产公司因在未达成拆迁协议的情况下，聘用拆迁公司拆除房屋，支付了相关人员的医疗费等费用，对耿某华房屋部分毁坏予以相应赔偿。

2018年11月16日，河北省辛集市公安局以耿某华涉嫌故意伤害罪立案侦查，于2019年5月22日提请辛集市人民检察院批准逮捕。提请逮捕时认为，耿某华的行为虽有防卫性质，但明显超过必要限度，属于防卫过当。

辛集市人民检察院审查中，对于适用《刑法》第20条第1款规定的一般防卫，还是第20条第3款设置的特殊防卫，存在认识分歧。同年5月29日，辛集市人民检察院经检察委员会研究认为，不法侵害既包括侵犯生命、健康权利的行为，也包括侵犯人身自由、公私财产等权利的行为；既包括犯罪行为，也包括违法行为。不应将不法侵害不当限缩为暴力侵害或者犯罪行为。对于非法限制他人人身自由、非法侵入他人住宅等不法侵害，可以实行防卫。耿某华面对正在进行的非法暴力拆迁，其实施防卫行为具有正当性，对于致2人重伤的结果，应当综合不法侵害行为和防卫行为的性质、手段、强度、力量对比、所处环境等因素来进行综合分析判断，作出正确的法律评价。不法侵害人深夜翻墙非法侵入耿某华住宅，强制带离耿某华夫妇，强拆房屋。耿某华依法行使防卫权利，其防卫行为客观上造成了2人重伤的重大损害，但是，耿某华是在被多人使用工具围殴，双方力量相差悬殊的情况下实施的防卫，综合评价耿某华的防卫行为没有明显超过必要限度。另外，此案不法侵害的主要目的是强拆，是对财产权利实施的暴力，对耿某华夫妇人身伤害的主要方式和目的是强制带离现场。虽然强制带离和围殴也是对耿某华夫妇人身的伤害，但是，综合案件具体情况，不法侵害行为不属于《刑法》第20条第3款规定的"行凶、杀人、抢劫、强奸、绑架以及其他严重危及人身安全的暴力犯罪"，应当适用一般防卫的法律规定。于是，依据《刑法》第20条第1款的规定，耿某华的行为属于正当防卫，依法作出不批准逮捕决定。同日，公安机关对耿某华作出撤销案件决定。

　　由上可见，对于防卫过当的认定，是非常严格的，这也说明我国《刑法》有关正当防卫的规定在兼顾加害人合法权益保护的同时，价值取向在于更为充分保护防卫人的合法权益。即使正当防卫因为造成重大损害的结果明显超过了必要限度而要负刑事责任，还可依法减轻或者免除处罚，体现了在定性上对防卫过当行为的否定，可在处罚时则应予以减轻或者免除防卫人的刑事责任。应当减轻或者免除防卫人的刑事责任，是必须，而不是可以。由此，尽管认定为防卫过当，在行为质的方面受到法律否定的评价，可在承担刑事责任时，这比非正当防卫转化过来的同样的犯罪行为，要轻得多。如故意伤害致人死亡，其法定量刑幅度为"10年以上有期徒刑、无期徒刑或者死刑"，而认定为防卫过当的故意伤害致人死亡，至少应当减轻处罚，所对应的法定量刑幅度则为"3年以上10年以下有期徒刑"；免予刑事处罚的，则不遭受任何刑事处罚，两者的差别不说有天壤之别，但也不能说不大。这也正是于欢故意伤害案，一审未认定为防卫过当而处之以无期徒刑，二审认定为防卫过当后可以判处5年有期徒刑的法律根据。

　　谭君： 按您介绍的正当防卫与防卫过当适用时所应具备的条件，两者的区别在于防卫人给加害人所造成的损害是否明显超过了必要限度，没有超过就是正当防卫；超过了则为防卫过当。可在于欢故意伤害与涞源反杀案中，都造成了加害人死亡的后果。而且在于欢案中，加害人不只1人，防卫人为1人；在涞源反杀案中，加害人只有1人，防卫人则有3人，但为什么于被认定为防卫过当，而王新元等3人却被认定为正当防卫呢？

　　贺小电： 两案在正当防卫所应具有的质的方面，都具备正当防卫所需要满足的条件：从起因条件与时间条件上看，都存在正在进行的不法侵害。于案杜乙多人至源大工贸对于欢及其母亲等采用侮辱、限制人身自由不准其离开等不法讨债行为还在继续，并未因为民警的处警而停止，于想随民警离开时受到了催债人杜乙等按肩膀、卡项部、推拉至房屋墙角等行为的阻止；涞源案中的加害人王磊未经允许翻墙进入王庚家中，本身属于非法侵入他人住宅，侵害了王庚及其家人的权利，何况拿着棍刀威胁王庚与之恋爱，遭拒后又用刀将王庚父亲刺伤。从主观条件与对象条件上看，于欢与王庚及其父母3人都是出于维护个人（于案包括于欢本人与之母亲的权利，涞源案则包括王庚父母3人的权利）遭受侵害的权利而针对加害人本人实施。以是，无论是于欢还是王庚及其父母3人，在正当防卫所应有的质的特征条件方面都已具备，在未造成加害人死亡之前均属于正当防卫。这样，是否属于正当防卫，仅仅表现在于欢与王庚父母女3人事先进行的正当防卫行为而给加害人所造成的重大损害是否明显超过了必要的限度上。

就于欢案而言，催债人杜乙等人基于催收高利借贷款项，其目的不是造成于欢及母亲的人身重大伤害，从实施的行为看主要也是对于、苏进行侮辱、限制自由及阻止于离开，没有明显的暴力伤害倾向。换言之，催债人给于及于母所进行侵害的也是于欢防卫所要保护的权益主要乃是于自身及其母亲的人格、人身自由；双方行为及其方式：催债人杜乙等人没有携带使用刀具等凶器，对于于欢及其母亲人身伤害的紧迫性相对较缓，而于欢则是用刀挥刺他人；从双方行为造成的结果看，催债人杜乙给于母的侮辱伤害虽已突破人伦底线，然这只是精神上的，给于及于母造成的人身伤害这一物质损害结果来说则没有实际发生，于的防卫行为则造成了催债人1死2重伤的重大损害后果，这里当然伴随着于及于母精神上的痛苦与伤害。加上民警还未离开现场等因素，综合考量，于之前着手实施的虽是正当防卫行为，可该行为给加害人造成了重大损害且明显超过了必要的限度，从而属于防卫过当。而王庚及其父母3人防卫的对象，是1个年轻的身强力壮的男子，防卫人则是2个女人加上1个上了年岁的老年人，力量强弱对比明显；加害人不仅身强力壮，而且携带2把水果刀及甩棍等凶器，又是在晚上11时许的深夜并处于王庚家里这一与社会相对隔绝的封闭环境中，在王磊威胁并用刀刺伤王庚父亲的情况下，给3人所带来的极度恐惧自是令人难以想象。王新元先是拿铁锹防卫，王磊用刀将之手臂划伤；赵印芝拿菜刀防卫，王磊用甩棍将之菜刀打掉，后2人与王磊扭打，王庚过来拉拽，王磊还是将之腹部划伤，并右臂勒住王庚的脖子，赵过来拉住王磊，王新元才有机会从背后用铁锹击打，王磊在躲闪中拉着王庚倒地，王庚挣脱起身，3人拿着木棍、菜刀与之对打，王磊2次想起身未果。显然，要不是王磊用右手勒住王庚的脖子不放，赵印芝过来拉住他，王新元根本无法从背后用铁锹击打王磊，3人就都可能被分别击破而遭受惨祸。只有3人合力并先分别受到王磊打击甚至伤害的情况下趁王磊右手勒住王庚不放的机会才将之击倒，才从劣势转为优势，然后合力将之反杀；王磊威胁并用刀刺人，所侵害的又是王庚及其父母3人的人身安全这一首要的权利，具有权益的重大性及维护的紧迫性，且无他人帮助。考虑到这些方面，王庚及其父母3人事先出于正当防卫尔后造成王磊死亡的行为，并不属于明显超过必要限度的情形，故应归之于正当防卫的范畴，而排除在防卫过当之外。

七、正当防卫与无限度防卫

谭君：您上面讲了正当防卫与防卫过当的情形，说明正当防卫是有限度的，也就是说是一种有限度的防卫，超过了正当防卫这一行为度的防卫，就不再是正当防卫的、有益于社会的行为，而是变成了防卫过当这一危害社会的犯罪行为，我这样理解，对吗？

贺小电：您这种理解，我认为是对的。我上面说的就包含了这种意思。

谭君：那么，在我的记者生涯中，经常听到一些法律界的人士谈到无限度防卫，那么，是否存在无限度的正当防卫的情形呢？

贺小电：您所讲的无限度防卫，是存在的。这是理论上对《刑法》第20条第3款规定的概括，有的又称特殊防卫。该款规定："对正在进行行凶、杀人、抢劫、强奸、绑架以及其他严重危及人身安全的暴力犯罪，采取防卫行为，造成不法侵害人伤亡的，不属于防卫过当，不负刑事责任。"据此，该款是在第2款有关应当负刑事责任的防卫过当规定的基础上，进一步对造成重大损害结果的防卫行为在性质上直接排除防卫过当的适用。换句话说，就是针对严重危及人身安全的暴力犯罪，即使造成了加害人人身伤亡的重大损害后果，也都可以直接归属于不负刑事责任的正当防卫。此时，司法人员没有必要判断防卫人给加害人造成的人身伤亡的重大损害后果是否明显超过了必要限度，只要判断加害人是否实施了严重危及人身安全的暴力犯罪行为。凡是加害人实施的是严重危及人身安全的暴力犯罪行为，防卫人由此进行防卫，无论给加害人造成的重伤还是死亡的重大损害，都属于不负刑事责任的正当防卫。这样，适用第3款有关不负刑事责任正当防卫的规定，其前提仍然属于正当防卫，要符合第1款规定的一般正当防卫的条件。在此基础上，不考虑防卫行为所造成后果的严重性，而是判断加害人行为性质及其可能产生后果的严重性。

应当注意的是，刑法规定无限度防卫针对的对象乃是实施行凶、杀人、抢劫、强奸、绑架以及其他严重危及人身安全的暴力犯罪人。对这里的暴力犯罪，必须限制在严重危及人身安全的暴力犯罪范围内。从广义上讲，抢劫、强奸、绑架等属于暴力犯罪。但不能说一实施了这些暴力犯罪，就一定会严重危及受害人的人身安全。因为，抢劫、强奸均可以采取暴力威胁的方式进行，如有人在公共汽车上对乘客只是暴力威胁要钱，并未拿出任何凶器，尚未处于危及受害人人身安全的状态，受害人或者他人便拿出刀将实施抢劫的人杀死，我想就不能认定加害人在实施严重危及人身的抢劫暴力犯罪而属于无限度防卫。还如，叔叔绑架年岁尚小的侄儿向嫂子索要钱财，犯罪人对侄儿照顾得也非常好。显然，他人在找到犯罪人时不能因为叔叔还以侄儿为条件提出要求就以他在实施绑架暴力犯罪为由直接实施无限度防卫而将之开枪杀害。还如，2个15岁的并不高大的年轻人，在放学马路上采取殴打的方式抢劫同校低年级身材更为矮小学生的钱财，受害人为此反抗并致加害人死亡的，根据其当时的环境以及认识辨别、行为控制能力等因素，可能认定属于无限度防卫。可是，一个身强力壮的人见到这种情形，直接拔刀将抢劫人杀死，我认为就不能以无限度防卫进行认定。因此，无限度防卫并非人们通常所说的那样，是绝对的、无条件的，而应是相对的、有条件的。

谭君：人们担心正当防卫会成为复仇的护身符，其实它是有非常严格的适用条件的。比如张扣扣案，虽然很多人同情他的遭遇，理解他目睹母亲被打死后在他幼小心灵里留下的创伤。可当他在若干年后再去以剥夺他人生命的方式去复仇时，他也知道自己也会因此被处极刑而葬送自己的生命。这些年他没有娶妻生子，他荒芜的内心似乎一直被仇恨填满，没有感受过真正的爱。他笃信的"君子报仇，十年不晚"，与正当防卫对时间性的要求不符。所以，不可能认定他有防卫性质。该对张扣扣处以极刑吗？

贺小电：您上面讲的涉及两个方面的问题。其中之一是，张扣扣的行为不构成防卫过当，这点毋庸质疑。然您讲张的行为之所以不是防卫过当，乃是源于张的行为不符合正当防卫所应具备的时间条件。我要说，这仅仅是一个方面。多年前，张扣扣亲睹母亲被王正军故意伤害致死，自己年小而无力自卫，给其内心造成的伤害无疑是巨大的。为了复仇，张经过准备蓄意等在王正军、王校军兄弟2人祭祖回来的路上，在王正军、王校军路过时没有实施任何不法侵害的情况下将2人刺杀身亡，然后又到王家将王正军的父亲王自新杀死。不言而喻，张扣扣的行为无论是从主观意图（动机与目的）来说还是从其行为的起因、时间、对象乃至后果而言，都不符合正当防卫所应具备的条件，故其行为不存在正当防卫的问题。于是，法院对张某的行为以故意杀人罪定性，而未以防卫过当论处。如果认定为防卫过当，那么，就应以故意伤害罪对之定罪。因为，防卫过当，乃是基于正当防卫而实施的行为，只不过是行为的严重损害结果明显超过了必要限度。对于这一明显超过必要限度的严重损害结果，并非防卫人所希望或者放任发生的，即不能出于故意，而是基于事态紧急等因素而过失地无法判断其行为是否会造成明显超过必要限度这一结果造成的，也就是对于其行为虽然知道会造成严重损害的结果，但是否属于明显超过必要限度的重大损害结果认识失误。倘使对于严重损害的结果及其明显超过必要限度的认识出于故意，即明知自己防卫行为会造成加害人重大损害的结果且也明知这一重大损害结果明显超过必要限度而仍然决意为之，在主观上就不具有正当防卫的目的，而是借正当防卫之名行明显超过必要限度的严重损害结果之实，需要加以否定。于欢故意伤害案，就是如此。他用刀挥刺他人的行为造成1死2重伤的后果，若不考虑正当防卫这一前提，对其挥刀刺人的行为会造成他人重伤甚至死亡的结果就不会加上是否明显超过必要限度的判断，于的这一行为便可能认定属于间接故意的故意杀人，而就不会认定为故意伤害。因为，对于防卫过当需要对其行为是否超过必要限度的判断，必然要考虑行为人在当时的环境下，如极度恐惧或者被人卡住喉咙时能否理性判断，或者虽可作出判断又能否作出明显超过必要限度的判断，若结论是否定的，那么，防卫人在主观上对明显超过必要限度的重大损害结果就属于过失而不属于故意。由此可见，一审虽然没有认定于的行为构成防卫过当，但考虑到催债人杜乙侮辱于母的行为令人发指，以及高利贷者在人们心目中的不择手段的吸血者形象，在定性上还是倾向于于欢方面的。

另外一个问题是，该对张扣扣处以极刑吗？这是一个难以回答的问题。不同的人肯定会有不同的回答：一个信奉佛教的人，基于"尽形寿，不杀生""放下屠刀，立地成佛"的教规，其结论应该是张不该死；一个主张废除死刑主义的人，即使认为张罪该万死也不应当处以死刑；一个身处废除死刑的国度，受到该国刑罚观念熏陶的人，其结论大概率应是不应当判处死刑；一个律师，基于职业习惯及其伦理，通常也会认为张不应判处死刑；具有极强"杀父之仇，不共戴天"等报应主义的人，通常也会认为张不该死；而作为检控犯罪的检察官，也会大概率认为张应当处以极刑；受害人的亲属基于身心受到巨大伤害，其朋友出于道义上的支持，会毫无疑问地认为张罪大恶极，应当处死，如此等等，不一而足。在我看来，张的行为已经超越了复仇的范围，王正军杀了张的母亲，其复仇的对象限制在王正军本人，可能会得到许多人的同情。假设如此，张就可能不会被判处死刑。但其为泄一己之恨，又将无辜的王正军父亲及哥哥杀害，即使主张私力救济，一定程度上赞同或者同情复仇的人看来，也难以承受。故，张应该死。在我国重刑主义尚占主流的刑罚观念的背景下，我想绝大多数法官也会认为张应该处死而需要判处其极刑。

谭君：我们再回到正当防卫。正当防卫存在有限度防卫与无限度防卫之别，两者的实质区别是否表现在防卫人给加害人的损害结果完全没有限度的方面？

贺小电：有限度防卫与无限度防卫，只是理论上为了研究需要所作的一种区分。从严格意义上讲，任何正当防卫都是有限度的，而不是无限度的绝对防卫。前面我已经说过，针对严重危及人身安全的暴力犯罪对加害人实施防卫，造成人身伤亡后果的，只是不要司法人员对这一重大损害结果就是否"明显超过必要限度"作具体的司法判断，而是法律通过明确的规定已经将防卫人给加害人造成的人身伤亡的重大损害结果推定为没有"明显超过必要限度"，从而不属于防卫过当之列。换言之，法律的这一规定，并非说明正当防卫在针对严重危及人身安全的暴力犯罪进行防卫反击而在损害结果上没有任何限度，而是说防卫人给加害人所造成的人身伤亡损害结果依旧在正当防卫的质所对应的损害结果的量即度的范围内，并未超过正当防卫这一行为所对应的损害结果的量的范围。这样，从法律上作出推定，不让法官就防卫人造成加害人人身伤亡损害结果是否属于"明显超过必要限度"作出具体的司法判断，只对加害行为是否属于行凶、杀人、抢劫、强奸、绑架以及其他严重危及人身安全自暴力犯罪的法律性质判断，有利于司法裁判的统一。

然而，这又带来另一个问题。在有限度的正当防卫中，尽管要对防卫人的防卫结果作是否"明显超过必要限度"的判断，对加害人的行为是否属于"严重危及人身安全的暴力犯罪"却无须作出司法判断。而在无限度正当防卫中，不对防卫人的防卫结果作是否"明显超过必要限度"的判断，可要对加害人的行为是否属于"严重危及人身安全的暴力犯罪"作出具体的法律判断。如此，在无限度正当防卫中，实际是根据法律的明文规定，将有限度正当防卫中的防卫损害结果是否"明显超过必要限度"的司法判断转化为加害人的行为是否为"严重危及人身安全的暴力犯罪"的法律判断。加害人的行为若为"严重危及人身安全的暴力犯罪"，防卫人造成加害人人身伤亡的损害结果，就不属于"明显超过必要限度"，乃为正当防卫；如不为"严重危及人身安全的暴力犯罪"，则就为"明显超过必要限度"，从而属于防卫过当。如此，无限度正当防卫与有限度正当防卫，在实质上并不是防卫的损害结果是否有无限度之别，而是在认定正当防卫时采取的思维方式、判断事项及其标准上存在区别。在损害结果的有限上，两者是一致的，任何正当防卫，就其损害结果而言，都应当是有限度的、相对的，而非无限度的、绝对的。这点我已经在前面举例讲过。

下面再举例说明：甲、乙、丙（个子矮小）3人持刀向胡一抢劫，胡一在场的几个朋友见状找来木棍将甲、乙打倒在地致1死1伤，丙仍持刀威胁胡一及其朋友不能靠近，胡一的朋友于是冲过去将丙一阵乱打致其死亡。如仅从加害人的行为是否为"严重危及人身安全的暴力犯罪"简单地作静态判断，胡一的朋友应当认定为无限度防卫，但从该案的具体情况作动态判断时，胡一朋友对丙的防卫行为似应属于"明显超过必要限度"之列，认定为防卫过当恐更妥当。事实上，从哲学上讲，任何事物、现象都是质与量的统一，正当防卫也不能例外。要维持正当防卫的质不变，必然在对应的损害结果这一量上必须有所限制。不然，超过了正当防卫质所对应的损害结果这一量的限制，即突破了正当防卫行为所应有的度，就会走向反面，从有益于社会的正当防卫而变成为危害社会的防卫过当。

谭君： 无限度防卫的前提条件，按照法律规定，是出现了"正在进行行凶、杀人、抢劫、强奸、绑架以及其他严重危及人身安全的暴力犯罪"，那么，如何把握好这一条件，尤其是拿捏好"行凶等暴力犯罪"的尺度呢？

贺小电： 无限度正当防卫，在一定条件下不考虑防卫损害结果的严重性，一律推定为没有超过正当防卫所要求之量的必要限度，其前提条件当然要比有限度防卫更为严格。这不仅法律规定是如此，而且在司法认定上也是如此。依我看，具体要把握以下几点：

一是加害人的行为具有相当的社会危害性，在一般人看来，已经属于犯罪，而不是一般的危害社会的不法行为。

二是加害人所实施的犯罪，必须是暴力犯罪。不是暴力犯罪，不能对之实施无限度防卫。

三是加害人所实施的不仅要求是暴力犯罪，而且是严重危及人身安全的暴力犯罪。虽属暴力犯罪，尚对人身安全不构成现实的紧迫的危害，则不能对之实施无限度的正当防卫。如加害人实施暴力毁坏无人保管的他人财物、父亲暴力干涉子女婚姻自由、家人之间的殴打虐待等并不会严重危及受害人人身安全的暴力犯罪，也不能对加害人实施无限度防卫。至于严重危及人身安全的暴力犯罪，则不仅仅限于故意杀人、强奸、抢劫、绑架等明确列举的几种犯罪，它包括诸如劫持船只、汽车，劫持航空器，放火，爆炸，破坏交通工具，破坏交通设施，抢劫枪支、弹药、爆炸物等一切可以严重危及人身安全的暴力犯罪。对此，《关于依法适用正当防卫制度的指导意见》第16条、第17条分别规定："刑法第二十条第三款规定的'杀人、抢劫、强奸、绑架'，是指具体犯罪行为而不是具体罪名。在实施不法侵害过程中存在杀人、抢劫、强奸、绑架等严重危及人身安全的暴力犯罪行为的，如以暴力手段抢劫枪支、弹药、爆炸物或者以绑架手段拐卖妇女、儿童的，可以实行特殊防卫。有关行为没有严重危及人身安全的，应当适用一般防卫的法律规定。""刑法第二十条第三款规定的'其他严重危及人身安全的暴力犯罪'，应当是与杀人、抢劫、强奸、绑架行为相当，并具有致人重伤或者死亡的紧迫危险和现实可能的暴力犯罪。"

上述条件，从法律规定上是明确的，从静态上分析并不困难。然而，无限度正当防卫的具体认定，要恰到好处地适用于千姿百态、形形色色的现实生活，在这里具体表现为暴力犯罪与反击暴力犯罪的活动中，则应从动态中结合案件的具体情况进行具体的分析。也就是说，无限度防卫的前提条件中所实施的暴力犯罪是否"严重危及人身安全"要从动态上判断，而不简单地作静态上理解。一般认为行为人实施的是诸如故意杀人、抢劫、强奸、绑架等暴力犯罪，就当然认为一定会严重危及人身安全而就可以将加害人杀死并构成无限度防卫，我认为是不当的。其实，即使是故意杀人、强奸、抢劫、绑架等严重暴力犯罪，并非一定严重危及受害人的人身安全，如加害人将毒药掺入受害人杯中的茶水里；以蒙汗药将之麻醉后实施抢劫；以年轻的身材并不高大的初中学生未带凶器采取殴打小学生的方式抢劫其钱财；离婚诉讼中分居的男子到女方住处强制女方发生性关系；发现绑架人通过绑架外甥勒索钱财，绑架人只是采用一般的看守拘禁或者捆绑，并不以杀害或者重大伤害相威胁的等，基于加害人的行为方式、自然条件、社会关系、血缘亲情等因素，其行为并不具有严重危及受害人人身安全的现实性、紧迫性时，对加害人就不宜实施无限度防卫。

关于无限度正当防卫，有一个问题，就是您所讲的加害人实施的"行凶"这一暴力犯罪如何把握。从文义上讲，刑法将"行凶"与"杀人、抢劫、强奸、绑架以及其他严重危及人身安全的暴力犯罪"等具体犯罪并列，"行凶"就应当属于刑法规定的一种具体暴力犯罪。然而，通观刑法规定，并没有"行凶"罪这一罪名。按照罪刑法定原则，自不存在行凶罪这一暴力犯罪之说。"行凶"在整个刑法典中只在有关无限度正当防卫的规定中出现过，无论是刑法还是具有法律效力的立法解释、司法解释都未对之内涵与外延作出规范，现只能从理论上加以解读。

依照《现代汉语词典》，"行凶"，是指"打人或杀人"。著名刑法学家张明楷教授将之限制解释为："行凶"包含了杀人与伤害，界限不明，但有很大可能造成他人严重的重伤（重大伤害）或者死亡的行为。对于暴力犯罪人造成一般重伤的，不能简单地一律得出属于"行凶"的结论，需要具体情况具体分析。如当时只是想砍掉被害人的拇指时，防卫人防卫造成加害人死亡的，有可能属于防卫过当，而不适用无限度防卫；倘若只是将加害人打成重伤，则属于正当防卫。如此，相对于《现代汉语词典》而言，张教授的解释是限制性的。"行凶"仅限于杀人以及故意伤害致人严重重伤（重大伤害），以及杀人与伤害界限不明但存在大概率致人重大伤害的行为。

问题是，他人实施危及人身的暴力犯罪，加害人与防卫人的身体自然状况相当或没有悬殊差别，加害者徒手殴打，一般情况下得不出严重危及人身安全的结论，但对于持刀的加害暴力，能够确定其就是要砍断自己的拇指而控制防卫行为的伤害程度吗？防卫人此时又怎么判断，是凭加害人事先甚至是在相互争执打斗中"我要砍断你的手指"或者"我要砍死你"等语言判断，还是从加害人砍击的部位判断，防卫人在当时紧急的情况下是否相信，是否能够不慌神作出理性判断，何况加害或者防卫行为若造成了重大伤害甚至死亡的后果，往往就是数十秒钟甚至数秒钟的事。时间如此短促，防卫人尤其是力量与加害人相差较大时，能够准确判断出加害人将要袭击的身体部位吗？如此等等，都是问题。防卫人假使致加害人死亡，被认定防卫过当时，恐怕也会与王浪在法庭上提出"请法官告诉我，以后遇到这种事，我怎么做才是对的"一样的问题。

其实，加害人尤其是在防卫人防卫时说出"我要砍死你"或者"剁掉你的手"等狠话，也并非一定就是他当时真实的意思表示，有的是脱口而出。说"我要砍死你"并非一定就真的要砍死防卫人；说"剁掉你的手"也并非只是剁掉防卫人的手，在相互打斗时完全可能不择刀砍的位置，尤其是在防卫人反抗激烈时，也难以控制，除非两者力量相差悬殊。特别是双方的行为往往是互动的，加害人尽管之前只是想剁掉防卫人的手，然见防卫人反抗尤其是激烈反抗时，就可能心生杀机。因此，要防卫人在对方动刀伤害自己，杀人故意不明显时，要确定是否属于重大伤害后再选择防卫的手段，控制防卫的结果，有时候尤其在防卫人弱小时，在理论上完全可以加以区别，但在实践中却很困难。这也正是，我们在理论上作静态分析，确定某种行为是否属于正当防卫，似乎没有什么障碍，可面临现实生活中发生的案例作动态分析，有时却变得令人困惑、进退维谷而犹豫不决、难以取舍。

上面，我们谈了加害人用刀伤害或欲伤害防卫人的情况。在加害人为徒手伤害防卫人时，一般不能以严重危及人身安全的暴力论处。但也不能绝对化，当加害人身高体壮而受害人非常弱小，加害人完全可以徒手给人造成严重的伤害甚至杀死。这样，加害人要是用力拳击或者脚踹弱小防卫人的重要部位，或者双手用力卡住防卫人的脖子，或者将防卫人打倒后用屁股压住防卫人嘴巴与鼻子等，防卫人用随身所带的水果刀将加害人重伤或者致其死亡的，也可以构成无限度防卫。

为了准确认定"行凶"的行为，《关于依法适用正当防卫制度的指导意见》第15条规定："根据刑法第二十条第三款的规定，下列行为应当认定为'行凶'：（一）使用致命性凶器，严重危及他人人身安全的；（二）未使用凶器或者未使用致命性凶器，但是根据不法侵害的人数、打击部位和力度等情况，确已严重危及他人人身安全的。虽然尚未造成实际损害，但已对人身安全造成严重、紧迫危险的，可以认定为'行凶'。"

八、人格尊严遭受侵害与防卫

谭君： 于欢案中，侵害人的行为突破了人伦底线，人格尊严被侵害，已被司法机关认定构成正当防卫的起因条件。山东省高级人民法院的二审改判称：在母亲被辱约20分钟后，于欢捅刺杜乙的行为，难免带有报复其辱母的情绪，鉴于这一侮辱情节的恶劣性质，在伦理上应当受到严厉谴责，在刑罚裁量上应当作为对于欢有利的情节重点考虑。

最高人民法院在将于欢案作为指导案例的裁判要点中，亦明确指出：防卫过当案件，如系因被害人实施严重贬损他人人格尊严或者亵渎人伦的不法侵害引发的，量刑时对此应予充分考虑，以确保司法裁判既经得起法律检验，也符合社会公平正义观念。

现实中，就人格尊严被侵害而引起的防卫过当甚至正当防卫的案件，达到了于欢案这种人格尊严被侵害程度、可以进行正当防卫的案件应该不多。但是，该案的另一个引起民愤的因素很普遍——违法逼债。在很多刑事案件的认定中，我们看到，违法逼债其实是一个很容易被稀释、被模糊的因素，包括于欢案中，侵害人杜乙向警方解释他们是在讨债，警方似乎就放松了对其已经进行或将要进行的犯罪行为的警惕。对此，您是怎么看的呢？

贺小电：您刚才所谈的，涉及两个方面的重大法律问题：一是人格尊严的尊重与保护问题；二是合法的债权债务保护问题。

前者，涉及的是人格权，按照我国《民法典》规定，它是民事主体享有的生命权、身体权、健康权、姓名权、名称权、肖像权、名誉权、荣誉权、隐私权等权利，以及自然人享有基于人身自由、人格尊严产生的其他人格权益。既包括与生俱来的生命权、身体权、健康权等物质方面或者主要体现为物质方面特性的权利，又包括基于人的天性而为后天赋予的姓名权、名称权、肖像权、名誉权、荣誉权、隐私权等体现为精神生活方面特征的权利。在保障前者即生命权、身体权、健康权等具有物质特性人格权的前提下，维持了温饱、健康、自由等基本物质性权利后，人们对姓名权、名称权、肖像权、名誉权、荣誉权、隐私权，以及基于人身自由、人格尊严产生的其他人格权益等精神方面的人格及其尊严，则更为追求与崇尚。在和平、繁荣时代尤其如此。我国《民法典》将人格权与民法总则、物权、合同、婚姻家庭、继承、侵权责任等分编并列单列成编，就充分反映了人们对人格尊严予以充分尊重的内心需求，也体现了国家及其法律对人格尊严的重视与保护。对人格尊严等的侵害，虽不像物质性权利受到侵犯那样会造成明显的物质损害，然会给受害人带来异常的人格损害，并由此引发精神甚至极端的精神上的痛苦，严重者可能导致精神失常、自杀。于欢案中，杜乙等催债人10多天来多次采取不法方式向苏讨债，并在案发当天采取于办公楼前呼喊、支架做饭烧烤，限制人身自由（身体权之一），污秽语言辱骂，以及将苏头按入坐便器并接近水面，将烟头弹至苏胸前衣服上，在苏、于等人面前裸露生殖器并坐在转椅上转动，脱下于的鞋子让苏闻等方式侮辱苏、于的人格，且抓揪于头发、按其肩部不让起身，用手卡于项部、逼其退至房屋墙角阻止其离开等方式在已经限制其人身自由长达6个小时至晚上10点多而不让离开，欲继续限制其人身自由，无疑已经给苏、于的人格尊严造成了严重的损害。有的行为，在某种程度上已经突破了人伦底线，在常人看来无法接受，自会给苏、于造成极度的精神痛苦，从而造成于欢在警告对方无效后奋起防卫造成1死2重伤1轻伤，自己也由此要身陷牢狱失去自由的重大悲剧。

后者，即在债权保护方面，出于诸如民众诚信度普遍不强，债权人举证困难，诉讼成本高、周期长，且执行难等原因，我的感觉是当一个债权人很难。民间戏称当今的债权人乃系白毛女中的杨白劳，而债务人则为黄世仁，在有些债权债务纠纷中，一点也不过分。有的诉讼，经过一审、二审、再审，有的又经过重审一审、重审二审、再审，短的一年两载，长的数年多载，尚因举证不力输了官司不说，即使赢了官司，也因各种各样的原因无法执行。近些年来，最高人民法院在全国法院系统掀起执行风暴，通过建立被执行人失信制度，对情节严重的老赖采取罚款、拘留甚至追究刑事责任等措施，尽管取得了一些成效，可仍是治标不治本，"欠债还钱，天经地义"等优良的主动诚信承债的传统并未深入人们的头脑，采取转移财产、假离婚、将财产过户至他人名下等恶意逃债的现象还较为普遍。法院系统被执行人失信名单制度，倘若能够切实执行，固然能够发挥其应有作用。然源于社会诚信方面的原因，如限制老赖坐高铁、坐飞机、进酒吧进行高消费等措施，就是因为老赖可以借用他人的身份证，让朋友买车、订酒店等，而社会各部门如高铁进站、酒店住宿、高档餐饮消费时只看身份证，并不核实持有者与所持身份证是否一致而无法落实，老赖依然消费如故，享受快活，可就是有钱不还。我就碰到几个这样的债务人，这样的人，我就认为没有必要为之提供服务而加以拒绝。因为，你的服务完全可能无法得到预期的回报。

另一方面，一些非法的债权人，如发放高利借贷的人则基于"欠债还钱，天经地义"的朴素观念，明知非法债务难以保护，便通过种种方式规避高利借贷的非法性，且因打官司，不仅周期长、成本高，而且打赢了仍可能收不回债权等原因，便进行一些不法的私力救济。所以，在高利贷催债中，采取各种各样的不法手段，可以说层出不穷：暴力拘禁者有之，谩骂侮辱者有之，威胁恐吓者有之，跟踪看护者有之，入宅吃喝者有之，骚扰纠缠者有之，聚众哄闹者有之，强取强占财物者有之，等等，五花八门。具体方式，如贴报喷字、拉挂横幅、燃放鞭炮、播放哀乐、摆放花圈、泼洒污物、断水断电、堵门阻工、设置障碍，等等，有的真令人难以想象。加之，一些高利借贷者贪婪无度，高的年息达到100%以上，少的也有50%左右，逼得不少举债者企业倒闭，年关不敢回家，有的还被迫自杀身亡。于是，高利借贷者在民间印象极差，甚至有着"吸血鬼""蚂蟥"之称。也正源于此,《民法典》和相关司法解释都明确禁止高利贷。

　　然而,在一个还存在着这样或那样问题的环境里,"上有政策,下有对策"的现象并不少见。你要禁止高利贷,他就以"评估费""服务费""咨询费""中介费""保证金""延期费""违约金"等各种各样的名义掩饰;你要禁止抵押流押条款,他就通过自己或者让他人与债务人签订房屋买卖合同的方式在债务人到期未还时将该房屋转让至债务人或者其指定的人名下,从而使得本来起着抵押作用的房屋不会违反房屋抵押流押条款而达到流押抵押的非法效力;你要查银行流水,他便通过银行将钱打给债务人,而卡就在他手上或者债务人就在他身边,然后又将钱打给其指定的人,表面上债务人确实从他手上借了这么多钱,如300万元,其实已经打给他指定的人40万元后实际借的只有260万元;到期未还,便利滚利让债务人重新出具借条,他则再按借条的钱转账给借款人,再通过上述方式将所"借"的款项转给他指定的人抽走。谨慎者,还让指定的人与借款人签订虚假的交易如买卖、服务合同等。你可能会说,这不是有证据吗?问题是,借款人基于高利贷者的手段、身份等往往不敢如实讲出,即使讲出,经过这样层层转出并签订有关合同,指定的人与他人联合作假证,一般的民事法庭根本就无法至少是很难查清有关事实。故,要真正保护合法债权人的利益以及惩治非法债权人,必须强化社会的信用体系建设,利用高科技如大数据等手段从源头上防范老赖者们、"蚂蟥者们"的产生。如让欠债有钱不还者,一旦成为老赖其付出的成本要极为巨大,如较长期间禁止从事一些活动,其诚信信息能供社会享用,使之这一污点能够跟随其终生,对其生活能够长期产生不良影响。这当然又要其他部门极力基于诚信加以配合,不配合者同样必须付出代价。久而久之,久而习之,以期形成良好的诚信守法的良好风气。

　　具体到于欢案,就是高利借贷者为实现其非法债权的活生生范本。按照双方口头约定,月息达10%,年息则达120%。债务人无法还钱时,就受到这样或那样的滋扰侵害,并以侵害于欢母子人格权为主要手段,介于刑事犯罪与民事纠纷界限间的灰色模糊地带,致使出警者往往也认为是民事纠纷尚未构成刑事犯罪而没有处置。然而,结果悲惨,对社会而言是一种极大的损害,于欢差点被处以无期徒刑这样的重刑。好在一些不法的高利借贷之徒已经引起了社会的愤慨,自2015年来也得到了司法机关的广泛重视与关注。高利贷已经为司法解释甚至《民法典》的明令禁止而无效;有关不法催债行为,也作为此次"扫黑除恶"的重点对象加以横扫。于欢也正是在这样一个有利于其行为从宽认定之性质的背景下，能够引起全社会的同情与共鸣，最终在不幸之中的幸运中得到一个难以得到的轻刑判决。可是，即使是5年实际通过减刑低于5年的囚徒生涯，本来也不该发生，何况还有1死2重伤1轻伤的后果而给社会带来住院、治疗等有限的医疗资源的损失；多个家庭数以十人计的痛苦，社会代价不可谓不大。要避免这种现象的发生，如何防范高利借贷者及其不法讨债行为的发生，如何保护合法债权人的利益，不是通过这样一个甚至几个个案就能达到的，而是要依靠全社会的多途径、长时间的努力，真正达到一个遵法守法、诚实信用的法治环境才是重要的。只有那时，人人可以放心借款，欠债还钱，不担心债权没有保证，交易成本也会更低，经济亦会更加繁荣！

九、正当防卫与"僵尸条款"

谭君： 总之，自于欢案二审改判起，"正当防卫"这个一直躺在刑法条文里的僵尸条款，在2017～2018年间成为一个新闻关键词。后面一系列案件，只要涉及先动手的人无理，受害者就可以"反杀"防卫。从舆情看，似乎人们也接受这种结果，并称之为"报应"。人心似乎敞亮了！畅快了！

贺小电： 单从对于欢案的处理结果而言，应该说，超出了我最初的预想（我认为于欢的刑期在10年左右），然它顺应了当前人们的内心要求，满足了潜伏在人们内心深处中的"报应"观念，人心确实是敞亮了，畅快了。可如前所述，整个案件的发生，无论是对于欢自己及其家庭而言，还是对那些高利借贷非法催债者来说，乃至对社会来讲，都是不应该发生的后果极为严重的悲剧，需要加以避免。如此，从全局来看，人心不应该畅快，而应该震惊、反思，为什么会有这样的现象发生？这种现象又怎么从源头上防止？这不是一个简单地在出了事后惩罚就能解决的问题。

还有您说的"正当防卫"是一个躺在刑法条文里的僵尸条款，我想意思是说不应该是这样的，不应该成为摆设，不应该成为装饰，而应该成为一条能够维护真正正当防卫人合法权利的尚方宝剑。如是，没有什么问题。可是，从社会对公平、对正义、对和谐、对美好、对善良等一切真善美的追求及其实现的全局、最高境界来讲，但愿法律条文均为"僵尸"条款而不加以适用，法官也成为摆设，也就是社会人人遵法守法，尊法尚法，凡是规范那些会给国家、社会带来损害的行为及其惩罚性的条款，都不予适用，社会就会更加美好，人们则会更加幸福。到最后，国家、法律等上层建筑均予以消失，以实现共产党人所追求的马克思主义在百多年前就已预言并进行一定设想的共产主义！

尽管现在还达不到，在正义需要使用正当防卫时，我们呼吁使用，满足人们对"法不能向不法让步"秩序理念的追求。可同时，我们不能到此为止，认为实现了个案的公平正义就引为自喜，毕竟这种使用要以已经出现的不法行为乃至损害为前提。我们所要做的是，在使用正当防卫宣扬正义时，要尽力思考寻找到防范并消除那些使得正当防卫使用的前提与基础。换言之，使得不法侵害尤其是严重危及人身安全的重大刑事犯罪行为尽量减少甚至消灭。这样的话，正当防卫就会成为刑法典里睡觉而又有益于社会的"僵尸条款"。

当然，我们否定这样一种现象：防卫人的行为本属于正当防卫，却基于种种原因而不愿不敢适用，或者不当不善适用。否则，就是"法对不法的妥协""法对不法的让步"，从而有悖于社会的公平正义。对于正当防卫以及防卫过当的适用，司法机关采取审慎的态度，无疑是对的。因为防卫人的行为毕竟已经给他人造成了伤害，他人即使不法侵害在先，可其人身权利依然存在，并已受到了防卫人的防卫行为的惩戒。剩下的是对防卫人这一产生损害结果行为的评价，其防卫行为是否正当，损害结果是否在法律允许的范围内，亦需依法界定。倘若评价不当，同样有失公平，并难以达到正当防卫制度的设立目的——通过适度的正当防卫损害不法侵害人的身体健康等权利，使之无法继续进行不法的侵害，以维护防卫人的权益免受不法侵害，同时兼顾对不法侵害人仍旧具有的人身生命健康权利的适度保护。可审慎并不代表着该用而不用。当前，对于正当防卫出现极为严重的损害后果尤其是死亡时，司法人员对于正当防卫的适用常常过于保守。之所以如此，还有一个大家不那么关注的重要原因，就是潜在的重刑主义观念在社会上包括在司法界游荡。将一个致人死亡的防卫人完全排除其行为的社会危害性而以正当防卫处理，甚至作为见义勇为加以评价，以及认定为防卫过当依法减轻处罚如于欢的防卫行为造成1死2重伤1轻伤的后果认定为防卫过当必须在故意伤害罪"3年以上10年以下有期徒刑"的法定幅度内量刑，总担心人家指责自己对罪犯过于仁慈，甚至被人怀疑与防卫人有说不清道不明的关系。是以，过度的报应观及其所表现的重刑主义，认为重刑主义乃是威慑、预防刑事犯罪良方的观念，对于应当入罪依法应当得到轻刑的当事人来说，是一种不公平；对于那些当事人真正需要出罪或者轻刑，如正当防卫或防卫过当就是如此，而以入罪或者重刑代之，则更加不公平。对此，《关于依法适用正当防卫制度的指导意见》第14条、第20条分别规定："防卫过当应当负刑事责任，但是应当减轻或者免除处罚。要综合考虑案件情况，特别是不法侵害人的过错程度、不法侵害的严重程度以及防卫人面对不法侵害的恐慌、紧张等心理，确保刑罚裁量适当、公正。对于因侵害人实施严重贬损他人人格尊严、严重违反伦理道德的不法侵害，或者多次、长期实施不法侵害所引发的防卫过当行为，在量刑时应当充分考虑，以确保案件处理既经得起法律检验，又符合社会公平正义观念。""对于依法认定为正当防卫的案件，根据刑事诉讼法的规定，及时作出不予立案、撤销案件、不批准逮捕、不起诉的决定或者被告人无罪的判决。对于防卫过当案件，应当依法适用认罪认罚从宽制度；对于犯罪情节轻微，依法不需要判处刑罚或者免除刑罚的，人民检察院可以作出不起诉决定。对于不法侵害人涉嫌犯罪的，应当依法及时追诉。"

十、防卫与私力救济

谭君：于欢防卫过当案、昆山反杀案、涞源反杀案、赵宇见义勇为案，在法律本身的范围外，还都有一个共同特点，就是媒体的介入，舆论的关注，导致案件结果的急转及重大变化。可以说，媒体与舆论在上述案件中发挥了非常重要的作用。如此，在一定意义上，媒体与舆论是一些司法不当行为自我纠正的良药。对此，您认同吗？

贺小电：认同，又不认同。

认同嘛，是因为媒体与舆论是社会一种最好的监督。将司法行为置于社会监督之下，司法人员在处理案件时自然会更加慎重，尤其有利于防范与减少故意滥用职权、徇私枉法等司法腐败现象的发生。其实，置于媒体与舆论监督之下，就是将司法行为最大程度上公开。我就经常有过这样的经历，在房里看不见的漫扬灰尘，当一束阳光射进时，在阳光下便会清晰地见到一些微小的灰尘颗粒在空中飘扬。我们都知道，民间有着"半夜三更鬼敲门"的说法，也就是白天不出门，半夜三更才敲门嘛。为什么呢？一切牛鬼蛇神都见不得阳光嘛！所以，新闻舆论的公开性，是一种防范公职人员应为而不为、不应为又为的玩忽职守、滥用职权等不当甚至违法行为的有效手段。一些不当行为被媒体曝光、舆论关注后，马上被纠正，就说明了这一点。当然，不当或者不法行为的预防与纠正，不是一种手段就可以完成的。换言之，媒体与舆论的监督也不是万能药，无法彻底医治不当行为。后者涉及的是一个系统工程，媒体与舆论监督只是这系统的一部分，况且它也有着自身的缺陷与不足，不能滥用。倘若走向极端，又会使事情走向反面，不仅无益于社会，反而会危及社会。一些假媒体人借舆论施压有关部门与人员，借以勒索钱财的现象时有发生，就说明了这点。

不认同嘛，如上所说，媒体与舆论也有着自身的问题。还有，任何行为包括司法行为都有其自身的规律与特点，都要按照自身的规律由专司有关事务的公职人员依法作出判断，不能受媒体与舆论左右；后者不能对有关部门的结论指手画脚，更不能要求有关部门应当如何如何做，不应当如何如何做，不然就变成了媒体与舆论审判了，从而异变成为一种危害性更大的"审者不判""判者不审"。而且，媒体与民众，并未看阅案卷，不了解事实的全面真相，加上容易情绪化、人云亦云，还因为舆论、民众本身没有严格量的界限，容易泛化，并为人操纵使用。假使司法行为不是根据自身行为规律依法审慎作出的正确认定，而是屈从于媒体与舆论的意志，即使个案得到了公平与正义，也并非真正的公平与正义。现在，一些司法人员，尤其是领导，一听到有人反映，或者看到当事人发一短信说案件有问题，便兴师动众，倒查法官，致使法官诚惶诚恐，不敢作为，从某种意义上来说，就是担心舆论炒作，这样的心态下又怎么保证案件处理的理性及公平公正呢？又怎么保证案件的处理不去迎合、屈从那些爱吵爱闹尤其是借助网络、媒体、舆论而给司法机关及其司法人员施压的当事人呢？

回到正当防卫的话题上来，正当防卫与国家机关对违法犯罪行为的惩罚，有什么本质区别呢？依我看，两者都是通过对违法犯罪人的权利依法给予适度的损害，来避免危害社会的违法犯罪行为发生。前者是事中依法适度损害加害人的人身健康等利益，使之无法实施正在进行的加害行为，达到个案中避免危害结果发生的目的；后者则是事后依法适度损害，如给予罚款、行政拘留等行政处罚，或者没收其财产、剥夺其自由甚至生命等刑罚让之无法加害社会（特殊预防），而且教育警诫欲行犯罪之人，以达到预防他人犯罪（一般预防）的功能。这样，两者都是对违法犯罪行为从适度否定加害人的权利而对不法行为的相对人进行的救济。只不过一种是通过私力即依靠自身或者他人出于人的本能，不以国家权力作后盾的私力救济；一种则是由国家组织的专司其职的国家行政、司法机关以公权力为后盾所进行的公力救济。就本质来说，正当防卫就是一种刑法所认可的私力救济。从广义上讲，私立救济还包括民事上的谈判、调解、和解、仲裁等。民事上的私力救济，不会涉及人身和财产上的重大损失，而且出于自愿的让步与妥协，危害性可控，有益于社会，为社会所广泛认可和接受。刑事上的私力救济，是一种以适度损害加害人利益的强力救济，会发生损害加害人人身及其健康等甚至人身伤亡的后果，需要严格其条件，并审慎作出处理，不能让之泛滥。泛滥的后果就是无法得到有效控制同样会使社会秩序遭受损害甚至重大损害。

其实，正当防卫的原始基因，与血亲复仇、同态复仇有关。同态复仇作为原始社会就已经形成存在的一种习俗，是指当氏族部落成员遭受其他氏族部落成员的伤害时，则对后者施以同样的伤害。早期奴隶社会也有这种规定，如《汉谟拉比法典》规定，自由民损坏自由之子的眼睛，"应毁其眼"；自由民折断自由人之子之骨，应"折断其骨"；自由民击落自由人的牙齿，应"击落其齿"。《圣经》记载的古希伯来人对待他人加害自己的救济原则就是："以命还命，以眼还眼，以牙还牙，以手还手，以脚还脚，以烙还烙，以伤还伤，以打还打。"当今的"杀人者偿命"的报应观就是同态复仇观念一定程度上的折射。血亲复仇，则是基于家庭血缘关系这一纽带，认为对家族中的某一人的伤害，乃是对整个家族及其成员的侵害，家族成员便可以针对加害人家族成员实施复仇。儒家经典《礼记·曲礼》就称："父之仇弗与共戴天，兄弟之仇不反兵，交游之仇不同国。"《春秋公羊传》亦说："不复仇，非子也。""父不受诛，子复仇可也。"这样，无论是我国古代还是西方古国，都曾上演过许许多多的私力同态复仇的故事。伍子胥父亲被楚平王冤杀，伍子胥逃到吴国，指挥练兵并攻占楚国后，还将楚平王尸体挖出鞭抽300以雪其恨；荆轲刺杀秦王被反杀，其友高渐离又潜入秦国行刺要为之复仇，等等。一些农村地区存在的家族之间甚至村与村之间的私斗，也是这种同态复仇、血亲复仇的某种程度上的反映。

无论是古代还是现代，不法侵害实际发生前，不存在对之防卫的问题，由此产生的所谓防卫行为属于不当的违法甚至犯罪行为，固然为法律所禁止。如前所述，在古代曾经承认过血亲复仇等私力复仇，后来越来越限制其适用，同时扩大公力救济的范围。

在现代社会，国家则完全禁止私力复仇，不法侵害行为结束后，即使造成受害人伤残甚至死亡等严重后果，常人看来乃十恶不赦，也不能由个人包括受害人及其亲戚朋友对之复仇，任何个人都不得私下处置，不得采取不法的方式进行私力救济。除刑法规定的告诉才处理的犯罪，被害人有证据证明的司法机关没有对加害人追诉的轻微刑事犯罪，以及被害人有证据证明对被告人侵犯自己人身、财产权利的行为应当依法追究刑事责任，且有证据证明曾经提出控告，而公安机关或者人民检察院不予追究被告人刑事责任的行为，受害人可以依法通过向人民法院提起刑事自诉的方式要求追究加害人的刑事责任外，其他犯罪行为只能由国家调查、司法机关依法进行追诉，通过调查、侦查、起诉、审判的法定程序进行，对加害者判处徒刑甚至死刑等制裁，通过对加害者的公正处罚让受害人及其亲属等得到抚慰和平静。当然，同时允许受害人与加害人及其亲属之间采取调解、和解等民事方式进行私力救济，但不允许采取不法侵害尤其是暴力犯罪给加害人及其亲属以人身、财产等损害的方式进行所谓的私力报仇雪恨。

可是，无论国家政权多么强大有力，惩治违法犯罪行为的效率多高多强，了解知悉不法侵害的信息手段多么发达，其政权组织的末梢不可能对所有正在进行的不法侵害都能够及时灵敏感受并能迅速作出反应，立即能够到达现场制止加害人的不法侵害。有些不法侵害给受害人造成损害甚至人身伤亡的后果，可能就在几分、数十秒或者数秒钟内发生，等到警察赶到时，不法侵害已经完成，悲剧已经发生。鉴于人天生的趋利避害、对于不法侵害有及时反击或者躲避而免受伤害的本能，正所谓"人不犯我，我不犯人；人若犯我，我更犯人"嘛！同时鉴于及时制止这种不法侵害继续进行的需要，对于正在进行的不法侵害行为，法律允许受害人可以采取正当防卫，包括给予加害人必要的伤害，使得不法侵害无法得以继续，防卫人的合法权益由此得到保障，在一定范围一定程度地存在，确有必要。

十一、防卫之衡

谭君：如您所说，防卫无论是正当防卫还是过当防卫，本质上都属于国家法律允许范围内所进行的私力救济，那么，怎么保证这种私力救济的合理适度适用而不至于滥用呢？

贺小电：如前所述，法律允许受到不法侵害的人在不法侵害开始及之后进行的事中进行防卫，虽有其必要性，然应看到，这种防卫可能造成加害人的人身损害。侵害人对防卫人尽管进行不法侵害的行为，但其合法的生命权、人身权等依旧存在，不能因为其在实施着不法侵害的行为，就可随意否定、剥夺其所拥有的权利尤其是生命权、身体权。对加害人的这些权利的剥夺只能通过正当的司法程序进行，法律允许受到不法侵害人在紧急情况下基于人的本能及时制止不法侵害的需要进行正当防卫，纵使可以牺牲加害人的一些权利，也要将之控制在适度的范围内，即不得明显超过必要限度。否则，明显超过必要限度给加害人造成不必要的重大损害，其正当防卫就会发生质的转变，从有益于防卫人、社会的正当防卫行为变成不利于防卫人、社会而要受到惩罚的防卫过当行为，要受到法律制裁付出失去自身自由等权利的代价。这是因为，明显超过必要限度给加害人造成重大损害的防卫行为，同样具有社会危害性，不仅加害人及其家人遭受不必要的伤残、死亡所带来的痛苦，而且要耗费社会有限的医疗等社会资源，同时因为防卫时的紧迫性，往往难以控制自己防卫行为及其后果的轻重程度；因为受到侵害所产生的愤怒等负面情绪可能引发故意加重伤害加害人的故意；以及加害行为与防卫行为的互动可能使得加害人的犯意行为、防卫人的防卫意图发生向更为严重的无法控制的方向发展；有时还可能为处于强势的一方所滥用，借弱小方不法侵害在先假以防卫之名来加重本不应有的损害结果。

其实，正当防卫是在一定条件下将对加害人的惩罚权在紧急情况下让与防卫人行使，由防卫人判断，没有任何程序保障防卫人当时出于理性判断及其实施适度损害加害人权益的手段的适度性，司法机关后来的判断也往往是一种推断，特别是加害人死亡又无他人在场、现场录音录像、防卫人身上没有重大伤害且死无对证的情况下，更难以判断。

还有，防卫人在遭受不法侵害时，除非力量远比加害人强大，不然出于恐惧、愤怒等情绪也难以理性判断或者有效控制防卫行为的损害后果。也正因为如此，其对明显超过必要限度的重大损害结果出于过失。倘若在平常，他完全可以作出该重大损害结果是否会明显超过必要限度的理性判断。但在情况危急之下容不得他多想而出于本能反击时，则因为恐慌、惊吓、紧张等负面情绪无法作出正常的理性判断。

故，对于这种本质上依然属于私力救济，没有合法程序保障其当时出于救济的理性、适度性而有效控制在正当防卫的范围内的防卫行为，还是需要严格其条件，并要求给加害人造成损害的结果必须在法律允许的必要限度即不能明显超过必要限度的重大损害的范围内。当然，对于严重危及人身安全的杀人、抢劫等的正当防卫而给加害人造成的人身伤亡，乃为正当防卫所需要，从而并不归属于明显超过必要限度的重大损害的范围内。

另外，还要看到，对实施不法侵害行为的加害者进行正当防卫，从结果上来讲，大致存在4种可能：一是正当防卫人通过较轻的损害或者没有损害的方式有效控制了加害人，这种情况往往是防卫人的力量、技巧等与加害人的力量等较为悬殊，或者防卫人较多、现场得到他人帮助，加害人基于恐惧等各种各样的原因而主动放弃；二是正当防卫人因为弱小等原因，仍然遭受不法侵害，防卫未能达到应有的效果；三是正当防卫者制止了不法侵害，给加害人的损害后果即使为重大损害，也没有明显超过必要限度；四是正当防卫者制止了不法侵害，然给加害人造成了明显超过必要限度的重大损害后果，本来属于正当防卫的有益行为转化为防卫过当的犯罪行为，自己也要遭受失去自由的法律惩罚。显然，第1种、第3种情况，是实施正当防卫的理想状态。特别是第1种情形，更是两全其美，正当防卫人没有受到或者受到较轻的损害，加害人因为正当防卫行为导致其犯罪行为无法继续，犯罪结果没有出现，其意图没得逞而属于未遂可能遭受更轻的处罚，因而值得提倡与鼓励。第2种情形一般是受害人弱小、对自己不利等因素而使自己根本无法有效实施的正当防卫，这种防卫还可能激发加害人本来只是想实施较轻的侵害而转变为较重甚至杀人的侵害，使得犯罪后果更为恶化，不利于正当防卫人的保护。当然，加害人本来就有将防卫人杀死或者实施抢劫、强奸等严重危及人身安全的暴力犯罪行为的故意，防卫人即使弱小无法有效反击，不论结果，出于本能都要求正当防卫。第4种情形，则是一种加害人与防卫人两方俱损的结果：加害人受到了不应有的重大损害，防卫人为此要受到司法机关的追究而付出自由的代价，固然要受到否定，更不能提倡与鼓励。如此，我们所要提倡与鼓励的正当防卫，不仅要从道义上倡导"该出手时就出手"，而且要从能力上提倡"能出手时才出手"。没有"能力出手"，除非面临的是对自己实施的行凶、杀人、抢劫、强奸等严重危及人身安全的暴力犯罪行为，有必要作生死存亡的殊死反抗的情况。当然，对于不应予以提倡的正当防卫情形，也要承认其正当防卫的必要性、合理性，充分保护正当防卫者或者防卫过当者的合法权益，不能因为不予提倡又走向另一极端而认为需要完全否定。我们所要否定的，乃是此时的正当防卫或防卫过当的消极的一面，对其积极的一面则依然需要加以肯定。

对于不法侵害尤其是犯罪行为的有效制止，需要强化对犯罪的预防，以及国家法律制度的健全、司法机关高效运行等来实现。像于欢案中出现的高利借贷，现实生活中屡见不鲜，然通常都认为只是一般的民事纠纷，在于欢母子10多天遭受多次甚至连续的人格侮辱、自由遭受侵犯，且因为于母无法偿还高利借贷的事实，根据生活经验，高利贷者不会罢休，还会继续进行不法侵害，作为常人难以忍受可能加剧事态恶化的情况下，警察每次接受报警后虽及时出警，然没有引起重视，未采取有效措施将两者分离。我认为催债者的上述行为已经构成扰乱公共秩序，应当根据《治安管理处罚法》第23条第1款第1项"扰乱机关、团体、企业、事业单位秩序、致使工作、生产、营业、医疗、教学、科研不能正常进行，尚未造成严重损失的"，处5日以上10日以下拘留，可以并处500元以下罚款，而非一起简单的债务纠纷。可以说，这在法律的规定上及其有关行为的认识上均出现了空隙与误区，这也正是高利借贷能够规避而采取一些轻微暴力甚至伤害人格尊严的软暴力得以猖獗实施以获取巨额不法利益的重要原因。好在已经引起社会、国家的高度重视，禁止高利贷已入《民法典》，采取各种不法方式尤其是暴力包括软暴力方式的高利贷催债者已经被列入黑恶势力而被加以除扫。可面对巨额的利益，铤而走险的高利贷者仍会采取各种各样的方式规避法律禁止性的规定，需要司法机关完善有关证据规则及其认定标准，以尽量减少借种种五花八门的手段来加以掩盖的高利借贷现象的发生。

对于于欢等案因为媒体介入适用正当防卫实现了个案公平正义的同时，也不能只看到正当防卫鼓励人们同不法分子说不，使得难以见到的见义勇为得到鼓舞的积极一面，同时也应看到正当防卫毕竟属于私力救济的范围所具有负面而需要注意防止、尽量控制的消极一面。同时，即使是倡导、鼓舞，对于这种涉及法律的适用，也应由专司其责的司法机关通过正常的程序，依法审慎的结论来发挥法律规范的引导、调整人们行为，改变社会不良观念、风俗、习惯及行为，提倡、强化社会善良观念、风俗、习惯及行为，媒体只能宣扬正确的司法行为与结果，而不能直接通过否定司法行为及其结果而要求司法机关应该怎样或不应该怎样来宣扬某种与法律有关的观念及其行为，更不能通过民意来施压于司法机关来实现自己所认为的所谓公平正义。我们应该相信，在媒体与舆论的监督下，司法机关能够按照司法本身的规律作出准确的审慎判断，以实现法律调整、引导社会良好风尚、行为的功能。只有这种倡导，其功能才是巨大的，才是法治需要的。

还记得，过去在大街上，尤其是国庆、元旦等节日，经常可以见到遮挡牌照的长长一列婚车，但在严厉的遮挡牌照处罚规定出台及其严格的执法后，便再难以看到这种现象的发生。

还有酒驾，作为喝酒之人，我总认为酒后驾车难以控制，可通过对酒驾严厉的行政处罚甚至刑事处罚，虽未完全杜绝，然"喝酒不开车，开车不喝酒"已经成为社会共识，并为绝大多数人所接受。

"杀人者并不一定偿命"，在死刑适用日益严格控制而大大减少的情况下，社会对于许多并未因为血案判处极刑，有的甚至判处有期徒刑的情况，日益表现为理解并予以接受，刑事和解，得到被害人家属谅解的现象为此也越来越多，社会从而变得更为宽容与和谐。

同样，昆山反杀案、涞源反杀案、赵宇见义勇为案等所倡导的正当防卫行为，以及其他需要倡导的与法律行为有关的良好风尚及其行为，亦需要通过完善的法律规定，理性的司法行为，媒体与舆论的有效监督等共同的良好的各司其职的互动来实现，进而使得我国的法治更为完善，更为成熟，更为文明，以为国家的繁荣与昌盛奠定好坚实而稳固的法治基础！

第二章

刑罚之威

一、商业奇才袁宝璟的注射死刑

袁宝璟，1966年2月16日出生于辽宁辽阳，1989年毕业于中国政法大学。1992年注册成立北京建昊实业发展公司，启动资金20万元。其中，10万元用于购买优质"小黑麦"专利，5万元向农民租种300亩地，然后购买化肥、农药，并老老实实除草，安安心心种地，实实在在地当了半年农民后，黑小麦成熟，麦种很快占领全国市场，由此掘得第一桶金，获利200多万元。随后便转向股票、债券市场，1994年离开股票市场后，则采取并购方式吞下60多家企业，成为"收购大王""商业奇才"，有"北京的李嘉诚"和"中国股票第一人"之誉。1996年，袁的资产达到30多亿元。30岁时捐资1000万元在全国高校设立著名的"五四奖学金""建昊奖学金"；31岁时当上了当时全国最年轻的上市公司董事长，32岁时成为我国首位"世界青年创业者大奖"得主。

1996年秋天，袁宝璟与哥哥袁宝琦及20世纪90年代初相识并合伙炒股的汪兴在北京碰头，提到在四川成都炒期货时，损失9000余万元，怀疑是四川商人刘汉串通证券交易所修改规则所致。汪兴便提出安排人去打刘汉，得到认可。尔后，由袁宝璟出资16万元让袁宝琦交给汪兴。1997年，受袁宝璟等人指使的"杀手"枪杀刘汉未果。1997年以来，汪兴多次向袁宝璟借钱遭拒，便开始以打电话、写信举报袁宝璟的违法犯罪事实相威胁，引起袁宝璟的极大不满，并产生了杀死汪兴的想法。袁宝璟在向袁宝琦说了想法后，得到支持。2003年10月4日晚，受袁宝琦具体指使的袁宝福与袁宝森携带猎枪到汪家附近等候，在汪兴开门进楼时，袁宝森持枪近距离对汪兴开了2枪，汪当场死亡。

2006年1月13日，辽阳市中级人民法院一审公开宣判，以故意杀人罪判处袁宝璟、袁宝琦、袁宝森死刑，袁宝福死缓。同年3月17日辽宁省高级人民法院宣判，驳回袁宝璟等人的上诉，维持原判，同时根据最高人民法院的授权，核准袁宝璟、袁宝琦、袁宝森的死刑。宣判时，袁宝璟当场表示："我不服，我要检举！"15分钟后，他在辽阳市被以注射的方式执行死刑。

二、"潜底"富豪刘汉的枪决死刑

刘汉，1965年10月25日出生于四川广汉，原四川汉龙（集团）有限公司董事局主席，在20世纪八九十年代，通过木材运输和建材等贸易获得第一桶金；1994年在期货市场中一战成功，跻身于亿万富豪之列；1997年成立四川汉龙集团，分别持有境内、境外上市公司1家、4家，拥有全资及控股企业30多家，资产高达400多亿元，曾被《福布斯》称为"潜在水底的真正富豪"，并当选为四川省政协委员、常委。

1993年起，刘汉、刘维伙同他人以四川汉龙集团等公司、企业为依托，组织、领导具有黑社会性质的组织，人数众多，结构稳定，骨干成员基本固定，刘汉、刘维系组织者、领导者，并有唐先兵等9名骨干分子，张东华、田先伟等21名一般成员。为树立其非法权威，维护其非法利益，为非作恶，欺压、残害群众，该黑社会性质组织有组织地实施了故意杀人、故意伤害、非法拘禁、非法买卖枪支、非法持有枪支、敲诈勒索、故意毁坏财物、妨害公务、寻衅滋事、开设赌场、窝藏等数十起犯罪活动以及随意殴打他人、聚众赌博、串通拍卖等11起违法行为，造成8人死亡、多人受伤等极其严重的危害后果。同时，通过实施违法犯罪活动及利用国家工作人员的包庇和纵容，称霸一方，在四川省广汉市、绵阳市、什邡市等地形成重大影响，并对广汉市的赌博游戏机行业形成非法控制，严重破坏了上述地区的经济秩序和社会生活秩序。

2014年5月23日，刘汉、刘维等36人组织、领导、参加黑社会性质组织罪以及故意杀人罪等案件，由湖北省咸宁市中级人民法院一审宣判，数罪并罚，对刘汉、刘维决定执行死刑。

2014年8月7日，湖北省高级人民法院二审宣判，维持一审对刘汉、刘维执行死刑的判决。

2015年2月9日，经最高人民法院核准，并遵照最高人民法院院长签发的执行死刑命令，咸宁市中级人民法院依法对刘汉、刘维、唐先兵、张东华、田先伟验明正身，押赴刑场，以枪决方式执行死刑。

三、古老沧桑的刑罚家族

谭君：刑罚，在新中国成立前，有哪些种类呢？

贺小电：在奴隶社会、封建社会，均以五刑为主，并辅之以其他诸多刑罚。

奴隶社会的五刑为：大辟、膑、宫、劓、墨，均为肉刑，构成这一时期的主要刑罚。

五刑中的大辟，在隋之前乃死刑的通称，隋唐之后则不再称大辟，而称为死刑。

膑刑，又称剕、刖，有膑辟、膑脚、膑罚之别。其中，膑辟，断足的酷刑；膑脚，砍去膝盖骨及以下的酷刑；膑罚，剔去膝盖骨的酷刑。

宫刑，又称蚕室、腐刑、阴刑和椓刑。汉代孔安国云："宫，淫刑也……男子之阴名为势，割去其势与椓去其阴，事亦同也。妇人幽闭，闭于宫，使不得出也。"男的"去势"即阉割男子生殖器，没有异议，至迟在殷商时期已经存在。"幽闭"，开始于秦汉，行刑方式说法不一：有的说是监禁，也有的说是用木棍、木锤捣击妇人腹部（或腰部）造成子宫脱垂，封闭内腔而丧失生育能力；还有的说，利用针线绳索将女子外阴缝闭起来，故又称缝阴术或锁阴术，等等。

劓刑，即割去鼻子。

墨，又称黥，即在额头、脸部等处刺字，然后涂上墨色，而不让褪色。

此外，还有鞭刑（用荆条抽打犯人背部）、聎（割去耳朵）等肉刑；髡（剃光头发）等羞辱刑；以及流刑（将罪犯流放到边远偏僻的地方，先作为宽恕同族人所犯五刑之罪的处罚，后则用于所有罪犯）、赎刑（允许罪犯用金钱或者财产来赎刑，但主要适用于疑难案件和贵族犯罪）等。

谭君：您上面介绍了我国古代奴隶社会的刑罚，那么，封建社会的刑罚又是什么样子呢？

贺小电：封建社会的五刑为：笞、杖、徒、流、死，构成了这一时期的主要刑罚。

　　秦朝时，仍然以黥（墨）、劓、斩左趾、斩右趾、宫刑等肉刑、死刑为主，并继承了髡、耐（剃去鬓须2年的刑罚）等羞辱刑，还有笞、杖、徒刑、流刑，以及赀刑（赀甲、赀盾、赀徭）——强制犯人缴纳一定财物或服一定徭役的刑罚等。

　　汉文帝十三年，即公元前167年，下诏废除除宫刑以外的肉刑。黥改为髡钳为城旦舂（男剃去头发、颈上戴着铁制的刑具做4年的"城旦"苦役；女做4年舂米的苦役）；劓改为笞三百；斩左趾改为笞五百，斩右趾改为弃市。因笞数太多，受罚者不少死亡，汉景帝两次减少笞数，笞五百改为笞二百；笞三百改为笞一百。斩右趾改为弃市，扩大了死刑的适用范围，东汉明帝又改回为斩右趾。这样，两汉肉刑有宫刑和斩右趾。

　　此外，汉代继续沿用笞、杖、徒、流、财产金、赎刑等，还增设了禁锢刑，即禁止官吏结党，对有朋党行为的官吏及其亲属，给予终身禁止为官的处罚。

　　三国两晋南北朝时期，西魏和北齐明令禁止使用宫刑，应宫者没为官奴婢，宫刑至此废除。流刑原作为死刑的减等之刑，不属于常刑，在北魏时期正式确定为法定刑。至北齐、北周，确立了由死刑、流刑、徒刑、鞭刑、杖刑为主的新五刑。

　　在隋朝，隋文帝开皇元年（581年）命大臣高颍、郑译、杨素"更定新律"；开皇三年（583年），以"权衡轻重，务求平允，废除酷刑，疏而不失"为主旨又命苏威、牛弘进行第二次改革，订出著名的刑律《开皇律》12篇：废除诸多酷刑，将死刑法定为绞、斩两种。对此，隋文帝明确说："绞以致毙，斩则殊刑，除恶之体，于斯已极。"废除宫刑、鞭刑，并轻重有序、规范而完备地首次正式确立了封建制的五刑体系，即笞、杖、徒、流、死，自此直至明清，一直为历代封建王朝所继承，成为其法典中的一项基本制度。其中，笞，是用小荆条或小竹板抽打臀、腿、背部；杖，则是用大荆条或大竹板抽打臀、腿、背部。

　　唐朝，死刑、流刑适用罪名和笞、杖数目大为减少，刑罚适用更是以从轻为度，从而成为我国古代社会"得古今之平"刑罚中的典范。

　　宋朝，将五代时期的法外刑凌迟作为法定刑种，另设置刺配刑，创设折杖法。

　　其中，刺配刑，乃是宋太祖为宽恕杂犯死罪而立刺配之法，以刺面、流配且杖脊作为免予死刑的代用刑。其中，杂犯死罪，与真犯死罪相对。《唐律疏议》曰："其杂犯死罪，谓非上文十恶，故杀人、反逆缘坐、监守内奸、盗、略人、受财枉法中死罪者。"王明德曰："盖杂者，杂犯死罪，准徒五年，非真斩真绞也。杂，对真言，真犯死罪，自十恶而外，强盗、人命采生、折割蛊毒魇魅诸项，凡为常赦所不原，即旧律内，著以监候，及立决者，皆是。"如此，真犯死罪，乃指严重危害封建统治及伦理道德，不可原宥，必须依法处决的死罪；杂犯死罪，是指对封建专制统治影响不十分严重的，并非一定不可原宥，从而在执行中通常减等为流刑、徒刑，并可赎免，不必一定处死的死罪。后来，经宋、元至明，法律对某一罪是真犯死罪（又称真犯、真死）还是杂犯死罪（又称杂犯、杂死）作了明确规定。

折杖法，是指宋太祖建隆四年（963年）创立的将流、徒、杖、笞等刑罚折合为相应的脊杖或臀杖。具体为：笞杖刑一律折换成臀杖、徒刑折换成脊杖、流刑折换成脊杖并杖后就地配役1年、加役流则脊杖20并就地配役3年。《宋史·刑法志》曰："太祖受禅，始定折杖之制。""徒、流、笞通用常行杖，徒罪决而不役。"于是，流罪可免远徙，徒罪可免役年，笞杖可减决数。

元朝初期，适用习惯法，后逐渐过渡为封建五刑，死刑分为斩、凌迟，无绞刑。但仍保留许多习惯法，包括一些肉刑，如盗窃，"初犯刺左臂，再犯刺右臂，三犯刺项。""强盗初犯即须刺项"（蒙古人不受此刑）。为了维护僧侣的特权，规定"殴西番僧者截其手，置之者断其舌"。

另设立警迹人制度：凡犯盗窃或强盗初犯、罪不至死者，在其项、臂刺字，列入特殊户籍，在其家门首立红泥粉壁，上开具姓名，犯事情由，由邻居监督其行止，且每半年同见官府接受督察。5年不犯者除籍，再犯者终身拘籍。

明朝，继袭笞、杖、徒、流、死五刑。死刑除斩、绞之外，增加了凌迟，恢复了枭首示众。另有一些"剥皮实草""灭十族"、戮尸等死刑执行方法。徒刑、流刑则附加杖刑。

此外，增设了充军、枷号、迁徙、廷杖等刑罚。

其中，充军，是指将犯人发配到边远地区从事强迫性的屯种或充实军伍的一种附加刑罚，不以充军为本罪，介于死刑与流刑之间。按发配的远近有极边、烟瘴、边远、边卫、沿海附近等；按充军的期限有终身（本人毕生充军）和永远（本人死后由子孙亲属接替）2种。

枷号，是指让犯人于监狱外或官府衙门前上枷标明罪状示众的一种刑罚，兼具肉刑与羞辱刑的特性。枷重二三十斤到150斤不等；刑期为1月、2月、3月、6月和永远5等。

迁徙，则是强迫罪犯举家迁居千里之外的一种刑罚。

廷杖，是指对违抗皇命的朝中官吏在朝廷的殿庭前直接施以杖刑的法外刑罚。最早始于东汉明帝，《后汉纪》曰："明帝时，政事严峻，九卿皆鞭杖。"金、元普遍实行，但形成一种制度，则在明朝。它有"用心打"与"着实打"之分。究竟采用何种打法由监刑官按照皇帝的密令进行，如监刑官脚尖张开，就"着实打"，可能导致残废；监刑官脚尖闭合，就"用心打"，受刑者必死无疑。至于廷杖本身，一般由栗木制成，击人的一端削成槌状，且包有铁皮，铁皮上还有倒钩。

清朝，基本沿用明刑。

斩立决源于汉代，指对于那些性质比较严重、案情属实、适用法律适当而无疑问的案件，判处斩刑或者绞刑，在当年秋分以后执行，称为"斩立决"或"绞立决"。对于尚有疑问或是有矜免情节的案件，则判处监候，称为"斩监候"或"绞监候"，不在当年处决，而是暂时监禁，留待来年秋审再作判决。在明清时期，"斩立决"，则是指判处斩刑而不经秋审、朝审核定便立刻执行，加以正法；对判处死刑不立即执行者，暂行监禁，等候秋审、朝审复核的称为"监候"。

清朝的充军，与明律不同，它作为流罪的加重刑，要以充军为本罪，属于独立的刑种，不连带家人，情节轻的可"更赦放逐"，不必"永远"。

创设发遣刑罚，它是指将犯罪人发往边疆地区给驻防八旗官兵为奴或当差的刑罚，没有皇帝的命令，终身不得开脱，比充军更重，多适用于政治犯如文字狱案犯。

此外，还有一些千奇百怪的无法想象的肉刑，如灌（贯）鼻和灌（贯）耳，用铁链穿透鼻腔和耳朵；插针，用针插手指甲缝，常用于女囚；鼓刑，让罪犯背着一口大鼓，后面行刑手用力敲打鼓面，鼓面破了往往再换，直到将受刑人震倒时止；拶刑，夹犯人手指头，故又称拶指，等等。

谭君：那么，对于刑罚，我国现有刑法规定是怎么规定的呢？

贺小电：按照我国刑法的规定，刑罚可以分为主刑与附加刑。前者包括管制、拘役、有期徒刑、无期徒刑及死刑；后者包括罚金、剥夺政治权利、没收财产。

对于犯罪的外国人，依法可以独立适用或者附加适用驱逐出境，但驱逐出境不属于附加刑。

四、死缓、缓刑与刑罚家族成员

谭君： 在现实生活中，我们经常听到某人被判处死缓、缓刑，死缓、缓刑难道不属于刑罚吗？

贺小电： 死缓，作为现实生活中对"死刑，缓期二年执行"的简称，属于死刑的一种执行方式，并不属于法律规定刑罚的种类之一。它是指，对于那些所犯罪行极其严重应当判处死刑的犯罪分子，但不是必须立即执行的，可以判处死刑同时宣告缓期二年执行。缓期执行死刑，意味着还可能继续执行死刑。在缓期执行的二年内，要是故意犯罪且情节恶劣的，则仍要执行死刑，故死缓并不属于刑罚的一种，而仅仅是执行的方式；在缓期执行的二年期间，如果没有故意犯罪，则不再执行死刑，依法对之减刑，即二年期满以后，减为无期徒刑；如果确有重大立功表现，二年期满以后，减为25年有期徒刑；在缓期执行的二年期间，要是再故意犯罪但情节不属恶劣的，则死刑缓期执行的期间又重新计算。

至于缓刑，又有战时缓刑与非战时缓刑之分。非战时缓刑，就是通常所指的缓刑，是指对判处较轻刑罚的犯罪分子就所判处刑罚的有条件不执行，属于刑罚的一种具体运用方式。具体是对被判处拘役、3年以下有期徒刑的，同时满足犯罪情节较轻、有悔罪表现、没有再犯罪的危险、宣告缓刑对所居住社区没有重大不良影响等4个条件的犯罪分子，可以宣告缓刑；对其中不满18周岁的人、怀孕的妇女和已满75周岁的人，则应当宣告缓刑。但对于累犯和犯罪集团的首要分子，不适用缓刑。

宣告缓刑，只是对之判处的刑罚暂时不予执行，它仍然具有执行所判刑罚的可能性，从而不属于一种新的刑罚，也是刑罚的一种具体运用方式。它要求对犯罪人设定一定的考验期限，只要他在这设定的考验期限内，依法实行社区矫正，并在缓刑考验期限内没有犯新罪，且无违反法律、判决确定的有关缓刑考验期间内所设义务情节严重等的情形，那么，缓刑考验期满，原判的刑罚就不再予以执行。

当然，宣告缓刑，并不意味着完全放任不管。毕竟他还是被判处刑罚的犯罪分子，还没有执行完毕刑罚。暂时不执行刑罚，为之设立一定的考验期限，自然需要给之设定一定的义务，不然怎么对之进行考验呢？这些义务，既有法律明文规定的，如《刑法》第75条规定，应当遵守法律、行政法规，服从监督；按照考察机关的规定报告自己的活动情况；遵守考察机关关于会客的规定；离开所居住的市、县或者迁居，应当报经考察机关批准，又有审判机关根据法律规定"可以根据犯罪情况，同时禁止犯罪分子在缓刑考验期限内从事特定活动，进入特定区域、场所，接触特定的人"。在缓刑考验期限内，被宣告缓刑的人"犯新罪或者发现判决宣告以前还有其他罪没有判决的漏罪"，或者"违反法律、行政法规或者国务院有关部门关于缓刑的监督管理规定，或者违反人民法院判决中的禁止令，情节严重的"，则应当撤销缓刑，依法数罪并罚，或者执行原判所判处的刑罚。

此外，被宣告缓刑的犯罪分子，如果被判处附加刑，附加刑仍须执行。

谭君：那战时缓刑，又是怎么回事呢？

贺小电：战时缓刑，是在战时针对判处3年以下有期徒刑且没有现实危险宣告缓刑的犯罪军人，允许其戴罪立功，确有立功表现时，则依法撤销原判刑罚不以犯罪论处的情形。

战时缓刑，与上述缓刑在适用时间、适用对象、适用条件、考验事项以及适用后果等都不相同。法律后果乃是被宣告缓刑的犯罪军人不以犯罪论处，而不是对其判处刑罚的不予执行。对其判处的刑罚不予执行，仍然认为被宣告缓刑的人构成了犯罪，即还是要以犯罪论处；而被宣告缓刑的军人，如果满足了法律设置的考验条件，即具有立功表现时，则根本不以犯罪论处。至于不以犯罪论处的考验条件，则是被宣告缓刑的军人要具有立功表现，要是没有立功表现，则仍然要以犯罪论处。

五、刑罚效力与境外犯罪

谭君：从古到今，任何人都得面对刑罚，受刑罚处罚者，会感受到刑罚给之带来的痛苦；未受刑罚处罚者，会想象到接受神秘刑罚处罚的痛苦而感受到威慑，那么，刑罚究竟是什么？

贺小电：刑罚作为人实施犯罪行为时所应承担的法律后果，乃是指国家以刑法规定的对实施犯罪行为人所要实施的刑事处罚。人要是触犯了刑法构成了犯罪，国家专门机关就会强制对之进行处罚，让之付出必要的代价，如失去财产、自由乃至生命，感受到痛苦，以预防、减少犯罪。

其中，犯罪，是指人实施的具有严重危害性应受到刑罚处罚而由刑法规定的行为。

刑法，则是规定犯罪与刑罚，包括犯罪内涵、条件及其种类；刑罚的概念及其种类；什么样的行为构成犯罪，构成什么犯罪，应受到什么样的处罚；什么情况下可以从宽或从严处罚；对犯罪人适用刑罚的规则；以及判处刑罚后如何执行、减刑、假释的法律。

谭君： 刑罚由刑法规定，刑法又是一个国家（地区）的立法机关制定的，那么，刑罚会适用外国人吗？

贺小电： 这里涉及一个国家的刑法适用空间范围问题，具体又包括针对公民与领域两种不同的情况。

前者即对人而言，一般来说，一国的刑法对本国的公民是适用的。然公民可以移动至国外，如果在国外实施了刑法规定的犯罪行为，按理可以适用。可这毕竟是在国外实施犯罪行为，适用刑罚又涉及所在国的刑法，适用起来也不现实。因此，法律往往对在外国实施犯罪行为的本国公民作出特别规定。如我国《刑法》第7条规定，我国公民在我国领域外犯"本法规定之罪的，适用本法，但是按本法规定的最高刑为3年以下有期徒刑的，可以不予追究"。我国国家工作人员和军人在我国领域外犯本法规定之罪的，适用我国刑法。

后者即对领域来说，一般说来，一国的刑法只适用于本国领域。这样，外国人在本国领域内犯罪的，应受到刑罚处罚，即刑罚可以适用外国人。另外，国人在国外针对他国及其公民实施犯罪的，为了维护国家及其公民的利益，他国此时通常也有特别规定。如我国《刑法》第8条规定，外国人在我国领域外对我国家或者公民犯罪，而按本法规定的最低刑为3年以上有期徒刑的，可以适用我国刑法，但是按照犯罪地的法律不受处罚的除外。

这里还有4点需要说明：

首先，一些国家的某些地区因为国家体制、历史等各方面的原因，致使区分为不同的法域，即一国的刑法在某些地区不能适用，该地区有自己的刑法，适用自己的刑法。如美国是由各州组成的联邦制国家，各州都有着自己整套的法律体系，刑法等法律并不一定相同。它们均适用于各州，但不能违宪。要是各州按照本州的刑法对某人治罪，某人认为违宪，则可以将官司打到联邦最高法院，由联邦最高法院确定是否违宪。确定违宪的，各州的有关这一违宪的刑法规定就没有法律效力而应予以废止。在我国，基于"一国两制"的构想与安排，香港特别行政区、澳门特别行政区暂时适用所在地区仍然保留包括刑法在内的法律体系与制度，但《香港特别行政区维护国家安全法》规定的有关的分裂国家、颠覆国家政权、组织实施恐怖活动和勾结外国或者境外势力危害国家安全等犯罪的除外；台湾目前仍适用当地的刑事方面的规定。

应该指出，为了坚定不移并全面准确贯彻"一国两制""港人治港"、高度自治的方针，维护国家安全，防范、制止和惩治与香港特别行政区有关的分裂国家、颠覆国家政权、组织实施恐怖活动和勾结外国或者境外势力危害国家安全等犯罪，保持香港特别行政区的繁荣和稳定，保障香港特别行政区居民的合法权益，根据《宪法》《香港特别行政区基本法》和《关于建立健全香港特别行政区维护国家安全的法律制度和执行机制的决定》，全国人大常委会2020年6月30日通过并同日公布施行的《香港特别行政区维护国家安全法》，决定在香港特别行政区设立维护国家安全委员会，负责香港特别行政区维护国家安全事务，担负着维护国家安全的主要责任，并接受中央人民政府的监督和问责。与此同时，还对分裂国家罪、颠覆国家政权罪、恐怖活动罪、勾结外国或者境外势力危害国家安全罪等具体犯罪及其处罚作了具体规定，如对恐怖活动罪，《香港特别行政区维护国家安全法》第24条规定："为胁迫中央人民政府、香港特别行政区政府或者国际组织或者威吓公众以图实现政治主张，组织、策划、实施、参与实施或者威胁实施以下造成或者意图造成严重社会危害的恐怖活动之一的，即属犯罪：（一）针对人的严重暴力；（二）爆炸、纵火或者投放毒害性、放射性、传染病病原体等物质；（三）破坏交通工具、交通设施、电力设备、燃气设备或者其他易燃易爆设备；（四）严重干扰、破坏水、电、燃气、交通、通讯、网络等公共服务和管理的电子控制系统；（五）以其他危险方法严重危害公众健康或者安全。犯前款罪，致人重伤、死亡或者使公私财产遭受重大损失的，处无期徒刑或者十年以上有期徒刑；其他情形，处三年以上十年以下有期徒刑。"第25条规定："组织、领导恐怖活动组织的，即属犯罪，处无期徒刑或者十年以上有期徒刑，并处没收财产；积极参加的，处三年以上十年以下有期徒刑，并处罚金；其他参加的，处三年以下有期徒刑、拘役或者管制，可以并处罚金。本法所指的恐怖活动组织，是指实施或者意图实施本法第二十四条规定的恐怖活动罪行或者参与或者协助实施本法第二十四条规定的恐怖活动罪行的组织。"第26条规定："为恐怖活动组织、恐怖活动人员、恐怖活动实施提供培训、武器、信息、资金、物资、劳务、运输、技术或者场所等支持、协助、便利，或者制造、非法管有爆炸性、毒害性、放射性、传染病病原体等物质以及以其他形式准备实施恐怖活动的，即属犯罪。情节严重的，处五年以上十年以下有期徒刑，并处罚金或者没收财产；其他情形，处五年以下有期徒刑、拘役或者管制，并处罚金。有前款行为，同时构成其他犯罪的，依照处罚较重的规定定罪处罚。"第27条规定："宣扬恐怖主义、煽动实施恐怖活动的，即属犯罪。情节严重的，五年以上十年以下有期徒刑，并处罚金或者没收财产；其他情形，五年以下有期徒刑、拘役或者管制，并处罚金。"第28条规定："本节规定不影响依据香港特别行政区法律对其他形式的恐怖活动犯罪追究刑事责任并采取冻结财产等措施。"对勾结外国或者境外势力危害国家安全罪，第29条规定："为外国或者境外机构、组织、人员窃取、刺探、收买、非法提供涉及国家安全的国家秘密或者情报的；请求外国或者境外机构、组织、人员实施，与外国或者境外机构、组织、人员串谋实施，或者直接或者间接接受外国或者境外机构、组织、人员的指使、控制、资助或者其他形式的支援实施以下行为之一的，均属犯罪：（一）对中华人民共和国发动战争，或者以武力或者武力相威胁，对中华人民共和国主权、统一和领土完整造成严重危害；（二）对香港特别行政区政府或者中央人民政府制定和执行法律、政策进行严重阻挠并可能造成严重后果；（三）对香港特别行政区选举进行操控、破坏并可能造成严重后果；（四）对香港特别行政区或者中华人民共和国进行制裁、封锁或者采取其他敌对行动；（五）通过各种非法方式引发香港特别行政区居民对中央人民政府或者香港特别行政区政府的憎恨并可能造成严重后果。犯前款罪，处三年以上十年以下有期徒刑；罪行重大的，处无期徒刑或者十年以上有期徒刑。本条第一款规定涉及的境外机构、组织、人员，按共同犯罪定罪处刑。"第30条规定："为实施本法第二十条、第二十二条规定的犯罪，与外国或者境外机构、组织、人员串谋，或者直接或者间接接受外国或者境外机构、组织、人员的指使、控制、资助或者其他形式的支援的，依照本法第二十条、第二十二条的规定从重处罚。"

　　另外，在效力范围上，《香港特别行政区维护国家安全法》第36～39条则分别规定："任何人在香港特别行政区内实施本法规定的犯罪的，适用本法。犯罪的行为或者结果有一项发生在香港特别行政区内的，就认为是在香港特别行政区内犯罪。在香港特别行政区注册的船舶或者航空器内实施本法规定的犯罪的，也适用本法。""香港特别行政区永久性居民或者在香港特别行政区成立的公司、团体等法人或者非法人组织在香港特别行政区以外实施本法规定的犯罪的，适用本法。""不具有香港特别行政区永久性居民身份的人在香港特别行政区以外针对香港特别行政区实施本法规定的犯罪的，适用本法。""本法施行以后的行为，适用本法定罪处刑。"

对于适用《香港特别行政区维护国家安全法》的案件管辖、法律适用和程序，第55条规定："有以下情形之一的，经香港特别行政区政府或者驻香港特别行政区维护国家安全公署提出，并报中央人民政府批准，由驻香港特别行政区维护国家安全公署对本法规定的危害国家安全犯罪案件行使管辖权：（一）案件涉及外国或者境外势力介入的复杂情况，香港特别行政区管辖确有困难的；（二）出现香港特别行政区政府无法有效执行本法的严重情况的；（三）出现国家安全面临重大现实威胁的情况的。"除此之外，对《香港特别行政区维护国家安全法》规定的犯罪案件，由香港特别行政区行使管辖权。

就有关案件追诉所适用的法律而言，驻香港特别行政区维护国家安全公署根据第55条规定管辖有关危害国家安全犯罪案件时，由该公署负责立案侦查，最高人民检察院指定有关检察机关行使检察权，最高人民法院指定有关法院行使审判权，有关案件的立案侦查、审查起诉、审判和刑罚的执行等诉讼程序事宜，根据第57条规定，适用《刑事诉讼法》等相关法律的规定，有关执法、司法机关依法行使相关权力，其为决定采取强制措施、侦查措施和司法裁判而签发的法律文书在香港特别行政区具有法律效力。对于驻香港特别行政区维护国家安全公署依法采取的措施，有关机构、组织和个人必须遵从。由香港特别行政区管辖危害国家安全犯罪案件的立案侦查、检控、审判和刑罚的执行等诉讼程序事宜，适用《香港特别行政区维护国家安全法》和香港特别行政区本地法律。第42条第2款规定："对犯罪嫌疑人、被告人，除非法官有充足理由相信其不会继续实施危害国家安全行为的，不得准予保释。"

其次，我国公民在国外实施刑法规定的犯罪，或者外国人在国外对我国及其公民实施犯罪，毕竟行为发生在国外，在国外可能已经受到过刑事处罚。针对这一情况，也要作出特别安排。否则，一行为就可能受到多次刑罚处罚，与一犯罪行为在刑事领域中禁止重复评价的原则相悖离。对此，我国《刑法》第10条规定，凡在我国领域外犯罪，依照我国刑法应当负刑事责任的，虽然经过外国审判，仍然可以依照本法追究，但是在外国已经受过刑罚处罚的，可以免除或者减轻处罚。

再次，有些犯罪如贩毒、恐怖行为，不仅只给某一国家及其公民造成严重的社会危害，而且会给整个世界造成严重的危害，为此需要世界各国的通力合作，世界一些国家于是缔结、签署了一些国际条约，规定对于触犯这些国际条约的犯罪只要发生在缔结或参加该国际条约的国家内，则缔结该国际条约的国家对该犯罪就都有刑事管辖权。如我国《刑法》第9条规定："对于中华人民共和国缔结或者参加的国际条约所规定的罪行，中华人民共和国在所承担条约义务的范围内行使刑事管辖权的，适用本法。"

最后，对于外国人在本国内犯罪，基于国与国之间的外交需要，根据双方协定或者国际条约、公约等规定，相互给予对方公民在本国内犯罪的外交特权和豁免权。对这些具有外交特权和豁免权的外国人在本国内犯罪，也不能适用刑法直接处之以刑罚，对此乃是通过外交途径解决。

谭君：那什么叫外交特权与豁免权，什么人可以享受外交特权与豁免权呢？

贺小电：对此，《外交特权与豁免条例》都有明确规定。如他国驻我国大使馆、领事馆的人员；临时来我国的国家元首、政府首脑、外交部部长及其他具有同等身份的官员，以及来我国参加联合国及其专门机构召开的国际会议的外国代表、临时来中国的联合国及其专门机构的官员和专家、联合国及其专门机构驻中国的代表机构和人员等，均按照条例、国际条约、国际公约等享有外交特权及刑事豁免权。

六、犯罪与牢狱

谭君：在一般人看来，人一犯了罪，就要坐牢，但现实生活中，有些人犯了罪却没有去坐牢，或者时间很短就出来了，是怎么回事？

贺小电：人犯了罪，一般会身陷囹圄，这是原则，然仍有例外，即根据法律有关规定，可以免受牢狱之苦。这些情况具体包括：

发现了犯罪嫌疑人，可因找不到确实充分的证据证明其确实犯罪，即有关其犯罪的证据不足而无法对之定罪的，需要撤销案件，或者不起诉，或者宣告无罪，从而无法让其坐牢。

行为人构成了犯罪，但因情节显著轻微危害不大而不被认为是犯罪，司机法关依法撤销案件，或者不起诉，或者宣告无罪的，于是不会去蹲牢房。

外国人在我国领域外对我国家或者公民犯罪，而按我国刑法规定的最低刑为3年以上有期徒刑，但按照犯罪地的法律不受处罚的行为，由司法机关根据刑法第8条的规定而依法撤销案件，或者不起诉，或者终止审理的，自不会再身入牢房。

由被害人等告诉权人按照刑法规定告诉的才处理，没有告诉或者撤回告诉的刑事犯罪行为，刑事诉讼程序因为没有告诉而无法启动，或者因为告诉而又撤诉的则应依法终止诉讼程序，即终止审理，犯罪行为为此没有经过裁判确认，自然无法让犯罪者到监狱服刑。

其中，告诉才处理的犯罪行为，包括刑法第246条规定的但严重危害社会秩序和国家利益的除外的侮辱、诽谤行为；刑法第257条规定的不包括致使被害人死亡的暴力干涉婚姻自由行为；刑法第260条第1款规定的不包括致使被害人重伤、死亡的虐待行为；刑法第270条规定的将代为保管的他人财物、他人的遗忘物或者埋藏物非法占为己有，数额较大，拒不退还的侵占行为。

告诉权人，一般是受害人本身，即被害人告诉才处理。但是，被害人若因受强制、威吓无法告诉的，人民检察院和被害人的近亲属也可以告诉。

犯罪行为因为各种各样的原因无法发现，或者犯罪行为虽已发现然没有发现犯罪人，或者虽已发现犯罪人但无法抓获犯罪人等原因致使犯罪无法在法律规定的追诉时效期限内予以追究的，犯罪人则不会坐牢。根据刑法规定，犯罪经过下列期限不再追诉：法定最高刑为不满5年、5年以上不满10年、10年以上有期徒刑的，分别经过5年、10年、15年；法定最高刑为无期徒刑、死刑的，经过20年。如果20年以后认为必须追诉的，须报请最高人民检察院核准。但在司法机关立案，犯罪人逃避侦查或者审判的，或者被害人在追诉期限内提出控告，应当立案而不予立案的，则不受追诉期限的限制。追诉期限从犯罪之日起计算；犯罪行为有连续或者继续状态的，从犯罪行为终了之日起计算。在追诉期限以内又犯罪的，前罪追诉的期限从犯后罪之日起计算。

具有外交特权和豁免权的外交官员、临时到我国的国家元首、政府首脑及其他人员犯罪，通过外交途径解决不予定罪科刑的，则不用去坐牢服刑。

犯罪嫌疑人、被告人在司法机关对之追究责任即进行侦查、审查起诉、审理的过程中死亡的，自然无法让之体验牢狱之痛。

犯罪人犯罪情节轻微不需要判处刑罚，按照刑法规定可以免予刑事处罚，被人民检察院依法不起诉或者由人民法院判处免予刑事处罚的，则不会入狱。但是根据案件的不同情况，对之可以训诫或者责令具结悔过、赔礼道歉、赔偿损失，或者由主管部门予以行政处罚或者行政处分。

犯罪人犯罪情节虽不属于轻微，但因具有诸如又聋又哑的人或者盲人犯罪、防卫过当、避险过当、预备犯、中止犯、从犯、胁从犯、自首、重大立功等免除处罚情节；或者对一些特定的因具有某种特别情节依法免除处罚的犯罪，如非国家工作人员行贿，对外国公职人员、国际公共组织官员行贿，行贿人在被追诉前主动交待行贿行为的；拒不支付劳动报酬尚未造成严重后果，在提起公诉前支付劳动者的劳动报酬，并依法承担相应赔偿责任的；非法种植罂粟或者其他毒品原植物，在收获前自动铲除的；贪污数额较大或者有其他较重情节，在提起公诉前如实供述自己罪行、真诚悔罪、积极退赃，避免、减少损害结果发生的；行贿人在被追诉前主动交待行贿行为，犯罪较轻，对侦破重大案件起关键作用的，或者有重大立功表现的；介绍贿赂人在被追诉前主动交待介绍贿赂行为的，等等，就可依法对犯罪人免除处罚而免受牢狱之苦。

被依法判处管制、单处罚金、剥夺政治权利的，则自然不用身陷囹圄服刑。

被人民法院判处3年以下有期徒刑或者拘役，同时符合犯罪情节较轻、有悔罪表现、没有再犯罪的危险、宣告缓刑对所居住社区没有重大不良影响等条件的，依法宣告缓刑的犯罪分子；对其中不满18周岁的人、怀孕的妇女和已满75周岁的而应当宣告缓刑的犯罪分子，只要在缓刑考验期限内依法实行社区矫正，没有再犯新罪、漏罪，未违反法律、行政法规或者国务院有关部门关于缓刑的监督管理规定，或者未违反人民法院判决中的禁止令，则就无须执行原判刑罚而到监狱服刑。

经特赦令免除全部刑罚的犯罪人，不会坐牢。其中，特赦，是指国家元首按照国家最高权力机关的决定签发特赦令对已受罪刑宣告的特定犯罪人免除其全部或部分刑罚的制度。

其他法律规定免予追究刑事责任的，如刑法第10条规定的在我国领域外犯罪，依照刑法应当负刑事责任的，但已经过外国审判并受过刑罚处罚的，可以免除或者减轻处罚。司法机关据此依法不起诉或者免予刑事处罚的，自不需要再去班房。

七、废除死刑与刑罚文明

谭君：死刑作为一种剥夺人之生命的刑罚，自古有之。不过，自意大利法学家贝卡利亚提出废除死刑以来，越来越得到普遍的认同，现在已经有上百个国家明确废除死刑，有的虽然没有废除，但实际适用的也很少。我国也有许多法学家主张废除死刑，我国法律也大量减少了适用死刑的罪名，然仍没有废除死刑。司法实践中，对一些严重的故意杀人、故意伤害致人死亡或者强奸、绑架等危害人身的暴力犯罪、毒品犯罪等还经常适用死刑，那为什么会出现废除死刑与反对废止死刑两种针锋相对的观点和主张呢？

贺小电：1764年，年仅26岁的意大利法学家切萨雷·贝卡利亚完成了他的传世之作《论犯罪与刑罚》，奠定了他的近代刑法学之父的地位。在该著作中，贝卡利亚首次对死刑进行了抨击，由此在全世界范围内引发了是否废除死刑的广泛争论，该议题至今依旧是刑法制度乃至司法制度中最富有争议的话题。不过，这种争论主要在抽象的理性方面，表现为废除与否的正反方面的完全相对的立场。对此，就各方理由加以梳理如下：

从人的属性方面考察，人的自然属性决定着人自出生时起只要活着，直至死亡，任何人都具有生命及其生命权，并不能放弃、转让、赠予他人，具有与生俱来且与整个生命共存的求生、普遍、平等、自身无法创造、他人不可剥夺等特性，且为其他权利存在的前提，从而具有最高价值。然一个人独自难以存活，他总生活在社会中，必须有赖于家庭、单位等社会组织尤其是国家，才能有效保障自己的权利不受侵犯，也就是人又具有社会性，于是使得人的生命又具有相互依存、不能侵犯等社会性特征。按照社会性，人必须牺牲基于自然属性所生的诸如自由等的一些利益而获得他人、社会、国家的认同与保护，之间需要形成维护共同生存秩序所必要的社会契约、法律及其规则，如人支配自己的身体行使权利时，必须不能侵害他人的利益；人要维护自己的生命不受侵犯，则不得侵犯他人的生命等。这种契约、法律是否包括对生命权的约定，与人的生命权的不可剥夺性是否具有绝对性密切相关：凡是认为人的生命权的不可剥夺性是绝对的，则意味着任何人包括国家都不能剥夺其生命，死刑就需要废除；要是认为人的生命权的不可剥夺性并非绝对的，而是相对的，即在一定条件下人的生命权要受到否定，死刑便可以保留。对此，就是那些法学大师们也有不同看法：

德国著名哲学家黑格尔就曾指出："一人遭到生命危险而不许其自谋所以保护之道，那就等于把他置于法之外，他的生命既被剥夺，他的全部自由也就被否定了。"①

英国著名的哲学家、思想家、经验主义的开创人洛克，从人的生命权作为一种与生俱来的自然权利、不可自身创设这一自然特性出发，认为其不可剥夺、不可转让、不可放弃："因为一个人既然没有创造自己生命的能力，就不能用契约或通过同意把自己交由任何人奴役，或置身于别人的绝对的、任意的权力之下，任其夺去生命。……凡是不能剥夺自己生命的人，就不能把支配自己生命的权力给予别人。"再基于人的生命及其权利的平等性、不可剥夺性以及相互依存性等保护的需要，认为："诚然，当一个人由于过错，做了理应处死的行为而丧失了生命权的时候，他把生命丧失给谁，谁就可以（当谁已掌握他时）从缓夺去他的生命，利用他来为自己服役。""在自然状态中，人人都有处死一个杀人犯的权力，以杀一儆百来制止他人犯同样的无法补偿的损害行为，同时也是为了保障人们不受罪犯的侵犯，这个罪犯既已绝灭理性——上帝赐给人类的共同准则——以他对另一个人所施加的不义暴力和残杀而向全人类宣战，因而可以当作狮子或老虎加以毁灭，当作人类不能与之共处和不能有安全保障的一种野兽加以毁灭。'谁使人流血的，人亦必须使他流血'。"②如此，"洛克虽然主张一个人的生命权是自然的与不可剥夺的，但是当一个人侵犯他人这一权利时它便能够'丧失'，而且的确丧失"。③

法国著名哲学家、思想家让-雅克·卢梭也认为："谁要依靠别人来保全自己的生命，在必要时就应当也为别人献出自己的生命。""正是为了不至于成为凶手的牺牲品，所以人们才同意，假如自己做了凶手的话，自己也得死。"然而，"在这一社会条约里，人们所想的只是要保障自己的生命，而远不是要了结自己的生命；决不能设想缔约者的任何一个人，当初就预想着自己要被绞死的。"故，"我们没有权利把人处死，

---

① ［德］黑格尔：《法哲学原理》，范扬、张企泰译，商务印书馆1961年版，第130页。
② ［英］洛克：《政府论》（下篇），叶启芳、瞿菊农译，商务印书馆1964年版，第17页、第9页。
③ 刘晓莉、胡瀚：《死刑废止之思考》，载陈兴良、胡云腾主编《中国刑法学年会文集》（2004年度），中国人民公安大学出版社2004年版，第335页。

哪怕仅仅是以儆效尤，除非是对于那些如果保存下来便不会没有危险的人。"①这样，生命及其权利的不可剥夺性不是绝对的，因人的行为导致与人的生命及其权利的平等性、相互依存性等相互冲突时，则可以剥夺其生命，从而认为死刑的存在有其存在的自然基础。不过，剥夺生命的死刑，只能适用于故意剥夺他人生命的人。显然，故意剥夺他人生命的人，并非限于故意杀人这一行为，而且包括放火、爆炸、破坏交通工具等其他侵犯了他人生命权的犯罪行为人。

法国启蒙时期思想家、西方国家学说及法学理论的奠基人孟德斯鸠亦认为："社会对一个剥夺或企图剥夺他人安全的公民，拒绝给予安全。这种刑罚是从事物的性质产生出来的，是从理性和善恶的本源引申出来的。一个公民应该处死，是因为他侵犯他人的安全到了使人丧失生命的程度，或是因为企图剥夺别人的生命。死刑就像是病态社会的药剂。侵犯财产的安全也可以有理由处以极刑，但是对危害财产安全的犯罪以丧失财产作为刑罚不但好些，而且也较适合于犯罪的性质。如果大家的财产是公共的或是平等的，就更应当如此。但是，由于侵犯财产的人常常是那些自己什么财产也没有的人，因此就不能不用体刑作为罚金的补充。"②

一般认为，贝卡利亚主张，人的生命及其权利的普遍性、不可剥夺性是绝对的，即在任何情况下，即使其杀了人也不能剥夺其生命，以否定死刑存在的正当性。因为："人们可以凭借怎样的权利来杀死自己的同类呢？这当然不是造就君权和法律的那种权利。君权和法律，它们仅仅是一份份少量私人自由的总和，它们代表的是作为个人结合体的普遍意志。然而，有谁愿意把对自己的生死予夺大权奉予别人操纵呢？每个人在对自己做出最小的牺牲时，怎么会把冠于一切财富之首的生命也搭进去呢？如果这是事实的话，它同人无权自杀的原则怎么协调呢？要是把这种权利交给他人或者交给整个社会，他岂不本来就应该有这种权利吗？""体现公共意志的法律憎恶并惩罚谋杀行为，而自己却在做这种事情；它阻止公民去做杀人犯，却安排一个公共的杀人者。我认为这是一种荒谬的现象。"③

_____

① [法]卢梭：《社会契约论》，何兆武译，商务印书馆2003年版，第42~44页。
② [法]孟德斯鸠：《论法的精神》（上册），张雁深译，商务印书馆1961年版，第227页。
③ [意]切萨雷·贝卡利亚：《论犯罪与刑罚》（增编本），黄风译，北京大学出版社2014年版，第76页、第81页。

从人的生命自身无法创设、生命及其权利具有最高价值，以及人的与生俱来的求生本能等来讲，人的生命具有不可剥夺性，他在与他人、社会、国家形成社会契约、法律等约定时，在任何情况包括剥夺他人生命权的情况下也不想将自己的生命及其权利交给他人主宰。然都这样想，就不可能形成契约，因为这与生命的普遍性、平等性等特性不合，既然他杀死了我，他人不能通过契约、法律杀死他，我就无法与他达成共同认定的社会契约或法律。所以，他在割舍自己权利而同意组成国家、形成法律的共同约定时，虽然本性不愿意放弃自己的生命权，以及他人也基于生命权的平等、普遍及同样不可剥夺性等特性也不愿意放弃，这样就无法达成社会契约，形成社会、国家保护自身生命权保护的需要。为了达成社会契约，形成社会、国家保护自己生命权的需要，就只能相互妥协，大家不得不允许生命权在一定条件下——剥夺了他人生命及其权利时——可以由他人或者国家依法剥夺，这不是一种自愿的结果，而是社会性需要的一种被迫无奈而应当接受的结果。事实上，社会契约、国家法律的形成，也并非所有人意志的简单集合，并非需要所有人同意。

另外，人的生命从自然属性来讲，毫无疑问具有最高价值。可是，在社会性方面，如为挽救他人的生命放弃自己生命的舍生取义，以及舍身追求人类解放、为保卫国家民族而战等精神价值时，生命的价值在理想的驱动下也可能让位于其他价值，正所谓"生命诚可贵，爱情价更高。若为自由故，二者皆可抛"。还有，人是否有权自杀，也与一个社会特定的文化背景相联系。16世纪始，随着人本主义的兴起，基于天赋人权的基本思想，并不提倡安乐死。在人们日益追求幸福的情况下，若因身患绝症生命无法避免时，安乐死又提了出来。安乐死，源于希腊文euthanasia，意为"快乐的死亡""尊严的死亡"或"无痛苦的死亡"，泛指任何"从容"死亡的方法。

在立法及司法实践中，1936年，英国成立了第一个自愿安乐死立法协会；随后不久，美国成立了安乐死协会。1994年，美国俄勒冈州在一次全民公决中通过了《尊严死亡法》，3年后再次进行全民公决得以通过，由此成为全美唯一允许医生依法帮助他人安乐死的州。然而，美国联邦议院1999年10月又通过法案，授权药物管制的执法人员对有目的使用受联邦政府管制的麻醉药以帮助病人死亡的医生予以惩戒。2006年，美国联邦最高法院裁定，医疗行为由各州自行管理，包括协助自杀。2008年11月，华盛顿州近60%的选民投票通过了第1000号动议案，成为继俄勒冈州以后第二个由选民投票允许实行安乐死的州。一般认为，荷兰为对安乐死最为宽容的国家。在1982年，该国政府成立了国家安乐死委员会，专门就安乐死合法化的问题进行调查；1993年，议会下院通过了对那些遵循规则但又违犯了刑法关于协助自杀乃构成犯罪的医生进行赦免的法案；1999年，政府在多年调查研究的基础上提交了承认安乐死合法的法案；2000年11月，国会下议院通过了《根据请求终止生命和帮助自杀（审查程序）法案》；2001年4月，该法案在国会上议院得以通过，由此成为世界上第一个安乐死合法化的国家。之后，并根据此法案对刑法进行了修改。1995年6月，澳洲北部领土议会通过了《临终患者权利法案》，允许医生在一定条件下结束病人的生命，并对有关条件进行规定。可在9个月后，澳大利亚参议院宣布废除"安乐死法"，安乐死在澳大利亚重新成为非法行为。2017年9月29日，澳大利亚维多利亚州又通过了安乐死法案，并于2019年6月19日正式生效。州长安德鲁随后表示，法案的通过将使人们能够结束无法忍受的痛苦，并赋予他们"长久以来被剥夺的尊严"。1962年12月，日本名古屋高等法院对一个有关安乐死案件的判决中对合法实行安乐死所要满足的要件进行了明示。2002年，比利时步邻国荷兰之后第二个宣布全国"安乐死"合法化，但当年的法律条款只适用于18岁以上的成年人，18岁以下的未成年人无法享有安乐死的权利。2014年2月13日比利时众议院通过一项"让重症患儿享有安乐死权利"的法案。2017年10月22日，韩国保健福祉部宣布，从次日起至2018年1月15日开始试行《维持生命医疗决定法》（《安乐死法》），临终患者可以自己决定是否继续接受维持生命的治疗。2019年11月13日，新西兰国会议员投票通过安乐死合法化法案。1983年，世界医学会发表的《威尼斯宣言》，正式提出了消极安乐死的意见。让身患绝症之人在一定条件下选择安乐死，以有尊严地走完人生的最后一程。

这样，是否允许自杀，也非一个绝对的前提，不同的人有不同的看法。所以，以无权自杀作为人不能放弃生命权而形成社会契约、法律，也只能是一种学说。

再有，认为将剥夺生命的权利交给他人或者社会，说明首先必须具有这种权利，否则就不存在将权利交给他人或者社会的问题。问题是，这里是将生命权在一定条件下如杀人时按照社会契约交给国家。将生命权交给国家，也就是由国家决定他是否继续享有生命权，即是否要判处并执行死刑，而这并不是将剥夺生命的权利交给国家的问题。

至于，国家法律确实憎恶并惩罚谋杀行为，自己却在做这种事情，这也不奇怪。

因为，不做这种令人憎恶的事情，就会发生更多或者更大的这样令人厌恶的事情。为了让这样的厌恶的事情少发生，只有以小或少的厌恶来制止更大或更多的厌恶事情发生。单纯地从判处并执行死刑这一行为来讲，确与国家行为的理性相悖而显荒谬，但从事物的联系来看，乃又顺理成章。

从宗教方面考察，认为人的生命权神圣而不能由人包括国家剥夺。《圣经·创世纪》告诉人们：神就照着其形象造人，乃是照着他的形象造男造女，也就是人的生命来源于上帝。既然如此，人的生命就只有上帝才能够主宰。人从出生到死亡，都必须秉承上帝的意志；除了上帝，任何人都不但无权剥夺人的出生或生存的权利，而且无权放弃自身的生命，进而得出杀人乃至堕胎、自杀也属于犯罪的结论。美国神学家约德尔在其著作《死刑：一个基督教的视角》中称："我们所了解的主的生、死与转世足以使生命神圣化。使生命神圣化意味着将生命拨给上帝，而这正是《圣经》就人的生命所说的：剥夺人的生命不是我们的权利。"[①]印度国父莫罕达斯·卡拉姆昌德·甘地认为：仅有上帝才可以取走生命，因为只有他才能给予生命，摧毁人之生命并非善举。

在佛教中，认为杀生乃为应受地狱报应的最大恶业之一，主张慈悲恻隐众生之心，不能伤害一切众生。古印度佛教大德龙树菩萨所著的《大智度论》云："诸余罪中，杀业最重。"宋代著名诗僧慈受禅师说："世上多杀生，遂有刀兵劫。负命杀汝身，欠财焚汝宅。离散汝妻子，曾破他巢穴。报应各相当，洗耳听佛说。"《十善业道经》云：不杀生有"于诸众生，普施无畏""常于众生，起大慈悲""永断一切嗔恚习气""身常无病""寿命长远""恒为非人所守护""常无恶梦，寝觉快乐""灭除怨结，众怨自解""无恶道怖""命终生天"等十大利益。《佛说骂意经》中佛云："作百佛寺。不如活一人。活十方天下人。不如守意一日。人得好意，其福难量。"尔后，演变为"救人一命，胜造七级浮屠"。《涅盘经·梵行品》语："波罗㮈国有屠儿名曰广额，于一日中杀无量羊。见舍利弗，即受八戒，经一日一夜。以是因缘，命终得为北方天王毗沙门之子。"宋代高僧释普济所著《五灯会元·卷53》言："广额正是个杀人不眨眼底汉，放下屠刀，立地成佛。"《释迦牟尼佛传》记载，释迦牟尼弟子央掘摩罗，先信奉婆罗门教，原师教他升梵天秘法，要杀千人，以他们的手指作成项链。后听

---

① 邱兴隆：《从信仰到人权——死刑废止论的起源》，《法学评论》2005 年第 2 期。

闻佛陀的教诲，放下屠刀，痛悔前非，并剃度出家，最终获得阿罗汉果。所以，"不杀生"乃为佛教徒所应遵守的第一戒律。当然，为了保护国家、民族，则不受"不杀生"戒律所限。对此，佛教经文《大法鼓经》曰："譬如波斯匿王，与敌国战，时彼诸战士，食丈夫禄不勇猛者，不名丈夫。"由此可知，佛门戒杀无碍于保卫国家。如是，对于信仰佛教的人来说，对于死刑的废除无疑更易于接受。

另外，从来源方面反推只有生命的赋予者上帝可以主宰被赋予者，然上帝乃是心中的看不见、摸不着的神，凡人所能看到的只是父母赋予了自己的生命，并由父母、他人、社会、国家给予了自己的诸如食物、职务、权力、地位、权利等。当然，您也可以认为这些乃是自己努力争取的。然两者至少相互依存，谁也离不开谁，有如"鸡生蛋，蛋孵鸡"，难以说清谁先谁后，谁生谁的关系。

从基本人权方面来考察，人的生命权乃是其他一切权利存在并享有的基础，没有生命权，对于人来说，其他所有权利都会失去其存在的意义。是以，人的生命权既是人的权利的最为基本的权利，也是价值最高的权利，并且具有普遍意义。换言之，任何公民，即使是犯有极为严重的罪行，他依然具有生命权。既然如此，任何人包括由人组成的国家，通过适用死刑而剥夺人的生命权，同样构成对作为人的最基本人权的生命权的侵犯，这也是当代人权论者主张废除死刑的基本立论与逻辑[1]。问题在于，这是从犯有极其严重罪行的一方的生命权来说的。考虑到被极其严重罪行侵害尤其是致死的另一方来说，则两方的生命权都是平等的。他剥夺他人尤其侵犯多人的生命权因其生命权而不能适用死刑保留生命，那么，被害方基于诸如好死不如赖活着以及杀人者抵命的朴素想法而将他人的亲属杀死；或者另外的他人基于自己杀人反正不会死而仇视反抗社会而杀害多人，这些被害人在被害前的生命权同样要受到保护。而保护本身，在社会尚未消除杀人等侵害他人生命权犯罪等的条件及文化观念、个人欲念的情况下，通过适度并严格控制死刑的适用，以最少的杀遏制更多的杀，以最少人的生命权的剥夺保护更多的生命权不受犯罪者剥夺，是两害相权取其轻的无奈之举。

另外，生命权是最基本的人权，同样，自由、言论等自由也是人权的重要权利，并为世界文明国家的宪法所承认。如果说，"一个人杀人是犯罪，一群人包括国家杀人

---

① 邱兴隆：《从信仰到人权——死刑废止论的起源》，《法学评论》2005年第2期。

也是犯罪""一个人杀死另一个人是错的，那么国家杀人就是大错特错"，同样可以推出"一个人剥夺他人自由是犯罪，一群人包括剥夺他人自由也是犯罪""一个人剥夺限制他人的自由是错的，国家剥夺人的自由乃是大错特错"的结论。显然，这种将不同主体实施的性质完全不同的行为，仅仅以客观行为及其结果来反映其本质进而类比推理得出的结论是荒谬而不能成立的。

从人道主义方面加以考察，认为死刑作为"残忍且异常的刑罚"，不仅侵犯生命权这一基本人权，而且有悖人道。1961年5月28日在伦敦成立的世界性民间人权组织——大赦国际1977年发表的《斯德哥尔摩宣言》明确宣告：死刑是最残忍、不人道与堕落的刑罚，并且侵犯生命权。美国早在1789年9月25日通过并于1791年12月15日生效的《宪法第八修正案》明确"禁止施予残酷且不寻常的惩罚"。在1972年弗曼诉佐治亚州案等3起黑人被判处死刑的案件中，美国联邦最高法院认定3起案件所适用法律与判处死刑的方式构成残酷与异常之刑罚，违反了《宪法第八修正案》与《宪法第十四修正案》的规定，于是撤销原判死刑，发回重审。然而，这是一个5：4相对多数的结果。也就是，有4名大法官对这一结果持反对意见。即使是赞成这一结果的5位大法官中，也只有2位大法官反对死刑本身，认为"死刑不符合人类的尊严，并非防卫社会所必需而是过度的刑罚，因而违反美国宪法"。其他3位大法官"并不反对死刑本身，他们或者认为死刑的适用过于随意武断，或者认为在这几起案件中死刑的判决不公平而具有歧视性。这就意味着，如果能够在制度上保证死刑得以更加公平和谨慎适用，他们并不反对死刑"。正因为如此，在弗曼诉佐治亚州案之后死刑被停止执行4年后的1976年，在格雷格诉佐治亚州案中，又维持了原判对雷格的死刑判决，认定该州新的死刑制定法解决了弗曼案诉佐治亚州所发现的违宪问题，于是不存在违宪问题。[①]

固然，在刑罚体系中，无论是古代还是现代，不能否定死刑是最为严厉的刑罚。在肉刑存在的年代或国家，死刑的执行方式也是五花八门，异常残忍，而不人道。在肉刑为自由刑、财产刑等取代的情况下，死刑的执行方式虽然更为文明，如枪决、注射、电击、毒杀以及绞刑等，依旧会造成受刑者的肉体痛苦，只不过是时间变短而已，至于

---

① 林维主编：《最高法院如何掌控死刑——美国联邦最高法院死刑判例经典选编》，北京大学出版社2014年版，第51～53页。

受刑者在执行死刑过程中的精神痛苦，更无法想象。然而，随着死刑执行的方式日益规范、轻化，能否仅仅因为剥夺了罪犯的生命就属于残忍而异常？残忍与异常，从受刑者个体来讲，是否有一科学的指数加以确定？是否可以将之造成被害人死亡的行为手段作为参照物加以比照来说明？从目前的科学技术来看，似乎还难以找到一个确定死刑是否属于残忍且异常的指数，是否残忍且异常主要还是人的一种看法。如果说，像奴隶社会、封建社会那样想方设法不择手段采取一些让人难以忍受的方法处死罪犯，一看就超越了人能够忍受的底线而属于残忍且异常的话，那么，当下的死刑接受文明的洗礼，变得日益文明，如注射适用死刑尽力减少受刑者的痛苦，能否仅仅因为让之死亡就是残忍与异常，就是不人道，值得考量，至少应得到社会的基本认同。

其实，从某种程度上来说，死刑的残忍与异常，并非一个客观的概念，在现代死刑执行方式日益文明的情况下，在有的人看来并非一定能够得出就是残酷异常的结论。这样，在某种程度上，死刑是否残酷异常与人的主观认识更密切相连，也就是具有强烈的主观性。终身刑与死刑一样，是一种极为残酷的刑罚，严重侵害了人的尊严。确切地讲，终身监禁也是一种死刑，一种分期执行的死刑，它损害了人的个性。[①]团藤重光教授曾言："死刑废止论者常常主张的一种见解是，以没有假释等完全的终身刑作为死刑的替代刑，但我不赞成这种观点……终身刑比死刑更残酷。"如前所述，就是贝卡利亚也并不否定终身苦役的残酷性："如果把苦役的受苦时间加在一起，甚至是有过之而无不及。"只不过"这些苦难是平均分配予人的整个生活，而死刑却把它的力量集中于一时"而已。[②]此外，死刑执行方式因为给人造成痛苦而残忍异常，若能采取更为宽容的态度如采取安乐死的方式让罪行极其严重的人生命消亡，则更难说残忍与异常。在我看来，死刑残酷与否，主要是与执行死刑方式相关联，但这可以不断得到改进，并通过严格限制将死刑适用于极少数的范围，从而并非一定得出要完全否定而废除死刑的结论。

从死刑产生的根源方面加以考察，马克思指出：这种把刑罚看成是罪犯个人意志的结果的理论只不过是古代报复刑——以眼还眼、以牙还牙、以血还血——的思辨表

---

① 张明楷：《终身监禁的性质与适用》，《现代法学》2017 年第 3 期。

② ［意］切萨雷·贝卡利亚：《论犯罪与刑罚》（增编本），黄风译，北京大学出版社 2014 年版，第 80 页。

现罢了。①恩格斯也精辟地指出：我们今日的死刑，只是这种复仇的文明形式。② "假使一个氏族成员被外族人杀害了，那末被害者的全氏族就有义务实行血族复仇。" ③不过，私有制的发展，氏族制度的瓦解了，复仇的对象由整个氏族成员转向侵害者本人，复仇主体也就缩小至被侵害者的家庭成员，血亲复仇的时代便逐渐演变为个人复仇时代。

有的从死刑产生的社会矛盾、经济根源、维护统治的功能分析，认为死刑的产生乃是生产力和生产关系、经济基础与上层建筑的社会基本矛盾运动发展的结果；私有制出现，阶级社会出现，为了维护私有制、保护私有财产（主要是统治阶级拥有）、维持统治阶级（剥削阶级）对被统治阶级（被剥削阶级）的镇压与统治，在奴隶社会、封建社会里，死刑被大量适用，并成为刑罚的核心，地位始终至高无上。如此等等，从社会矛盾、财产所有制、阶级统治与犯罪及刑罚的宏观关系上来讲，没有任何问题。问题在于，从经济、政治的角度来讲，不仅是死刑而且包括所有刑罚都是统治阶级维护经济制度、阶级统治等现存社会关系的需要，那么，是否要将所有刑罚加以废除呢？另外，封建社会为了维护统治的需要，死刑适用相对频繁，有的甚至非常残酷，但这与当时的生产力发展水平等社会环境相联系，不排除一些暴君嗜杀而滥用死刑，然也非整个封建专制社会就都滥用死刑，对于死刑的适用，有的也非常严格，要经过多层把关，最后将生杀大权集中到中央政府乃至皇帝本人手中。还有， "杀人偿命" "杀人者死" 等观念，追根溯源可以至同态复仇这一根上，后者并非前者所产生的唯一原因。从某种意义上来说， "杀人偿命" 与同态复仇以及所有刑罚都源于原始的报应观。因果报应， "善有善报，恶有恶报，不是不报，时候未到" "天网恢恢，疏而不漏" 等，体现在刑罚及其适用上，就是用具有惩罚特征的刑罚来对恶的行为加以报应。不论是否承认，以及报应观是否合理，它已经深深嵌入到了人类的骨髓，成为刑罚文化的不可或缺的组成部分。报应观，包括朴素的公平、平等观念，我们的做法是吸收其公平、平等的合理内核，否定

① ［德］马克思：《死刑——科布顿先生的小册子——英格兰银行的措施》，载《马克思恩格斯全集》（第 8 卷），人民出版社 1961 年版，第 579 页。
② ［德］恩格斯：《家庭、私有制和国家的起源》，载《马克思恩格斯全集》（第 21 卷），人民出版社 1965 年版，第 111 页。
③ ［德］恩格斯：《家庭、私有制和国家的起源》，载《马克思恩格斯全集》（第 21 卷），人民出版社 1965 年版，第 101 页。

其形式上"以眼还眼，以牙还牙，以血还血""杀人偿命"等同态复仇的报复观念。

事实上，自奴隶社会开始，同态复仇、"杀人偿命"等就逐步被加以否定，允许以其他刑罚甚至以钱赎死。随着社会发展，生产力水平提高，统治阶级管理控制社会的能力增强，同态复仇、"杀人偿命"等残酷、形式公平平等的非合理成分愈来愈少，有关观念从根本上也被加以否定。

即使因为文化观念运行具有强大惯性的因素，被害人家属心中不时浮出"杀人偿命"观念，要求对杀人者处以极刑，除非手段特别残忍或者导致多人以上死亡等极其严重的后果，也不会因为被害人家属力求"杀人偿命"就判处被告人死刑。所以"杀人偿命"等传统文化，并不构成阻止死刑废除的主观因素。换言之，"杀人偿命"等观念已经不是死刑不能得以废除的原因。历史及其实践早已证明，"杀人偿命"、同态复仇是错误的，已经在司法实践中根本得到了否定。总不能因为，死刑含有报应观念这一因素就需要加以否定吧？如此，所有刑罚都包括报应观念，或多或少都是报应观念下的产物，岂不都需要加以否认？

从犯罪原因方面加以考察，犯罪行为作为人的意志下而实施的具有严重危害社会、应受刑罚处罚而为刑法规定的行为，当然离不开人的主客观因素，且人的这一主客观因素乃是犯罪的内在原因，从而为主要原因。有内因自然就会有外因，外因便是人所处的社会环境，不过社会环境这一外因乃是犯罪产生的次要原因。对此，马克思在恩格斯称之为"包含着新世界观的天才萌芽的第一个文件""历史唯物主义的起源"的《关于费尔巴哈的提纲》中，曾经精辟指出：人的本质并不是单个人所固有的抽象物，实际上，它是一切社会关系的总和。①社会的这一部分或那一部分国民犯罪行为的平均数与其说决定于该国的特殊政治制度，不如说决定于整个现代资产阶级社会所特有的基本条件。②犯罪——孤立的个人反对统治关系的斗争，和法一样，也不是随心所欲地产生的。相反地，犯罪和现行的统治都产生于相同的条件。③但据此认为："既然犯罪决定

---

① ［德］马克思：《关于费尔巴哈的提纲》，载《马克思恩格斯全集》（第3卷），人民出版社1960年版，第5页。

② ［德］马克思：《死刑——科布顿先生的小册子——英格兰银行的措施》，载《马克思恩格斯全集》（第8卷），人民出版社1961年版，第580页。

③ ［德］马克思、恩格斯：《德意志意识形态》，载《马克思恩格斯全集》（第3卷），人民出版社1960年版，第379页。

于社会特有的基本条件，犯罪的根本原因是社会造成的，那么对于犯罪，国家与社会就必须承担责任。但是，作为常识，死刑制度下对犯罪的责任是完全由犯罪人承担的，并且是以极端的方式承担的责任。国家通过死刑制度在转嫁、逃避了自己的责任的同时，还将对犯罪的责任全部推到了犯罪人身上，因而是极端不公正的"[1]，恐怕难以成立。这是因为，社会环境是客观存在的。在相同的社会环境下，只有罪犯实施了极其严重的犯罪，有的甚至利用极其残忍的手段实施。不可否认，社会确实存在犯罪的外因条件，但总不能就此认为，他就可以采取诸如在公共汽车上燃烧爆炸而致众多人死亡，乃至实施后果极为严重的恐怖犯罪行为吧？还有，极其严重的犯罪行为，所产生的后果乃由被害人乃至社会承担，国家社会为此要侦查、起诉、审判，耗费社会资源，他如果穷凶极恶且想负隅顽抗，抓获他还可能付出更大的代价，认为对罪行极其严重的犯罪人处以极刑乃是让之承担了所有犯罪的责任，并得出对之极不公正的结论，似也难以成立。

从适用的目的及功能来看，一般认为刑罚具有教育感化、威慑震撼、抚慰补偿等多个方面的功能，以达到特殊预防与一般预防的有机统一。要实现这些目的与功能，无疑离不开刑罚本身能够给罪犯造成失去诸如财产、自由甚至生命等后果，并由此产生一定的精神痛苦，这是刑罚适用最为基本也是主要的特征。有人认为，惩罚也是刑罚的一种功能甚至目的，我认为恐难成立，那样可能让司法者为了实现这种功能唯惩罚而惩罚以致不当加重刑罚。刑罚适用会给人以痛苦乃是刑罚本身所具有的特性，刑罚目的及功能之所以能够实现，不说是由这一刑罚特征所决定，至少是两者密切相关。倘若刑罚没有这种使人痛苦的特征，要想通过刑罚的适用实现对罪犯的教育感化、威慑震撼的功能，似乎难以想象。黑格尔在批判费尔巴哈的刑罚威吓理论时曾经指出：如果以威吓为刑罚的根据，就好像对着狗举起杖来，这不是对人的尊严和自由予以应有的重视，而是像狗一样对待他。[2]然而，这是从人的人格尊严的角度来讲的，并未否定刑罚的威慑震撼作用，而是要否定刑罚的设置不能以威吓为根据、目的而采取的重刑主义。马克思亦指出：一般说来，刑罚应该是一种感化或恫吓的手段。可是，有什么权利用惩罚一个人

---

① 张文、米传勇：《马克思死刑思想初探——重读马克思"死刑"一文体会》，载陈兴良、胡云腾主编：《中国刑法学年会文集》（2004年度），中国人民公安大学出版社2004年版，第4页。

② ［德］黑格尔：《法哲学原理》，范扬、张企泰译，商务印书馆1961年版，第102页。

来感化或恫吓其他的人呢？况且历史和统计科学非常清楚地证明，利用惩罚来感化或恫吓就从来没有成功过。然这是针对《泰晤士报》公开对死刑的赞颂这一特定场合来说的，也就是反对以报刊公开宣扬惩罚尤其是死刑这种极刑的惩罚性来达到教育感化、威慑震撼的刑罚功能。马克思同时指出，这简直是在公开歌颂刽子手，因为死刑被称赞为社会的ultimaratio（最后的手段），而这一切居然登载在一家"指导性的报纸"的社论上；一个社会如果没有比刽子手更好的自卫手段，并通过"世界指导性的报纸"把自己的残酷宣称为"永恒的法律"，这样的社会也实在是太美妙了。[①]要是适用刑罚不是通过惩罚来实现教育感化、威慑震撼的功能，那又有什么必要去实施具有惩罚特征的刑罚呢？难道可以对罪犯不实施任何惩罚就可以达到教育感化、威慑震撼的目的及功能吗？答案是不言而喻的。

从上可以看出，国家对罪犯适用刑罚惩罚以实现其功能，具有正当性。但以各种各样的方式宣扬刑罚的惩罚性则不具有正当性，从而不能企图采取报纸、电视、大会公审、游街等方式来对民众宣扬惩罚以达到教育感化、威慑震撼的功能。这样做，不仅是对罪犯名誉、尊严等人格权的侵犯，而且也是对其有关亲人人格尊严的侵害。

至于对被害人的抚慰补偿功能，除了少数危害较轻的自诉犯罪，可以完全通过财产等非刑罚的其他方式实现，如通过调解谅解而不再对犯罪人适用刑罚。其他危害性较重的犯罪，罪犯即使通过财产赔偿对被害人进行了抚慰补偿，也不能排除给予罪犯一定刑罚的适用，也就是不允许被害人与罪犯完全达成私下协议而排除刑罚的适用。即使达成民事和解对被告人表示谅解，也是以被告人要判处一定刑罚为前提，只是希望依法从轻处罚而已。而刑罚一适用，就具有惩罚性。其实，被害人之所以能够得到一定程度的抚慰补偿，也主要是基于"善有善报，恶有恶报"等朴素公平观念，并以罪犯得到了一定的刑罚惩罚为前提的。没有这一前提，尽管被害人因为获得巨额财产补偿自己认为已经完全得到了抚慰补偿，也是不允许的。如被告人诈骗他人100万元，他人不能因诈骗者答应偿还他100万元甚至更多就排除刑罚的适用。此时，根据刑法规定，只是在应当判处10年以上有期徒刑或者无期徒刑的情况下从轻判处，若无减轻处罚情节，最低也不

---

① ［德］马克思：《死刑——科布顿先生的小册子——英格兰银行的措施》，载《马克思恩格斯全集》（第8卷），人民出版社1961年版，第577～579页。

能少于10年。否则，就会因为诈骗者失去惩罚而无法达到教育感化、威慑震撼的功能。

那么，死刑是否具有教育感化、威慑震撼、抚慰补偿的功能呢？早在18世纪，贝卡利亚就以极其理性而充满逻辑的思考揭示了死刑适用达不到刑罚适用的功能与目的，并不及终身监禁所带来的功效，指出："滥施极刑从来没有使人改恶从善……。在一个组织优良的管理体制中，死刑是否真的有益和公正。""死刑并不是一种权利，我已经证明这是不可能的：而是一场国家同一个公民的战争，因为，它认为消灭这个公民是必要的和有益的。"[①]"历史上任何最新的酷刑都从未使决心侵犯社会的人们回心转意。""对人类心灵发生较大影响的，不是刑罚的强烈性，而是刑罚的延续性。因为，最容易和最持久地触动我们感觉的，与其说是一种强烈而暂时的运动，不如说是一些细小而反复的印象。"[②]"在大部分人眼里，死刑已变成了一场表演，而且，某些人对它怀有一种忿忿不平的怜悯感。占据观众思想的主要是这两种感情，而不是法律所希望唤起的那种健康的畏惧感。""一种正确的刑罚，他的强度只要足以阻止人们犯罪就够了。没有哪个人经过权衡之后还会选择那条使自己彻底、永久丧失自由的道路，不管犯罪能够给他带来多少好处。"[③]"每次以死刑为国家树立鉴戒都需要一次犯罪，可是，有了终身苦役刑，只一次犯罪就为国家提供无数常存的鉴戒。""有人说，终身苦役同死刑一样也是痛苦的，所以，它也同样是残酷的。我认为，如果把苦役的受苦时间加在一起，甚至是有过之而无不及。然而，这些苦难是平均分配予人的整个生活，而死刑却把它的力量集中于一时。苦役这种刑罚有一个好处，它使旁观者比受刑者更感到畏惧，因为，前者考虑的是受苦时间的总和，后者则分心于眼前的不幸而看不到将来。在前者的想象中，刑罚的恶果变得昭彰了；而后者却从他麻木不仁的心灵中汲取旁观者所无法体验和理解的安慰。"[④]如此等等，无疑揭示了死刑适用所存在的种种弊端，也是现代

---

① ［意］切萨雷·贝卡利亚：《论犯罪与刑罚》（增编本），黄风译，北京大学出版社2014年版，第76页。

② ［意］切萨雷·贝卡利亚：《论犯罪与刑罚》（增编本），黄风译，北京大学出版社2014年版，第77～78页。

③ ［意］切萨雷·贝卡利亚：《论犯罪与刑罚》（增编本），黄风译，北京大学出版社2014年版，第78～79页。

④ ［意］切萨雷·贝卡利亚：《论犯罪与刑罚》（增编本），黄风译，北京大学出版社2014年版，第79～80页。

死刑废除运动至少是严格限制适用的最为有力的理论思想根据。

一些废除死刑论者，则进一步认为处死罪犯对于受刑者而言没有教育感化的功能，从而失去了刑罚教育感化的作用。不仅如此，也不具有杀一儆百的警戒他人、威慑震撼的功能。因为社会本身就不相信这一所谓的死刑的杀一儆百功能，它对决意痛下杀手的罪犯并无任何吓阻效果，亦无法证明通过适用死刑可以阻止任何决意痛下杀手的罪犯不下杀手。"要是我们希望刑罚有警世效果，我们不但要大量加印照片，还应该把相机架在断头台上面拍，刑场要设在协和广场，时间就选在下午两点，把大家通通叫来，还要用电视转播好让不能到场的人也能躬逢其盛。要是做不到这些，就别再提什么警世效果。若想要这刑罚真有警世效果，这个刑罚就必须让人害怕。大半夜偷偷摸摸在监狱中宰个人，能警什么世？最多就是定期告知这些公民，要是他们哪天杀了人，他们就会死；可是就算他们没杀人，他们早晚还是会死啊。若想要这刑罚真有警世效果，这个刑罚就必须让人害怕。布弗里（Bouverie）是1791年的民意代表，同时也是公开处决的支持者，他在国民议会演讲时就要有逻辑得多：'一定要有恐怖的景象，才镇得住老百姓。'"相反，他认为："死刑大致来说就是谋杀，从账面上打平了死囚自己所犯下的谋杀"，而且这种谋杀，"在预谋详尽的程度上，难道不是超越了任何最精心计算的犯罪吗？""我们始终可以从断头台当中学到的教训，那就是当我们相信杀人有用的时候，人命就不再神圣了。显然杀人已经变得越来越有用了，坏榜样广为周知，感染力也传布四方。随之而来的，则是虚无主义造成的混乱失守。"不仅如此，"就其他方面而言，死刑则构成了一个可憎的示范，而其后果是难以预料的。"[1]如此等等，以作为废除死刑的根据。

显然，贝卡利亚完全否定死刑的威慑震撼的功能，而是因为它的执行只给他人一瞬间强烈的感受，无法达到刑罚功能有效发挥应当持续有效的延续性，尚不及终身监禁。有的死刑废除论者认为，死刑所造成的死亡恐怖造成生命刑的双重报应，死刑判决后到死刑执行前，受刑人要在死亡的恐怖之下生活，极不人道。在这里，他们并不否认死刑基于双重报应产生的威慑震撼力量，而是认为适用死刑给人产生的恐怖感受过于残

---

① ［法］加缪：《思索死刑》，石武耕译，北京大学出版社2018年版，第11～12页、第40页、第84页。

酷而不人道。然而，死刑适用的威慑震撼、抚慰补偿功能究竟有无以及多少，不仅仅是一个理性问题，从某种意义上来说，更是一种主观感受问题。这种主观感受，并不会因为死刑的执行没有公开展示而就完全失去，也无法以某种科学技术来加以精确与判断。2019年，日本内阁府对日本全国18岁以上的3000人就死刑制度进行了一项问卷调查，占调查对象52.4%的1572人作了回答。结果表明：主张"不应该废除死刑"及"应该废除死刑"的分别占81%、9%。在反对废除死刑的人中，57%的人认为"如果死刑废除，将难平受害者和家人的怨愤"；54%的人认为"犯下残暴罪行的人理应偿命"；58%的人认为"如果死刑废除，残暴的犯罪行为会增加"，认为"不会增加"的人仅占14%[①]。事实上已经废除死刑的韩国，在2009进行的一项民意调查显示，86.8%的国民反对废除死刑制度，66.7%的民众要求保留死刑制度。支持保留死刑的人认为，死刑除了可以震慑犯罪分子外，对受害者家属也是一种精神安慰。在大多数人认为死刑具有威慑震撼、抚慰补偿功能的情况下，无法用科学技术通过实验及其数据来加以证实时，恐怕无法简单地以理性的分析就加以否定。这正如崇尚上帝、溺于迷信一样，信则有之，不信则无，很难以一种推理加以解决，而要通过长期的理性教育、文化文明的渐渐演变才能达成。这也恐怕是死刑废除运动经历200多年，废除与保留之争仍无结论的主要原因。当然，保留限制死刑的适用已经成为一种趋势，何时过渡到废除死刑虽无法预测具体的时间，但死刑最终被废除，则不容置疑。

事实上，人怕惩罚尤其是怕死而强烈求生，乃是人的本能。否则，任何刑罚都无法对之发生作用。正所谓"民不畏死，奈何以死惧之"一个人连死都不怕，还怕什么？在我经历的死刑案件辩护中，无论是被告人本身还是其家人，都是要求千方百计保住被告人的性命，这里面固然就包含着对死刑的恐惧，亦说明不能否定死刑作为一种极刑的威慑震撼功能。被害人一方，则往往强烈要求判处被告人死刑，故不能认为死刑的适用完全没有抚慰补偿功能。至于改用终身监禁是否足够，也是一个无法准确而肯定回答的问题，依然属于一种主观认识范畴。你认为终身监禁足够弥补抚慰被害人的家人，一般来说没有亲人受害的体验，只是一种旁观者理性的思辨，而被害人的情感，受到环境、

① 王昱文：《不杀何以告慰受害者？民调显示日本死刑支持率创新高》，《齐鲁晚报·齐鲁壹点》，2020 年 1 月 19 日。

文化观念、个人因素等影响。他只有一个独子且无法再生育，且在农村传宗接代观念很强烈的背景下，他人利用极其残忍的手段杀害他的独子，断绝了之后代，他基于"恶有恶报"的观念认为只有判处杀人者极刑才能使自己得到抚慰，能够仅从理性的角度认为不处极刑，代之以终身监禁乃可足以对他实现抚慰补偿的功能吗？或者认为这些要求对他人处以极刑的被害人家属乃是不善良之徒，而是威胁国家杀人吗？我想恐怕不能吧。有时候，思考一种事情，若结果完全与自己无关时，可以理性得出一种结论，但若是极坏的结果发生自己身上时，就不一定如此。毕竟，大多数人是普通之人，而非神圣之人，像苏格拉底那样本来认为自己无罪却被处死，在他人能够救他逃出死刑的魔掌，却认为逃亡不过是以恶制恶、以牙还牙，破坏了雅典法律的权威而以身殉法的，为世上所罕见。

此外，死刑是否超过了制止极其严重犯罪发生的强度，终身监禁是否已经足够制止所有犯罪，也不是一个通过科学技术可以准确得以肯定或者否定的问题，从某种程度上，更在于所在社会人们的主观感受。有的认为，对于被害人有严重过错、激情杀人等不是蓄意、并非恶劣的杀人，也保留死刑，更加超过了制止犯罪的程度。对于后者，确实，在我国对于这种行为都将之列入故意杀人罪中，从理论上有着对这些杀人者适用死刑的可能性。然而，在司法实践中，就实际适用死刑的情况而言，绝对不会适用死刑。其实，这只能作为某些具体杀人行为不能适用死刑的理由，而非作为完全废除死刑的理由。对于前者，如前所述，日本与韩国的两次调查，民众认为若不保留死刑，一些极其残暴的罪行就会增加。关于死刑无法制止已经决意杀人的罪犯如恐怖分子、宗教极端分子等杀人，尤其是后者，死刑对于他们不仅毫无威慑性可言，而且因为宗教信仰认为是一种超脱，会把他们带到天堂这一"极乐世界"。问题是，终身监禁或者更轻刑罚同样也无法完全制止已经决意杀人的罪犯不去杀人，更无法阻止那些具有宗教极端信仰、种族歧视等的恐怖分子、宗教极端分子去进行诸如"肉身炸弹"等各种各样的疯狂性犯罪，那是否也可以不适用终身监禁或者更轻的刑罚呢？其实，对于恐怖分子、宗教极端分子等犯罪的行为，已经超越了任何刑罚所能预防其犯罪的范围。从这一角度，对于这些人依法适用死刑，以致不再脱逃去再实施恐怖等严重危害社会的犯罪，从保留死刑的角度来说，也就更有根据。

至于，认为适用死刑，乃属于国家杀人，会让罪犯对杀人着迷不已，加重民众的暴力倾向，甚至认为，"当政府残忍地对待国民的时候，国民也会残忍地对待政府，或者说残忍地相互对待"，则完全是没有任何根据的武断结论。依我为有关死刑被告人辩护的经历，从来没有罪犯称是受国家判处他人死刑影响而去杀人的。一个国家如果残忍地对待自己的公民，滥用死刑，那已经不是依法适度适用死刑的问题。就是其他刑罚，国家如果任意滥用，如动不动将他人终身监禁，定罪入狱，也会引起民众的抗争，此时的政府已经不再具有合法存在的前提。显然与国家保留死刑但几乎不加适用，或者适用很少，就认为政府在残忍地对待国民而会引起罪犯也会残忍地对付政府的想法，根本不能成立。

当然，对于任何刑罚的预防犯罪功能，不能过于迷信。要真正根本上解决犯罪的预防、减少乃至消灭问题，还必须从产生的原因即社会环境及个人因素方面去考虑。完善社会的各项制度，发展生产力，满足人们的适度需求，人们能够幸福生活；强化个人的法律、道德等修养，使之养成文明的行为。不考虑个人因素，而只希求于刑罚的适用来有效防范、减少犯罪，无异于痴人说梦。这样，消除环境、个人因素等犯罪的原因，才是预防、减少犯罪的根本，刑罚的适度适用乃是在一定时期、一定范围内通过刑罚的惩罚特征起着一定的抑制作用，只能治标而不能治本。这也是刑罚适用包括死刑适用与犯罪率的高低从长期上来看很难有多大变化的原因，甚至可能出现重刑下犯罪率更高的现象。但其在一定时期内尤其是在较短的时间内，并不能否定刑罚适用的威慑性，尤其是死刑的威慑力。1983年开始的"严打"，之前社会治安异常恶化，通过暴风雨般的重刑适用，社会治安确实得到了较大的改善。以这说明，并不是讲重刑尤其是死刑的过度适用有其正当性，只不过是用来说明，死刑对于犯罪是有威慑力的。

其实，在新中国成立后，无论是平民百姓还是历代领导人，对于死刑的威慑震撼力都加以认同。这从张子善、刘青山因贪污而被处以极刑就可以得出结论。对此，毛泽东就指出："正因为他们两人的地位高，功劳大，影响大，所以才要下决心处决他们。只有处决他们，才可能挽救二十个，两百个，两千个，两万个犯有各种不同程度错误的干部。"邓小平后亦说："1952年杀了两个人，一个刘青山，一个张子善，起了很大的作用。"江泽民2000年1月14日在一次中纪委召开的会议上也指出："当年，我们党果断处理了刘青山、张子善案件，对党员、干部进城后注意反腐倡廉、拒腐防变起了很大的警戒作用。"当年曾经揭发张子善、刘青山的李克才更是颇有感慨地说："杀了两个人，管了几十年。"他还说："刘青山、张子善最后受到党纪国法的严厉制裁，完全是咎由自取，罪有应得。"①

　　1986年1月17日，邓小平在中央政治局常委会上讲话时强调："死刑不能废除，有些罪犯就是要判死刑。""涉及政治领域、思想领域的问题，只要不触犯刑律，就不受刑事惩处，不涉及死刑问题。但是对严重的经济罪犯、刑事罪犯，总要依法杀一些。现在总的表现是手软。判死刑也是一种必不可少的教育手段。（陈云同志：杀一儆百。杀一些可以挽救一大批干部。）""经济犯罪特别严重的，使国家损失几百万、上千万的国家工作人员，为什么不可以按刑法规定判死刑？一九五二年杀了两个人，一个刘青山，一个张子善，起了很大的作用。现在只杀两个起不了那么大作用了，要多杀几个，这才能真正表现我们的决心。"②

　　从犯罪学就死刑适用的宏观效果加以考察，死刑的废除并不必然导致杀人等残暴犯罪率的提高，乃是死刑废除主张者在实践方面的重要根据。对此，一些专家从实证学的角度进行调查分析，如美国的舒斯勒教授对1925至1949年间死刑效果的研究结论：没有死刑的州，杀人犯罪率比有死刑的州低；同时，同时期其他国家——加拿大、英国、新西兰、澳大利亚、丹麦、瑞典、挪威、荷兰、意大利和奥地利的数据也表明，死刑对凶杀率的升降没有什么影响。塞林教授1977年对在社会组织、人口结构以及经济、社会条件相似的15个州（共分5组，每组的3个州至少有1个州保留着死刑）的调查结论：在1940至1955年期间，这些州的年平均凶杀率与最高法定刑是否为死刑之间不存在联系。皮特森、拜莱教授在1980年至1995年间，对6组规定有死刑的州和取消死刑的州的凶杀率的分析表明，这些州的大部分证据证明死刑与威慑假设相反。拜莱教授在1987年和1994年，分别对50个州1961年至1971年和1973年至1984年2个时期的杀警行为的分析结论是：没有发现证据可以证实在规定了死刑的州的杀警行为，要少于没有规定死刑的州，也即死刑规定并不能为警察提供额外的可使其免受被谋杀的保障。③前联邦德国

---

① 王少军、张福兴：《反腐风暴——毛泽东开国肃贪第一战》，中共党史出版社2009年版，第96页、第107页。

② 《在中央政治局常委会上的讲话》（一九八六年一月十七日），载《邓小平文选》（第3卷），人民出版社1993年版，第152~153页。

③ 张远煌：《死刑威慑力的犯罪学分析》，《中国法学》2008年第1期。

废除死刑的前一年即1948年的杀人犯为427人，而废除死刑的1949年的杀人犯人数降至410人，此后逐年下降，至1952年时只有309人犯杀人罪；奥地利先后共5次宣布过死刑的废除与恢复，但杀人犯罪率始终未有过任何重大的变化。有的则在论证死刑废除的必要性时，只有结论，而没有根据，如立陶宛在废除死刑后，像杀人这样的严重犯罪的数字下降；大部分国家都废除了死刑或者不执行死刑，并没有发现犯罪率提高的现象；已不再执行死刑的西欧国家，乃是世界上凶杀率最低的国家；我国从2007年死刑复核由最高人民法院统一行使以来，执行的死刑大量减少，并未因此引发犯罪浪潮，等等。在我看来，犯罪尤其是极其残忍犯罪的发生，并不是由死刑或者其他某种刑罚的适用唯一决定的，既有着各种各样的社会原因，如政治上的、经济上的、文化上的、宗教上的等环境因素，又有着犯罪者的个人原因，如有的人为了一句话、几元钱就可以去杀人；有的如药家鑫驾车撞人下车后见他人抄其车牌，就拿出刀连刺他人8刀致他人死亡。不能简单地将某一地域或者某一时期的犯罪加以比较就能得出有关死刑与犯罪之间关系一定是如此联系的结论，也就是，不能简单地通过是否适用死刑的杀人犯罪率来说明死刑的威慑力，即死刑若有威慑力，杀人犯罪就一定少；否则就越多。这是因为，经济发展要是非常糟糕，饥饿者越多，社会治安越乱，抢劫杀人等犯罪通常就会越多，再怎么适用死刑也抵挡不了这种犯罪的增多。相反，经济发达，人民安居乐业，即使不适用死刑，杀人犯罪也会更少。

　　一般说来，国家的社会秩序越好，犯罪（重罪）越少，刑罚（重刑）的适用就会越少，这已经成为现代社会的最基本原则，我国古代就主张，如《吕刑》所云"刑罚世轻世重，惟齐非齐，有伦有要"，荀子所曰"刑称罪，则治；不称罪，则乱"，就是如此。相应地，故意杀人等极其严重犯罪越少，适用死刑（终身监禁）的犯罪者就越少。但是，不能反过来说，适用死刑的犯罪者越少，故意杀人等极其严重犯罪就会越少。这正如，我是中国人正确而中国人就是我不正确一样。因为，从逻辑上讲，有甲则有乙正确，但其逆命题有乙就有甲则不一定正确，而只有其逆否命题即没有乙就没有甲才是正确的。再回到死刑与故意杀人等极其严重犯罪的关系上，极其严重犯罪少死刑适用就少，只有死刑适用多说明极其严重的犯罪就越多是正确的，这其实就是极其严重的犯罪越多适用死刑乃越多，乃是同一个命题，而不是死刑适用少极其严重犯罪就少是正确的。所以，上面有关死刑没有适用，极其犯罪就少或者没有多大变化，从逻辑上并非必然得出死刑没有威慑力的结论。也许是，适用了死刑还会更少呢？其实，主张保留死刑的，也通过例子说明，没有适用死刑极其严重犯罪增多的结论，如韩国，1997年12月金泳三政府对23名罪犯执行死刑后，至今没有执行死刑，属于事实上已废除死刑的国家。但在1998年至2007年的10年里，年均800余人因故意杀人而被送上法庭，比过去增加了32%；南非于1994年废除死刑后，谋杀、强奸等暴力犯罪率急剧上升。据报道，路易斯安那州立大学研究人员纳西·莫卡曾对过去20余年3054个县不同时期杀人案件的数量进行分析，得出的结论是，随着死刑执行率的增加，当地的谋杀率逐步降低[①]。还有，在历史中，我国唐朝在747年到759年间，皇帝下诏以杖刑、流刑代替死刑；在日本，平安时代的嵯峨天皇于公元818年因神道教的影响而废止死刑，直到公元1156年发生"保元之乱"为止，实现了长达347年没有死刑的历史。在现代，印度、斯里兰卡、菲律宾、奥地利等都有死刑废除而又恢复的情况，说明至少不能排除在某种情况下需要通过保留甚至实际执行死刑来威慑犯罪。

从死刑适用不可分的特性方面加以考察，认为其程度具有不可分性，不符合罪刑相适应原则，且杀几人判处死刑，杀几十人也是判处死刑，从而造成死刑适用的不公平，与法律面前人人平等原则相背。理论上看来，似有道理。然，只要是极刑，到达了这一层次，就都会存在这种现象，如判处无期徒刑，给予终身监禁，同样也会存在杀几人判无期，杀几十人也是无期的现象，如此也就可以得出要废除无期徒刑或者终身监禁的结论吗？其实，罪刑相适应、刑罚的公平性，是指不同的人在相同的犯罪及其情节下而不能在刑罚适用上有明显的区别。如假设甲乙两人实施同样的残忍手段杀死10人，或者甲杀死5人乙杀死10人，甲被判死刑而乙却不判处死刑，两者比较就是不公平，而不能认为两者都判处死刑而对甲不公平。

从死刑适用难以避免错杀方面加以考察，古今中外，都有一些冤案发生。如DNA技术发明以来，美国曾经统计的因错误辨认等而致冤判的250个案件就由DNA证据改判无罪[②]。一旦实际执行死刑，就难以补救。对此，毛泽东就曾指出："杀人不是割韭

---

① 《联大委员会再度通过暂停死刑决议》，载联合早报网，2012年11月20日。

② ［美］亚当·本福拉多：《公正何以难行——阻碍正义的心理之源》，刘静坤译，中国民主法制出版社2019年版，第138页。

菜，要慎之又慎。"韭菜割了，还可以长出来；头一落地，再无法接上去。有人由此为据，主张废除死刑。然则，即使判处终身监禁、无期徒刑或者有期徒刑，冤假错案也在所难免，对于失去的自由也无法追回，事实上以金钱进行国家赔偿，仅是给予有关被害人或其亲人对过去失去的自由进行一定补偿而予以抚慰，并不等于已经找回了过去的自由。这样，以此立论认为要废除死刑，同理推之，连终身监禁、无期徒刑等也不能适用。

从死刑适用的经济角度方面加以考察，一般认为死刑适用成本远远低于终身监禁的成本。后者要防止终身监禁者自杀、逃跑，需要付出更大的警力、物力、财力成本，在极其严重犯罪较多的情况下，花费巨大成本是否值得需要考量。但另一方面，反对废除死刑即保留死刑的人则认为，死刑的适用成本并不一定比终身监禁低，尤其是严格控制死刑适用或者事实上废除死刑的国家，死刑判决的过程极长，有的甚至长达10多年，由此要耗费巨大的审判资源，从而造成死刑适用的成本实际高于直接判处终身监禁的成本。另外，实际执行死刑后，致使国家无法获得无偿劳动，不利于给被害人更多的赔偿；可能造成重要人证死亡，增加国家查证有关犯罪的成本，等等。

从减少犯罪的对策方面加以考察，马克思指出："如果说大量的犯罪行为从其数量和种类就会揭示出像自然现象那样的规律性……，那么，应不应该认真考虑一下改变产生这些罪行的制度，而不是去颂扬那些处死相当数目的罪犯来为新的罪犯腾出位置的刽子手呢？"[1]列宁也曾指出："对防止犯罪来说，改变社会制度和政治制度比采取某种惩罚，意义要大得多。"[2]有人认为："死刑不能够解决犯罪问题""犯下死罪的人，可能会因为逃避死罪而犯下更多的罪行""解决犯罪问题要从社会制度根源着手""我们是否有认真思考、探讨社会罪案发生背后更深层次的社会结构性成因？社会财富分配不公，贫富悬殊，盈利至上的资本主义经济所引申出来的消费主义文化、拜金主义、功利主义等。"毫无疑问，要彻底解决犯罪问题，需要从社会制度的根源着手。按照马克思主义的观点，人类生产力发展，社会物质文明、精神文明高度发达，劳动成

---

① ［德］马克思：《死刑——科布顿先生的小册子——英格兰银行的措施》，载《马克思恩格斯全集》（第8卷），人民出版社1961年版，第580页。
② ［俄］列宁：《打吧，但不要打死》，载《列宁全集》（第4卷），人民出版社2013年版，第360页。

为人类快乐幸福的来源，社会分配不再是按劳分配而是按需分配，社会制度由社会主义进入到共产主义，那时人实施犯罪的社会制度根据则不复存在，国家、法律、犯罪等上层建筑都会消失。可这一过程不是短时间就能达到的，人类进入这种理想社会还可能经过漫长的时间。在这漫长的时间里，要想消灭犯罪所依赖而致其产生的社会根源不可能完全做到，社会分配不公、贫富悬殊等犯罪发生的物质根源，拜金主义、功利主义等犯罪发生的精神因素，也不可能一下消除，犯罪就会必然存在。既然如此，就必须用刑罚来预防减少犯罪。如果说，死刑不能解决犯罪问题，同样，所有刑罚都无法解决犯罪问题。那么，能够得出废除所有刑罚的结论呢？显然不能。

另外，"犯下死罪的人，可能会因为逃避死罪而犯下更多的罪行"，同样，用终身监禁代替死刑，罪犯是否也会这样想，杀一人是终身监禁，杀几人也是终身监禁，不如再多杀些人。故，在结果已经达到极端的情况下，以某种假设推理来说明问题是没有意义的。毕竟，推理不等于生活。极其严重的犯罪者一般还是有着善良之心，其犯罪行为指向的对象一般乃是特定的与自己有着各种恩怨的人。倘若将犯罪行为指向社会不特定的人，不论是否与之相关，杀害无辜成为一种主要现象时，那任何刑罚都对之没有作用，这时的社会正常秩序也就不会存在，所要考虑的就不再是正常的刑罚问题。

从对死刑及其适用的民众观念上加以考察，一个国家或具有独立法律体系的地区是否保留死刑以及死刑适用的严格控制程度，常常与这个国家或者地区的主流文化观念密切相关。死刑作为刑罚的一种，就之形成的法律及其文化，属于上层建筑的一个组成部分，由社会的某一时期的生产关系所决定，不可避免地会打上时代的烙印。同时，由于文化长期运行所产生的惯性，关于刑罚的传统文化也多多少少会存在一定影响。如前所述，在封建社会，早在八九世纪，我国和日本就开始过废除死刑的实践。现在，日本在法律上仍保留死刑。像奥姆真理教这样的邪教头目麻原彰晃都未及时执行死刑。1995年，麻原彰晃策划、指使该教成员在东京地铁里投放沙林毒气，造成5000余人受伤，数十人终身残疾和死亡，直至2019年才被执行死刑，并由此重新引起了死刑废止的讨论。在我国，对于严重的故意杀人犯罪，网络中常常是杀声一片。民意支持死刑及其适用，反对废止死刑的比例肯定远远高于主张废除死刑的比例。就是对于贪污贿赂这种并不属于暴力范围的犯罪，废除死刑仍然遭受民意的抵触。时任湖南省高级人民法院院长、全国人大代表江必新在2006年全国人民代表大会上对走私、盗窃、贪污罪、受贿罪等绝大部分贪利犯罪提出逐步废除死刑的建议。"消息传开，一时间对此议论者人声鼎沸，其中赞同者寡而反对者众，很多人都认为江必新冒天下之大不韪，逆民心而动，替贪官说话，为坏人开脱。这样，江必新一下就被千夫所指，对其的唾骂之声四起"[①]，最高人民法院急忙出面作出解释。现在，极力主张死刑完全废除者，主要是一些专家学者及律师，尚处于非主流方面，甚至可以说是很少的一部分。司法实践以及现实生活中绝大多数则要求适用甚至多要求适用死刑。在这样的民众观念及民意背景下，国家要完全、彻底地从法律上废除死刑，不能不慎重加以考虑。

当然，也不能绝对化，认为死刑废除完全要屈从于民意。倘若经济发展，人们安居乐业，故意杀人等极其严重的犯罪已经很少，即使民意反对，也可能得出另外一种结果。如法国，尽管超过70%的人反对废除死刑，但仍没有阻却法国废除死刑的步伐。毕竟，死刑是否废除的掌控权，还是像其他国策的决定一样，乃是掌握在极少数统治阶级的代表手里。尽管如此，由于民众情感和态度的反复，从死刑适用严控至1981年完全从法律上废除死刑，历时长达29年。又如韩国，虽然在法律上保留死刑，但因实际没有执行而处于事实上废除的状态。这样的国家也达到了30多个。

从死刑适用的其他方面加以考察，如认为死刑极易被滥用，使得强权有机会践踏生命；尤其是"命案必破"等不当观念的指导下，更是如此；被执行死刑的，常常是最底层的人群，有背景的人往往可以免于死刑的处罚，等等，并以此作为废除死刑的根据。显然，即使废除死刑，以终身监禁代替，在没有法治保障人权的情况下，同样会存在滥用的情况。一般来说，处于社会底层尤其是贫困交加的人群，犯罪（重罪）率通常会高，适用终身监禁的情况可能更多，这是社会犯罪的原因问题，与死刑的废除没有必然联系。不然，废除死刑的理由同样也可以成为废除终身监禁、无期徒刑乃至整个刑罚的理由，其结论的荒谬性亦由此可见。

谭君： 您对废除死刑与保留死刑两方的各方理由做了全面的梳理、分析，对一同方面基于不同一角度的不同方都有理由相互进行抗辩，似乎难以从上述理由中得出死刑废除与否的必然结论。那么，您认为死刑是否得以废除呢？

贺小电： 死刑作为与犯罪相联系的社会现象，尽管其存在、变化、发展有着自身

---

① 《不要误读江必新的逐步废除贪污受贿罪死刑论》，载人民网，2006 年 3 月 14 日。

的社会规律，但不同的人从不同角度、不同方面进行解读会有不同的看法、观点，从而导致一些相同的原因与条件并非出现唯一必然的结论。所以，死刑是否废除，并不仅仅在于纯粹地寻找某种理由及根据的问题，而是在于寻找死刑变动发展的规律问题，从这一变化发展根据中得出必然的结论。死刑的弊端或其具有一定存在的价值本身就是一种客观存在，要是没有宗教的主张，尤其是资产阶级人权、自由、平等的观念被西方国家广泛认可，产生具有废除死刑的接受文化基础，以及一些刑法的立法者及其修订者的认可，即使死刑的弊端为他人所发现，也不可能废除死刑并且演变为世界各国历经200多年一直往前进步的死刑废除运动。因此，我认为，死刑的存在与否，作为一种社会现象，在与其他社会现象相关联的基础上，也有着其自身发展的规律，死刑的废除乃是一种必然的趋势。

谭君：那在您看来，死刑最终废除乃是一种必然，这种必然主要是基于什么原因呢？

贺小电：我认为，死刑必然得以废除的因素主要基于以下方面：

人们对幸福生活的孜孜追求，乃是死刑等对人产生痛苦的惩罚得以废除的动力。如果说，死刑等刑罚的适用是统治阶级用以维持其统治及其应有利益而让统治者能够幸福快乐生活的话，那么，所有人们包括被统治的人们，都有着追求幸福生活的本能与欲望。而且，不像奴隶社会、封建社会那样的统治者仅限于极少数，并通过世袭的方式保持在一个家族或者几个家族联盟的范围内。现在，人民成为国家的主人，被统治被专政的人越来越少，从而使得死刑等刑罚的功能性基础日益瓦解。加之，一些严重的犯罪，现在不仅可能发生在普通民众之间，也可能发生在统治阶层。而适用极刑，不仅会给受刑者带来痛苦，而且也会给相关的亲人带来痛苦。这样，只要死刑未废除，在法律层面上讲，任何人都有可能遭受适用死刑的命运，从而与人追求幸福生活的美好理想相悖。在其他因素都有利于死刑废除的情况下，这种理想自然更加会成为死刑废除的深层次思想动力。

社会物质文明、精神文明不断发展，乃是死刑废除的现实客观基础。随着生产力的发展，尤其是超级计算机、工农业先进机械、高铁飞机、移动通讯设备等生产工具的日新月异，生产力呈现出几何级的快速变化，人们的物质生活在得到基本保障的基础上不断丰富，同时，精神文化产品大大丰富、人们接受教育的机会也大大提高，精神文明包括人权、人文、人本等观念必然逐步深入人心，在客观上将同类处死的死刑适用必然会随着这些观念的日益普及、深入而退出人类的历史舞台。

从政治文明来讲，权力移交的文明化，致使一些权力争夺过程中的失败者都不至于失去生命而得到宽容，甚至自由也不会丧失，如西方一些法治成熟完善国家的党派竞选，在正常情况下，并不会因为竞选之间的相互攻讦而在失败后就要身陷牢狱。如此，在过去被认为是严重侵犯统治阶级政权的根本得不到原谅的大逆不道行为，都因为政治文明的不断发展而得到包容，对于本身属于政治文明一部分的刑罚及其适用制度亦将更加文明。到一定阶段，死刑这种造成同类痛苦死亡的不文明刑罚，得以废除也就成为必然。

从极其严重犯罪必然日益减少方面来看，作为一定社会生产关系下的犯罪，总的趋势乃是随着生产力的发展，社会生产关系即生产资料所有制的形式、人们在生产中的地位和相互关系、产品分配的形式的日益完善与公平，以及建立在一定生产关系基础上的上层建筑包括国家机器及其军队、警察、法院、党派团体等政治组织、设施，法律、道德等制度，以及有关国家、民族、政治、法治、道德、哲学、艺术、宗教等方面的社会意识形态的日益文明昌盛，犯罪的社会根源性因素不断减少，作为一种只能给自己带来痛苦不幸而与幸福生活追求相反的犯罪行为，就其总的趋势而言，必然不断减少，刑罚包括死刑存在的价值也就会自然减少，到达一定阶段，时机成熟时，死刑废除也就成为自然。

从刑罚自身的发展趋势来看，由给人带来巨大痛苦的诸如膑、宫、劓、墨、杖等肉刑的废除，从五花八门的死刑执行方式再到现代的枪决、电击、注射，体现着刑罚这一社会现象与人类文明发展相适应的由苛酷到轻缓、由残酷到人道、由广泛适用到严格控制适用甚至不用的发展趋势。这一发展趋势，本身体现着刑罚历史的发展规律，随着社会生产力的发展、生产关系的完善及其社会文明的昌盛，废除死刑已成历史大势，不可逆转。

死刑的废除作为世界发展的潮流，得到越来越多的国家的赞同。在经济全球化作为一种总的趋势会不断发展的情况下，在越来越多的国家参与到废除死刑运动这一情况下，没有废除的国家甚至坚定地坚持适用的国家，最终也不得不放弃。尽管这一过程可能漫长，但总的趋势乃不以人的意志为转移。

从整个社会历史发展的规律来看，马克思在对社会的阶级划分和发展方向进行分析后，得出了人类社会必然走向共产主义的结论。那时，生产力高度发展，物质财富和精神财富极为丰富；所有财产归全人类共有，实行各尽所能、按需分配；没有阶级、剥削与压迫，所有人平等享受社会经济权利；劳动将成为人们的第一需要，不再是谋生手段，现代国家、政权、法律等都将消失，犯罪等丑恶现象不再存在，作为用来惩罚人的刑罚也将消灭。而作为由资本主义至共产主义过渡形态的社会主义社会，无论是在经济、政治、社会意识形态等各方面，最终都要体现出高于资本主义形态的发达与文明，消除犯罪、刑罚包括死刑等与社会文明发展趋势相悖的一切现象。这样，在人类发展的历史阶段，死刑必然在资本主义至迟在社会主义社会得以废止而退出其历史舞台。

从对死刑的态度及其观念、民意来看，一些国家如我国、日本、韩国等，还存在相当广泛的支持死刑适用的民意基础。然而，民意并非不能够引导，相对来说，作为世界文明的一部分，国内民众的态度、观念及民意，随着国际之间的经济、政治、文化等的相互影响，会发生变化的。毕竟，死刑这一将同类处死的做法，有悖于人类的历史发展规律，必然消亡。如前所述，日本、韩国的民众反对废除死刑的呼声虽然很高，但通过事实的控制适用，实际执行的死刑很少很少，韩国已经成为事实上废除死刑的国家。在蒙古国，最后一次执行死刑在2008年。2009年6月，额勒贝格道尔吉当选总统，半年后于2010年初发布政令暂停死刑的执行，为此引发广泛争议。在2010年年中进行的一次调查结果表明，83%的法律工作者反对废除死刑。但额勒贝格道尔吉顶住压力，最终还是促成了蒙古国议会2012年通过了废除死刑的法案；2015年通过了废除死刑的新刑法，并于2017年7月1日施行，正式成为全球废除死刑的第105个国家，又为废除死刑的国家添加了一员。法国废除死刑时，也有超过70%的人反对。

废除死刑在世界范围内已经成为一种共识、一种潮流，只要身处世界之林中，就不可避免地要随着这一潮流而动，引导民众对死刑改变传统的观念、意识，并严格控制死刑的实际执行，逐步让民众接受，让死刑得以完全而彻底废除的这一体现历史发展文明的运动早日在我国开花结果。毕竟，马克思早就指出："的确，想找出一个原则，可以用来论证在以文明自负的社会里死刑是公正的或适宜的，那是很困难的，也许是根本不可能的。"①

八、死刑与死刑适用政策

谭君： 死刑废除乃是历史的一种必然，但在我国仍然保留着死刑，那么，有关死刑适用的政策是什么呢？

贺小电： 基于我国经济发展的状况，地区之间还存着发展不平衡、贫富差距还比较明显的现象，一些极其严重的犯罪还不时存在，接受法治、人权等文化观念起步不久，加之我国数千年的死刑传统文化观念等各种各样的原因，死刑现在就从法律上完全废除尚不现实。要彻底废除死刑，正确的途径乃是保留死刑，逐步严控死刑的适用，通过严格限制死刑的适用，加之对民众的引导，同时促进生产力的高度发展，政治、经济、文化等文明的全面繁荣与昌盛，借世界废除死刑之潮流，再由事实上废除死刑，即在司法上判处死刑但通过死缓的执行方式而不加适用，最终水到渠成、顺理成章地从法律上而完全彻底地取消死刑。这样，在死刑完全废除前，有关政策乃为保留死刑，但要严格限制死刑的适用。通俗地讲，就是要坚持慎杀、少杀，这其实是新中国成立以来一直所倡导的死刑适用政策。

谭君： 保留死刑，严格限制死刑的适用，坚持少杀、慎杀，作为我国死刑的适用政策，主要体现在哪些方面呢？

贺小电： 我国现行的死刑适用政策，主要表现在以下方面：

在死刑适用的对象上，刑法第48条第1款从肯定的角度明确规定，死刑只适用于罪行极其严重的犯罪分子；第49条明确规定，犯罪时不满18周岁的人、审判时怀孕的妇女，以及采取特别残忍手段致人死亡除外的审判时已满75周岁的人，不适用死刑。根据最高人民法院1998年8月4日通过、同年8月13日起施行的《关于对怀孕妇女在羁押期间自然流产审判时是否可以适用死刑问题的批复》（法释〔1998〕18号）规定："怀孕妇女因涉嫌犯罪在羁押期间自然流产后，又因同一事实被起诉、交付审判的，应当视为

---

① ［德］马克思：《死刑——科布顿先生的小册子——英格兰银行的措施》，载《马克思恩格斯全集》（第8卷），人民出版社1961年版，第578页。

'审判的时候怀孕的妇女'，依法不适用死刑。"这样，怀孕妇女在羁押期间进行人工流产的，自然也应以"审判的时候怀孕的妇女"论，以防止为了对妇女适用死刑而进行人工流产的现象发生。另外，按照解释规定，因涉嫌某罪如甲罪被羁押而自然流产，后因该罪审判不能适用死刑。要是涉嫌多罪，先因涉嫌一罪如甲罪侦查羁押，自然流产后又发现涉嫌应处死刑的乙罪进行侦查，两罪后均被审判，甲罪不能判处死刑，乙罪能否以"审判的时候怀孕的妇女"论，上述解释并不覆盖，即似可以判处死刑。然在死刑废除已经成为历史趋势，实际适用罕见的情况下，为了不致授人以柄，从严格限制死刑适用的角度来讲，宜以"审判的时候怀孕的妇女"论，从而对所犯乙罪也不能判处死刑。

在死刑执行的途径上，在世界上独创了死缓即死刑缓期二年执行制度。该制度源于全国解放初期的镇压反革命分子政策。早在1951年5月，毛泽东就曾指出：对于有血债或其他最严重的罪行非杀不足以平民愤者和最严重地损害国家利益者，必须坚决地判处死刑，并迅即执行。对于没有血债、民愤不大和虽然严重地损害国家利益但尚未达到最严重的程度，而又罪该处死者，应当采取判处死刑、缓期二年执行、强迫劳动、以观后效的政策。这样，在没有刑法系统规范的情况下，就反革命分子适用死刑的政策提出了死缓执行制度的设置，后来吸收为所有犯罪适用死刑的政策，并为我国第1部刑法典吸收而成为一项重要的刑罚执行制度，即《刑法》第48条第1款规定的"对于应当判处死刑的犯罪分子，如果不是必须立即执行的，可以判处死刑同时宣告缓期二年执行"，由此大大限制了死刑实际执行的使用。因为，被判处死缓的，在缓期执行的二年，要是没有故意犯罪，或者虽有故意犯罪然情节并非恶劣的，则依法减为无期徒刑，或者有期徒刑，或者减为无期徒刑后终身监禁，不得减刑、假释。

在死刑适用的罪名上，现在，适用死刑的罪名越来越少，而且通过《刑法修正案（八）》《刑法修正案（九）》分别取消了13个、9个死刑罪名，现有死刑罪名减少至46个。

在死刑罪名的法定刑规定上，就该罪名的死刑也是规定在一个较宽的法定量刑幅度内，如情节较轻的故意杀人，其法定量刑幅度为"死刑、无期徒刑或者10年以上有期徒刑"；放火罪、决水罪、爆炸罪、投放危险物质、以危险方法危害公共安全罪、强奸罪等绝大多数罪名都将死刑设置在相对的法定刑即"10年以上有期徒刑、无期徒刑或者死刑"的幅度内，只有少数死刑罪名在具有某种情节时规定适用死刑这一种刑罚。如分裂国家罪，武装叛乱、暴乱罪，投敌叛变罪，间谍罪，为境外窃取、刺探、收买、非法提供国家秘密、情报罪，资敌罪在对国家和人民危害特别严重、情节特别恶劣的，可以判处死刑；劫持航空器罪，致人重伤、死亡或者使航空器遭受严重破坏的，处死刑。拐卖妇女、儿童罪，具有拐卖妇女、儿童集团的首要分子。拐卖妇女、儿童3人以上的。奸淫被拐卖的妇女的；诱骗、强迫被拐卖的妇女卖淫或者将被拐卖的妇女卖给他人迫使其卖淫的。以出卖为目的，使用暴力、胁迫或者麻醉方法绑架妇女、儿童的；以出卖为目的，偷盗婴幼儿的；造成被拐卖的妇女、儿童或者其亲属重伤、死亡或者其他严重后果的；将妇女、儿童卖往境外的等8种情形之一，且情节特别严重的，处死刑；暴动越狱罪、聚众持械劫狱罪情节特别严重的，处死刑。

在死刑罪名的情节上，刑法对具体适用死刑的罪名，除故意杀人罪外都明确规定适用死刑的情节，即实施相关犯罪行为只有达到相应的条件时，才有可能判处死刑。有的要求"对国家和人民危害特别严重、情节特别恶劣"，如分裂国家罪，武装叛乱、暴乱罪；投敌叛变罪，间谍罪，为境外窃取、刺探、收买、非法提供国家秘密、情报罪，资敌罪等；有的要求"致人重伤、死亡或者使公私财产遭受重大损失"，如放火罪、决水罪、爆炸罪、投放危险物质罪、以危险方法危害公共安全罪等；有的要求"造成严重后果"，如破坏交通工具罪、破坏交通设施罪、破坏电力设备罪、破坏易燃易爆设备罪等；有的要求"情节严重"，如非法制造、买卖、运输、邮寄、储存枪支、弹药、爆炸物罪，非法制造、买卖、运输、储存危险物质罪，盗窃、抢夺枪支、弹药、爆炸物、危险物质罪；有的要求"具有致人死亡或者有其他特别严重情节"，如生产、销售假药罪，生产、销售有毒、有害食品罪等；有的要求具有法律规定的数种情形之一，如强奸罪要求具有"强奸妇女、奸淫幼女情节恶劣的""强奸妇女、奸淫幼女多人的""在公共场所当众强奸妇女、奸淫幼女的""二人以上轮奸的""奸淫不满十周岁的幼女或者造成幼女伤害的""致使被害人重伤、死亡或者造成其他严重后果的"等6种情形之一；抢劫罪要求具有"入户抢劫""在公共交通工具上抢劫""抢劫银行或者其他金融机构""多次抢劫或者抢劫数额巨大""抢劫致人重伤、死亡""冒充军警人员抢劫""持枪抢劫""抢劫军用物资或者抢险、救灾、救济物质"等8种情形之一；有的要求具有"情节特别严重"，如暴动越狱罪、聚众持械劫狱罪，破坏武器装备、军事设施、军事通信罪，故意提供不合格武器装备、军事设施罪；有的要求"数额特别巨大并使国家和人民利益遭受特别重大损失"，如贪污罪、受贿罪；有的要求"致使战斗、战役遭受重大损失"，如战时违抗命令罪，隐瞒、谎报军情罪，拒传、假传军令罪，战时临阵脱逃罪等；有的要求伴有其他行为，如投降罪要求"投降后再为敌人效劳"，军人叛逃罪"要求驾驶航空器、舰船叛逃"，等等。即使没有规定具体适用死刑所应当具有的罪重情节的故意杀人罪，也不意味着一旦故意杀人就可适用死刑，如前所述，故意杀人的幅度一般为"死刑、无期徒刑或者10年以上有期徒刑"，选择范围很宽。"情节较轻的"，更是处以3年以上10年以下有期徒刑。另外，在具体适用刑罚时，所有适用死刑的罪名都要受到刑罚总则规定的限制，对于未成年人、审判时怀孕的妇女，罪行尚不极其严重的，就都不应当适用死刑。

对于按照刑法分则规定的具体犯罪及其情节，依法可以或者应当判处死刑，即使那些规定为死刑一种刑罚的绝对法定量刑，有的是可以处死刑，而不是必须处死刑，如分裂国家罪等危害国家安全罪的；有的是应当判处死刑，如劫持航空器罪，拐卖妇女、儿童罪，暴动越狱罪、聚众持械劫狱罪在具有法定的罪重情节时处死刑的，但若具有诸如精神病人等限制责任能力人、已满75周岁的人、又聋又哑的人或盲人、预备犯、未遂犯、中止犯、从犯、胁从犯、他人未实施所教唆犯罪的教唆犯、自首、重大立功等法定从轻、减轻情节的，仍然可以判处徒刑而不适用死刑，或者虽判处死刑而缓期二年执行。

在追诉时效的限制上，《刑法》第87条第4项规定，法定最高刑为无期徒刑、死刑的犯罪，经过20年，不再追诉。如果20年以后认为必须追诉的，须报请最高人民检察院核准。这样，从某种意义上来说，对于超过追诉时效的应当判处死刑的犯罪，超过20年后除非必须追诉并经最高人民检察院核准外而不再追诉从而自然限制了死刑的适用。事实上，经过20年即使再加追诉，因为社会的发展，死刑适用的日益从严，不适用死刑尤其是死刑立即执行的概率亦会大大增加。

在死刑适用的程序上，凡是适用死刑立即执行的，都由最高人民法院确定。对此，《刑法》第48条第2款规定，死刑除依法由最高人民法院判决的以外，都应当报请最高人民法院核准。死刑缓期执行的，可以由高级人民法院判决或者核准。被判处死刑宣告缓期2年执行的，在死刑缓期执行期间故意犯罪，情节恶劣的，需要执行死刑的，根据《刑法》第50条规定，仍需报请最高人民法院核准后才能执行死刑。

在司法实践中，最高人民法院屡次强调严格控制死刑，对适用故意杀人犯罪、毒品犯罪两种适用死刑最多的犯罪的死刑适用作出明确规定：

如，最高人民法院在1999年10月27日的《全国人民法院维护农村稳定刑事审判工作座谈会纪要》中早就指出："对故意杀人犯罪是否判处死刑，不仅要看是否造成了被害人死亡结果，还要综合考虑案件的全部情况。对于因婚姻家庭、邻里纠纷等民间矛盾激化引发的故意杀人犯罪，适用死刑一定要十分慎重，应当与发生在社会上的严重危害社会治安的其他故意杀人犯罪案件有所区别。"最高人民法院2005年11月22日至25日召开的全国人民法院刑事审判工作座谈会再次强调，对于婚姻家庭矛盾、邻里纠纷引起的杀人案件，一般情况下不必判处死刑立即执行的原则，是正确的，要继续坚持。

又如，最高人民法院、最高人民检察院、公安部2007年12月18日《办理毒品犯罪案件适用法律若干问题的意见》（公通字〔2007〕84号）第4条"关于死刑案件的毒品含量鉴定问题"规定，可能判处死刑的毒品犯罪案件，毒品鉴定结论中应有含量鉴定的结论。

最高人民法院2008年12月1日《全国部分法院审理毒品犯罪案件工作座谈会纪要》（法〔2008〕324号）第2条"毒品犯罪的死刑适用问题"规定，对虽然已达到实际掌握的判处死刑的毒品数量标准，但是具有法定、酌定从宽处罚情节的被告人，可以不判处死刑；毒品数量达到实际掌握的死刑数量标准，既有从重处罚情节，又有从宽处罚情节的，应当综合考虑各方面因素决定刑罚，判处死刑立即执行应当慎重。"毒品数量达到实际掌握的死刑数量标准，具有下列情形之一的，可以不判处被告人死刑立即执行：（一）具有自首、立功等法定从宽处罚情节的；（二）已查获的毒品数量未达到实际掌握的死刑数量标准，到案后坦白尚未被司法机关掌握的其他毒品犯罪，累计数量超过实际掌握的死刑数量标准的；（三）经鉴定毒品含量极低，掺假之后的数量才达到实际掌握的死刑数量标准的，或者有证据表明可能大量掺假但因故不能鉴定的；（四）因特情引诱毒品数量才达到实际掌握的死刑数量标准的；（五）以贩养吸的被告人，被查获的毒品数量刚达到实际掌握的死刑数量标准的；（六）毒品数量刚达到实际掌握的死刑数量标准，确属初次犯罪即被查获，未造成严重危害后果的；（七）共同犯罪毒品数量刚达到实际掌握的死刑数量标准，但各共同犯罪人作用相当，或者责任大小难以区分的；（八）家庭成员共同实施毒品犯罪，其中起主要作用的被告人已被判处死刑立即执行，其他被告人罪行相对较轻的；（九）其他不是必须判处死刑立即执行的。"有些毒品犯罪案件，往往由于毒品、毒资等证据已不存在，导致审查证据和认定事实困难。仅有被告人口供与同案被告人供述作为定案证据的，对被告人判处死刑立即执行要特别慎重。第3条"运输毒品罪的刑罚适用问题"规定，对有证据证明被告人确属受人指使、雇佣参与运输毒品犯罪，又系初犯、偶犯的，可以从轻处罚，即使毒品数量超过实际掌握的死刑数量标准，也可以不判处死刑立即执行。第4条"制造毒品的认定与处罚问题"规定，为便于隐蔽、运输、销售、使用、欺骗购买者，或者为了增重，对毒品掺杂使假、添加或者去除其他非毒品物质，不属于制造毒品的行为。购进制造毒品的设备和原材料，开始着手制造毒品，但尚未制造出粗制毒品或者半成品的，以制造毒品罪的未遂论处。第5条"毒品含量鉴定和混合型、新类型毒品案件处理问题"规定，对可能判处被告人死刑的毒品犯罪案件，应当作出毒品含量鉴定；对涉案毒品可能大量掺假或者系成分复杂的新类型毒品的，亦应当作出毒品含量鉴定。对于国家管制的精神药品和麻醉药品，刑法、司法解释等尚未明确规定量刑数量标准，也不具备折算条件的，应由有关专业部门确定涉案毒品毒效的大小、有毒成分的多少、吸毒者对该毒品的依赖程度，综合考虑其致瘾癖性、戒断性、社会危害性等依法量刑。因条件限制不能确定的，可以参考涉案毒品非法交易的价格因素等，决定对被告人适用的刑罚，但一般不宜判处死刑立即执行。第6条"特情介入案件的处理问题"规定，行为人本没有实施毒品犯罪的主观意图，而是在特情诱惑和促成下形成犯意，进而实施毒品犯罪的，属于"犯意引诱"。对因"犯意引诱"实施毒品犯罪的被告人，根据罪刑相适应原则，应当依法从轻处罚，无论涉案毒品数量多大，都不应判处死刑立即执行。行为人在特情既为其安排上线，又提供下线的双重引诱，即"双套引诱"下实施毒品犯罪的，处刑时可予以更大幅度的从宽处罚或者依法免予刑事处罚。行为人本来只有实施数量较小的毒品犯罪的故意，在特情引诱下实施了数量较大甚至达到实际掌握的死刑数量标准的毒品犯罪的，属于"数量引诱"。对因"数量引诱"实施毒品犯罪的被告人，应当依法从轻处罚，即使毒品数量超过实际掌握的死刑数量标准，一般也不判处死刑立即执行。对不能排除"犯意引诱"和"数量引诱"的案件，在考虑是否对被告人判处死刑立即执行时，要留有余地。对被告人受特情间接引诱实施毒品犯罪的，参照上述原则依法处理。第7条"毒品案件的立功问题"对于毒枭等严重毒品犯罪分子立功的，从轻或者减轻处罚应当从严掌握；如果其检举、揭发的是其他犯罪案件中罪行同样严重的犯罪分子，或者协助抓获的是同案中的其他首要分子、主犯，功足以抵罪的，原则上可以从轻或者减轻处罚。第9条"毒品案件的共同犯罪问题"规定，共同犯罪中能分清主从犯的，不能因为涉案的毒品数量特别巨大，就不分主从犯而一律将被告人认定为主犯或者实际上都按主犯处罚，一律判处重刑甚至死刑。对于共同犯罪中有多个主犯或者共同犯罪人的，处罚上也应做到区别对待。

最高人民法院2015年5月18日《全国法院毒品犯罪审判工作座谈会纪要》（法〔2015〕129号）第2条"关于毒品犯罪法律适用的若干具体问题"第4项"死刑适用问题"明确规定，应当全面、准确贯彻宽严相济刑事政策，体现区别对待，做到罚当其罪，量刑时综合考虑毒品数量、犯罪性质、情节、危害后果、被告人的主观恶性、人身危险性及当地的禁毒形势等因素，严格审慎地决定死刑适用，确保死刑只适用于极少数罪行极其严重的犯罪分子。其中：（1）运输毒品犯罪的死刑适用。对于运输毒品犯罪中受人指使、雇用参与运输毒品的被告人，应当综合考虑毒品数量、犯罪次数、犯罪的主动性和独立性、在共同犯罪中的地位作用、获利程度和方式及其主观恶性、人身危险性等因素，予以区别对待，慎重适用死刑。对于有证据证明确属受人指使、雇用运输毒品，又系初犯、偶犯的被告人，即使毒品数量超过实际掌握的死刑数量标准，也可以不判处死刑；尤其对于其中被动参与犯罪，从属性、辅助性较强，获利程度较低的被告人，一般不应当判处死刑。对于不能排除受人指使、雇用初次运输毒品的被告人，毒品数量超过实际掌握的死刑数量标准，但尚不属数量巨大的，一般也可以不判处死刑。一案中有多人受雇运输毒品的，在决定死刑适用时，除各被告人运输毒品的数量外，还应结合其具体犯罪情节、参与犯罪程度、与雇佣者关系的紧密性及其主观恶性、人身危险性等因素综合考虑，同时判处2人以上死刑要特别慎重。（2）毒品共同犯罪、上下家犯罪的死刑适用。毒品共同犯罪案件的死刑适用应当与该案的毒品数量、社会危害及被告人的犯罪情节、主观恶性、人身危险性相适应。涉案毒品数量刚超过实际掌握的死刑数量标准，依法应当适用死刑的，要尽量区分主犯间的罪责大小，一般只对其中罪责最大的1名主犯判处死刑；各共同犯罪人地位作用相当，或者罪责大小难以区分的，可以不判处被告人死刑；2名主犯的罪责均很突出，且均具有法定从重处罚情节的，也要尽可能比较其主观恶性、人身危险性方面的差异，判处2人死刑要特别慎重。涉案毒品数量达到巨大以上，2名以上主犯的罪责均很突出，或者罪责稍次的主犯具有法定、重大酌定从重处罚情节，判处2人以上死刑符合罪刑相适应原则，并有利于全案量刑平衡的，可以依法判处。对于部分共同犯罪人未到案的案件，在案被告人的罪行不足以判处死刑，或者共同犯罪人归案后全案只宜判处其1人死刑的，不能因为共同犯罪人未到案而对在案被告人适用死刑；在案被告人与未到案共同犯罪人的罪责大小难以准确认定，进而影响准确适用死刑的，不应对在案被告人判处死刑。对于贩卖毒品案件中的上下家，要结合其贩毒数量、次数及对象范围，犯罪的主动性，对促成交易所发挥的作用，犯罪行为的危害后果等因素，综合考虑其主观恶性和人身危险性，慎重、稳妥地决定死刑适用。对于买卖同宗毒品的上下家，涉案毒品数量刚超过实际掌握的死刑数量标准的，一般不能同时判处死刑；一案中有多名共同犯罪人、上下家针对同宗毒品实施犯罪的，可以综合运用上述毒品共同犯罪、上下家犯罪的死刑适用原则予以处理。办理毒品犯罪案件，应当尽量将共同犯罪案件或者密切关联的上下游案件进行并案审理；因客观原因造成分案处理的，办案时应当及时了解关联案件的审理进展和处理结果，注重量刑平衡。（3）新类型、混合型毒品犯罪的死刑适用。以甲基苯丙胺为主要毒品成分的甲基苯丙胺片剂（俗称"麻古"）等混合型毒品，有关之的毒品犯罪死刑数量标准一般可以按照甲基苯丙胺（冰毒）的2倍左右掌握，具体可以根据当地的毒品犯罪形势和涉案毒品含量等因素确定。涉案毒品为氯胺酮（俗称"K粉"）的，综合考虑这种毒品的致瘾癖性、滥用范围和危害性等因素，其死刑数量标准一般可以按照海洛因的10倍掌握。涉案毒品为其他滥用范围和危害性相对较小的新类型、混合型毒品的，一般不宜判处被告人死刑。

九、死刑适用与腐败犯罪

谭君： 废除死刑乃是一种必然趋势，即使是保留死刑，一般也是将之限制在故意杀人等造成他人死亡、毒品犯罪等极少数极其严重的罪行内。事实上，在我国的死刑适用中，现在对仅仅造成财产损失而未造成人身伤亡的犯罪，也很少适用死刑；适用死刑，也是判处死缓，从而使得死刑事实上没有得到执行。那么，法律上为什么不直接废除贪污、受贿犯罪的死刑呢？

贺小电： 在我国现实生活中，过去封建社会中的一些包括贪污贿赂以及与贪污贿赂密切相关的诸如任人唯亲、买官卖官、用人不公、贪婪奢靡，生活腐化等腐败行为及其导致的社会不公平现象还不时存在，为人民群众深恶痛绝，且人们一般认为重刑乃是遏制腐败等犯罪行为的重要手段，甚至认为免除贪污受贿死刑乃是"官官相护"、给予这些官员免死金牌，在这样的观念及背景下，要彻底废除贪污、受贿犯罪的死刑尚缺少必要的民意基础。如前所述，湖南省高级人民法院原院长江必新在2006年3月的全国"两会"上提出逐步废除贪污受贿等贪利犯罪的死刑就曾引起强烈的社会反响，可以说是千夫所指。故，在法律上虽对走私、盗窃、金融诈骗等贪利性犯罪取消了死刑，然对贪污、受贿犯罪仍然保留着死刑。不过，在司法适用上，即使给国家和人民利益造成特别重大损失，只要没有造成人们的生命健康遭受重大损害，真正判处死刑剥夺贪污受贿者生命的，已非常罕见。这也是近几年动辄上亿数亿的贪污受贿案件，判处死刑也不是立即执行而是缓期二年执行的重要原因。这样，贪污贿赂虽属贪利犯罪，可是他与自己所拥有的职权相联系，而职权因为贪污受贿的滥用不仅可能给国家和人民的经济利益造成重大损失，还可能给人民群众的生命健康造成巨大损失，如贪污国家水利工程、高速公路、高铁等重大工程的工程款，或者收受有关工程承包者贿赂，造成工程质量严重问题，致使重大安全事故发生，造成众多人死亡等。贪污受贿虽不能直接造成他人死亡，但有的人甚至众人的死亡却与贪污受贿犯罪相关。所以，从危害结果上来看，在某些特定情况下，贪污受贿犯罪仍然与公众的生命健康相联系，且一出现事故，涉及人数不少，会引起极大民愤，这样保留死刑，以备在极端危害结果出现时适用，在其他情况下则不适用，仅保留其威慑力，仍然有其存在的现实基础。

谭君： 在世界废除死刑的运动中，我国现行死刑政策能够适应吗？

贺小电： 相对于世界普遍兴起的废除死刑或者事实上废除死刑运动，我国尚有很大距离。在一些事实上没有废除死刑的国家里，被判处死刑而实际执行的也是很少。如印度，也是人口大国，且经济并不发达，据大赦国际统计，虽然每年尚有数十或者百余起的死刑判处案例，但实际死刑人数很少，1997年只执行过5人、2004年只执行1人死刑。这样，就死刑执行人数来说，我国每年公开报道的都有一定数量的案例，至于每年实际执行死刑的实际数字乃为国家机密，不为外人所知，国际一些人权组织为此而对我国死刑制度进行攻击。

从我国死刑适用的对象上看，主要是故意杀人、抢劫致人死亡、毒品犯罪等类型。前两类犯罪，除非杀害多人，只要给予被害人家人能够接受的补偿，取得谅解，或者被害人本身有过错、因为民事纠纷等引起，或者被告人认罪但客观证据缺乏，被告人具有自首、重大立功等从轻或者处罚情节，一般就不会适用死刑，判处无期或者有期徒刑的都不时可见。即使判处死刑，一般也会同时宣告缓期2年执行，而非立即执行。至于毒品犯罪，按照刑法规定，具有"走私、贩卖、运输、制造鸦片1000克以上、海洛因或者甲基苯丙胺50克以上或者其他毒品数量大的""走私、贩卖、运输、制造毒品集团的首要分子""武装掩护走私、贩卖、运输、制造毒品的""以暴力抗拒检查、拘留、逮捕，情节严重的""参与有组织的国际贩毒活动的"等情形之一的，便可以适用死刑，可在司法实践适用时则要高于上述标准。尤其是随着制造、贩卖、运输毒品等案件的数量越来越大，实际适用死刑的数量标准也大大提高。判处并实际执行死刑的，则主要是那些毒品犯罪的主犯、累犯。尽管如此，按照国际死刑适用的趋势，我国死刑适用的数量还是有较大的下降空间。

死刑及其适用，虽然属于国内法及其司法主权等内政的范围，他国不得加以干涉。可是，在人权、自由、平等等价值受到世界各国普遍认同的环境下，作为人的最为基础且又首要至高无上的生命权也得到了世界各国普遍的尊重，以剥夺人的生命的死刑，在某一国度，无论其存在具有多么的必要性，停止废除死刑的浪潮都是越来越高涨。如前所述，193个联合国成员国，已有近160个国家在法律上或在实践中废除了死刑或暂停使用死刑，其中既有与我国文化传统相近的国家，如新加坡、韩国等，又有不少经济上还落后于我国的国家，还有人口密度相近、人口数量相近的国家，如印度。在实际执行死刑的国家里，其数量也控制得非常严格，每年不过是个位数，最多不会超过两位数。这样，给我国死刑的严格控制适用，既增大了压力，也提供了机遇。我国不仅要在经济上逐步走向世界的中心，在政治、文化尤其是事涉人权的死刑及其严格控制上也需要走向世界的中心，以我国的文明为世界作出自己的贡献。

十、死囚之归宿

谭君： 在我国，因罪行极其严重被判处死刑的罪犯即死囚，不一定会被执行死刑，那么，具体对被判处死刑的罪犯而言，其最终归宿有哪几种情况呢？

贺小电：死囚，从狭义上讲，指被判处死刑而等待执行死刑的罪犯。但在我国，被判处死刑的罪犯，并非一定立即执行。罪犯倘若不是必须立即执行的，可以宣告缓期2年执行。这样，被判处死刑缓期2年执行的罪犯，也属于死囚的范围。如此，就死囚的归宿而言，根据现有刑法规定，包括下列几种情形：

被判处死刑立即执行并经最高人民法院核准正待执行的死囚，除非在被执行死刑前能够出现致使最高人民法院依法改判的情形，否则其结果便是被执行死刑而丧失生命。根据《刑事诉讼法》第262条规定，在执行死刑前，要是发现"在执行前发现判决可能有错误""在执行前罪犯揭发重大犯罪事实或者有其他重大立功表现，可能需要改判""罪犯正在怀孕"的情形，应当停止执行，并且立即报告最高人民法院，由最高人民法院作出裁定。前两种停止执行的原因消失后，必须报请最高人民法院院长再签发执行死刑的命令才能执行；由于第3种原因停止执行的，应当报请最高人民法院依法改判。

被判处不限制减刑、不终身监禁的死刑缓期2年执行（下称一般死缓）的死囚，根据罪犯在缓期二年执行期间是否存在法定的情形，又有3种不同结果：

其一，被处一般死缓的死囚在缓期2年执行期间，倘若故意犯罪并情节恶劣的，根据《刑法》第50条第1款规定，报请最高人民法院核准后执行死刑。

其二，被处一般死缓的死囚在缓期2年执行期间，没有故意犯罪且无重大立功表现的，2年期满以后，根据《刑法》第50条第1款规定，减为无期徒刑。之后，可以根据《刑法》第78条及有关司法解释的规定依法减刑，但不论经过多少次减刑，自减为无期徒刑之日起之后实际执行的刑期（不包括死刑缓期2年执行的期间以及在判处死缓前羁押的时间）不得少于13年。

此外，根据《刑法》第81条规定，除因累犯以及因故意杀人、强奸、抢劫、绑架、放火、爆炸、投放危险物质或者有组织的暴力性犯罪而被判处一般死缓的死囚不得假释外，其他被判处一般死缓的罪犯，自减为无期徒刑之日起之后实际执行的刑期13年以上，如果认真遵守监规，接受教育改造，确有悔改表现，没有再犯罪的危险的，可以假释。如果有特殊情况，经最高人民法院核准，可以不受上述执行刑期的限制。

还有，被处一般死缓的死囚，缓期执行期间2年届满后减为无期徒刑且属怀孕或者正在哺乳自己婴儿的妇女的，根据《刑事诉讼法》第265条规定，可以依法暂予监外执行。

其三，被处一般死缓的死囚在缓期2年执行期间，没有故意犯罪并有重大立功表现的，根据《刑法》第50条第1款规定，减为25年有期徒刑。之后，可以根据《刑法》第78条及有关司法解释的规定依法减刑，但不论经过多少次减刑，自减为有期徒刑之日起之后实际执行的刑期（不包括死刑缓期2年执行的期间以及在判处死缓前羁押的时间）不得少于被减为有期徒刑25年的1/2。

此外，根据《刑法》第81条规定，除因累犯以及因故意杀人、强奸、抢劫、绑架、放火、爆炸、投放危险物质或者有组织的暴力性犯罪而被判处一般死缓的死囚不得假释外，其他被判处一般死缓的罪犯，自减为有期徒刑25年之日起之后实际执行的刑期达25年的1/2以上，如果认真遵守监规，接受教育改造，确有悔改表现，没有再犯罪的危险的，可以假释。如果有特殊情况，经最高人民法院核准，可以不受上述执行刑期的限制。

还有，被处一般死缓的死囚，缓期执行期间2年届满后减为有期徒刑25年的，具有"严重疾病需要保外就医""怀孕或者正在哺乳自己婴儿的妇女""生活不能自理，适用暂予监外执行不致危害社会"等情形的，根据《刑事诉讼法》第265条规定，可以依法暂予监外执行。

其中，需要保外就医的严重疾病，根据最高人民法院、最高人民检察院、公安部、司法部、国家卫生计生委2014年10月24日发布、同年12月1日起施行的《暂予监外执行规定》（司发通〔2014〕112号）第5条第1项规定，属于该《规定》所附《保外就医严重疾病范围》中的严重疾病。第7条规定，对需要保外就医或者属于生活不能自理的累犯以及故意杀人、强奸、抢劫、绑架、放火、爆炸、投放危险物质或者有组织的暴力性犯罪的罪犯，原被判处死刑缓期2年执行或者无期徒刑的，应当在减为有期徒刑后执行有期徒刑7年以上方可适用暂予监外执行。对未成年罪犯、65周岁以上的罪犯、残疾人罪犯，适用前款规定可以适度从宽。对患有该《规定》所附《保外就医严重疾病范围》的严重疾病，短期内有生命危险的罪犯，可以不受本条第1款规定关于执行刑期的限制。

但是，根据《暂予监外执行规定》第6条规定，对于下列罪犯，不得监外执行：（1）对需要保外就医或者属于生活不能自理，但适用暂予监外执行可能有社会危险性，或者自伤自残，或者不配合治疗的罪犯，不得暂予监外执行。（2）对职务犯罪、破坏金融管理秩序和金融诈骗犯罪、组织（领导、参加、包庇、纵容）黑社会性质组织犯罪的罪犯适用保外就医应当从严审批，对患有高血压、糖尿病、心脏病等严重疾病，但经诊断短期内没有生命危险的，不得暂予监外执行。对在暂予监外执行期间因违法违规被收监执行或者因重新犯罪被判刑的罪犯，需要再次适用暂予监外执行的，应当从严审批。

至于被判处一般死缓的罪犯，在死刑缓期2年执行期间，故意犯罪但情节并不恶劣而没有执行死刑的，根据《刑法》第50条第1款的规定，死刑缓期执行的期间重新计算，其结果在死刑缓期二年执行届满以后根据罪犯在缓期2年执行期间是否存在故意犯罪及其情节恶劣的情况又会出现上述3种结果。故，这一种情形并非判处死缓的结果，从而不作为一种结果加以说明。

被判处死缓同时限制减刑的死囚，根据《刑法》第50条第2款规定，是对被判处死刑缓期执行的累犯以及因故意杀人、强奸、抢劫、绑架、放火、爆炸、投放危险物质或者有组织的暴力性犯罪被判处死刑缓期执行的犯罪分子，人民法院根据犯罪情节等情况可以同时决定对其限制减刑。被限制减刑的死囚，根据罪犯在缓期2年执行期间是否存在法定的情形，也存在3种不同结果：

其一，被决定限制减刑的死囚在缓期2年执行期间，倘若故意犯罪并情节恶劣的，根据《刑法》第50条第1款规定，报请最高人民法院核准后执行死刑。

其二，被决定限制减刑的死囚在缓期2年执行期间，没有故意犯罪且无重大立功表现的，2年期满以后，根据《刑法》第50条第1款规定，减为无期徒刑。之后，可以根据《刑法》第78条及有关司法解释的规定依法减刑，但不论经过多少次减刑，按照《刑法》第81条第2款第3项规定，缓期执行期满后依法减为无期徒刑之日起，之后实际执行的刑期不能少于25年。

被决定限制减刑的死囚，乃为累犯以及因故意杀人、强奸、抢劫、绑架、放火、爆炸、投放危险物质或者有组织的暴力性犯罪者，根据《刑法》第81条第2款规定，不得假释。

被决定限制减刑的死囚，缓期执行期间2年届满后减为无期徒刑且属怀孕或者正在哺乳自己婴儿的妇女的，根据《刑事诉讼法》第265条第2款规定，可以依法暂予监外执行。

其三，被处限制减刑的死囚在缓期2年执行期间，没有故意犯罪并有重大立功表现的，根据《刑法》第50条第1款规定，减为25年有期徒刑。之后，可以依照《刑法》第78条及有关司法解释的规定依法减刑，但不论经过多少次减刑，自减为有期徒刑之日起之后实际执行的刑期（不包括死刑缓期2年执行的期间以及在判处死缓前羁押的时间）不得少于20年。

被决定限制减刑的死囚在缓期2年执行期间的罪犯，虽然可以依法减刑，但根据《刑法》第81条第2款的规定，不得假释，不过可以像被判处一般死缓被减为有期徒刑的罪犯一样，依法可以暂予监外执行。

被处限制减刑的死囚在缓期2年执行期间的罪犯，故意犯罪但情节并非恶劣而未执行死刑的，根据《刑法》第50条第1款的规定，死刑缓期执行的期间重新计算，其结果在死刑缓期2年执行届满以后根据罪犯在缓期2年执行期间是否存在故意犯罪及其情节恶劣的情况又会出现上述3种结果。

被判处死缓同时决定终身监禁的死囚，是贪污、受贿数额特别巨大并使国家和人民利益遭受特别重大损失，根据《刑法》第383条第1款第3项、第4款，第386条的规定，被判处死刑缓期执行的，人民法院根据犯罪情节等情况可以同时决定在其死刑缓期执行2年期满依法减为无期徒刑后，终身监禁，不得减刑、假释。被决定终身监禁的死囚，根据罪犯在缓期2年执行期间是否存在法定的情形，也存在3种不同结果：

其一，被决定终身监禁的贪污受贿死囚在缓期2年执行期间，倘若故意犯罪并情节恶劣的，根据《刑法》第50条第1款规定，报请最高人民法院核准后执行死刑。

其二，被决定终身监禁的贪污受贿死囚在缓期2年执行期间，没有故意犯罪并有重大立功表现的，根据《刑法》第50条第1款规定，减为25年有期徒刑。之后，可以根据《刑法》第78条及有关司法解释的规定依法减刑，但不论经过多少次减刑，自减为有期徒刑之日起之后实际执行的刑期（不包括死刑缓期2年执行的期间以及在判处死缓前羁押的时间）不得少于被减为有期徒刑25年的1/2。可是，从理论上讲，被决定终身监禁的罪犯，理论上应该比决定限制减刑的罪犯更重。可是对于后者，根据法律规定，在死缓的缓期执行期满后被减为25年有期徒刑的，今后无论怎么减刑，自减为有期徒刑25年之日起，实际执行的刑期不得少于20年。

被决定终身监禁的贪污受贿死囚在缓期2年执行期间，没有故意犯罪并有重大立功表现，自减为有期徒刑25年之日起之后实际执行的刑期达25年的1/2以上，如果认真遵守监规，接受教育改造，确有悔改表现，没有再犯罪的危险的，可以假释。如果有特殊情况，经最高人民法院核准，可以不受上述执行刑期的限制。

被决定终身监禁的贪污受贿死囚，缓期执行期间2年届满后减为有期徒刑25年的，具有"有严重疾病需要保外就医""怀孕或者正在哺乳自己婴儿的妇女""生活不能自理，适用暂予监外执行不致危害社会"等情形的，根据《刑事诉讼法》第265条规定，可以依法暂予监外执行。但是，根据《暂予监外执行规定》第6条规定，对于下列罪犯，不得监外执行：（1）对需要保外就医或者属于生活不能自理，但适用暂予监外执行可能有社会危险性，或者自伤自残，或者不配合治疗的罪犯，不得暂予监外执行。（2）对患有高血压、糖尿病、心脏病等严重疾病，但经诊断短期内没有生命危险的，不得暂予监外执行。对在暂予监外执行期间因违法违规被收监执行或者因重新犯罪被判刑的罪犯，需要再次适用暂予监外执行的，应当从严审批。

其三，被决定终身监禁的贪污受贿死囚在缓期2年执行期间，根据《刑法》第383条、第386条规定，没有故意犯罪且没有重大立功表现的，依法减为无期徒刑后，终身监禁，不得减刑、假释。这是刑法分则对被判处死缓的贪污受贿者所做的特别规定。这种特别规定在总则没有规定，从而可能导致与刑法总则有关规定的不同而产生冲突，根据特别规定应当优先适用于普通法的一般规定，应当适用这一特别规定。也就是，被决定终身监禁的贪污受贿死囚在缓期2年执行期间后依法减为无期徒刑的，之后无论是否具有重大立功表现等情形，均应终身监禁，不得减刑、假释。但是，有人认为，这里的不得减刑，仅指没有重大立功的情况。根据《刑法》第78条第1款规定，犯罪分子，在执行期间，有"阻止他人重大犯罪活动""检举监狱内外重大犯罪活动，经查证属实""有发明创造或者重大技术革新""在日常生产、生活中舍己救人""在抗御自然灾害或者排除重大事故中，有突出表现""对国家和社会有其他重大贡献"等情形的，应当减刑。根据分则规定的适用应当符合总则的规定为前提，具有重大立功表现的说明其人身危险性小，给予这些人希望与未来等，从而还可以继续减刑。

另外，被决定终身监禁的贪污受贿死囚，被依法减为无期徒刑后，予以终身监禁，不得减刑、假释，那么，是否允许暂予监外执行呢？有人认为，人的生命是平等的，若被处以死缓被减为无期徒刑后终身监禁的贪污受贿者，患有严重疾病不能保外就医，或者为怀孕或者正在哺乳自己婴儿的妇女的而不暂予监外执行，既不人道，也增加监狱的负担等因素，认为可以依法暂予监外执行。这样就可能使得终身监禁变得名不副实。另外，按照《刑事诉讼法》第265条第1款第2项、第2款规定，对被判处无期徒刑的，只有"怀孕或者正在哺乳自己婴儿的妇女"才可以暂予监外执行，而且是"可以"并非"应当"暂予监外执行。加上，有关司法解释对所有职务犯罪者的暂予监外执行严格控制，明确对患有高血压、糖尿病、心脏病等严重疾病，但经诊断短期内没有生命危险的，不得暂予监外执行。从对贪污受贿职务犯罪的严厉惩治来讲，以及刑法有关终身监禁、不得减刑假释的设置意图来说，似应不允许监外执行。不过，是否允许监外执行，如果从《刑事诉讼法》的规定来看，对判处或者依法减为无期徒刑的"怀孕或者正在哺乳自己婴儿的妇女"，依法可以暂予监外执行，而不能加以限制。对此，还是需要法律加以明确。

至于被决定终身监禁的贪污受贿死囚，在死刑缓期2年执行期间，故意犯罪但情节并不恶劣而没有执行死刑的，根据《刑法》第50条第1款的规定，死刑缓期执行的期间重新计算。

十一、无期徒刑与终身监禁

谭君：在我国，刑法规定了无期徒刑这一刑罚。无期徒刑，作为没有确定期限的刑罚，与有期徒刑相对，一般看来，在处刑后是一辈子要待在监狱里面的。那么，无期徒刑与终身监禁有什么区别呢？

贺小电：这里涉及无期徒刑与终身监禁的性质问题。无期徒刑，作为一种法定的刑罚，并不像一般认为的那样，是在被处无期徒刑后的所有日子都要被监禁在监狱里的刑罚。根据法律规定，被判处无期徒刑，在执行期间，只要认真遵守监规，接受教育改造，确有悔改表现，或者有立功表现的，就可以减刑；有重大立功表现的，则应当减刑。另外，除被判处10年以上有期徒刑或无期徒刑的累犯以及因故意杀人、强奸、抢劫、绑架、放火、爆炸、投放危险物质或者有组织的暴力性犯罪者外，还可以依法假释。这样，被判处无期徒刑后，并不一定会监禁在监狱里。事实上，所有被处无期徒刑或者除处死刑同时决定减为无期徒刑后不得减刑、假释而需终身监禁外，除因为去世等特别原因都会依法被减为有期徒刑而出狱的。

至于终身监禁，法律并未将之规定为一种刑罚，就其性质而言，则存在不同看法。对此，全国人大常委会法律委员会主任委员乔晓阳在《刑法修正案（九）》（草案三审稿）审议分组讨论的发言中指出，贪污受贿犯罪死缓犯减为无期徒刑后执行终身监禁，是刑罚执行的一种措施，不是增加新的刑种。有人认为，终身监禁并非一种刑罚执行措施。作为刑罚执行措施，应是在刑罚执行过程根据罪犯的执行表现而依法处理，而终身监禁则是人民法院对贪污或受贿数额特别巨大，并使国家和人民利益遭受特别重大损失者在判处死缓的同时，根据犯罪情节等情况可以同时决定在其死刑缓期执行2年期满依法减为无期徒刑后，终身监禁，不得减刑、假释，从而不属于执行措施，而是属于一种刑罚执行方式，具体又存在属于不同于一般死缓、限制减刑死缓的死刑执行方式，或者属于死缓的执行方式，或者属于无期徒刑的执行方式等不同看法。如果法律不将终身监禁确定为一种刑罚，那么，如要在总则规定的话，则只能像量刑、累犯、立功、自首、缓刑、数罪并罚、减刑、假释、时效等一样，应当属于《刑法》第4章"刑罚的具体运用"之中，即为刑罚具体运用的一种措施。作为一种刑罚具体运用措施，既包括在审判阶段人民法院就要查清有关事实而在作出裁判时予以确定，又包括在执行阶段根据服刑情况而予以运用，且后者仅只有减刑、假释两种情形，前者则都是在审判阶段并由裁判加以具体适用的。而且，现在法律只对罪行极其严重被判处死缓且依法减为无期徒刑后的贪污受贿者适用，这样既可以严格控制死刑的实际执行，又可以在一定程度上满足广大民众对严重贪污腐败分子要求严惩的民意。在废除死刑运动席卷全球的过程中，终身监禁，不得减刑、假释，不失为事实控制死刑实际执行进而到完全废除死刑的一种有效措施，从而也可能被立法推广到其他可以被判处死刑的犯罪上。

十二、刑罚适用与适用平衡

谭君：法律规定，有期徒刑为6个月以上15年以下，但司法实践中为什么有判处有期徒刑15年以上，如20年、25年等的情况，这是什么原因呢？

贺小电：法律规定有期徒刑的长度，或者对某一具体罪名规定所适用的刑罚及其长度范围时，是针对一种犯罪来讲的。换言之，若是只犯有一罪被判处有期徒刑的，最高只能判处有期徒刑15年。可在实践中，有的人可能犯有两罪甚至多罪，就存在对每一罪判处刑罚后如何确定所执行刑罚即刑罚具体运用的问题，对此，就通过数罪并罚的制度来加以解决。如有人在判决宣告前被确定犯有抢劫罪、盗窃罪，分别判处有期徒刑15年、10年，根据《刑法》第69条第1款关于判决宣告以前一人犯数罪的，除判处死刑和无期徒刑的以外，应当在总和刑期以下、数刑中最高刑期以上，酌情决定执行的刑期，但是管制最高不能超过3年，拘役最高不能超过1年，有期徒刑总和刑期不满35年的，最高不能超过20年，总和刑期在35年以上的，最高不能超过25年的规定，就可以在15年以上25年以下确定决定执行的刑罚，从而就会出现决定实际执行的刑罚高于15年有期徒刑的情况。

谭君：法律规定，犯罪从单处罚金或剥夺政治权利，到判处管制、拘役、有期徒刑再到无期徒刑乃至死刑，有期徒刑从6个月以上至15年以下，幅度很宽，那么，怎么保证量刑的罪刑相适应及其平衡呢？

贺小电：作为现代法治国家，至为首要也是最为基本的标志就是刑事法治。我们知道，一个桶装水的多少并不取决于这个桶的大小，而是取决于最短桶板的长短，而法治与刑事法治的关系犹如桶与最短的桶板的关系，一个国家法治成熟完善的程度，乃是这个国家刑事法治的成熟完善的程度决定的。也正是如此，世界各国均对刑事司法极为关注，并将其作为判断人权尊重情况的重要根据之一。

而刑事法治的实现，就是要将罪刑法定、适用刑法人人平等、罪责刑相适应的刑法基本原则予以贯彻落实到底：

——从立法层面，根据罪刑法定原则，立法机关将每种犯罪及其所要判处的刑罚幅度均作出了明确规定。对每一犯罪，除为数不多的刑法只规定一个法定量刑幅度外，一般都规定了2个或者多个法定量刑幅度。前者如《刑法》第235条规定，犯过失致人重伤罪，即过失伤害他人致人重伤的，处3年以下有期徒刑或者拘役。对单位行贿罪、介绍贿赂罪，《刑法》第391条、第392条分别规定各自的量刑幅度均为"3年以下有期徒刑或者拘役，并处罚金"等。后者刑法则先以构成刑事犯罪的行为规定一个基础刑罚幅度，然后在出现使罪行更重的情节时，再增加一些更重的与罪重情节相对应的刑罚幅度，如《刑法》第234条先规定犯故意伤害罪的，"处3年以下有期徒刑、拘役或者管制"。犯故意伤害罪，具有"致人重伤的"罪重情节时，"处3年以上10年以下有期徒刑"；出现"致人死亡或者以特别残忍手段致人重伤造成严重残疾的"这一更重的罪重情节时，则"处10年以上有期徒刑、无期徒刑或者死刑"。有时是对出现罪行更轻的情节时规定更轻的与罪轻情节相对应的刑罚幅度，如故意杀人罪，《刑法》第232条规定，犯故意杀人罪的，"处死刑、无期徒刑或者10年以上有期徒刑"；犯故意杀人罪，具有"情节较轻的"这一罪轻情节时，"处3年以上10年以下有期徒刑"。有的在规定基础刑罚幅度的同时，既规定了罪重情节相对应的刑罚幅度，又规定了罪轻情节相对应的刑罚幅度。如走私淫秽物品罪，《刑法》第152条第1款规定，犯走私淫秽物品罪的，"处3年以上10年以下有期徒刑，并处罚金"；具有"情节严重的"这一罪重情节时，"处10年以上有期徒刑或者无期徒刑，并处罚金或者没收财产"；具有"情节较轻的"的这一罪轻情节时，"处3年以下有期徒刑、拘役或者管制，并处罚金"。

从司法解释层面，罪重情节、罪轻情节，本属于定量的规定，但刑法只对极少数犯罪作了具体量的规范，如对生产、销售伪劣产品罪，就规定销售金额5万元以上不满20万元的，处2年以下有期徒刑或者拘役，并处或者单处销售金额50%以上2倍以下罚金；销售金额20万元以上不满50万元的，处2年以上7年以下有期徒刑，并处销售金额50%以上2倍以下罚金；销售金额50万元以上不满200万元的，处7年以上有期徒刑，并处销售金额50%以上2倍以下罚金；销售金额200万元以上的，处15年有期徒刑或者无期徒刑，并处销售金额50%以上2倍以下罚金或者没收财产。其他绝大多数犯罪的罪重情节、罪轻情节，则以"情节严重""情节特别严重""数额巨大""数量特别巨大""造成严重后果""后果特别严重""情节较轻"等概括性加以规定。对不少犯罪尤其是常见性犯罪，司法解释则对这些罪重情节、罪轻情节就量方面做了具体的解释。贪污或受贿"数额较大或者有其他较重情节的""数额巨大或者有其他严重情节的""数额特别巨大或者有其他特别严重情节的"等情节，司法解释就规定"3万元以上不满20万元""20万元以上不满300万元""300万元以上"分别为"数额较大""数额巨大""数额特别巨大"的起点标准。但也有一些犯罪，只有定罪情节即构成犯罪所需要的量的解释，而无罪重情节或者罪轻情节的解释，如巨额财产来源不明罪，构成犯罪的定罪情节即"数额巨大"，司法解释规定为30万元；罪重情节即"数额特别巨大的"，尚没有解释。为此，司法实践中对此种犯罪的量刑不平衡的现象时有发生。如有的国家工作人员，巨额财产来源不明的数额超过1000万元的，仍然不认定为"数额特别巨大"而只判处5年以下有期徒刑；有的巨额财产来源不明的数额只有600万元，又认定为"数额特别巨大"，从而在5年以上有期徒刑的法定量刑幅度内量刑。

对于一些常见性的贪利性犯罪如盗窃罪、诈骗罪，司法解释根据经济发展的情况，就定罪情节、罪重情节所对应的"数额较大""数额巨大""数额特别巨大"等多次做过解释。对盗窃犯罪，最高人民法院、最高人民检察院1984年11月2日《关于当前办理盗窃案件中具体应用法律的若干问题的解答》第2条曾规定，盗窃"数额较大"，一般可以200元至300元为起点，少数经济发展较快的地区，可以提高到400元为起点；"数额巨大"一般可以2000元至3000元为起点，少数经济发展较快的地区，可以提高到4000元为起点。最高人民法院、最高人民检察院1991年12月30日发布的《关于修改盗窃犯罪数额标准的通知》曾规定，盗窃"数额较大"，一般可以300~500元为标准，少数经济发展较快的地区，可以600元为标准；"数额巨大"，一般可以3000~5000元为标准，少数经济发展较快的地区，可以6000元为标准；"数额特别巨大"，一般可以2万~3万元为标准，少数经济发展较快的地区，可以4万元为标准。最高人民法院1997年11月4日通过、1998年3月17日起施行的《关于审理盗窃案件具体应用法律若干问题的解释》第3条曾规定，盗窃公私财物价值500元至2000元以上、5000元至2万元以上、3万元至10万元以上，分别为"数额较大""数额巨大""数额特别巨大"。2013年4月4日起施行的《最高人民法院、最高人民检察院关于办理盗窃刑事案件适用法律若干问题的解释》第1条规定："盗窃公私财物价值一千元至三千元以上、三万元至十万元以上、三十万元至五十万元以上的，应当分别认定为刑法第二百六十四条规定的'数额较大'、'数额巨大'、'数额特别巨大'。"即使如此，随着《刑法修正案（九）》对贪污、受郁犯罪的修正，以及新的有关司法解释的出台，造成了盗窃、诈骗等相关犯罪及其量刑数额标准的严重失衡，有关量刑失重也就成为必然。另外，对于一些有关金钱数额的犯罪，有的一直没有解释，有的解释规定之后经过数十年才加改变，如虚开增值税发票罪，最高人民法院除在1996年出台了司法解释外，直至2018年才作出新的规定。这样，不仅造成同一罪名在不同阶段的因为司法解释规定不一，或者没有规定而随意性较大的现象出现，而且造成不同罪名之间因为数额的变化导致的量刑不平衡。

如，受贿犯罪，受贿10万元以上的，就要"处10年以上有期徒刑或者无期徒刑，可以并处没收财产；情节特别严重的，处死刑，并处没收财产"；盗窃20万元，根据有关司法解释，属于"数额巨大"，"处3年以上10年以下有期徒刑，并处罚金"。可在

《刑法修正案（九）》对贪污受贿犯罪作出修正后，再根据有关司法解释的规定，受贿10万元，则"处3年以下有期徒刑或者拘役，并处罚金"，不仅对贪污受贿犯罪因为《刑法修正案（九）》的施行造成之前之后的同样数额的贪污受贿行为在量刑上出现巨大区别，造成前后的量刑不平衡，而且造成罪与罪之间的量刑也不平衡。

还如，受贿10万元，受贿者应处3年以下有期徒刑，但他人要是对受贿者受贿的赃物进行掩饰、隐瞒，按照刑法及其有关司法解释规定，属于掩饰、隐瞒犯罪所得罪的"情节严重"，应"处3年以上7年以下有期徒刑，并处罚金"，明显不平衡。然而，最高人民法院2021年4月7日通过、同年4月15日起施行的《关于修改〈关于审理掩饰、隐瞒犯罪所得、犯罪所得收益刑事案件适用法律若干问题的解释〉的决定》（法释〔2021〕8号）仍然未加改变，实属遗憾。

由上所述，刑法及其有关司法解释对不同犯罪及其量刑的标准如数额的修正，不仅造成同一犯罪前后不同时段犯罪处理结果的不平衡，而且还会造成罪与罪之间的量刑不平衡，对当事人而言，难以说得上公平。我们知道，源于经济发展、货币贬值、物价上涨等因素，不同时期的货币数额虽然一样，但其真正价值却可能相差甚远。所以，在不同时期在犯罪数额的有关标准相对恒定没有变化的期间内，贪污受贿等贪利性犯罪的犯罪数额尽管一样，却因经济发展、货币贬值、物价上涨等客观因素造成的真正价值已经变小而量刑结果却一样；或者犯罪数额增加而该数额货币所体现的真正价值与以前一样而实际没有变化，得到的量刑结果却更重，有的甚至还相差很大，实不公平。要是司法解释对有关犯罪数额的情节作出修改，造成量刑更轻，对已经及时被抓住而早已判处刑罚的人来说，也不公平。这样，没有及时发现的甚至故意采取各种方法加以掩盖直至有关犯罪及其情节的数额修改后才发现的，还因此得到更轻的惩罚，也不公平。

其实，要解决这一问题，可以只对每一犯罪规定一个数额标准，然后每年通过上一年度的通货膨胀率来确定该罪的该年犯罪数额标准。这样，每年的定罪情节、重罪情节、轻罪情节的标准似乎每年都在变化，或多或少，但其每一犯罪的数额真正价值并没有变化，法律所体现的恒定、公平等也一直不因时间、经济、通货膨胀等发生变化，每一犯罪者因为法律的恒定而更能公平。司法解释或者法律有关犯罪数额的标准也不会因为时间、经济、通货膨胀等客观原因反复作出修改而给人产生法不恒定且不公平之感。

十三、缓免刑适用与宽严相济

谭君：在我国，明确倡导"宽严相济"的刑事政策，然在现实生活中，我们经常看到的往往是对一些犯罪开展严厉打击的专项斗争，并大张旗鼓地通过各种媒体进行宣传，而对从宽处罚尤其是适用缓刑、免刑的情况往往是严格控制，一些地方适用缓刑、免刑的情况还不时受到有关部门的质疑。对此，您是怎么看的呢？

贺小电：我国刑法规定的管制刑及缓刑制度，是我党一直倡导的刑事宽严相济政策的重要体现。对此，最高人民法院2010年2月8日《关于贯彻宽严相济刑事政策的若干意见》（法发〔2010〕9号）明确指出："贯彻宽严相济刑事政策，要根据犯罪的具体情况，实行区别对待，做到该宽则宽，当严则严，宽严相济，罚当其罪，打击和孤立极少数，教育、感化和挽救大多数，最大限度地减少社会对立面，促进社会和谐稳定，维护国家长治久安。"第3条"准确把握和正确适用依法从'宽'的政策要求"第14项规定："宽严相济刑事政策中的从'宽'，主要是指对于情节较轻、社会危害性较小的犯罪，或者罪行虽然严重，但具有法定、酌定从宽处罚情节，以及主观恶性相对较小、人身危险性不大的被告人，可以依法从轻、减轻或者免除处罚；对于具有一定社会危害性，但情节显著轻微危害不大的行为，不作为犯罪处理；对于依法可不监禁的，尽量适用缓刑或者判处管制、单处罚金等非监禁刑。"第15项规定："被告人的行为已经构成犯罪，但犯罪情节轻微，或者未成年人、在校学生实施的较轻犯罪，或者被告人具有犯罪预备、犯罪中止、从犯、胁从犯、防卫过当、避险过当等情节，依法不需要判处刑罚的，可以免予刑事处罚。"第16项规定："对于所犯罪行不重、主观恶性不深、人身危险性较小、有悔改表现、不致再危害社会的犯罪分子，要依法从宽处理。对于其中具备条件的，应当依法适用缓刑或者管制、单处罚金等非监禁刑。"第19项规定："对于较轻犯罪的初犯、偶犯，应当综合考虑其犯罪的动机、手段、情节、后果和犯罪时的主观状态，酌情予以从宽处罚。对于犯罪情节轻微的初犯、偶犯，可以免予刑事处罚；依法应当予以刑事处罚的，也应当尽量适用缓刑或者判处管制、单处罚金等非监禁刑。"第20项规定："对于未成年人犯罪，在具体考虑其实施犯罪的动机和目的、犯罪性质、情节和社会危害程度的同时，还要充分考虑其是否属于初犯，归案后是否悔罪，以及个人成长经历和一贯表现等因素，坚持'教育为主、惩罚为辅'的原则和'教育、感化、挽救'的方针进行处理。对于偶尔盗窃、抢夺、诈骗，数额刚达到较大的标准，案发后能如实交代并积极退赃的，可以认定为情节显著轻微，不作为犯罪处理。对于罪行较轻的，可以依法适当多适用缓刑或者判处管制、单处罚金等非监禁刑；依法可免予刑事处罚的，应当免予刑事处罚。"第23项规定："被告人案发后对被害人积极进行赔偿，并认罪、悔罪的，依法可以作为酌定量刑情节予以考虑。因婚姻家庭等民间纠纷激化引发的犯罪，被害人及其家属对被告人表示谅解的，应当作为酌定量刑情节予以考虑。犯罪情节轻微，取得被害人谅解的，可以依法从宽处理，不需判处刑罚的，可以免予刑事处罚。"第4条"准确把握和正确适用宽严'相济'的政策要求"第30项规定："对于恐怖组织犯罪、邪教组织犯罪、黑社会性质组织犯罪和进行走私、诈骗、贩毒等犯罪活动的犯罪集团，在处理时要分别情况，区别对待：对犯罪组织或集团中的为首组织、指挥、策划者和骨干分子，要依法从严惩处，该判处重刑或死刑的要坚决判处重刑或死刑；对受欺骗、胁迫参加犯罪组织、犯罪集团或只是一般参加者，在犯罪中起次要、辅助作用的从犯，依法应当从轻或减轻处罚，符合缓刑条件的，可以适用缓刑。"

然在司法实践中，基于我曾担任10年法官以及近20年主要从事刑事辩护工作的经历，从重从严一直是主基调，长期的"严打"斗争以及各种各样的专项斗争不时出现，凡是从严从重处理的，不管罪刑是否相适应，法官适用起来没有任何顾忌。然而，一从宽处理，适用缓刑、管制或者单处罚金等非监禁刑乃或免刑，则就极其谨慎甚至可以说胆小慎微，不仅要经过层层把关，而且一有人提出疑问，就变得紧张不安。检察机关、上级法院对基层法院缓免刑的适用情况也一直瞪大眼睛，总认为这里面有这样或那样的猫腻。其实，实践中经常对重刑率、缓免刑率进行考察，无非是想体现对犯罪分子的严厉打击，而这种考核，重刑率越高，就说明打击越有成效；缓免刑率越高，则认为是对犯罪分子的仁慈或者放纵，一些司法人员为了得到肯定，少受批评，于是宁重勿轻、宁实不缓。这样，一些案件就因追求高重刑率、低缓免刑率而导致重判实刑。一些法院，开始依法适用缓免刑，到了下半年发现缓免刑率已经达到上限，便只有加以控制，这样，某种程度上也就造成了刑罚适用事实上的不平等。

司法实践中经常为人所诟病的就是职务犯罪的缓免刑率相对于其他犯罪较高，这是一个客观事实。然而，为什么会出现这种现象，则很少有人去分析研究，只是认为这些人一般有关系，有的甚至认为是司法人员权力寻租的结果。不可否认，职务犯罪者比起其他罪犯来说，人脉资源要广泛得多，但问题关键在于是否能够适用缓免刑，不能适用的则应依法纠正；能够适用的，依法所为，又有什么不可呢？怎么能简单地用缓免刑率来衡量呢？所以，真正要规范的缓免刑适用的，最好是在缓免刑实体条件上加以规范，而不是用某种形式上的指标来衡量。在司法实践中，适用缓免刑的主要是基层法院，而基层法院主要审理的犯罪案件集中在盗窃、故意伤害轻伤、传销、非法吸收公众存款、毒品犯罪，职务犯罪有些但不多。由于案件基数不大，适用几次缓免刑便会造成缓免刑率高，你能说明这种缓免率高就有问题吗？

还有，盗窃犯一般经济条件差；传销，采取宗教式的洗脑手段进行，构成犯罪的人员都身陷其中，中毒较深；毒品犯罪，一涉及往往罪行较重。如此，再加之这些犯罪容易复发，自然很少对之适用缓刑免刑。因为，被缓免刑的人一旦重新犯罪，即使缓免刑依法适用，办案人员等也会被人怀疑有问题，甚至还可能被倒查，法官用不着给这些复发可能性较大的人适用缓免刑。非法吸收公众存款，往往也是数额较大，并造成大多数人损失才会入罪，受害人较多；故意轻伤，要是与被害人未达成和解，并未得到谅解等，即使可以适用缓免刑，基于受害方的压力也难以适用。剩下的就是职务犯罪，适用缓免刑后再行犯罪的可能性极小，于是在符合缓免刑的条件时，法官适用起来也就没有负担，相对于其他犯罪来说，适用率就较高。显然，适用缓免刑率高的，并不一定就有问题；反之，适用缓免刑率较低的，则一定就没有问题。缓免刑率高低的控制，只不过是一种形式上的考核，而非因此能够保障缓免刑的依法实事求是地进行。

就具体案例而言，衡阳市珠晖区人民法院原副院长欧阳建平基于蒋某的请托，为开设赌场的谢某办理取保候审手续，并在合议庭提出判处谢某有期徒刑2年6个月，宣告缓刑2年6个月，并处罚金50万元时，提议判处谢某有期徒刑2年，缓刑2年，并处罚金80万元，并得到审判委员会的讨论通过，同时收受蒋某5箱价值共计4.62万元的茅台酒及5万元。案发后退缴全部赃款，认罪悔罪，一审以受贿罪判处欧有期徒刑1年，缓刑1年6个月，并处罚金10万元；上诉后，二审对之免予刑事处罚。在我看来，在司法实践中，收受几万几十万数额的高档烟酒因为假劣烟酒泛滥且无法证明所收为真的情况下，通常都未作为收受贿赂犯罪处理。即使作为受贿行为处理，在进行处理时无疑也需要考虑。鉴于本案的情况，免予刑事处罚，并非罪刑不相适应。可就是这样一个案件，由一个被衡阳市中级人民法院处理过的记者（彼时已不再是记者）在网上发了一下微博，被上级法院领导发现后，就直接认为该案属于错案而要求下级法院启动再审，该被告人从而被改判有期徒刑。

十四、"人为财死"与财产刑适用

谭君： 罚金、没收财产都属于附加刑，且均为财产刑，两者有哪些区别呢？

贺小电： 罚金，是基于犯罪者的犯罪情节，依法判处其向国家缴纳一定数额金钱的刑罚措施。根据《刑法》第53条规定，罚金既可以在判决指定的期限内一次缴纳，也可以在判决指定的期限内分期缴纳。期满不缴纳的，强制缴纳。对于不能全部缴纳罚金的，人民法院在任何时候发现被执行人有可以执行的财产，应当随时追缴。由于遭遇不能抗拒的灾祸等原因缴纳确实有困难的，经人民法院裁定，可以延期缴纳、酌情减少或者免除。

没收财产，是指对于罪行比较严重的犯罪分子，依法判处将其个人所有财产的一部或者全部强制性地无偿收归国有的刑罚措施。根据《刑法》第59条、第60条规定："没收全部财产的，应当对犯罪分子个人及其扶养的家属保留必需的生活费用。在判处没收财产的时候，不得没收属于犯罪分子家属所有或者应有的财产。""没收财产以前犯罪分子所负的正当债务，需要以没收的财产偿还的，经债权人请求，应当偿还。"

但无论是被判处罚金还是被判处没收财产，如因犯罪行为要承担民事赔偿责任的，则应先对被害人承担这种民事赔偿责任。对此，《刑法》第36条规定："由于犯罪行为而使被害人遭受经济损失的，对犯罪分子除依法给予刑事处罚外，并应根据情况判处赔偿经济损失。承担民事赔偿责任的犯罪分子，同时被判处罚金，其财产不足以全部支付的，或者被判处没收财产的，应当先承担对被害人的民事赔偿责任。"

罚金与没收财产，在立法者看来，前者应当轻于后者。这不仅是从刑法总则对刑罚从轻到重的排列顺序，罚金排在没收财产前面来看，还是从刑法分则关于具体犯罪的有关财产刑的规定来看，罚金既可以单处，又可以并处；而没收财产，则只能并处，而不能单处。倘若既可以并处罚金又可以并处没收财产时，后者都排在后面，且适用于更重的罪重情节或者其他更重的刑事犯罪。犯有数罪，一个判处罚金，一个判处并处个人部分财产的，两者则合并执行；一个判处罚金，一个并处个人全部财产的，则罚金被吸收只执行并处个人全部财产。然在一些犯罪的实际适用上，前者罚金实际可能还会重于后者没收财产。如犯生产、销售伪劣产品罪，销售金额200万元以上的，处15年有期徒刑或者无期徒刑，并处销售金额50%以上2倍以下罚金或者没收财产。对于生产、销售者，其个人财产不仅可能达不到销售金额的2倍即400万元，还可能达不到50%，即100万元。这时，按照法律规定先应当并处罚金而不应当并处没收财产。因为，要是并处没收财产，实际对之的惩罚还轻于判处罚金所带来的惩罚，与法理及立法意旨不符。另外，罚金可以一次或者多次分期缴纳，即判处罚金并不一定以其现有的财产为前提，而没收财产则要以现有财产为前提。判处罚金现在没有的，可以今后缴纳，并且分期多次缴纳；而没收财产则不存在分期缴纳的问题。这样，从惩罚的期限及其过程来讲，罚金惩罚的结果还可以延续于被判处刑罚的时间之后，即在之后通过劳动经营等所得也要用于支付所判处而尚未缴纳的罚金；而没收财产的惩罚则只针对被判处刑罚之前的所得。

还有，从罪刑相适应来讲，倘若罪行更重，被并处罚金应当达到满格时才能适用没收财产。否则，在更轻的刑罚没有得到充分满足时，反而适用更重的刑罚，致使人们认为适用的是更重的刑罚，实际却是更轻的刑罚都没有充分实现，这无论是从逻辑上看还是从人性上讲，都难以说得过去。

谭君：对于财产刑的适用，就您经历而言，您认为司法实践中执行得怎么样？

贺小电：财产刑，作为对犯罪者的财产强制剥夺而收回国有的刑罚，无疑具有惩罚性。但对这种惩罚性的认识，有着一个变化的过程。在我国，在一般人看来，犯罪总是与监狱联系在一起，也就是，人只要犯了罪就被认为要被剥夺自由进入监狱。是以，对于财产刑的适用过去并不是那么重视。尤其是怕财产刑判多了，怕人家认为罪犯的自由刑就低了并且是犯罪者以更多的财产刑换取的，说不好是"花钱赎刑"。如此，对财产刑的适用，总是怕这怕那。后来，随着经济的发展，人们对财产刑的认识有了变化，尤其是立法机关对财产刑的规定更为广泛，对一些贪利性犯罪还规定了罚金的幅度，有的还规定必须并处，以致财产刑不得不加以适用。在过去，财产刑适用后，是否得以执行，也不那么重视。然近几年来，对财产刑的执行及对违法所得的追缴日益重视，并且在裁判生效后，统一交付法院执行局执行，并与减刑、假释等相联系，且作为是否减刑、假释的根据。最高人民法院2016年9月19日通过、2017年1月1日起施行的《关于办理减刑、假释案件具体应用法律的规定》（法释〔2016〕23号）第2条就规定："对于罪犯符合刑法第七十八条第一款规定'可以减刑'条件的案件，在办理时应当综合考察罪犯犯罪的性质和具体情节、社会危害程度、原判刑罚及生效裁判中财产性判项的履行情况、交付执行后的一贯表现等因素。"第3条第2款规定："对职务犯罪、破坏金融管理秩序和金融诈骗犯罪、组织（领导、参加、包庇、纵容）黑社会性质组织犯罪等罪犯，不积极退赃、协助追缴赃款赃物、赔偿损失，或者服刑期间利用个人影响力和社会关系等不正当手段意图获得减刑、假释的，不认定其'确有悔改表现'。"第38条规定："人民法院作出的刑事判决、裁定发生法律效力后，在依照刑事诉讼法第二百五十三条、第二百五十四条的规定将罪犯交付执行刑罚时，如果生效裁判中有财产性判项，人民法院应当将反映财产性判项执行、履行情况的有关材料一并随案移送刑罚执行机关。罪犯在服刑期间本人履行或者其亲属代为履行生效裁判中财产性判项的，应当及时向刑罚执行机关报告。刑罚执行机关报请减刑时应随案移送以上材料。人民法院办理减刑、假释案件时，可以向原一审人民法院核实罪犯履行财产性判项的情况。原一审人民法院应当出具相关证明。刑罚执行期间，负责办理减刑、假释案件的人民法院可以协助原一审人民法院执行生效裁判中的财产性判项。"第41条规定："本规定所称'财产性判项'是指判决罪犯承担的附带民事赔偿义务判项，以及追缴、责令退赔、罚金、没收财产等判项。"

其实，从人性上讲，我们尽管可以说，"钱财乃身外之物""生不带来，死不带去"。人活着，"不过就是一日三餐，外加一张床，""知足者常乐"。对于为了钱财而犯罪的，也有诸如"莫伸手，伸手必被捉""法网恢恢，疏而不漏"等警示。现实生活中，亦有诸多失去名誉、地位、财产、自由乃至生命的活生生案例的教训，但似乎人心不足蛇吞象，一些人为了钱财就是不择手段，铤而走险，实施贪污受贿，生产销售伪劣商品，走私贩卖毒品等各种各样的贪利性犯罪。

对于钱财的需要，从个人来说，并不要多少，但对于财产的追求，乃是绝大多数人心中的追求，可以说，多多益善。人生的追求，虽然具有多样性，但主要方面还是权力、钱财、自由、平等、地位、尊严、名声、威望、品格等少数方面，而自由、平等、地位、尊严、名声、威望等体现在精神方面，并与权力、钱财相联系。一个人的钱财越多，实现自由、平等等精神方面追求的可能性就更高，权力则更是位于钱财之上，拥有它，钱财及地位、自由等精神因素的实现会更加充分。从历史上讲，只要正确使用权力，还可以永垂青史。这恐怕也正是钱财再多，如有可能都愿意跳入权力舞台的因素。尽管它会使人更累，更充满风险，人们还是迷恋不已。对于钱财，通过合法正当的手段获得，乃是值得肯定的唯一途径。可是，在不能以正当合法的途径获取时，有的便采取不当手段获取，走得更远的就是采取违法犯罪的手段进行。现实生活中，一些单位的领导接连几任，或者多人涉入贪污受贿旋涡，一些伪劣商品生产经营者在某些市场中成批成群地出现，说明钱财对人尤其是对那些不惜冒着失去自己自由甚至生命为代价的犯罪者的重要性。在很多情况下，钱财在人心中至少是在大多数人心中占有极高地位，失去钱财便会给失去者带来极大的痛苦，尤其是对经济并不富裕的人更是如此。经济富裕者，失去的比例相当高时，以及吝啬者即使失去部分，痛苦一般也不会小。

在我的辩护生涯中，不少贪污受贿者对于违法所得的追缴尤其是罚金判处的多少，非常在意。特别是在贪污受贿的数额达到300万～7000万元之间，实际常在10～15年之间裁量刑罚，量刑已经非常透明，轻重之间相差就是一年半载，犯罪者乃至家人关注的更是违法所得的追缴及财产刑的适用。在一起厅级干部的受贿案件中，他的爱人每次见到我时，所提的就是违法所得、财产刑如何如何减少，从来不关心丈夫可能会判处的刑罚情况，这就说明财产刑的适用，会给犯罪者乃至家人带来财产上的损失，而使之会长期痛苦，尤其是对财产有限的犯罪者来说更是这样。如前所述，财产多的，给予相当高的处罚，他也会极度痛苦的。俗话说："人为财死，鸟为食亡。"从某种意义上来说，财产刑的充分适用必然给犯罪者带来痛苦。我国古代以钱赎刑的做法虽然有悖于适用刑法人人平等的原则而需要否定，但亦说明让犯罪者失去财产足以带来惩罚而警示他人。倘若在自由刑乃至生命刑能够在法定刑的幅度内裁量，充分适用自由刑并不存在以钱赎刑等违背适用刑法人人平等原则问题的情况下，只能说是更能依法发挥刑罚的功能与作用。

但在司法实践中，对于罚金、没收财产刑的适用，赃款赃物等违法所得的追缴，我认为尚未充分实现。如有的收受他人出资款如200万元，后来与这出资款200万元相对应的股份价值增值到500万元，但法院判处追缴的数额往往仍是200万元。至于收受贿赂的孳息如利息，直接利用受贿款如200万元在北京、上海等地购买房产，增值到1000万元，仍然只是追缴受贿款200万元。至于贪污受贿行贿款项，根据2016年4月18日施行的《最高人民法院、最高人民检察院关于办理贪污贿赂刑事案件适用法律若干问题的解释》第19条规定："对贪污罪、受贿罪判处三年以下有期徒刑或者拘役的，应当并处十万元以上五十万元以下的罚金；判处三年以上十年以下有期徒刑的，应当并处二十万元以上犯罪数额二倍以下的罚金或者没收财产；判处十年以上有期徒刑或者无期徒刑的，应当并处五十万元以上犯罪数额二倍以下的罚金或者没收财产。对刑法规定并处罚金的其他贪污贿赂犯罪，应当在十万元以上犯罪数额二倍以下判处罚金。"然在司法实践中，受贿1000万~6000万元，判处罚金一般就在100万~600万元之间。要按最高标准判处，可能不切实际。但对于犯罪数额特别巨大的犯罪者，犯罪金额由于证据等原因一般难以全部认定，或者家里因为其他原因而拥有巨额财产的情况下，适用的罚金刑并不太高，从而难以充分发挥财产刑的惩罚功能，以及之所以对罚金刑可以并处犯罪数额2倍设置的目的与作用。

十五、刑罚之族通力合作与犯罪预防

谭君：刑罚的适用，从免除处罚，到单处罚金、剥夺政治权利并到判处限制人身自由的管制刑、剥夺自由的有期徒刑、无期徒刑，最终到判处剥夺人之生命的死刑，跨度之广、幅度之大，能适合惩罚各种社会危害性不同犯罪的需要。各种刑罚，都有各自适用的范围，不应跨越，应当各司其职，否则超越各自职能，刑罚的秩序就会混乱，就不能充分发挥整体刑罚体系的功能。这点，从司法实践来看，您认为刑罚整体运用的秩序怎样，协调功能发挥得如何？

贺小电：对于每一种犯罪，都不是只规定了一种刑罚，而是规定了多种刑罚，一般还规定了多个刑罚幅度。在司法实践中，法官根据案件的犯罪行为及其各种法定情节、酌情情节裁量具体的刑罚。裁量的刑罚，只有在认定的事实清楚，证据确实充分，定罪准确，罪重罪轻情节及有关从轻、减轻或者免除处罚等从宽处罚、从重处罚情节等认定适当的基础上，才能做到罪刑相适应，进而使得刑罚各自的功能得到充分发挥。就具体刑罚适应而言，总的说来，刑罚的运用秩序属于正常，但任何现象都不可能完美无瑕，何况刑罚的适用涉及整个刑事司法过程，由于各种各样的原因，总有一些不和谐的因素，需要力加避免：

重刑主义无论是在民间还是在一些官员乃至司法官员之间，还有相当的市场。人一犯罪就要入狱坐牢；判处罚金数额大点，自由刑在法定幅度内从宽力度大点，就被认为是在花钱买刑；证据存在问题等导致事实认定存在争议的宁可"信其有"，导致一些冤假错案的发生；可轻可重的案件，一般从重判处；对于"可以型"的从轻、减轻或者免除处罚情节，有的认为既然是"可以"，就意味着既可以从轻、减轻或者免除处罚，又可以不从轻、减轻或者免除处罚，实际选择的乃为后者不予从轻、减轻或者免除处罚；"可杀可不杀"的，党和国家的政策一直强调坚决不杀，但在司法实践中，尤其是被害人家属强烈反应等因素，往往是从重判处。一些人总迷恋过去存在的以召开大会甚至游行示威的形式公开宣判，以强化从重从快的社会效果，如此等等，或多或少都是重刑主义的表现。

当然，在重刑主义下，也会存在某些司法人员收受他人财物而导致重罪轻判等违法犯罪的现象，如云南的孙小果，因强奸罪、强制侮辱妇女罪、故意伤害罪、寻衅滋事罪等数罪并罚，决定执行死刑，剥夺政治权利终身后，其母亲、继父通过行贿等手段不仅致使二审免除其死刑，而且通过再审又数罪并罚决定执行有期徒刑20年，再通过一系列虚假重大立功等减刑的操作，让孙实际服刑12年5个月出狱。孙出狱后，仍不思悔改，又进行组织、领导黑社会性质组织、开设赌场、寻衅滋事、非法拘禁、故意伤害、妨害作证、行贿等犯罪。在发现孙所犯新罪及其原二审、再审判决存在重罪轻判的徇私枉法等违法犯罪行为后，司法机关再次启动审判监督程序对二审、原再审判决予以改判，并判决孙小果死刑，剥夺政治权利终身，并处没收个人财产，且与后面之所犯新罪所判处的刑罚数罪并罚，决定执行死刑，剥夺政治权利终身，并处没收个人财产，经最高人民法院核准并下达执行死刑的命令后，于2020年2月20日对孙执行死刑。

重刑主义，作为一种存在于社会现实生活中的现象，由来已久，与社会尤其是法治文明的发展日益不相适应，需要彻底加以摒弃。

从社会发展上看，随着经济、政治、文化等物质文明、精神文明的发展，促使犯罪发生的环境因素不断得到改善以致减少，加上个体素质不断提高，犯罪尤其是重罪日益减少，与之相适应，刑罚的适用无疑更趋向于文明，其中轻化乃是这种文明的主要特征。可是，以迷信重刑适用威慑作用为主要特征的重刑主义，在司法实践中还不时出现，并以"乱世用重典"为重刑主义背书。显然，我国现有的环境，无论是社会制度还是经济政治等文明，都是历史上最好的，根本不存在"乱世"这一"重刑"适用的社会基础。

从现代法治尤其是刑事法治上看，重刑主义与平时正常适用刑罚的情况相比，量刑大大加重，不仅与适用刑法人人平等、罪刑相适应的刑法基本原则相背，而且与法律面前人人平等的宪法原则相悖。

另外，从刑罚的及时性看，对于一些领导重视、社会关注的重大案件，往往很快，从侦查到审查起诉、一审、二审乃至死刑复核程序，短的100多天便全部完成，有的二审几天就出结果。但有的案件，又拖得太长。我经历一个受贿案件，从2009年立案，到2018年底才结案。有些案件尤其是当事人具有一定职级的贪污受贿案件，需要向上级法院请示，时间数月、数年甚至更长的现象也不时可见，不仅有悖于法律有关审判期限的规定，而且会影响刑罚适用的效果。

刑罚适用不平衡的现象还在一定程度上存在。这种不平衡，如前所述，有法律规定及其司法解释规定等方面的原因，一些罪重罪轻情节只有概括规定，由司法人员自行判断，而我国司法人员又多，各地的经济等发展不平衡，自然在理解上会存在差异。有的因司法解释对于"数额较大""数额巨大"等的修改甚至多次修改，造成同一罪在不同时期而且造成不同罪之间的罪重或者罪轻的认识上的不一致，进而导致量刑的不平衡等。此外，还有重刑主义观念的影响，也会给不同时期同种犯罪的量刑产生很大影响。一些贪污贿赂犯罪，要经过一定层级的领导同意才能立案调查，此类犯罪数额的认定甚至量刑都要征得调查部门的同意，从而使得这些犯罪的定罪量刑也难以由法官根据事实与法律居中裁判而可能失去平衡性。

因被害人赔偿不能到位等原因导致的量刑不平衡。对于身心遭受重大伤害甚至生命丧失的被害人的案件，有的因为当事人的赔偿使得受害人或其家属满意而予以谅解，量刑便大大从轻；有的因当事人没有经济能力赔偿，量刑便不管具体的犯罪事实及有关情节，一味地从重。

此外，实施故意杀人、故意伤害等犯罪行为的通常是经济困难的人，有的犯罪如电动车交通肇事等，肇事者一般也没有购买商业保险，导致受害人得不到必要甚至根本得不到赔偿，对被害人来说，自是不公。因此，有的被害人便采取各种各样的方式向法院施压，法院为了息事宁人，便不得不从重甚至顶格判处。而家庭经济条件好的罪犯，与被害人或其家人达成和解，在自由刑上便可以得到尽量轻的处罚，从刑罚及其运用的效果来讲，自存在问题。其实，对于犯罪的惩罚，不仅要表现在刑罚的运用上，而且还要表现为其犯罪行为所造成后果的严重赔偿上。经济赔偿不足，自由刑相对从重，没有问题。然而，在自由刑相对从轻的同时应当加大财产刑处罚或者对被害人赔偿的力度，让之在经济上付出沉重的代价，使之感受到真正的痛。只有这样，才能达到刑罚适用的处罚效果。

为保证刑事被害人能够公平获得补偿，可以通过统一的被害人补偿制度加以解决，即在全国建立统一的被害人补偿制度，凡是受到伤害的，按照伤残等级及死亡情况，统一从国家获取一定的补偿金，这样，既可以体现国家对受害人的关怀，又可以避免被害人得不到任何补偿而给法院施压造成对被告人量刑不平衡而不公正的现象发生，还可以防止一些司法人员在案件中权力寻租甚至徇私枉法的现象出现，以及消除"同命不同价"等不利于贯彻法律面前人人平等原则的现象，避免让人感受人的生命价值大小不一，而国家，则可以通过对被告人重重判处财产刑的方式获得补偿资金。现在的问题是，像故意杀人、故意伤害、交通肇事等不少非贪利性犯罪，并没有设置财产刑。对一些贪利性犯罪，有财产刑的，在当事人有能力的情况下也未充分重处。在设立被害人补偿制度的情况下，就应对所有犯罪包括过失犯罪设置附加的财产刑，尤其是罚金刑，让之在因自由刑失去一定时间自由的同时，再因财产刑的充分判处让其失去大部分辛辛苦苦赚来的财产以加大对其的惩罚。这样，我相信乃更能体现罪刑相适应，并强化刑罚适用的效果，既有效防止犯罪者再行犯罪，又警示他人不实行犯罪，实现特殊的个别预防与一般的社会预防的有机统一，以真正防范减少犯罪！

第三章

伪劣商品之治

一、伪劣奶粉之祸

2008年3月始，南京鼓楼医院泌尿外科接到南京儿童医院送来的10例泌尿结石样本，这些婴儿均为喝了三鹿奶粉导致结石。2008年3月开始，石家庄三鹿集团股份有限公司（下称三鹿集团）就陆续接到患泌尿系统结石病的投诉，并支付部分患儿检查费用。2008年7月后，"结石宝宝"病例报告进入高发期。甘肃兰州一家医院，2008年上半年就收治患肾结石婴儿16例，月龄大多为5～11个月，部分患儿已经发展成为肾功能不全。江苏、陕西、山东、安徽、湖南、湖北、江西、宁夏、河北、上海等地都有病例报告。

2008年8月1日下午6时，三鹿集团取得检测结果：送检的16个婴幼儿奶粉样品，15个样品中检出了三聚氰胺的成分。次日，三鹿集团分别将有关情况报告给了其注册所在地石家庄市人民政府和石家庄市新华区人民政府，并开始回收市场上的三鹿婴幼儿奶粉。

9月9日，原国家质量监督检验检疫总局和商务部分别接到新西兰方面有关三鹿奶粉问题的通报。

9月11日，媒体曝光甘肃14名婴儿疑因食用"三鹿"奶粉同患肾病。

9月12日，原卫生部赴河北调查，石家庄市人民政府宣布，三鹿集团所产的婴幼儿问题奶粉是在原奶收购过程中被不法分子添加了三聚氰胺所致。三聚氰胺是一种化工原料，添加可以使原奶在掺入清水后，仍然符合收购标准。

9月13日，党中央、国务院启动国家重大食品安全事故Ⅰ级响应机制，成立应急处置领导小组，由原卫生部牵头，原国家质量监督检验检疫总局、原工商行政管理总局、原农业部、公安部、原食品药品监督管理局等部门和河北省人民政府参加，共同做好三鹿牌婴幼儿配方奶粉重大安全事故处置工作。

9月15日，原卫生部通报，全国医疗机构共接诊、筛查食用三鹿牌婴幼儿配方奶粉的婴幼儿近万名，临床诊断患儿1253名，其中2名已死亡。

12月1日，原卫生部宣布，截至11月27日8时，全国累计报告因食用三鹿牌奶粉和其他个别导致泌尿系统出现异常的患儿29万余人，其中6人死亡。

12月25日，石家庄市人民政府宣布，石家庄市中级人民法院已经受理了对三鹿集团进行破产清算的申请，三鹿集团下属22家企业亦纳入破产程序，3万多职工失业。

2009年1月22日，三鹿系列刑事案件在石家庄市中级人民法院一审宣判，对三鹿集团及其高级管理人员田文华、王玉良、杭志奇、吴聚生等生产、销售伪劣产品案作出判决，以生产、销售伪劣产品罪判处田文华无期徒刑，分别判处王玉良、杭志奇、吴聚生有期徒刑15年、8年、5年。

2011年6月8日，中国乳制品工业协会宣布，协调有关责任企业最终出资筹集了总额11.1亿元的婴幼儿奶粉事件赔偿金。

二、问题疫苗之殇

最近10年中，造成较大舆论影响的疫苗争议事件有4次，分别是2010年"山西疫苗乱象"事件、"2013年乙肝疫苗"事件、"2016年山东非法疫苗案"以及2018年的"不合格百白破疫苗流入市场"事件。

1. 长春长生疫苗造假案

2018年7月，一篇自媒体文章《疫苗之王》披露了中国最大的乙肝疫苗生产企业、最大的流感疫苗生产企业、第二大水痘疫苗生产企业、第四大狂犬病疫苗生产企业的实际控制人高俊芳、韩刚君与杜伟民等涉嫌生产不合格疫苗。

2009年3月，韩刚君与杜伟民控制的江苏延申生物科技股份有限公司（以下称延申生物）18万份狂犬病疫苗抗原含量低于国家标准，达不到药效，流入21个省107个疾控中心。在食品药品监督管理局查处后，依然没有召回、没有补偿，延申生物因生产、销售伪劣产品罪，被判处罚金300万元，总经理和5名员工被判刑，董事长韩刚君和另一大股东却毫发无伤。

2013年12月，10天时间里共有8名新生儿，在接种杜伟民控股的深圳康泰生物制品股份有限公司（下称康泰生物）的乙肝疫苗后死亡。1个月后，原国家食品药品监督管理总局和原国家卫生和计划生育委员会的调查显示，所有的婴儿死亡为偶合性死亡，疫苗质量没有问题，向康泰生物归还了生产证书，风波过后，康泰生物上市。

2018年7月6日至8日，通过内部员工实名举报，国家药品监督管理局检查证实，高俊芳控制的长春长生生物科技有限责任公司（下称长生生物）疫苗生产存在记录造假，要求吉林省收回长生生物的药品GMP证书，责令长生生物主动召回有效期内所有批次的狂犬病疫苗，同时对前两年的违规行为进行处罚。

2017年11月，长生生物一个批次的百白破疫苗效价指标不符合标准，接种后可能会影响接种儿童的白喉、破伤风和百日咳的免疫效果。而25万支疫苗这时已全部销往山东，并注入25万多名儿童的身体。8个月过去，吉林有关部门没收库存186支疫苗，对长生生物罚款300多万元。

2018年7月27日，国务院调查组公布，长生生物为降低成本、提高狂犬病疫苗生产成功率，违反批准的生产工艺组织生产，包括使用不同批次原液勾兑进行产品分装，对原液勾兑后进行2次浓缩和纯化处理，个别批次产品使用超过规定有效期的原液生产成品制剂，虚假标注制剂产品生产日期，生产结束后的小鼠攻毒试验改为在原液生产阶段进行。为掩盖上述违法违规行为，企业系统地编造生产、检验记录，开具填写虚假日期的小鼠购买发票，以应付监督管理部门检查。

截至7月25日，公安机关依法对长生生物董事长高俊芳等16名涉嫌犯罪人员刑事拘留，冻结涉案的企业账户、个人账户，案件侦办工作正在进行中。另据中国疾病预防控制中心数据，长生生物生产的狂犬病疫苗接种后不良反应发生率为万分之0.2，未见严重不良反应。2017年我国狂犬病发病人数为516人，近几年呈逐年下降趋势。

2018年7月30日，时任国务院总理李克强就长生生物疫苗案件作出批示，要求必须给全国人民一个明明白白的交代。

8月15日，国务院调查组在对长生生物调查中进一步查明，该公司生产的效价不合格百白破疫苗涉及同一批次的201605014-01和201605014-02两个批号的产品，共计

49.98万支。国家卫生健康委员会和国家药品监督管理局部署安排接种过长生生物上述不合格疫苗的儿童补种。

8月16日，中央对长生生物问题疫苗案进行"最强问责"：毕井泉、金育辉、李晋修、刘长龙、姜治莹、焦红等6名省部级官员分别受到了引咎辞职、免职、责令辞职、深刻检查等处理，原食品药品监督管理总局副局长吴浈则被宣布接受调查。

10月16日，原国家药品监督管理局和吉林省药品监督管理局对长生生物违法违规生产狂犬病疫苗作出顶格行政处罚决定，没收违法所得，并处违法生产销售货值金额3倍的罚款，两项合计罚款91亿元。

2019年2月2日，中央纪委国家监委对6名中管干部作出予以免职、责令辞职、要求引咎辞职等处理，对涉嫌职务犯罪的国家食品药品监督管理总局原副局长、党组原成员吴浈给予开除党籍处分并移送检察机关依法审查起诉。同时，对涉及原国家食品药品监督管理总局、国家药品监督管理局、吉林省各级药品监督管理部门、长春市人民政府、长春市高新技术产业开发区管委会等42名非中管干部进行了严肃处理。其中，厅局级干部13人、县处级干部23人、乡科级及以下干部6人；对涉嫌职务犯罪的原吉林省食品药品监督管理局3名责任人给予开除党籍处分并移送检察机关依法审查起诉；对包括原国家食品药品监督管理总局药品化妆品监督管理司1名副司长、原吉林省食品药品监督管理局2名副局长在内的6名责任人给予留党察看或撤销党内职务、政务撤职处分；对29名责任人给予其他党纪政务处分。

三、假劣食药与刑法规制

谭君：此次我们要谈的假奶粉、假疫苗等问题，都是近年印象较深的典型食药安全问题。实际上，与阜阳假奶粉同时期的食品安全事件还很多：敌敌畏金华火腿、毛发水兑制酱油、湖塘酿酒厂假酒及广州有毒白酒致死人命事件等。而比2010年曝光的劣质疫苗更早一点的，还有多起假药事件，如2006年5月的"齐二药"事件，齐齐哈尔第二制药公司生产的亮菌甲素注射液，用工业用的"二甘醇"代替医学用的"丙二醇"，造成病人急性肾功能衰竭，9人死亡，当时也引起了时任国务院总理温家宝的重视。对于这些犯罪行为，我们的刑法是如何规定的？

　　贺小电：从我国法律规定来看，刑法在"破坏社会主义市场经济秩序罪"首节中就以11个条文规定了生产、销售伪劣商品罪，体现了立法者对生产、销售伪劣商品罪的严厉否定态度。商品涉及千家万户，与广大人民群众的利益息息相关，有的还直接与人们的财产乃至人身健康安全相关，在经济日益趋向全球化的情况下，还与国家经济、声誉、外交等相连。因此，基于我国现阶段生产、销售伪劣商品犯罪还比较严重的现实，刑法对于有关犯罪的刑罚规定，相对来说是比较严厉的。其中，涉及药品、食品的具体犯罪，按照刑法的规定，分别为生产、销售假药罪，生产、销售劣药罪，生产、销售不符合安全标准的食品罪，生产、销售有毒、有害食品罪以及生产、销售伪劣产品罪。除此之外，鉴于一些生产、销售假、劣药以外的行为，如生产、销售国家禁止使用的药品，以欺骗手段申请药品注册，编造药品生产、检验等的行为，同样违反国家药品生产、销售管理秩序，并给人们的身心健康等造成严重的危害，并常常与假劣药品的生产、销售行为伴随而行。是以，《刑法修正案（十一）》又增设了生产、销售禁用药品罪，药品申请注册欺骗罪，编造药品生产、检验记录罪，其中为生产、销售假药、劣药而触犯生产、销售假药罪，生产、销售劣药罪的，则按法条竞合择重的处罚，进一步体现了国家对人们生命健康安全的日益重视与保护。

　　前面所述的具体犯罪，主要是从制售假药、劣药及不符合卫生安全标准、有毒有害食品等行为的具体性质及其危害后果方面考虑的，从质的方面若能确定构成制售假药、有毒有害的食品；构成制售劣药，对人体健康造成严重危害；构成生产、销售国务院药品监督管理部门禁止使用的药品，未取得药品相关批准证明文件生产、进口药品或者明知是上述药品而销售，在药品申请注册中提供虚假的证明、数据、资料、样品或者采取其他欺骗手段，编造生产、检验记录，足以严重危害人体健康的，以及构成制售不符合卫生安全标准的食品，足以造成严重食物中毒事故或者其他严重食源性疾病，则构成犯罪。其中，生产、销售假药与生产、销售有毒、有害食品，致人死亡或者有其他特别严重情节的，最高可以处以极刑。这在经济犯罪中，是少有的。

　　在确定所有伪劣商品制售的犯罪行为所具有共同的质，即"掺杂、掺假，以假充真，以次充好或者以不合格产品冒充合格产品"的基础上，根据生产、销售伪劣产品的量也就是销售金额来确定是否构成犯罪，在构成犯罪时并根据不同的罪重情节确定不同的刑罚幅度。

上述所有生产、销售伪劣药品、食品等商品的犯罪，刑法不仅规定自然人等个人可以构成，而且还规定单位也可以构成。单位犯有关罪的，除对单位处以罚金外，对之直接负责的主管人员和其他直接责任人员均按自然人犯罪处罚。

生产、销售伪劣商品行为，除涉及生产、销售伪劣商品犯罪外，还常常与虚假广告，销售假冒注册商标的商品，非法制造、销售非法制造的注册商标标识，假冒专利，非法经营，逃税，走私，以危险方法危害公共安全等犯罪牵连在一起，从而可能触犯其他罪名，这时应当按照有关处理规则，有的按牵连犯等择一重罪从重处罚，有的则应依法进行数罪并罚。

谭君： 阜阳奶粉案的宣判在2005年1月。5名生产、销售劣质奶粉的企业老板、个体经营者，是以销售不符合卫生标准的食品罪一审被判刑4~8年，当时法院认定他们行为造成的后果是1名婴儿死亡，2名婴儿患上营养不良综合征。为什么是这样一个"销售不符合卫生标准的食品罪"的罪名，似乎罪刑不相适应，是不是刑事制裁滞后于市场经济的发展体现？2008年发生三鹿奶粉事件。当年生产三聚氰胺混合物"蛋白粉"和添加"蛋白粉"至原奶中的人，分别以危险方法危害公共安全罪和生产、销售有毒食品罪判处死刑并被核准。不但在罪名上，而且在刑期上，均体现了公众对此类事件的不容忍。怎么看待这些年在惩治假冒伪劣商品犯罪问题上的变化和进步？

贺小电： 首先说明一下。《刑法》第143条规定的是"生产、销售不符合卫生标准的食品，足以造成严重食物中毒事故或者其他严重食源性疾患的"犯罪行为，相应的罪名乃为"生产、销售不符合卫生标准的食品罪"。后来《食品卫生法》被《食品安全法》代替，《食品安全法》所称的食品安全标准，不仅包括食品卫生要求，还包括有关质量、营养成分、食品检验方法与规程等各方面的要求，与食品卫生标准相较，更为广泛。所以，《刑法修正案（八）》将《刑法》第143条原来规定的"生产、销售不符合卫生标准的食品，足以造成严重食物中毒事故或者其他严重食源性疾患的"的犯罪行为，修改为"生产、销售不符合食品安全标准的食品，足以造成严重食物中毒事故或者其他严重食源性疾病的"的犯罪行为，相应地，该罪名也就变成了"生产、销售不符合安全标准的食品罪"。同时，对于构罪时的法定量刑幅度"3年以下有期徒刑或者拘

125

役，并处或者单处销售金额50%以上2倍以下罚金"，《刑法修正案（八）》修改为"3年以下有期徒刑或者拘役，并处罚金"；对2个罪重情节，即"对人体健康造成严重危害的"与"后果特别严重的"，以及分别对应的法定量刑幅度"3年以上7年以下有期徒刑，并处销售金额50%以上2倍以下罚金"及"7年以上有期徒刑或者无期徒刑，并处销售金额50%以上2倍以下罚金或者没收财产"，《刑法修正案（八）》也分别修改为"对人体健康造成严重危害或者有其他严重情节的"与"后果特别严重的"，分别对应"3年以上7年以下有期徒刑，并处罚金"及"7年以上有期徒刑或者无期徒刑，并处罚金或者没收财产"的法定量刑幅度。

此外，《刑法》对生产、销售假药罪规定的构罪时的法定量刑幅度"3年以下有期徒刑或者拘役，并处或者单处销售金额50%以上2倍以下罚金"，《刑法修正案（八）》修改为"3年以下有期徒刑或者拘役，并处罚金"；对2个罪重情节，即"对人体健康造成严重危害的"与"致人死亡或者对人体健康造成特别严重危害的"，以及分别对应的法定量刑幅度"3年以上10年以下有期徒刑，并处销售金额50%以上2倍以下罚金"及"10年以上有期徒刑、无期徒刑或者死刑，并处销售金额50%以上2倍以下罚金或者没收财产"，《刑法修正案（八）》也分别修改为"对人体健康造成严重危害或者有其他严重情节的"与"致人死亡或者有其他特别严重情节的"，分别对应"3年以上10年以下有期徒刑，并处罚金"及"10年以上有期徒刑、无期徒刑或者死刑，并处罚金或者没收财产"的法定量刑幅度。

对生产、销售有毒、有害食品罪规定的构罪时的法定量刑幅度"5年以下有期徒刑或者拘役，并处或者单处销售金额50%以上2倍以下罚金"，《刑法修正案（八）》修改为"5年以下有期徒刑，并处罚金"；对其中的2个罪重情节"造成严重食物中毒事故或者其他严重食源性疾患，对人体健康造成严重危害的"与"致人死亡或者对人体健康造成特别严重危害的"，以及分别对应的法定量刑幅度"5年以上10年以下有期徒刑，并处销售金额50%以上2倍以下罚金"及"10年以上有期徒刑、无期徒刑或者死刑，并处销售金额50%以上2倍以下罚金或者没收财产"，《刑法修正案（八）》亦修改为"对人体健康造成严重危害或者有其他严重情节的"与"致人死亡或者有其他特别严重情节的"，并与"5年以上10年以下有期徒刑，并处罚金"及"10年以上有期徒刑、无期徒刑或者死刑，并处罚金或者没收财产"的法定量刑幅度相对应。

显然，《刑法修正案（八）》对生产、销售不符合安全标准的食品罪，生产、销售假药罪及生产、销售有毒、有害食品罪的罪重情节及法定刑的修改，更利于惩治有关犯罪，如将原来对罚金刑，取消了"单处"一律改为"并处"，将处罚金时要受到"销售金额50%以上2倍以下"的限制加以取消，意味着没有"销售金额"也应当并处罚金，且可以根据案件情况处"销售金额"2倍以上的罚金。又如，生产、销售假药罪，原来要求"致人死亡或者对人体健康造成特别严重危害的"，才可处"10年以上有期徒刑、无期徒刑或者死刑，并处销售金额50%以上2倍以下罚金或者没收财产"，现在修改为"致人死亡或者有其他特别严重情节的"，可以判处"10年以上有期徒刑、无期徒刑或者死刑，并处罚金或者没收财产"。这样，对"人体健康未造成特别严重危害"但具有生产、销售假药，销售金额特别巨大；造成众多人住院，遭受特别重大损失；给国家声誉、产业造成特别重大的损害等特别严重情节的，在修正前不能处"10年以上有期徒刑、无期徒刑或者死刑"的主刑，在修正后就可以依法判处"10年以上有期徒刑、无期徒刑或者死刑"的主刑。

至于您所讲的在阜阳2005年查处的生产、销售劣质奶粉案，与2008年发生在河北的三鹿奶粉事件，前者以生产、销售不符合卫生标准的食品罪定罪量刑，后者对不同人以不同的罪名定罪处罚，乃是因为行为性质的不同，而不是源于法律规定前后的变化。如前所述，《刑法修正案（八）》对生产、销售假药、不符合安全标准的食品及有毒、有害食品的修改乃是在2011年。

阜阳奶粉案中，用淀粉、蔗糖等价钱低廉的食品原料全部或部分替代乳粉，再用奶香精等添加剂进行调香调味，不含国家相关标准规定的、婴儿生长发育所必需的蛋白质、脂肪以及维生素和矿物质等营养素，所生产、销售的奶粉乃为营养达不到卫生标准要求的劣质奶粉，并未掺加有毒、有害的非食品原料，于是依法只能以生产、销售不符合卫生标准的食品罪论处。5名生产、销售劣质奶粉的行为人，因其行为导致1名婴儿死亡、2名婴儿患有营养不良综合征，造成特别严重的后果，按照该罪罪重情节"后果特别严重的"对应的主刑幅度"7年以上有期徒刑或者无期徒刑"，其中生产、销售者池长板因自首被判处7年，销售者李纯霞、张学杰分别被判处8年、7年；黄丙印因重大立功被判处6年、韩东风被判处4年。

而三鹿奶粉事件中，涉及的三聚氰胺及其混合物"蛋白粉"为非食品原料。其中，张玉军2007年7月以三聚氰胺和麦芽糊精为原料，配制出专供在原奶中添加，以提高原奶蛋白检测含量的含有三聚氰胺的混合物"蛋白粉"。截至2008年8月，累计生产"蛋白粉"770余吨，销售金额683万余元。高俊杰2007年12月至2008年8月，伙同薛建忠、张彦军、肖玉雇佣工人生产该"蛋白粉"200余吨，经过分销后进入市场。

从法律上讲，张玉军、高俊标生产、销售的"蛋白粉"并非食品，而是一种不能用于食品制作但专门用于食品生产的非食品原料，故不能以生产、销售有毒、有害食品治罪。因其行为在社会上销售给专门用于制售有毒、有害食品者使用，并且不会控制销售给谁；购买者购买用于制售有毒、有害食品后再销售给谁，其也无法控制，从而危害了不特定人的人身健康乃至生命安全。且这种生产、销售有毒、有害非食品原料用于制作食品，流入社会，供消费者食用，会给消费者的人身健康、生命带来严重损害甚至致人死亡的后果，像放火、决水、爆炸以及投放毒害性、放射性、传染病病原体等物质的行为一样，属于严重危害社会公共安全的危险方法实施犯罪，符合《刑法》第115条规定的以危险方法危害公共安全罪的构成要件，考虑到其行为造成的后果，故对之以危险方法危害公共安全罪分别判处张死刑、高死缓，罪刑相适应。

耿金平明知含有三聚氰胺的对人体有毒、有害的混合物"蛋白粉"是非食品原料，而多次、大量进行购买，并添加到其所收购的原奶中，销售给三鹿集团等处，金额280余万元，所生产、销售的奶品仍属于食品，只是该奶品因为含有"蛋白粉"这种有毒、有害的食品原料，从而为有毒、有害的食品，故其行为构成生产、销售有毒、有害食品罪，因造成"致人死亡或者对人体健康造成特别严重危害"的后果，故依法处以极刑。

至于三鹿集团从耿金平等处购买含有"蛋白粉"这种非食品原料的奶品作为原料再制售奶粉，不是直接在奶粉掺入"蛋白粉"这种非食品原料，而是以含有毒害物质的食品原料制售奶粉，从而不能以"在生产、销售的食品中掺入有毒、有害的非食品原料的，或者销售明知掺有有毒、有害的非食品原料的食品的"生产、销售有毒、有害食品罪论罪科刑。由于其行为造成了"致人死亡或者对人体健康造成特别严重危害的"严重后果，销售金额远远超过200万元，其行为在当时，同时构成生产、销售不符合卫生标准的食品罪与生产、销售伪劣产品罪，按照当时的《刑法》规定，对应的法定主刑幅度分别为"7年以上有期徒刑或者无期徒刑""15年有期徒刑或者无期徒刑"。相较，按后者定罪处罚更重，于是根据《刑法》第149条第2款的规定，以生产、销售伪劣产品罪对三鹿集团及其直接责任人员治罪科刑，三鹿集团董事长田文华为此以生产、销售伪劣产品罪，被判处无期徒刑。

谭君： 商品质量领域的犯罪集中规定在《刑法》第3章"破坏社会主义市场经济秩序罪"。与其他刑事案件不同，商品质量安全方面的犯罪，与每个人都密切相关。一些侵害人身权益的案件，是社会中的个案，侵害的是个别人的利益；职务犯罪和危害国家安全犯罪等，所侵害的法益，离普通老百姓比较远。商品质量犯罪，一方面扰乱了市场经济秩序，但更重要的是侵害到了不特定的每个人，这也是为什么近年来能够成为最能搅动人心的新闻的原因。尤其是食药质量问题，比如制假者以"疏忽的过失，或者过于自信的过失"，而使其产品闹出人命，也不会以"故意杀人"或者"过失杀人"来追究其刑事责任，但其造成的后果是一样的，如造成婴儿死亡或狂犬病疫苗接种者没得到及时救治而死亡。我们如何看待食药安全领域的刑法立法体系？

贺小电： 生产、销售劣药或者生产、销售不符合安全标准食品的犯罪行为，尽管可能造成消费者重伤、死亡的严重后果，可是从对这一后果的主观犯意来讲，通常是出于过失，与出于故意且大多出于直接故意的故意杀人有所区别。过失致人死亡、失火、过失决水、过失爆炸、过失投放危险物质、过失以危险方法危害公共安全、过失损坏交通工具、过失损坏交通设施、过失损坏电力设备、过失损坏易燃易爆设备、重大飞行事故、铁路运营安全事故、非逃逸致人死亡的交通肇事、重大责任事故、重大劳动安全事故、危险物品肇事、教育设施重大安全事故、消防责任事故及不报、谎报安全事故等过失犯罪，无论造成多么严重的后果，这些犯罪有的甚至造成数十上百人的死亡，其最高刑均为有期徒刑7年，且无罚金这一附加刑。然而，生产、销售劣药的犯罪行为，其最高刑则为无期徒刑，且要并处罚金或者没收财产刑，其刑罚要比后者过失致人死亡等犯罪行为的刑罚重得多。

至于交通肇事并未造成人死亡，后因逃逸致人死亡的交通肇事；建设单位、设计单位、施工单位、工程监理单位违反国家规定，降低工程质量标准，造成重大安全事故的工程重大安全事故；强令他人违章冒险作业，因而发生重大伤亡事故或者造成其他严重后果的强令违章冒险作业等犯罪行为，其主观故意通常出于间接故意，比过失犯罪更为严重，故法定刑有所增加，然其最高主刑亦为有期徒刑15年，仍低于生产、销售劣药罪及生产、销售不符合安全标准的食品罪的法定刑。

对于生产、销售假药罪及生产、销售有毒、有害食品罪，出现致人死亡等特别严重后果的，其对这一后果也是出于间接故意，而不可能出于直接故意——希望生产、销售的行为一定发生致人死亡的后果。尽管如此，刑法规定，其最高主刑与故意杀人罪的一样为死刑，并且要并处罚金或者没收财产，其法定刑比起故意杀人罪来说，更为严厉。而且，在故意杀人罪一般只涉及有限个人及其亲属，更容易和解并得到谅解，在限制死刑适用的大趋势，故意杀人的犯罪行为实际适用死刑的案件逐渐减少的情况下，生产、销售假药及有毒、有害食品罪造成人死亡等严重后果时，往往涉及面广，更容易引起民愤且难以调和，在相同的情形下实际判处极刑的概率并不会比前者低。所以，刑法对生产、销售假药、劣药、不符合安全标准的食品及有毒、有害食品的犯罪行为所规定的刑罚，并不比故意杀人罪、过失杀人罪轻，从某种意义上来说，还更为严厉。

四、伪劣商品泛滥的内因

谭君： 从2010年的山西疫苗乱象到2016年的山东非法经营疫苗案，再到2018年的长生生物假疫苗案，可以看到我国的疫苗市场乱象。这些犯罪行为，几乎都有延续性，您觉得这中间的深层次问题是什么？

贺小电： 生产、销售伪劣药品、食品乃至其他商品的违法犯罪行为，依我说，在我国还相当严重。就我的经历，在2012年之前，我所消费的茅台、五粮液等白酒，几乎都是假劣酒。有段时间，大约是2005～2008年7月，不时购买一种瓶上标有"国务院机关事务管理局专用酒"字样的酒，当时都是在长沙一个很有名气的烟酒店购买，该家店现在还在，生意还做得很大，每瓶280元，口感还可以。其实只要是真酒，口感都是不错的，如原来5元钱2两装的二锅头，喝起来就不错；几十元1瓶的山西汾酒、新疆伊力特酒，那时喝上半斤八两也没有任何问题。后来偶然到"高桥批发大市场"的一个名酒批发商那里看到这种酒，价格只要65元，明着说这是一种假冒"国务院机关事务管理局专用酒"之名的酒。从这一烟酒店购买的"五粮液"，说是一种专销国外的酒。后经一个朋友介绍从某地区一个专门经营高档白酒、红酒的朋友那里购酒，这酒很多朋友喝了都说是真茅台，其实还是不正宗。还是高桥批发市场的那位批发商告诉我，假劣名酒并不像真茅台一样均来自一个厂家，它来自不同的地方，有档次之分，价钱也不同。你要档次高的，价钱自然就高。有的高仿酒，与真正的茅台、五粮液等，在口感上不是常喝还真难以分辨。尤其是酒喝得差不多的情况下，更是如此。

谭君：那么，是什么原因导致制售假劣商品的现象如此猖獗呢？

贺小电：这是一个复杂的问题，涉及方方面面。既有制售者的原因，又有消费者的原因，还有社会观念、制度规范、社会治理等方面的原因。

首先，我们来看看制售者方面。从表面上讲，就是制售假劣商品成本低，而以真品出售，利润巨大，高的数十倍甚至上百倍，如此巨大的利益，在制售假劣商品并不需要更高技术的情况下，自有人铤而走险。马克思早在《资本论》中引用英国经济评论家托·约·登宁的话指出：《评论家季刊》说，资本会逃避动乱和纷争，是胆怯的，这当然是真的，却不是全面的真理。像自然据说惧怕真空一样，资本惧怕没有利润或利润过于微小的情况。一旦有适当的利润，资本家就胆大起来。如果有10%的利润，他就保证到处被使用；有20%的利润，他就活跃起来；有50%的利润，他就铤而走险；为了100%的利润，他就敢践踏一切人间法律；有300%的利润，他就敢犯任何罪行，甚至冒绞首的危险。如果动乱和纷争能带来利润，它就会鼓励动乱和纷争。走私和贩卖奴隶就是证据。所以，如果按照奥日埃的说法，货币"来到世间，在一边脸上带着天生的血斑"，那么，资本来到世间，从头到脚，每个毛孔都滴着血和肮脏的东西。在我看来，这里面还有着人的本性及其满足的内在动机。

人的本性，有性善与性恶之说。我们知道，善与恶作为相互矛盾的双方，按照唯物辩证法对立统一这一根本规律，它存在于一切事物及其发展过程中，既具有普遍性，正所谓凡事均有利弊，只有利（善）没有弊（恶）或者只有弊（恶）没有利（善）的事物是不存在的；又具有特殊性，即在事物及其发展阶段中，善与恶的统一与斗争会表现出自身的特点，以区别其他矛盾并在同一事物诸多矛盾中有着其应有的性质、地位与作用。既具有统一性，又具有斗争性。统一性在于作为矛盾的双方相互依存、相互肯定，使得事物保持自身统一，并基于这一对立面之间相互统一的作用，双方能够互相吸取和利用有利于自己的因素而得到发展，从而为扬弃对立即解决矛盾准备条件；斗争性则在于矛盾的双方相互排斥、相互否定的属性，它使事物不断地变化以至最终破坏自身统一，从而构成促成新事物否定旧事物的决定力量。之间相互斗争并不是在双方之间划出一条绝对分明的和固定不变的界限，在相互斗争中，既相互依存、相互渗透，斗争的结果，可以使双方相互转化、相互过渡。其中，对立面的统一（一致、统一、均势）是有条件的、暂时的、易逝的、相对的。相互排斥的对立面的斗争则是绝对的，正如发展、运动是绝对的一样。此外，善与恶作为一对矛盾，亦具有矛盾的主要方面与次要方面，两者相互影响、相互制约，并在一定条件下相互转化，并具有不平衡性。

据上，善与恶的区分本身不是绝对的而是相对的，若用线段来表示：恶——·——善，左端为恶，右端为善，中间则是恶与善的不断变化发展的区间，居中即两者达到平衡，相互抵消，则表示为中性状态。如母亲住院等着开刀急需钱用，儿子为救母亲之命便盗窃他人2万元财物交给医院，母亲为此获得及时救治。这一行为，究竟是善还是恶，从不同的角度利用不同的标准，自会有不同的解读。从为人之子讲究孝道，并基于人命大于天的基本伦理，其仍属于善举；但从法律规范、社会秩序方面去解读，这一行为乃为犯罪行为，无疑属于恶。我们说忠，忠于自己，忠于家庭，服从秩序、等级等，乃为善，但无原则的忠与服从，阿谀奉承，不论对错地俯首帖耳，满足被忠之人私欲，则又属于恶；我们说仁，对家人、对他人友爱、互助、同情等为善，然对自己的仇敌表示为"仁"，则无异于对自己对家人对家族对朋友对人民对民族对国家对盟友的"不仁"即恶；我们说义，做公平公正、正当合理而应做的事情，如父亲做了坏事甚至犯了罪，加以举报乃为义为善，然却有悖于对父应有的忠孝仁，又属于恶。如此等等，不一而足。

不仅如此，而且善与恶的观念、标准在不同的时空、阶层、环境都有着不同的看法，随着社会的发展，有的还相互转化，即有的恶可以转化为善，有的善也可以转化为恶。如在佛教徒眼里，杀生为恶；而在常人看来，能够驱杀蚊子这样的害虫无疑是善。在遥远的古代，杀父之仇，不共戴天，私自血亲复仇，天经地义，乃为善；然而，随着社会的进步，私自复仇，为法律所限，到现代，除在现场的正当防卫外，事后报复杀人仍为法所不许，从而为不法之恶。封建社会，儿女婚姻大事，奉行父母之命，媒妁之言为善，否则为恶；现今，父母违背儿女意志强行命令，则为恶，主张婚姻自由，按自己的意志选择理想配偶则为善。在封建社会，三从四德，三纲五常，"刑不上大夫，礼不下庶人"等观念与规范，在统治者看来，均为善，然在民众看来以及现代社会看来，除五常中还有一些合理即表示为善的成分外，其他均为恶。我们说讲真话，不撒谎，乃为善，然一个单位、一个组织的成员，一个国家的公民，若泄露该单位的商业秘密、组织秘密乃至国家秘密，战争中向敌人出卖自己的同志等，无疑不能因为此时讲真就为"善"，而是实实在在的恶。

其实，任何人都是善与恶等各种矛盾的统一斗争体。绝对的善（好）人或者恶（坏）人是不存在的，正所谓"人无完人，金无足赤""人非圣贤，孰能无过"。一个人的善恶观念的表达，行为的体现，往往与一定的时间、空间以及与之相关的人或事的环境有关，在不同的时空人事环境中，有的表现为善或善占主要方面，有的则表现为恶或恶占主要方面，并随着这些环境的变化而变化。正如，一个人在严肃悲哀的葬礼中通常就会表现出同情、悲伤、原谅、尊敬等善的感情；在面对命案必破的死命令，不破会影响自己前途；而对有嫌疑的犯罪人则可能表现为刑讯逼供的恶意或者行为，等等，都是如此。

谭君： 谈到这里，我记得有一次在饭桌上，您说过，人的本性既非善亦非恶，那么，它会是什么呢？

贺小电： 这是一个非常高深的哲学问题，涉及生理学、心理学、社会学、哲学等诸多方面。我认为，人的本性乃是"需"。"需"本身没有善与恶之分。人自出生时起，基于生存及快活的本能，就是需要各种满足自身的物质财富与精神需求：人饿了，就需要可用于食用的物质；人长大，新陈代谢，则需要拉撒排泄。生存所必要的生理需求，主要需要有用的物质来满足。物质满足人体生理要求的同时，又会使各种器官、感官产生快感，便有了精神需求。物质既可以满足生理的需要，又是满足精神需要的基础，完全没有物质的需要而纯粹的精神满足是不可能的。在一定的物质满足基本生理需要的基础上，精神满足或者需求又可以不依附物质而自我发展，如对文学艺术的感知、对真理的追求、对信仰的礼拜、对未来的希冀、对世道的恐惧等，但通常都要以一定的物质如书本为载体，同时反过来又给生理感官等产生更大的快乐，制约或者扩大生理以及相应的物质需要。

谭君： 那么，作为人性的"需"，又以什么为标准呢？

贺小电： 作为人性中的"需"，谈到标准，我认为就是使人体、内心感受到舒服快乐或者排除身心感受到的不适为标准。快乐乃是人之需要所产生的源泉与动力。人饿了，不舒服，就需要吃；人要排泄了，不排泄就不舒服，需要排泄，一旦排泄就舒服快乐，从而需要排泄。所以，凡是能让人体包括生理、精神舒服快乐的物质财富、精神财富就是需要的；凡是不让人体舒服快乐的物质财富、精神财富就是不需要的，是要加以否定的，我们不妨称之为"负需"。

这里要说明的是，舒服与快乐，并非仅仅单纯地指某时某刻的短暂感受。有时候或说大多时候，舒服快乐的体验是一个过程，如好奇使人感觉快乐的冲动，不满足就不舒服快乐。然在追逐好奇的过程中，对于未能感知的事物可能深怀恐惧，并且也确实让身心感受到痛苦与恐惧，但在事后尤其是成功之后就会产生更巨大、更剧烈的快感。是以，仍属于一种舒服快乐的需要。尽管其中某时某刻或某段时间乃有痛苦、恐惧等不舒服快乐的"负需"，可总体上来说，还是一种舒服快乐的从而为肯定的"需"。如我们看悬疑恐怖影视、小说，玩惊险电子游戏，进行登山探险等体验就是如此。

还有，人的身心产生某种需要，乃是他在身体、内心上的一种体验，可能在某一环境中或者某一时刻突然产生。这种突然产生的需要与冲动，有的说不清道不明，根本没有道理而言，就是一种身体、内心的需要，满足了就会舒服快乐，高兴欢喜；不满足则不舒适，有的会心神不宁，甚至坐立不安。所以，作为一种感受、体验等的产生，在并非完全可控的情况下，也就不存在善与恶的问题。

如上所述，人的身心产生某种需要，作为一种最为原始自然而产生的冲动，一个人根本无法控制。但在产生这种需要后，对于这种需要是否满足以及通过何种方式满足，不是一个人能够想怎么样就怎么样的。满足这种需要则要考虑他人的需要，不能损害他人的权利，这样，就必须受到他人需要的约束。所有他人需要的约束就形成了社会规范的约束。符合社会规范的，就会被认为是善而受到肯定；不符合社会规范的则被认为恶而要加以否定。所以，善与恶是相对于对他人、对社会的要求来讲的，是人的社会性的体现，是社会、他人对之的评价，以促使个人在满足自己需要时符合他人、社会的规范，以维护人与人之间相处，以及社会所必要的正常秩序。如此，人要满足自己的需要，是可以也应该基于社会属性即环境、社会规范等的要求来作出决定与选择的。如亲人得了癌症需要住院，对钱产生了需要。而自己没有钱，可能选择放弃治疗，也可能选择自己辛苦拼命赚钱如身兼多份工作，或者向亲戚朋友借钱或向社会募捐筹集，或者乞讨，或者抢劫盗窃诈骗等。所决定并付诸实现的手段不为当时社会及其规范所能容忍的，就属于恶；为社会所肯定的，则为善。社会既不肯定也不否定的，即处于善与恶之间的中间区域呈中性状态，很难以恶或善来界定。如有能力或者没有能力不穷尽自己所有合法的努力而满足需要而予以放弃的，则会被社会认为属于恶；没有能力而采取非法手段得到钱而满足需要的，仍然属于恶。

谭君：那么，您上面讲的人性之"需"与生产、销售伪劣药品、食品等商品犯罪有内在联系吗？

贺小电：当然有。这里还得先谈谈怎么满足、实现人性之"需"的问题。人出生来到人世，赤条条的，什么都没有，其生存舒服快乐的需要，先是基于人的延续后代种族的本能而由父母或其他亲人甚至朋友、社会机构给予。人在成长的过程中，获取生存及快乐所需要的物质财富、精神财富，除来自父母继承等有限途径外，基本途径乃是依靠自己力量予以获取。有些力量是天生的，不需要或者只需要后天并不付出多大的努力，从而不让人体产生多大的疲劳、辛苦、痛苦等非舒服快乐的付出就可以得到；用之获取财物时，相对容易，身体消耗较少，产生的不舒不快感也较少，显然这是一条捷径，与人的本性更接近。而大多数力量的获得，乃是以天生蕴藏某种力量的潜质为必要基础，通过学习、锻炼、实践等获得，以及获得后用于获取财物时消耗体能，使人感到疲惫、辛苦、痛苦等，不适不快感也就较大甚至很大。然而，一旦获得这种通过后天努力才能获取的力量，一般来说，获取的财富更多，使人更能获得快感，而且这种努力更能推动社会的前进发展，使得社会用于满足人体生存快乐需要的物质财富、精神财富会不断增多，从而更能得到社会的肯定、鼓励，相应地得到地位、名誉等精神上的快感也就更大。尤其是人在基本生存所需要的生理需求得到满足后，精神上的需求更处于主要地位。前者相对有限，毕竟衣食住行等基本需求是有限的，而人的精神上的满足及其快感，如对速度的追求，获得权力、地位、荣誉等所产生的快感是无止境的。后者的需求从而又催生出对物质财富的追求，因为，精神上的极大快感及其满足，通常也要相应的物质财富为必要基础。如此，人类对满足生存及幸福快乐的追求，乃是促进人的发展的最大动力，创造获取更多满足快乐幸福所需要的物质财富、精神财富，于是再促进社会、国家经济发展。

在人类发展的过程中，力量表现形式多样，如学习能力、演说能力、表演能力等，而起主要作用的则是2种力量：武力与智力。武力在最原始的社会中，居于主要地位，然随着社会的发展，文明程度越来越高，加之人的聚合越来越多，且武力的使用具有明显的破坏性，其获取财物的作用也就越来越小。相对于武力来说，智力则更为理性、温和，不具有明显暴力等破坏性特征。财富的创造、扩大发展更是通过智力劳动来实现的，与此相适应，愈来愈为社会所接受、所肯定，相应地，以智力获取物质财富以及地位、名誉等社会财富，会给人更大的快感。所以，人们也就越来越鼓励、注重学习，以增强自己学习、理解、分析、运用乃至发明、创造等方面的智力。当然，作为以群居为特征的人类，基于秩序的需要，具有组织、种族、民族、国家等集合体概念。而这些集合体之间因为历史发展、现实环境等因素的影响，需要及其层次并不相同，在社会财富尤其是物质财富恒定的情况下，为了满足自己的需要，相互之间进行斗争包括战争，不可避免。这些斗争，则需要以武力、体力为基础。没有体力、武力的斗争队伍如国家的军队，不可能战胜敌人。可只有武力、体力，没有意志、勇气等精神力量的支撑，或者虽有前面两者，然没有智谋、兵术谋略战术，以及以智力为基础而产生的必要武器装备，要在斗争中尤其是战争中取胜特别是以极小的代价取胜是不可能的。是以，在集合体之间的斗争中，无论是一般的外交层面的文斗，还是决定生死存亡的战争，智力乃就成为决定斗争成败的决定性因素，武力则从过去完全实行丛林法则并主要依靠体力获胜逐步退居其次而起着基础性的作用。

如上所述，人为了满足自己的需要主要通过获取并使用力量的途径进行，这只是从人的自然本性来谈的。可是，人类在发展过程中，开始也一无所有，面对充满着灾难、弱肉强食的自然环境，认识到只依靠自己难以生存，更谈不上快乐。所以，聚合在一起对抗自然环境中的对自身生存产生威胁的因素。不仅如此，通过聚居，更加扩大自己的力量，获取更多的财物，更能满足自身的快乐。一开始以血缘为纽带聚居，后来逐渐演变为种族、民族、地域为特征的聚居。聚居体在财富有限并恒定的情况下，开始实行完的弱肉强食的丛林法则，以武力获取。而这种以武力获取的方式，相互伤害很大，必会阻碍聚合体的生存及其快乐需要满足的能力，便以不同的习惯、规则，来规范聚合体成员、聚合体之间的行为。这样，习惯、规则包括道德、法律、教规等理性使人们认识到和平相处，按照规则获取财物的能力更强、更大，更能满足自身的生存与快乐，弱肉强食的丛林法则越来越丧失其地位与作用，规则越来越多，财富越来越多，社会越来越发展，聚合体也越来越大。相应地，聚合体以国家这一基本主体成型后，基于地域广大、成员众多，为了让成员之间和平相处，不致因为人天生下来基于生存及其快乐之"需"而获取财物相互残杀、损害，法律被置于最高地位，需要国家公民都要遵守。若不遵守，就以国家强制力为后盾加以惩罚。此外，国家还自觉地组织各种各样的机构（聚合体），让人们在各聚合体中接受管理、制约，按照法律及其各集合体内部制定的规章制度行事。公民之间，则还被允许通过血缘、家庭、家族、同乡、同学、战友、职业、信仰等各种元素作为标准，联合一起形成一些聚合体，形成自己的规范，以约束各自的行为。任何聚合体内部的规范，以及聚合体之间的约定、规范，主体体现为道德伦理规范、宗教规范，都不能与法律相违背。有的政教合一的国家，宗教规范本身就是法律，从而亦具有强制适用性。国家之间，则由双边条约、国际公约、传统交易习惯等来规范各自的行为。第二次世界大战后，联合国成立，世界性的各种各样的组织，如上海合作组织、中国-阿拉伯国家合作论坛、国际刑警组织、国际刑事联盟、世界贸易组织、博鳌亚洲论坛、世界卫生组织、红十字国际委员会、国际奥林匹克委员会、国际残疾人奥林匹克委员会、世界足联、世界气象组织、世界动物卫生组织、世界遗产委员会、世界汉语教学学会、万国邮政联盟、国际反贪局联合会、世界知识产权组织等越来越多，从而为国家之间和谐相处奠定了更为有力的基础。但相互之间的斗争，不论是文斗还是武斗，乃至局部之间的战争时常发生，世界大战的危险并没有消失。

　　公民、聚合体乃至国家之间，之所以会存在斗争，主要是因为一定时期内的财富总是有限的，公民、聚合体乃至国家都是根据其本性尽量以最小的代价获取其所"需"。国家法律，则是规定其公民以及在其管辖区域内的公民获取物质财富、精神财富满足物质与精神之"需"的基本规则、方法，不得违反。如前所述，从个人的自然本性来讲，一个人的能力越大，获得满足自身或者家庭成员生存快乐需要的物质财富、精神财富就应越多。但人不仅具有自然性，而且因为聚居而具有社会性。在聚合体中，倘若完全按照人的自然性获取财物，那么，一些力量弱小的人获取财物自然就少，有的因为生病、受伤等各种因素还会丧失获取财物的能力，其基本的生存性都可能得不到满足。而且一个人的力量可能表现为不同的方面，其间因为质的不同，以及根据社会发展所作分工产生的职业不同，获取财富途径不同，如直接制造某种产品者自然更容易获得该产品。如此，一些没有能力的或者虽有某种能力然这种能力不为社会承认从而难以获得财物以满足自身生存或者快乐的需要，尤其是不能满足生存需要时，就不可能按照法律规定来获取财富；有的能力巨大，也因法律的规定致使其获取财物的量无法满足他的要求，从而也不愿意按照法律规则行事。

其实，人的自然属性与生俱来，与后天形成的社会属性亦属于一对既对立又统一的矛盾。由自然属性产生的能力越强获取越多以满足其生存及其快乐的财富获取规则，与国家法律基于有限的财富而满足所有成员基本生存需要的前提下再按能力大小来确定获取财富的规则，无疑存在着对立关系，之间的限制与反限制，也就是斗争乃普遍存在。尤其是在法律乃是有限的个人起草、确定，不可避免地带有有利于起草、制定者的感情色彩，也由于时代等各方面的因素导致对自然规律、社会规律认识有限甚至错误的情况下，法律并不完善，无法有效地协调人的自然属性与社会属性的平衡时，更是如此。

至于法律的限制力，则既包括人通过接受教育、信仰、对地位名誉的追求、害怕遭受惩罚等种种因素而形成的自觉遵守法律的内在控制力，又包括国家通过监督、管理及对违法犯罪的惩治等强制执行而让人无法、不能、不敢触犯法律等而产生的限制力。

显然，这种法律的限制力，与人的天生的性格、观念、制度等环境相联系。人天生性格暴躁、鲁莽、冲动，控制力相对就弱；一个人乃至周围的观念都信奉"人为财死，鸟为食亡""无商不奸"等不正当的社会观念，人的控制不当行为以满足自己需要的能力也就相对较弱；人基于各种各样原因接受道德、法治等规范的意识较弱，对不当行为控制力相对就弱；人对于熟悉之人，顾面子而对自己不当行为努力加以控制，有的则因针对熟悉之人更易实施如非法吸收公众存款、传销等不当乃至违法犯罪行为从而致使相对控制力降低；面对经常存在的诸如聚众赌博、卖淫嫖娼、制售假劣商品等不当行为接受处罚的概率不大就会造成控制力减弱；在人少的时间、比较偏僻的地方又需要钱的时候就容易产生歹意用不当的方法获取；酒后，为满足自己的需要又要以不当行为获取满足时，控制力也就会更弱，如此等等，一句话，一个人在一定的时空环境下基于各种各样的原因对不当行为所表现出的控制力并非一成不变的。换言之，一个人在一定的环境下决定是以正当还是以不正当的手段即以善还是以恶的行为满足自己的需要时，是可能随着环境变化而变化的，而非一定都表现为善或者恶，相应地，在任何情况下，某人并非总是善（好）人或者恶（坏）人的。也就是，善与恶在一个人身上，基于各自的需要会因环境等因素而采取不同的获取需要的东西方式，有时会表现为善（好），有时则会表现为恶（坏）。其结果则依赖于当时需要、能力与所表现的法律控制力之间的相互影响、相互斗争，在善恶之间乃至两个极端中表现出来而已。

再具体来说，一个人是否犯罪，与其本性之"需"相关外，又与其自然属性有关，还与其社会属性相关。

所要说明的是，人的需要与社会所认同可以用于获取物质财富与精神财富以满足人的本性之"需"的能力，乃属于不同性质的事物，根本无法直接比较大小的。另外，财物可以以货币表示，用于获取财物的能力若能用货币加以表示，事实上，劳动力市场就是根据职位及其所需要能力的大小来确定工资福利等报酬待遇的。从这种意义上来说，两者又可以通过转化为货币来比较大小的。至于获取财物的能力与法律限制力之间，自然也难以比较之间的大小。法律限制力越强，人违法犯罪的可能性越小；反之则越强。

第1种情形，人的需求大于其能力，而其能力又大于法律限制力。如一些人没有正常稳定的职业，或者虽有正常稳定的职业然因行业门槛较低、技能不高导致收入不高，其自身或家庭需要甚至基本的生存需要都存在问题，也就是"需"的满足存在缺口甚至巨大缺口，在又没有专业的学习训练及家庭周围亲戚朋友之人传授社会所需要的技术、技能，从而无法通过自己的能力获取自己及家庭之"需"，加上其自身没有完全能够控制不违法犯罪的控制力，国家法律的强制力如监督管理不到位，违法犯罪因为证据难以查证等原因被发现的概率较小，即使发现也可以通过熟人社会找人"大事化小""小事化了"，就是处罚也不重，最多不过是在监狱里待上一段并不长的时间，这是最坏的。要是完成了原始积累，处罚无法让其违法犯罪所得全部化为乌有，在监狱里待上一段时间，也值得。这样，需求越大，能力越小，法律的控制力也越小时，人违法犯罪的概率就越大。尤其是所涉违法犯罪所需要的能力越小，利润越高时，就会更为普遍。这恐怕也是名酒、食品、日常用品伪劣产品广泛存在的重要原因。名酒的生产可能很难，可伪造名酒却并不难，如买一些劣质酒、回收一些真酒瓶或者通过专业厂家制售一些假酒瓶，再印制一些专用商标标识等，通过灌装、贴上商标标识、包装就可完成，并不需要什么技能。因此，假酒的伪造几个人或者家庭作坊便能进行。制售的人越多，所销售的地域越广，非法利益不仅越大，而且查处的难度也越大，法律的控制力就越弱，反过来，又会促使这类违法犯罪行为在更大范围内发生。

所要说明的是，上面所讲的"需求"，并非仅指人的生存即生理上的基本物质的需要，而且包括其对名誉、地位、受人尊重等精神方面的需要。在当今社会，获取成功、受到他人尊重等精神方面的追求人人都有，主要表现为"官本位""金本位"，也就是官越大、钱越多，更能满足其精神上快乐与需求的背景下，对于生产、销售伪劣商品犯罪等以牟利为目的的经济犯罪来说，利润越高，犯罪的动机自然就越强烈。

此外，人的需要，其基本的生存需要与其自然的生理属性联系得更为直接、紧密，但有限。而快乐这一精神生活的需要，则与社会性联系得更为紧密。一个与社会接触不多，只是与家庭或者小的聚合体的人联系，这些人的境况差不多，就能够在精神方面容易得到必要满足。即使知道这个社会，有钱人很多，通过违法犯罪获取金钱的也不少，可离之越远，他不能直接感受，他拿来比较的通常是身边的人。与自己相互不认识的他人，无论官多大、钱多少，一般也是羡慕一下而已，对之影响一般不大。对于不是很了解的同学、同乡等，即使知道他们的财富超过自己，也只是有一些妒忌心而已，并通过一些牢骚怪话就可以排遣心理上的不快。所以，很多非重点学校尤其是乡村小学教师的工资尽管很低，只要能够满足基本的生存条件，其精神方面主要通过小说、影视剧、写作、教导好学生得到学校家长肯定就可以满足。故，精神方面因其社会性具有层次性、丰富性，在社会经济发达，小说、电视、电影、游戏、体育等文化体育事业普遍发展的今天，可以使得绝大多数人获得基本满足。这也是生存需求得到保障，具有正常稳定职业的人很少会因为精神方面的需求而去违法犯罪的原因。

第2种情形，从精神方面的需求考虑，它并不像基于生理需要而产生的物质需要那样根本无法忍受，且违法犯罪也会导致其名誉、地位、自由等本属精神层面上的损失，是以，精神方面需求大于其能力时，只要法律的强制力大于其能力，一般不会发生违法犯罪。但若是基于生存需要的生理需求大于其能力，即其能力根本无法满足需要时，即使法律限制力稍占上风也不会违法犯罪，可要是因为生存需要根本无法满足，在法律限制力与能力相当，或者后者偶然超过前者时，也就可能违法犯罪。

第3种情形，需要小于能力，尽管法律限制力小于能力，一般情况下，也不会违法犯罪。然因其能力强，当与社会接触促使其心理感受到极不快乐而要改变这种现象即产生了某种新的需要时，也可能步入犯罪的深渊。

至于第4种情形，只要人的基本生存需要得到满足，其能力较强能够充分满足需要，加上法律限制力也较强，从而难以违法犯罪。

谭君： 在您看来，人的本性乃为"需"，人的需要有正当的需要与不正当的需要之分，那还不是有善恶之分吗？

贺小电： 人的本性为"需"，这种"需"本质上是为了生存及其快乐的需要而天然产生的，无所谓善与恶。在社会财富很小的情况下，不能因为一个人天生下来人高马大吃得多、穿得多等本性之"需"大，就认为其"需"不正当，不能用一个身材小的人吃用都少而"需"之少的标准来衡量是这位"壮汉"否正当甚至贪婪的问题。所以，这种本性上的"需"，正如人的自然性与社会性一样，并无善与恶之分。

其实，西汉文学家、我国目录学鼻祖刘向称墨子曾曰："食必常饱，然后求美；衣必常暖，然后求丽；居必常安，然后求乐。"

恩格斯引用彼得·拉甫维奇·拉甫罗夫所称"人不仅为生存而斗争，而且为享受，为增加自己的享受而斗争……，准备为取得高级的享受而放弃低级的享受"。后进一步指出："这样，生存斗争——假定我们暂时认为这个范畴在这里仍然有效——就变成为享受而斗争，不再是单纯为生存资料斗争，而是也为发展资料，为社会地生产发展资料而斗争。"[1]

马克思说，要不断地"扩大自己的享受范围"。[2] "人们首先必须吃、喝、住、穿，然后才能从事政治、科学、艺术、宗教等等；所以，直接的物质的生活资料的生产，从而一个民族或一个时代的一定的经济发展阶段，便构成基础，人们的国家设施、法的观点、艺术以至宗教观念，就是从这个基础上发展起来的。"[3] "人们为之奋斗的一切，都同他们的利益有关。"[4] "正如任何动物一样，他们首先是要吃、喝等等，也

---

① [德]恩格斯：《恩格斯致彼得·拉甫维奇·拉甫罗夫》（1875年11月12——17日），载《马克思恩格斯全集》（第34卷），人民出版社1972年版，第163页。

② [德]马克思、恩格斯：《资本的生产过程》，载《马克思恩格斯全集》（第46卷）（上），人民出版社1979年版，第246页。

③ [德]恩格斯：《卡尔·马克思的葬仪》，载《马克思恩格斯全集》（第19卷），人民出版社1963年版，第374页。

④ [德]马克思：《第六届莱茵省议会的辩论（第一篇论文）》，载《马克思恩格斯全集》（第1卷），人民出版社1956年版，第82页。

就是说，并不'处在'某一种关系中，而是积极地活动，通过活动来取得一定的外界物，从而满足自己的需要。"① "已经得到满足的第一个需要本身、满足需要的活动和已经获得的为满足需要用的工具又引起新的需要。"② "思想一旦离开利益，就一定会使自己出丑。"③ "他们的需要即他们的本性。"④

习近平总书记亦指出："人民对美好生活的向往，就是我们奋斗的目标。"⑤为了国家经济繁荣强盛而提出的"扩大内需"，以及党的十八大提出的蕴含着民族复兴、国家富强伟大理想的中国梦，其最终极的原因就是源于人民、民族、国家的需要。我们知道，社会主义生产的目的是满足人民群众日益增长的物质文化需要，共同富裕是社会主义的本质特征。"中国特色社会主义进入新时代，我国社会主要矛盾已经转化为人民日益增长的美好生活需要和不平衡不充分的发展之间的矛盾。我国稳定解决了十几亿人的温饱问题，总体上实现小康，不久将全面建成小康社会，人民美好生活需要日益广泛，不仅对物质文化生活提出了更高要求，而且在民主、法治、公平、正义、安全、环境等方面的要求日益增长。同时，我国社会生产力水平总体上显著提高，社会生产能力在很多方面进入世界前列，更加突出的问题是发展不平衡不充分，这已经成为满足人民日益增长的美好生活需要的主要制约因素。""必须认识到，我国社会主要矛盾的变化是关系全局的历史性变化，对党和国家工作提出了许多新要求。我们要在继续推动发展的基础上，着力解决好发展不平衡不充分问题，大力提升发展质量和效益，更好满足人民在经济、政治、文化、社会、生态等方面日益增长的需要，更好推动人的全面发展、社会

---

① [德]马克思：《评阿·瓦格纳的〈政治经济学教科书〉》，载《马克思恩格斯全集》（第19卷），人民出版社1963年版，第405页。

② [德]马克思、恩格斯：《德意志意识形态》，载《马克思恩格斯全集》（第3卷），人民出版社1960年版，第32页。

③ [德]马克思、恩格斯：《神圣家族》，载《马克思恩格斯全集》（第2卷），人民出版社1957年版，第103页。

④ [德]马克思、恩格斯：《德意志意识形态》，载《马克思恩格斯全集》（第3卷），人民出版社1960年版，第514页。

⑤ 《人民对美好生活的向往，就是我们奋斗的目标》（2012年11月15日），载《习近平谈治国理政》（第1卷），外文出版社2014年版，第3页。

全面进步。"①

人的本性之"需"，如前所述，尽管没有善恶之分，可是要实现人基于本性的需要，则要通过一定的手段与方法才能实现。如此，想如何实现以及具体怎样实现，就成为第二层次的问题。这时，就存在着善与恶之分。也正是这样，我们会在需要之前加上正当或者不正当的限制词。需要本身没有善恶，它来源于人的内在本性及冲动。尽管它可能不符实际，或者根本不可能实现，然想以正当合法的手段、方法去实现，则为善，与此相应的需要则表现为正当的需要即善需。反之，欲以不正当乃至非法的手段、方法去实现，对应的需要便成为不正当之需，从而表现为恶需。这种善需与恶需，其实不是指人的本性，从而并不泛指具体需要之"需"的善与恶的问题，乃是指欲用来获取具体需要的手段、方法的善与恶的问题。因此，以正当的手段、方法去实现自己的需要，相应的需要、向往、目的、意图等叫作正当的想法。倘若实现这种正当的想法，给人类、社会发展有利甚至巨大利益，则称为理想、愿望、希望、希求、希冀、梦想、抱负、志向、追求、向往、憧憬等，所获得再多，也是"韩信点兵，多多益善"。不然，要是欲以不正当的手段、方法实现并用之加以实现，相应的需要则称为野心、空想、幻想、妄图、妄想、诡计、阴谋、企图、贪图、贪婪、欲望、欲求、盘算、算盘等，并不明显表示违反规范要求的途径去实现时，则以计划、打算、筹算、打定、目标等表示。

在我国历史上有性本善与性本恶之说，前者认为人性本善，强调道德礼法等的自身修养；后者认为人性本恶，强调道德法律的教育、规范人的行为。问题是，道德、法律、宗教、风俗、习惯规范，它为什么产生，并不能从或善或恶的人性上找到其根源。所以，后世认为，主张性善论者，只是在规范上更强调以德为主，孟子是性善论的支持者，与孔子一道成为儒家先祖，我国2000多年的封建制度也主张儒政，然其法律的严酷性、残忍性并未因此淡化。以刑罚为例，就有凌迟（千刀万剐）、斩首（砍头）、腰斩（将人拦腰斩断，使人在痛苦中死去）、车裂（五马分尸）、宫刑（割去生殖器）、割舌（将人的舌头自根部割去）、剥皮（将人皮剥去，使人失血，痛苦而死）、连坐（一人犯重罪，家人一起受刑）、戮尸（暴尸）、夷九族（将犯人的亲戚、奴仆全部处

---

① 习近平：《决胜全面建成小康社会夺取新时代中国特色社会主义伟大胜利——在中国共产党第十九次全国代表大会上的报告》，人民出版社 2017 年版，第 11 ~ 12 页。

死），只是随着社会的经济、科学、技术等的发展，采取不法的方式获取财富以满足需要的行为逐渐减少，以及资本主义尤其是社会主义制度的建立，法律规定的处罚才日益轻化而表现出文明。主张性恶论者，则更注重法律的惩治，战国时代法家有关法之主张的根源就是基于人性向恶。

其实，所有规范，包括最开始的聚合体内部的口头或书面的制度性要求、长期形成的风俗习惯，再到后来形成的具有一定体系的道德及其法律，都是基于社会物质需要的恒定而又难以充分满足人类基于生存及其快乐而产生的本性之"需"（这种由于本性之需所产生的具体需要随着社会的发展也会发生变化，并呈阶梯式上升）的现实，而确定人能够用以获取财富的手段、方法等的规则及其违反行为的后果。只有有了并根据这些规范，才能够确定人的观念及其行为是善还是恶：凡是违反有关聚合体内部规制、风俗、习惯、道德、宗教、法律等规范所表现的观念、行为，则为恶，则要受到这些规范的否定与惩罚；符合、遵守上述有关规范的观念、行为则为善，就会得到肯定或奖励。这些规范，只有法律以国家的强制力作后盾以保障实施，才具有更强的强制力。倘若违反，也更容易遭受所规定的相应处罚。而且，法律通常尤其是刑法是维护整个国家、社会秩序稳定最低需要而做的规范，必须要求人人遵守，故又称为法律是最低的道德，一旦违反，后果更为严重。对于严重违反社会秩序而规范为犯罪行为及其处罚的刑法，其严厉性更为突出，要是触犯，轻则失去财产，中则失去自由，重则失去生命。于是，善与恶的标准在于是否违反当时社会的有关规范，而不是有关规范基于人的本性所谓的或善或恶来确定。如此，是否为善为恶，随着社会规范的变化而变化。社会越发展，愈能满足人的需要，善的及善的东西也就会更多，恶及其恶的东西就会更少，其根本原因乃在于规范尤其是法律、刑法规定适用的范围空间越来越小，人们越自由，受到约束及其处罚也就更少，即使遭受处罚亦会更轻、更文明。这一切，显然不是基于人的本性善或恶而生，乃是基于人的生存快乐之"需"而产生改变现状、促进社会发展的这一内在动力所生，在社会发展的同时，基于人的社会属性而产生的道德、法律等规范也在日益发展、改变，并呈文明之势，而这种对道德、法律及其施行日益文明的要求，又构成人们精神需要的一部分，由此从需要—发展—新的需要呈现出螺旋式上升发展，直至马克思设想的共产主义得以实现。那时，"在共产主义社会高级阶段，在迫使人们奴隶般地服从分工的情形已经消失，从而脑力劳动和体力劳动的对立也随之消失之后；在劳动已经不仅仅是谋生的手段，而且本身成了生活的第一需要之后；在随着个人的全面发展，生产力也增长起来，而集体财富的一切源泉都充分涌流之后，——只有在那个时候，才能完全超出资产阶级法权的狭隘眼界，社会才能在自己的旗帜上写上：'各尽所能，按需分配'！"相应地，阶级不再存在，国家和政府、道德、法律等上层建筑也因此退出历史舞台，一切因社会未能充分发展而不能满足人之充分需要所产生的恶及恶行，也将步入其最终的归属即历史垃圾堆。

五、伪劣商品泛滥的外因

谭君：关于制售伪劣商品违法犯罪之所以比较广泛地存在，您从个人的人性方面作了很多的分析。您也说过，这种违法犯罪现象的发生，还与消费者有关。难道，消费者还愿意购买伪劣商品不成？

贺小电：制售伪劣商品违法犯罪只是一个完整交易行为的其中一个环节，另一个环节就是消费者购买伪劣商品。显然，没有消费者的购买行为，制售行为也会失去市场而无法存在。所以，消费者购买行为乃是制售行为长期赖以存在的基础。如果说，制售行为其根本原因在于制售者的内在原因本身，那么，消费者基于各种因素购买伪劣商品、有关监督管理规范及其执行的不足等，则是制售伪劣商品违法犯罪长期得以存在的外在原因。

单纯地从理论上讲，作为一个理性的消费者应该不会去购买伪劣商品，以是，明知是伪劣商品而购买，尤其是该伪劣商品将极大可能影响人身健康乃至生命安全时，就不会购买。之所以购买，乃是在不知情的情况进行的。然而，生活不等于逻辑，在社会发展、个人能力无法获取自己的真实所需，基于满足自己已经产生需要欲望的冲动，购买伪劣商品给自己内心以满足，寻求阿Q式的慰藉，未尝不可。如买不起名表名衣，便购买仿制的名表名衣，毕竟，通常情况下，伪劣商品往往要比真品便宜甚至便宜得多。要是与真品价格相当，则就很难与之竞争。伪劣商品之所以能够普遍泛滥，主要是打着名牌商品的旗号在价格上予以竞争。当然，对于市场需求远远大于供应，像茅台，在真品罕见而人们又需要导致假劣品也供不应求时，其价格也可能与真品没有差别或者相差无几。如此，在以与真品相差较大的低价购买名牌商品的，一般乃是知道所购买的所谓名牌商品本身就是伪劣商品的。至少，购买者并不在意所购买的是否属于真品，在刑法上，这种不在意的主观意志称之为放任的间接故意。

以上讲的是一些个人消费者购买假劣名牌商品用于炫耀、摆谱的情况。这种情况，他人一般不会过问至少不会去深究，不会涉及其名誉。要是与朋友共同消费呢？如请朋友聚餐、办理婚事等用酒，有的明知是假劣酒也购买，也可以用较低的代价显示自己的能力，以满足其精神上的需求。那么，亲人、朋友要讲是假酒怎么办呢？这种情况，谁也无法说清，除非酒品口感相差很大，一般也不会较真。碰到较真的，确定一定是假酒，用酒人也可以骂销假酒者以解自己之围。记得有位朋友，2011年左右，那时1瓶茅台的价格800元左右，他讲自己只要500元就能买到。我喝了这种酒，肯定不是茅台，连高仿品都算不上。但朋友基于职业的因素，当时经常请客用酒，开销不少，被请之人要求又高，便只有用非真品代之。还有一位老板，他说近些年来要用上许多茅台，因此用的量多从而可以1499元的价格买到。有一次我喝了，说不是真酒，他不信。我说我有一个朋友，有很多公司，茅台用量也较大，从贵州一些渠道购买的酒，一般是2500元左右，过年还更高，市场实际零售价还更高。茅台限价1499元的价格，只能凭身份证买上2瓶，还要排上很长的队，能不能买到，还很难说；要大量从零售店、专卖店以1499元的价格买到，除非特殊关系，否则不可能。但真要用2500元甚至更高价格购买真茅台酒，在用酒量大的情况下，肯定要增加不少开支。还有一位朋友，说是从一个地级市的食品供应公司购买的茅台，为真品，我喝了，还是说不是正宗的真品。

另外，一次碰到一位老板朋友的司机买烟酒，大约是在2008年，闲聊时谈到买烟酒送礼的事情。他说，老板买烟酒送礼，肯定要买名烟名酒，但名烟名酒不一定要是真烟真酒。我问这是为什么。他便说，领导尤其是逢年过节，送礼的往往很多，而时间又相对集中，你去送礼他去送礼，不可能一一登记，是谁送的根本不清楚。就是有假烟假酒，也不知道是谁送的。知道了，老板也可以说是叫司机买的，自己根本不知情，并说卖家不是。一般情况下，很多领导对于烟酒之类根本不在乎，毕竟值不得多少钱。所在乎的是，你是否尊重他，逢年过节等节日是否记得他，于是有人戏说，你去了领导那里，他不一定记得，你要是不去，可他认为你会去，他必定记得。当然，这些年，随着对逢年过节请吃送礼之风的大力整治，已经明显好转，并有遏制之势。所送少了，花费自然少了，真是朋友之间的礼尚往来而相互馈送的烟酒，反而可能更真了。

还有，在某种商品假劣品泛滥成灾，使人感受到真品难以买到，花高价钱购买的真品也不一定可靠，若是假劣品，损失更大。如玉石有的几元几十元的东西便以几千上万元售卖。与其这样，一些购买者便干脆花低价钱购买假劣品，受骗上当，也是自己愿意，所遭受的损失也就更少。

如上等等，购买者因为各种各样的因素，也可能心安理得的购买假劣商品。这也是现实生活异常复杂，远非常理、逻辑等加以说明的原因。

至于，一些人基于《消费者权益保护法》关于销售伪劣产品的，除承担民事责任外，并可"根据情节单处或者并处警告、没收违法所得、处以违法所得一倍以上十倍以下的罚款，没有违法所得的，处以五十万元以下的罚款；情节严重的，责令停业整顿、吊销营业执照"的规定，明知是伪劣商品购买后以举报为由与销售者达成协议，获取赔偿的现象，在一段时间内经常发生，有的还因此成为职业打假人，但这种行为是以恶制恶的违法乃至犯罪行为，为法律所否定。

谭君：按照《消费者权益保护法》规定，经销伪劣商品的，除承担民事责任、没收其违法所得外，最高还可以处违法所得1～10倍的罚款；没有违法所得，最高也可以罚款50万元，这可不是个小数目，为什么还有人制售伪劣商品呢？

贺小电：从法律的规定来看，惩罚似乎很严重。如果每次售假，都能发现，当然很严重，制售假劣商品者，可能无钱可挣，从而失去动力不会再予制售。问题是，这种被发现的概率有多大，这里就有一个违法犯罪的机会成本问题。台湾高雄威力酒厂2008年就开始制售假酒，直至2018年2月查获，长达10年。10年中，只进了2货柜真酒，其余均为假酒。10年后查获的当然只能是现场之酒，那么没有查获的，就很难计算违法所得。也就是，至少可以说，绝大多数制假者，被发现的概率很低，即使被发现，也只是这一次，市场监督管理机关不会像公安机关查处犯罪一样，将之查获的以及没有查获的犯罪行为都想法调查清楚。其实，就是公安机关对于现场查获之外的犯罪及其所得，一般也很难查清，尤其是个体作坊、小型公司企业，更因财务资料不全而难以获取相关证据，从而除现场查获案件数额本身很大外，涉案都不大，处罚起来就很轻。从机会成本来说，被查处1次，罚款似乎很高，但与具体经营的次数来讲，则是一个很低的比例。比如，长沙有个很有名的大型商场，消费者购买商品实际结账时，它在每一商品中实际加上1元或者2元的价格，这样，买10余种商品就会多收取消费者10余元。消费者看价格时，一般不会拿笔记上，然后逐个相加，何况商场一般是打码扫描结算。买上10余件东西，结算多个10来元，除非很较真者，是很难发现的。后来，该商场被发现了，被罚款50万元。似乎很高了。但按上述机会成本来说，该商场只要进行5万次交易，就赚回来了。但对于这样一个商场，每天人流如海，也就是几天的事，那么，其余时间，就都是无本获利赚的了。

不说被查处的机会成本，就是制假的实际成本也很低，利润绝大多数都是几倍有的甚至是几十倍。

上面所说的，是按顶格处罚。在现实生活中，除非造成严重后果，又有几个会顶格处罚呢？尤其是伪劣商品制售行为的查处，首先是市场监督管理机关，实行地域管理。这样，经销者与市场监督管理者之间，更容易因为熟人社会而产生这样或那样的联系，寻租的现象在所难免，被人举报后，"大事化小""小事化了"。如此，机会成本更少。

另外，市场监督管理机关实行属地管辖，制售假劣者为了逃避惩罚，往往分散各地，如店铺在甲区，仓库在乙区，并且多设置置货场所，像烟酒这样的日常用品，一般的住宅都可以贮存，在城市特别是大中城市中，所制售假劣行为就会分属于各区而由不同市场监督管理机关管辖。要被人举报，也只有一处，另外的地方并未被发现，所以行政发现并查处的机会更小，机会成本也就更小。

谭君：关于制售伪劣商品的原因，您还谈到社会观念的因素，那表现在哪些方面呢？

贺小电：社会观念方面的原因，有直接的，有间接的。

后者如东施效颦式的跟风从众观念。我们知道，一个人要成功，必须创新。然而，创新也并非易事。何况，人人都创新，肯定存在着竞争，在有限的需求下，只有走在最前面者才能成功；走在后面者，即使有所创新，也会因他人走在前面一点或者更高级一点的创新而充满风险。还有，现在因为掌握着资源、技术等优势的人或既得利益保守者，因为他人的创新而改变利益格局，在自己无法创新或者创新速度较慢时通常会采取各种方式阻碍，更加大了创新的风险。

其实，任何时代，在芸芸众生中，能够真正通过创新而卓越出众的乃是少数甚或为极少数。所以，大多数人，在通常情况下，还是跟风从众，至少是容易跟风从众。股票、房产等为众人参与的交易，买涨不买跌，就是跟风从众心理的典型表现，从而为一些操纵股市、内幕交易者所利用。同样，一些技术含量不高，不要付出多大努力又能获取更大利益的行为，如赌博、卖淫、制售伪劣商品等，更容易让人跟风而行，在不能有效监督管理加以控制的情况下，更是如此。一些地方或者市场，出现大量同类同种假劣商品的现象，如假酒一条街等，就是跟风从众观念在现实生活中的折射。

再有，法不责众心理。大家都这样做，倘若不能在此种行为未成气候时有效刹住，等形成风气时，再加以处理，社会成本增加不说，执法难度也会加大不少。而且，这些违法行为会愈演愈烈，抱团取利，抱团对抗。即使处罚，也不可能一一严格处理，只得分层次处理。法不责众，更易让人跟风从众，胆小者只要不成头就行；胆大者成头攫取的利益更大。这也是一些假劣商品制售往往扎堆，组织、领导、参加传销等违法犯罪让众人涉入其中的心理原因。

还如，社会对生产经营服务交易者的"无商不奸"的认同心理。无商不奸，又称无奸不商。语出"无尖不商"或"无商不尖"。在过去，商家卖米以升斗作量器，会用一把红木戒尺之类削平升斗内隆起的米，以保证分量准足。银货两讫成交之后，商家还会另外在米筐里余点米来加在米斗上，已抹平的米表面就会鼓成一撮"尖头"，以给客人一点"添头"，买者为此也很受用，久而成俗，凡做生意之人都是如此，于是便有"无商不尖"或"无尖不商"之说。推而广之，卖布者会"足尺放三""加三放尺"；卖油卖酒者会在量后再舀加一点给买者；十里洋场的上海，在王家沙吃小笼馒头免费送蛋皮丝开洋清汤；老字号"老大昌"对前来早餐、午茶的消费者赠送三色棒头糖，等等，乃都是"无商不尖"的表现。然而，生产经营服务等交易行为，不仅需要眼光、胆识、对市场需求的敏感及其正确把握，还需要一定的技艺、方法等，搞得不好，就会得不偿失，存在风险；认准者，则获利较大。我们说，众多的交易生意人中，只有精明能干的人才能胜出。而精明能干中掺和着不当的观念与行为，则就变成了狡猾奸诈之恶。久而久之，一些不当商人的行为给人留下奸诈不良的印象便推及商人。《管子·小匡》有言：士农工商四民者，国之石（柱石）民也。然按当时的职业分类，商还是摆在末位。加之我国封建社会长期的重农轻商传统，从商者获利较大的一面又易引起人们妒忌不适，由此无商不尖中的"尖"便被同音假借为"奸"而成为"无商不奸"，长此以往，成为商人的一种专有标签。既然无商不奸，我做商人奸诈而为，乃就成为自然。不然，即使诚实信用，还是会让人认为无商不奸，还不如得个实实在在的奸商实名。一些只顾自己利益的无德商人还把"奸"视为"老手""成熟""聪明""地道""有经验""有能耐""有心计"的代名词；把"为奸""作奸"作为经商的"艺术"加以推崇。尤其是在市场经济发展初期，市场不规范、制度不健全、道德失范、法律管治乏力时，一些商人的行为又对"无商不奸"的说法加以印证，"无商不奸"便深深扎根入了人们的心中。商者为此毫不在乎，有的甚至反以为荣；消费者基于维权艰难等因素对此也往往无动于衷，碰上了真正的奸商，也自认倒霉，毕竟"无商不奸"啊，还可能坏事变成好事，"吃亏是福"呢！

谭君：制售假劣商品的行为，无疑属于违反法律、道德等规范的行为，那么，这些行为的存在有的甚至还相当严重，与法律、道德等规范本身是否还不健全有关呢？

贺小电：制售假劣商品的行为，当然与法律、道德等规范本身及其适用有着不可分割的关系。可以说，规范的不完善以及不能严格得以实施乃是一些制售假劣商品行为不能得到有效遏制的重要外因。

从规范本身来讲，现行法律对于此类行为在经济上处罚力度不大。上面已经讲过，法律处罚力度比起制售假劣商品的机会成本、巨大的实际利益并不匹配。对危害后果所负的责任也不高，代价并不大，如不构成犯罪时，对消费者只承担修理、更换、退货、赔偿实际损失等责任；致人死亡或者健康严重损害的，受害人才有权要求所受损失2倍以下的惩罚性赔偿。而这还要经过漫长的诉讼程序，先交诉讼费、律师费，耗时费力，有的还因证据等原因而致举证不力，无法得到应有的赔偿。反观有些国家，如美国《纽约每日新闻》报道，2003年感恩节前，7岁的萨曼莎出现发烧症状，父母让之服用了美国强生（Johnson&Johnson）公司生产的一种称之为儿童布洛芬止痛消炎药（Children's Mortin），结果出现高烧、喉咙痛、眼睛出现红点等症状，致全身90%的皮肤灼伤，送去医院救治后随即宣告失明。其父母为此对制药厂提出赔偿诉讼，美国马萨诸塞州法院裁定，强生制药厂对萨曼莎及其父母赔偿6300万美元。

从道德规范上来讲，虽反复提倡诚实信用，强化道德修养，口头上宣讲的很多，然只强调口头上的保证、承诺、反思、道歉，说大话、套话、空话甚至假话，而落实到具体行动却很少。其实，无论是法律还是道德，都是对人的具体行为的规范约束，它是具体的，体现在社会的各个方面，一旦违反，就要让之付出代价，做到德法出，则必行，行必果，环环相扣，才能发挥其应有的作用。然，一些家庭，不尽赡养父母义务的子女有之；一些单位，不为职工依法足额购买养老保险有之；对社会，如骗取保险金或者与保险公司业务人员共同骗取保险有之；人与人之间，尤其是下级对上级，阳奉阴违，阿谀奉承；对待违法乃至犯罪，不关己事，冷漠视之，不敢举报，不愿作证揭示真相；遇到老人摔倒，不敢扶助；一些商人、官员养小三、包情人甚至重婚；学术上造假，抄袭剽窃他人论文；官员读博士，让秘书上课，如此等等，因未产生严重的后果，很少因这些事承担法律乃至道德上的责任。这些现象，都说明平时不注意对民众尤其是对官员的道德修养的考察，未让其因违反道德而付出代价，如辞职、降职等。

从行业规范上来讲，基于某些从业者的违法犯罪行为导致整个行业受损的现象，通过成立行业协会等强化同业者的自律，也是实践证明可行的办法。因为同业者竞争的同时，对于同业者也十分关注，对有关危害自身行业的行为也更为了解，从专业的角度来说，也更容易发现非行业人员难以发现的问题。在这些方面，似乎也做得不够。虽成立了一些这样或那样的协会，可不少又变成了官方的附属机构，使其自律职能往往被行政管理职能取代，与协会成立的目的、宗旨相差甚远，自也无法发挥其应有的功能与作用。

谭君：对于制售假劣商品的违法犯罪行为，政府无疑有监督管理、打击查处的责任。一些地方，此类违法犯罪时常发生，并异常严重，有的还出现了专售某种或多种伪劣商品的市场，您认为这些与一些政府监督管理的失职有什么关系吗？

贺小电：改革开放以来，我国政府不仅要进行各种各样的行政监督管理，而且还主导参与一些具体的经济活动。如，对于一些重要经济资源，直接通过行政权力进行配置，如在本区域发展某类产业，通过招商等途径优惠提供土地，这样，对于快速提高产品的规模化、繁荣当地经济自然有着积极作用。然其他方面的配套制度不完善，也容易造成制售假劣商品泛滥的现象发生。尤其是以GDP论英雄，当地资源经济等又不发达，就业率等存在压力，一些商品市场形成了某种规模，即使其中的假劣商品制售现象比较严重，也基于稳定、促进当地经济发展等方面的考虑，可能听之任之，不严格加以管理；引起社会关注时，起初时通常还尽量掩盖，避免负面影响扩大。毕竟，负面影响一旦扩大，政府及其有关人员不可避免地要陷于其中，追责问责不可避免，为了自己的政绩、官帽，有的便会想方设法加以隐瞒甚至给有关调查行为设置各种障碍。

还有，一些地方，因为资源贫乏、经济落后，为解决就业压力、促进社会稳定等需要，政府不得不将工作重心放在经济如何布局、产业链条怎样规划等与一些公司企业的经营长期决策或多或少存在一些联系的经济活动上，有的政府及其工作人员还为一些经营较好的公司企业如获取贷款、进行融资、争取项目等本来属于具体经营的活动背书、站台，从而与这些单位之间也存在着一荣俱荣、一损俱损的关系。倘若某个规模较大的公司企业因制售伪劣商品违法犯罪，或者众多公司企业因同种或同类制售伪劣商品违法犯罪被查处，确实也会给该地经济发展、民众就业及其社会稳定等带来系列连带问题。

谭君： 制售假劣商品的违法犯罪行为，现在还时有发生，尤其是制售假劣烟酒、保健品、零食、药品、服装、化妆品等日常用品的行为更为突出。从上面所谈，其主要原因还是一些人追求不当的利益所致，直接表现为此类行为所获取的利益巨大，促使某些人铤而走险。难道这些就不能通过严厉打击，让其根本无利可图并失去自由甚至生命的代价来有效遏制其发生吗？

贺小电： 如上所谈，违法犯罪的原因并非单一，而是各种因素综合的结果。从对制裁惩治这一方面来讲，不能全面严格执法、司法，造成打击不力，固然不利于这种行为的有效制止，然这只是一个方面，不可能仅仅通过加大执法力度就能够刹住诸如此类的违法犯罪行为。

基于法律规定，制售假劣商品的行为，并不要求实际造成危害后果，就可能构成犯罪。但司法实践中，倘若没有给消费者造成死亡等严重的危害后果，或者所涉犯罪数额不大，则很难实际进行刑事追究，现实生活中的伪劣商品普遍泛滥与真正入罪的有关犯罪行为并不多见的现象就可说明这一点。即使因为犯罪可能被查处，考虑到有关行为的利润巨大，而被发现并被严厉查处的机会成本极低，不少人就铤而走险。要是不能全面有效彻底解决这一问题，有关违法犯罪行为的问题就不可能得到有效遏制。

那么，怎么解决这一机会成本的问题呢？在我国，这种违法犯罪被发现查处的现实状况究竟怎么样呢？依我看，无论是被发现的情况还是发现后被严厉处罚的情况，均不乐观。

据《新京报》报道，一个叫刘洪滨的老太太，有着孙悟空般的72变本领，在不同电视台中，或为穴位吃药拔痰定喘绝技传承人，或为北大专家，或为高级营养师，或为御医世家传人、中华中医医学会风湿分会委员，或为老苗医传人，或为中华中医医学会镇咳副会长、东方咳喘研究院副院长，或为医院老院长，或为蒙医后人，或为著名老中医等，为苗仙咳喘方、唐通5.0、天山雪莲、药王风痛方、苗家活骨方、苗祖定喘方、蒙药心脑方作推销广告，而所谓的这些身份"中华中医医学会""东方咳喘研究院""北大专家""著名老中医"等根本不存在。与之并称虚假医药广告界"四大神医"的还有李炽明、王志金、高振宗。可想而知，这些药品，无疑不可能实现有关广告所称的治疗保健功能，为假劣药品、保健品等。刘洪滨等人伪造虚假身份，进行虚假广告在不少电视台进行虚假宣传，我认为，若能将其行为如实查处，则足以构成情节严重，应当对之以虚假广告罪治罪科刑。若是与有关假劣药品的制售者相互串通、勾结，还与制售者构成生产、销售假药罪或生产、销售劣药罪的共犯，可就是见不到这些人依法被查处的情况。要是治罪，固然需要大张旗鼓进行宣传，以儆效尤。行政机关对上述"四大神医"有关虚假广告13家发布者，处罚最高的为21万元，最低者0.8万元，8家在1万~6.5万元之间，如天津市广播电视台发布由"刘洪滨""高振宗"代言的"天山雪莲""明目二十五味丸"等广告，被罚款21万元；贵州省贵视华广传媒有限公司发布由"刘洪滨"代言的"巴西绿蜂胶"广告，罚款8000元。如此惩罚，又怎么能够以儆效尤？

又如，环球网曾刊文揭露"海淘"乱象。一些厂家在国内生产国外名牌鞋类、服装、挎包、奶品、燕窝、化妆品、药品等的"山寨货"，然后在国内海淘网站注册外商卖家，伪造产品合格证书、从国外商场等购买凭证，以国外运寄过来的假快递单、电子单物流凭证，便包装成了海外淘出售的商品。《新京报》也曾报道，"'海淘市场水太深，像*东、*外购、*码头等电商平台，监督管理缺失，上至货品源头、物流货运，下至交易流程，无一不暗藏各式灰色手段。有的造假者，甚至能月入10万！'《新京报》记者随意询问了一下造假工厂老板一款LV挎包，发现它制造成本在400元左右，再以900元的价格出售给买家。随后买家会把这山寨货贴上'海外正品'的标签，在各大海淘网站上出售，售价则暴涨到7000元！净赚十几倍利润！""张捷毫不隐讳其中奥妙，'价格一般比正品低20%至30%就好，这样可以给客户解释是在奥特莱斯购买的。'自2014年2月开始从事'海淘'生意算起，张捷在这行业已呆了3年时间。通过这种销售模式，如今他手上积累了10多个专门制造高仿包的上家，以及3000多名微信客户。每个月都能卖出上百款'品牌包'，月收入约10万元！"2020年1月，深圳文锦渡海关对云南某贸易公司经文锦渡口岸出口的一批货物查验并经权利人确认后，用纸箱包装标有"Kiehl's"商标的9648瓶面霜，全系假货；正品的市场价值约400万元，而该假货的实际价值只有20万元左右。无独有偶，深圳邮局海关从出境快件中查获一批假冒"Nike""Adidas"的运动鞋1063双。如上，应该说，有关制售假劣商品的现象还是相当严重的，然，为制售者提供海外淘平台的公司却没有任何一家对此承担责任。有关制售伪劣商品者的查处尤其是刑事处罚，亦难见公开，又怎么以儆效尤？

在抗击新冠肺炎疫情中，全民需要高质量口罩，以保护公众人身健康乃至生命，可一些没良心之人，不仅哄抬价格，有的竟然制售假劣口罩，涉及地之广，如河南、辽宁、湖南、贵州、云南、河北、北京、上海、江苏、西宁、江西、山东、广东、四川、安徽、福建、甘肃、哈尔滨、内蒙古、香港等各地，令人震惊。其中，2020年2月，长沙警方侦破的3起制售假口罩案件，假冒"飘安"这一品牌的口罩进入湖南市场的就达197万只。假"飘安"口罩，有的进货价仅7分钱，却以1~3元的价格销售，利润少则十几倍多则数十倍。单价虽低，但所涉量巨大，有的3天就非法获利10万余元。2020年2月6日，辽宁全省共立案查办涉及制售假冒伪劣口罩、价格违法等案件168件，罚没金额31.72万元，依法扣押口罩4.82万件，移送公安机关案件10件。据此，平均每件处罚不到2万元。

在网上，输入"假口罩""不合格口罩"几字，满屏多屏都是假劣口罩的信息。2019年1月，"国家市场监督管理总局发布的日常防护型口罩抽查结果显示，25批次产品当中，12批次不合格，有将近五成的所谓防霾口罩被判定不合格。抽查中的产品，有的竟然连最基本的防护要求都没达到，过滤效率、防护效果，只有百分之二十几，这样的口罩防护效果几乎等于零"。2019年10月，国家医疗器械监督抽检结果表明，河南6家公司7批次医用口罩、1批次一次性使用无菌阴道扩张器抽检不合格。其中，5批次各罚款2万元，1批次罚款3万元，1批次罚款3.5万元。而这仅是抽查发现的，我想总不至于每批次都抽查吧？

那么，从伪劣商品制售行为的发现来看，制售假劣行为要被发现，其途径大致为消费者举报、知情群众举报、被假冒者举报、查处者自身发现等。

消费者的举报、维权，从理论上讲，会有其积极性、主动性。他买了假货，会进行举报。然不论前面所讲的明知是假劣而故意购买，就是买了假货，除非损失巨大，一般也只是自认倒霉。即使想维权，也并非易事。有一次，我与朋友们在一起用餐，在店里拿了1瓶五粮液，一喝是假酒。老板当然不会承认，怎么办呢？我们请来技术监督管理局的，封好了酒样，最后他说，他们只能通过瓶子判断是不是真的，至于里面的酒是不是真的，则无法鉴定。而且，不能当场判断，要等几天，还得花时间费精力。我们只好放弃。对此，我不知道是否可以根据酒的成分等检测出来，即使检测出来为假，店老板要不肯赔，我还得通过诉讼，还不知道要浪费多少时间精力。与其这样，不如花这些时间去努力挣钱、赚钱，毕竟购买假品，一般都是数额不大啊！按照法律规定，除造成人身伤亡外，最多只能得到接受服务的3倍赔偿，像买1瓶假酒500元，最多只能得到1500元。为了这1500元，去花费时间精力通过诉讼程序维护自己的权利，从经济效益的角度来讲，远远不值。学法律的，自己花些时间、精力就行。可不是学法律的呢，先要交纳诉讼费，有的还要请律师，一场官司下来，所花费的路费、律师费等可能还会大于因购买假劣品而产生的损失费用，消费者举报、维权自然而然就会失去其应有的动力。

被假冒者举报，不讲其发现并得到有关证据有多困难，即使能够发现，也需要付出人力、物力等巨大代价。像茅台这样驰名于世的品牌，面对假劣茅台极为严重的现象，专门成立了自己的打假办，聘有专门的打假工作人员，去发现假茅台制售者，并寻找有关证据，不管怎样，还是一种私力救济，没有公权力作后盾，其效果有限。时任贵州茅台酒厂（集团）有限责任公司董事长的李保芳说："茅台酒的市场有多大？现在中国有14亿人，我们以3口之家计算，中国应有3.5亿至4.5亿家庭。茅台酒现在的包装量有多少？现在有6000多万瓶酒，未来最多的时候也就是不到1亿瓶。按现在的产量来计算，每个家庭就在大年三十除夕之夜喝1瓶，也就只能满足6000多万个家庭。"这里还不包括专供酒、销往国外的酒以及一些人1年喝多次或者数十次乃至上百次以及储存的茅台酒。你到处走走，在商场、酒店、遍及街头巷尾的烟酒店、稍微像样点的餐饮店等，就都有茅台酒的身影，可见假劣茅台酒非常非常之多，就说明像茅台专门有打假团队面临泛滥的造假现象依然是难有所作为。至于力量并不雄厚或者根本无法建立打假团队的一些名牌商品，要凭私力发现并找到有关证据以改变这种现状，无异于天方夜谭，痴人说梦。

知情群众的举报，先是从知情的范围来看，制售者不管如何猖狂嚣张，一般还是会小心谨慎，尽量少让人知道，外人等知情的毕竟有限。知道的，常常是身边的人，沾亲带故，自然会失去举报的动力。即使无关的人知道，基于盛行于世间的"事不关己，高高挂起；明知不对，少说为佳；明哲保身，但求无过""各人自扫门前雪，莫管他人瓦上霜"的看客心态，主动去举报的也很少，至少不会多。另外，除非举报能够提供确实的证据，举报才会有效，有关机关才会查处。不然，你买个几千或上万元的假酒，就会有人查处，那么大家都来举报，市场监督管理工作人员，即使人数增加10倍，可能还忙不过来。所以，对于违法行为尤其是所有违法行为，不论轻重，要想通过查处制止，在伪劣商品利益空间巨大的情况下，是不可能的，也是不现实的。

最后是有关机关的查处，药品监督管理部门对药品的检查，质量监督管理有关部门对一些商品的抽查，海关对进出口物品的查验，市场监督管理机关对通过执法检查，或者基于投诉、举报或者有关机关的移送、交办等对商品的查处，如此等等，由于其强制力制约等因素，查处的力度、范围都有限。如药品监督管理部门、产品质量监督管理部门、海关检查、抽查一批就是这一批，而且检查、抽查往往只能涉及那些正规的生产厂家，一些零散的家庭式的小作坊生产的商品一般无法得到检验、抽查；市场监督管理部门，发现假劣商品线索后，也往往局限于当地区域，一些零散、家庭作坊式制售行为还极为隐蔽，市场监督管理部门的调查力量、技术手段、方法措施等难以适应要求。即使通过检验、抽查、调查等确定了，予以处罚也一般也就是根据现场查到的罚上几千数万乃至十几万数十万了事，而大多数根本查不到，对于利润数倍十几倍甚至几十倍的假劣商品来说，在制售者看来不过是隔靴搔痒而已。

上面还不包括，基于熟人社会，制售假劣商品者与有关检验、查处人员拉上各种关系甚至进行行贿受贿交易，一些领导考虑到此类行为对当地经济、形象的影响等所进行的这样或那样的协调、阻碍，从而造成有关违法犯罪行为难以乃或无法全面彻底查处的情况。

谭君：关于制售假劣商品的犯罪分子，我注意到，有的会像一些盗窃犯一样，出狱后仍然重操旧业。不少制假者曾经有前科，被处罚过，也改变不了生存的路径依赖。比如2016年山东非法经营疫苗案的主犯庞红卫，其曾经从事医药工作，2009年因非法经营疫苗判处缓刑，缓刑期间就将非法经营疫苗的生意做得更大更猖狂。2010年山西疫苗乱象事件中，曾任山西省疾病预防控制中心生物制品供应站副站长的张俊书，当时是一名积极举报该省疫苗领域问题的"爆料人"，但到了2016年山东非法经营疫苗案，他的身份是问题疫苗的倒卖者，媒体称，他在山西省疾控中心长期没有领到工资。再比如，从不少公安机关通报的假茅台的查处中，制假链中的制假者，不少是惯犯、家族式制贩假酒团伙。您怎么看待这种犯罪的关联性？

　　贺小电：人犯罪服刑后，要是没有丧失犯罪的念头，要继续犯罪，固然会干自己熟悉的行当。所以，重新犯罪时，一般也是重操旧业，很小可能去干自己并不熟悉的事的。张俊书先是作为疫苗问题的举报人，后来基于各种各样的原因而犯罪，也是看到了制售假劣疫苗的利益，另其作为问题疫苗的举报人以及他曾在山西省疾控中心的工作经历，说明他对疫苗有关的制售等流程了解，干这行当的利润有多大，值不值得去冒险等知情，制售假劣疫苗也就很正常。至于生产、销售假劣酒等不需要什么技术，一般人或者家庭作坊就可以制售，自然也是找自己的亲戚朋友、同乡等熟人，一是这样靠得住，毕竟干这些违法犯罪的事，还是有着风险，让自己不熟悉了解的人参与不好；二是既然有巨大利益空间，有钱自然也是让亲戚朋友、老乡等熟人来赚；三是若是有人凭此发了财，往往也是亲戚朋友、老乡等先知道，从而刺激相关的人或主动参与，或乐意被邀请参与，而这种容易获取利益的事，可能像瘟疫一样具有极强的传染性，尤其是在有关违法犯罪得不到应有的惩罚时更是如此。还有，人从小到大，不论是学习、能力、做事等与身边的人相关，尤其是有所成功的人，不论是干好的还是干坏的，常常都会带出一批人，正所谓"近朱者赤，近墨者黑"。另外，制售假劣产品的公司、企业，一般也是小型的家族性的，从而给人留下此类违法犯罪行为不少是同家同村人所为的印象。

六、三鹿集团田文华与之制售伪劣奶粉犯罪、处刑及减刑

　　谭君：关注当年的三鹿奶粉案庭审，我们可以看到一些有意思的细节。比如当时4名被告人的辩护律师认为，三鹿集团主观上没有向牛奶中添加三聚氰胺的故意，在接到消费者投诉后，三鹿集团积极查找原因采取补救措施，最大限度减少或挽回损失。辩护人还指出，当时的奶制品标准中并未规定禁止添加三聚氰胺，所以三鹿集团无罪。对于

民事主体，确实是法无禁止即可为。您如何评价这种辩护？

贺小电：我没有看到有关辩护词。从您所介绍的情况看，三鹿集团主观上确实没有向牛奶中添加三聚氰胺的故意，就是在客观上也没有在牛奶中添加三聚氰胺的行为，不然就不是构成生产、销售伪劣产品罪，而是构成生产、销售有毒、有害食品罪了，处刑也就可能会更重。

在接到消费者投诉后，三鹿集团积极查找原因采取补救措施，最大限度减少或挽回损失，这乃是其应尽的义务，难道对于投诉，还不管还放任危害结果发生不成？当然，这种行为，比起对待投诉行为置之不理、放任不管的行为来说，尽量减少危害结果的发生，尽管是其义务，总归是好事，故属于量刑上可以酌情考虑的从轻情形，律师作如此辩护，乃是实事求是依法而为。

至于辩护人所称，当时的奶制品标准中并未规定禁止添加三聚氰胺，所以三鹿集团无罪，若是属实，则是狡辩。法律规定，凡是以含有毒、有害或者被有毒、有害物质污染的食用物质，含有致病性寄生虫、微生物的或者微生物毒素含量超过国家限定标准的食用物质；病死、毒死或者死因不明的禽、畜、兽、水产动物等作为原料，或者在不符合卫生安全标准的场所，或者使用不符合卫生安全标准的方法、手段等生产不符合卫生安全标准的食品或者销售，其行为均构成生产、销售不符合卫生安全标准的食品的违法犯罪行为；用非食品原料加工的，加入非食品用化学物质的或者将非食品当作食品的，若是非食品原料或者加入的非食品物质，本身有毒、有害，则其行为属于生产、销售有毒、有害食品的违法犯罪行为。无论是生产、销售不符合卫生安全标准的食品还是有毒有害食品，无疑都属掺杂、掺假，以假充真，以次充好或者以不合格产品冒充合格产品的生产、销售伪劣产品的违法犯罪行为，无疑就要治罪。至于不符合安全卫生标准的可食用物质、非食品原料、有毒有害的非食品原料，固然很多，法律不可能一一列举。但是，这并不意味着法律没有规定。三聚氰胺属于非食品原料，且属于有毒有害的非食品原料，掺入牛奶、奶粉中，作为专门生产、销售奶粉的三鹿集团及其直接责任人员，对三聚氰胺是否有毒，添加至奶粉原料或者奶粉中有什么作用，自然知情。明知奶粉原料中含有这种有毒有害的非食品原料，仍然用这种奶粉原料制售三鹿品牌的奶粉，并造成致人伤害的严重后果，自然就构成犯罪。怎么是法律没有规定呢？我们知道，法律规定了故意杀人，但没有具体规定用枪射杀、用刀砍杀、用石头砸杀等具体方法，难道就能说法律没有规定用枪杀人而就不构成故意杀人罪吗？所以，三鹿集团以掺有三聚氰胺这种有毒有害非食品物质的牛奶作为原料生产、销售不符合卫生安全标准的奶粉的行为，属于触犯刑法规定的刑事犯罪行为，而不再属于民事主体法无禁止即可为的民事行为范畴，需要依法追究之刑事责任。

谭君：三鹿集团的董事长、副总经理等4人是以生产、销售伪劣产品罪定罪判刑。重大责任事故罪，当时的顶格刑是7年，后来修改刑法，最高刑变为15年。生产、销售伪劣产品罪，顶格刑为无期徒刑。在人们看来，这些罪名和刑期，似乎不能涵盖他们的罪行。实际上，三鹿集团原董事长田文华数次减刑，从无期减至15年9个月，均引发舆论关注。您怎么看待老百姓的这些反应？您认为，在当前严峻的食药安全问题下，这些因此判刑的人，是否可以像一些重大暴力犯罪一样，实行终身不得减刑？

贺小电：这里涉及刑法的规定问题。重大责任事故罪，属于过失犯罪，无论造成了多么严重的后果，我国法律规定的法定最高刑为7年，所以，不能简单以后果来看行为人犯罪行为与所受刑罚是否相适应。毕竟，过失犯罪，有的是直接的，有的是间接的，如重大责任事故罪、重大劳动安全事故罪等危害公共安全罪中的有关过失犯罪，其均是行为人直接造成的；而有关监督管理机关因为不负责任而监督管理不力，致使有关人员违法生产、经营，造成重大事故，虽与重大事故等有关，然是间接原因。可法律并没有将这种直接原因与间接原因加以区分，规定的一般法定刑完全一样，有徇私舞弊情节的，最高法定刑为15年，从而造成一些生产经营违章作业、生产经营造成重大事故发生的，被追究责任的还可能比负间接责任的国家工作人员小，并且国家工作人员的量刑情况更易引发关注，我认为这有悖于罪刑相适应的基本原则。因此，从法律设置上看，对于过失犯罪，应当根据原因的不同设置不同的法定刑，就生产经营过程中的重大事故犯罪行为，对有关直接责任人员的法定刑适度提高，乃是必要的。当然，国家机关工作人员的玩忽职守或滥用职权的行为，对危害结果的造成也可以是直接的原因，一些国家机关如发展和改革委员会的工作人员，对于他人伪造材料骗取项目补助资金玩忽职守或者滥用职权造成国家补助资金的重大损失的，就是直接原因。国家工作人员因自己玩忽职守或者滥用职权直接造成危害结果发生的，自应比作为直接原因的此类行为承担的责任要低，对此，需要从法律上加以考虑。

关于重大责任事故罪的法定刑，法律并没有修改。只是《刑法》第134条将造成重大伤亡事故等严重后果发生的强令工人违章冒险作业的行为与不服管理、违反有关安全管理规定的生产、作业行为一样，均规定为重大责任事故行为。可是，明知具有风险而仍然强令他人违章冒险作业，其对重大伤亡等严重后果的发生所表现出来的犯意，与一般性的违反安全管理规定的生产、作业行为对造成重大伤亡等严重后果所表现出的犯意，并不完全一致，后者乃是因为认为自己违反安全管理规定的行为不会造成严重后果而为之，属于过失；前者则在明知有风险且他人也不愿意违章作业的情况下而强令他人违章作业，对造成严重后果的认识更进了一步，不仅如此，还对这种严重后果的发生放任不管，主观上往往是出于间接故意，故重大责任事故犯罪行为实不能包含这种强令他人冒险作业的行为在内。于是，《刑法修正案（六）》将之从重大责任事故的犯罪行为中分离出来规定为一种独立的犯罪，并根据其主观故意与重大责任事故罪的区别，而将之法定刑予以提高，从而致使其法定最高刑由有期7年变成了有期15年。

至于原三鹿集团董事长田文华的减刑，据媒体介绍，服刑2年后，2011年第1次减刑减为有期徒刑19年；2014年第2次减刑1年9个月，2016年再次减刑1年半，至此，减为有期15年9个月，刑期自2011年11月4日起至2027年8月3日止，并预测田至少还可以获得2次减刑，按照刑法判处无期徒刑从生效裁判确定之日起计算实际执行刑期不少于13年的规定，于是最早有望在2022年3月15日出狱。对此，又重新引起舆论关注。当时因食用三鹿集团生产、销售的奶粉而患有肾结石的婴幼儿54400余人，致死4人，在国内外产生了极其恶劣的影响。那时，受影响的婴儿大多数为独生子女，婴幼儿为此住院，虽通过治疗得到康复，然给5万多家庭的父母等亲人带来的巨大创伤是难以磨灭的。此外，在不少人的心理，既然判的是无期徒刑，现在坐牢就是10余年，怎么就放出来了呢？即使可能还要服刑多年，给人的印象，这与判处无期徒刑应当"把牢底坐穿"的预想相差甚远，并易将伪劣商品制售的严重现实状况与不能对制售者严厉惩处联系起来。所以，民众对田文华多次减刑并可能提早出狱，或者通过假释出狱予以关注，就极为正常。这也从一个侧面反映了民众对伪劣商品的深恶痛绝，对质量合格让人放心的商品的殷切希求。其实，只要想想，我国出国旅游的公民，回来时总是从国外大包小包带回大量的商品，除价钱外，最为主要的原因就是相信所购买的乃是真品。倘若国内同类商品的质量能够让消费者放心，又有谁从千里迢迢的外国花费大量时间购买商品而将本来图得享受生活的旅游变成购买物品的购物游呢？

　　还有，就罪犯服刑期间的减刑、假释而言，最高人民法院先后在1997年、2012年、2016年作出司法解释，就首次减刑需要服刑的最少时间、被判处无期徒刑及死缓的罪犯首次减刑时所能达到的最低刑期、每次减刑之间的间隔时间以及减刑的幅度，不断作出调整，而且越来越严格。2019年的有关司法解释还就原具有国家工作人员身份因犯有《刑法》第8章贪污贿赂罪被判处刑罚而服刑罪犯的减刑、假释再次作出调整，比其他犯罪作出了更为严厉的规定。按照现行2016年的司法解释，若是只有悔改表现或立功表现的，无期徒刑首次减刑最低至22年，既有悔改表现又有立功表现的，无期徒刑减为有期徒刑后的最低刑期为21年；只有悔改表现或者立功表现的，每次减刑不得超过9个月；确有悔改表现并有立功表现的，每次减刑也不能超过1年有期徒刑。这样，像田文华那样因生产、销售伪劣产品罪被判处无期徒刑后减刑的，也不可能减得那么快，被判处无期徒刑减刑后实际服刑不低于13年，乃是最为理想的状态，但很难做到。而且，这实际服刑的刑期从生效裁判确定之日起算，并不包括生效裁判确定之日前因留置、拘留、逮捕等被羁押而应折抵刑期的日期。经过长期的服刑，一般年纪也很大，如田文华已达到80岁的高龄，从个别预防上已经完全实现。从一般预防即警示他人来讲，尤其是对于谋取经济利益的犯罪来讲，若能加大经济赔偿及罚金处罚及其执行、建立能终身让之再很难在经济上有所作为的征信制度，似乎更有意义。另外，对人实行监禁，国家为之付出的代价也很高。因此，我认为，现有刑罚规定对于主刑来说，已经足够，不足之处是对罚金刑等经济上的处罚规定及其实施尚有完善之处。

　　谭君：不少人认为，制售假劣商品行为的成本低，是此类违法犯罪猖獗的原因。比如假飞天茅台以普通王子酒代替，产品本身质量符合国家食品安全标准，这类案件往往适用假冒注册商标罪，最高刑期仅7年。而"仿茅台"，用貌似茅台的商标故意混淆公众认知，侵害茅台酒的知识产权，一般未作犯罪处理。全国政协委员、中华全国律师协会副会长朱征夫曾提出，制造假劣商品行为直接入刑，提高制售假劣商品犯罪的法定刑。全国政协委员、民革浙江省委会副主委朱新力提出，设立更高的惩罚性赔偿措施，以经营额为计算基准，实现"一次造假、终身负债"的经济制裁。目前是法律对制售假劣商品的处罚力度还不够，制售假者代价很低，带来的威慑力不足？还是说，如贝卡利亚所言，"刑罚的威慑力不在于刑罚的严酷性，而在于其不可避免性"，由于假冒伪劣商品制售行为的隐蔽性，其危害后果的潜伏性，导致我国假货被查处的概率太低，以至于不足以有效地遏制此类违法犯罪行为的发生？

贺小电： 以普通王子酒假冒飞天茅台酒出售，同时也会假冒飞天茅台的注册商标，自然可以构成假冒注册商标罪。然因其以普通王子酒冒充飞天茅台销售的行为，乃是"以假充真，以次充好或者以不合格产品冒充合格产品"的生产、销售伪劣产品的行为，在销售金额达到5万元以上时，又构成生产、销售伪劣产品罪，应以牵连犯择一重罪处罚，而不能只按假冒商标罪定罪。按照刑法规定，只要"未经注册商标所有人许可，在同一种商品上使用与其注册商标相同的商标，情节严重的"，就构成犯罪；有关司法解释，对假冒注册商标犯罪行为中的"同一种商品""与其注册商标相同的商标"按立法本意作了扩大解释，凡是"与注册商标在视觉上基本无差别、足以对公众产生误导的商标"都可以认定为"与其注册商标相同的商标"，从法律上对于"仿茅台"使用足以以假乱真的"茅台"商标的"仿茅台"的行为，从法律上并不存在不能以刑法打击的问题，关键还是法律适用的问题。

对于制售假劣商品的违法犯罪行为，加大赔偿及其财产刑的处罚力度，这点我是赞同的。然，如何进行法律的设置，在后面再详细谈，这里暂放在一边。

至于对制售假劣商品的违法犯罪行为，我认为处罚的力度确实还不够，从经济处罚的角度讲，是法律设置问题；从自由刑甚至生命刑的主刑来讲，法律的规定我认为已经足够，关键还是有关的违法犯罪没有得到有效查处，这里面原因很多，如前所述，既有主观上的，平时主动查处的不多，遇到引起媒体或者上级领导关注时才会认真调查。也有客观上的，此类犯罪行为，涉及面宽；后果大多不明显，即使出现了某种后果，因果关系也难以查明；证据收集困难；有的还如涉及当地的经济、就业、稳定等，致使有关违法犯罪行为难以得到查处。因此，让违法犯罪不可避免地受到惩罚，比起仅仅靠重刑严惩更具有威慑力。正所谓："刑罚的威慑力不在于刑罚的严酷性，而在于其不可避免性。"当然，在某种或者某类违法犯罪行为，涉及面广、人数较多，不分重点的全面打击，也不现实，这时"治乱行"，用重典，先遏制一些严重的制售假劣商品违法犯罪行为，也有必要。与此同时，对制售假劣产品的违法犯罪行为，也应尽力查处，分清层次，加大经济上的制裁力度，久久为功，经过一段较长的时间，我想应当会有一定效果。

七、伪劣商品制售与官员追责

谭君：一方面，食药问题中涉案企业唯利是图、逐利枉法；另一方面，职责所在的监督管理部门在哪里？在重大食药事件中，相关官员停职"谢罪"，似乎成为一种弥补监督管理不足的常规操作。三鹿奶粉事件中，石家庄市食品药品监督管理局局长被免职；2004年6月，监察部对包括1名市长、2名副市长、1名市政府副秘书长、5名处级干部等在内的9名政府官员宣布处分，认为他们应该对阜阳劣质奶粉事件负责，分别给予阜阳市人民政府市长刘庆强行政记大过处分、分管工商工作的副市长马明业党内严重警告、行政记大过处分，并责令辞职等，阜阳市工商行政管理局公平交易局局长杨树新则因涉嫌徇私枉法，被移送检察机关。这在当年算是掀起了一场"问责风暴"，当时还出现福建省福鼎市质量监督管理局局长翁华铭在压力之下自杀的新闻。

2018年长生生物不合格疫苗案件发生后，中央高度重视，责令食品药品监督管理总局原局长毕井泉引咎辞职，对另外5名省部级官员作了免职、责令辞职、深刻检查等处理。对食品药品监督管理总局原副局长吴浈则宣布调查，相当于直接扳倒了一个副部级干部。

所以，对食品安全问题的问责似乎是愈来愈严厉，官员食品安全责任意识也越来越强化。但有专家指出，目前的问责仍然处于权力问责阶段，应该过渡到制度问责。问责能够形成制度化吗？

贺小电：制售假劣商品行为，有的与国家工作人员有关系，有的没有关系，有关系的有的是直接的，有的是间接的。如对于一些生产销售商品的公司企业的商品，应当依法抽查，对于有制售假劣商品有重大嫌疑的公司企业的商品应当加大抽查频次、力度。如果官员对于有证据、经常被举报的伪劣商品制售行为置之不理，对于已经发现制售伪劣商品的行为阻止查处等，有关人员的行为无疑属于玩忽职守或者滥用职权，有的甚至收受贿赂，固然应当追究刑事责任。

至于主管生产部门的政府官员，除非其行为对制售假劣商品的违法犯罪行为给予了支持，如明知有此行为而予以瞒报、阻止查处，或为有关制售假劣商品的生产销售者在后面站台以掩盖事情真相等，一般不能仅以其分管相关工作就有责任为由而要被追责。之所以被追责，必须以其造成责任的行为为前提。造成责任的行为，无非就是与制售假劣商品的监督管理、未及时查处等相关。要是，质量监督管理人员对发现的假劣商品以检验合格加以隐瞒，对消费者的举报也叫有关部门查处回复结果是没有问题等，与伪劣商品制售的存在发展存在着因果关系的，则应以玩忽职守、滥用职权等加以追究。但是，倘若平时按照规定监督管理，发现伪劣商品后便按规定报告、采取措施等而与制售假劣商品违法犯罪行为的存在发展没有因果关系的行为，就不应对之追责。有因果关系的，则不论属于哪一个环节，都应当严格按程序加以追究。

发生极为严重后果的制售假劣商品的犯罪行为，对于政府部门有关国家工作人员的追责，并不是没有法律或者有关制度的规定。这些行为，无非是玩忽职守、滥用职权甚至收受贿赂等，要是人人都有依法依规办事的信念，有关法律制度的运行就会自行启动。然，出了事之后基于趋利避害的本性，逃避责任往往是第一选择。这时，就得有人监督管理。而在我国，媒体监督、社会监督的作用未能充分发挥，则只有靠上级关注。而上级与下级之间，无不存在千丝万缕的联系，有的甚至是一荣俱荣、一损俱损，不涉及众多消费者或者致一定数量的人伤亡并引起媒体、民众广泛关注的事件，通常没有动力甚至源于官官相护的潜规则而不了了之。遇到引起广泛关注而成为公共事件的，上级领导出面批示，让一些人免职，浇熄民众的怒火，给以其安慰，便成为我国公共事件应付不满情绪的惯常方法。尤其，基于官本位的浓厚文化，出面被追责的干部级别越高，效果越好。如此，这种追责给我们的感觉乃是更高级别权力干预下的"权力追责"，而不是制度化的追责，于是便认为制度不完善还存在问题等。制度规则面对人的千变万化的具体行为，不能面面俱到，不少只能将行为的本质抽象归纳出来而加以规范。所以，从追责所需要的有关法律制度来看，我认为，已经足够，问题不是出在"无法可依"上，而是出在"有法不依""执法不严""违法不究"的层面，导致对于制售假劣商品中国家工作人员的一些具有责任的玩忽职守或者滥用职权乃至贿赂等违法犯罪行为不能进行及时而有效的追责。

谭君：媒体曾经报道，因为食药问题被免职的官员，不久之后又复出了。比如原国家质量监督检验检疫总局局长李长江，曾于2008年9月因三鹿奶粉事件引咎辞职，但2009年12月就出任新职全国"扫黄扫非"工作小组专职副组长。同样的，河北省委原常委、石家庄市委原书记吴显国在免职后，于2011年11月18日出席中共河北省第八次代表大会，2013年1月出任河北省委省政府农村工作领导小组副组长等。媒体梳理2008年来引起舆论关注的52起官员免职案例，发现40名因突发事件被免职的官员中半数均已复出，起复相隔时间多则1年以上，短则半年左右。如果说出事之后，罢免时任官员，是"给人民一个交代"，但事后的复出或异地为官，对于老百姓来说，当时的罢免就是一种"权宜之计"，并非真正的让官员对我们的食药安全负责。您怎么看待对官员的"软性问责"？

贺小电：这里面有一个对免职的内涵与外延的理解问题。在民众看来，某一公共事件发生严重后果，对官员的免职乃是一种对其责任的追究，于是成为不满情绪乃至怒火的发泄口。然而，在法律制度方面，免职并不是一种追责，官员调任其他工作、轮岗交流、任职期满、辞职、退休等都可以导致免职——免除该官员所担任职务的发生。倘若免职发生在公共事件发生的过程中或之后，于是被认为这是对公共事件发生负有责任官员的追责。当然，这时突然对官员免职，自然含有上级对之不满而谴责的因素，可主要还是满足公众在此时认为需要有责任的政府官员来承担责任，以平息民众怒火，而非一定是要对被免职官员进行真正的处罚。因此，很多公共事件过后，经过一段时间不再为人关注，或者又有新的事件引发新的关注时，一些免职的官员又低调复出。在我国，当官乃是一种职业，加上职业群体之间的天然相怜、官官相护等的传统观念，下级对上级负责为主要特征的权力构架及其运行体制等，事件平息后的不断复出也就不足为奇。

对于这种应付危机的办法，我认为不可取。尤其是在社会整体文化素养不断提高，信息发现、归集、传输手段日益发达多样，一旦形成就为众多人知情的情况下，每次如此处理，便会被公众认为属于应付民众的"权宜之计"，久而久之，必然造成政府及其官员信用在民众心理上的损耗，也不利于通过对有关官员的真正问责来减少违法犯罪行为的发生。我认为，官员没有责任，就不应当问责；有责任，就应当问责。在公众期待有责任乃通过免职来问责的情况下，在免职后就应查清是否有责任而作出撤职、降职、不予追究等决定。无论属于哪种情况，都应高调地说明原因，而不能以低调复出的形式让民众感受之前的免职仅仅是应付而已。如此，政府的公信力才会越来越强，实事求是，坦于面对，这也是共产党人应有的胸怀，更是公共事件中回应民意、凝聚民心的最佳手段。

谭君：老百姓还是相信直接判刑来给予官员的处理。2019年11月，吴浈被以受贿罪判处有期徒刑11年，以滥用职权罪判处有期徒刑9年，决定执行有期徒刑16年。吴浈长期分管药品注册、监督管理、审核等工作，手握重权，被媒体称为"疫苗沙皇"。早在被查前，吴浈就被河南依生药业有限公司董事长张译和全国人大代表马文芳于2014年、《民主与法制时报》记者杜涛欣于2016年实名举报。张译举报的是吴浈下属尹红章，利用手中权力使得进入临床试验的创新药品不能通过评审，2017年原国家食品药品监督管理总局药品审评中心原副主任尹红章因受贿罪被判处有期徒刑10年。而杜涛欣举报的，正是2018年疫苗事件中提到的延申生物2009年生产伪劣狂犬病疫苗并被法院判刑，吴浈包庇企业渎职瞒报。但2年前的靴子，直至2018年长生生物事件引爆舆论，才最终落地。您怎么看待这种对官员查处的滞后现象？

贺小电：官员的违法犯罪，都有一个从轻到重、从量变到质变的过程。要是平时能对官员的不道德以及轻微的违法行为严厉查处，如通过降职、撤职、开除、罚款甚至适度范围的通报，做到防微杜渐，其就很难成为重大的违法犯罪分子。当然，这些行为的发现，并不是很难，只要适度交给媒体监督就行。为了维护官员的整体形象，可以规定媒体发现后先不公开，而是交由有关部门处理；有关部门如果不予处理，媒体则有权发布，但必须要求媒体有确实充分的证据，否则就应承担相应的法律责任。我想，这样做会有利于促使官员内部违法犯罪追究制度的正常运行。

在制度方面，公民对违法犯罪包括官员违法犯罪，都有举报的权利与义务。然在举报时，举报人手里的证据往往有限，官方要是不启动相关程序查处，如只是叫被举报人来问问，除非心理素质很差的人，得到的就会是否定的回答。而是否启动调查，完全由体制内具有一定级别的人予以确定，没有社会监督等外力的监督，即使有举报，只要被举报的事件没有造成严重后果，不会引起民愤，就没有查处的紧迫性。现在被查处的厅级、部级乃至副国级干部，贪污受贿腐败等长达10年20年，有的还被反复举报，可还是升迁如故，有的要不是牵涉公共事件，或者有关敏感案件，抑或因为拔出萝卜带出泥，甚至还是居于高位。您上面讲到的吴浈式的情况，反映的不是法律制度本身的问题，而是对官员的违法犯罪如何启动查处运行的问题。这是一个长期存在的问题，若不引入一定的外力推动，恐难一下加以改变。

我们说，内因是事物变化发展的根据，外因是事物变化发展的条件，外因通过内因起作用。然，事物的发展是内因和外因共同起作用的结果，只有内因而无外因，事物仍然无法发展。外因作为事物发展的必要条件，与内因相比，虽处于第二位，却绝对不能缺少，有时甚至所起作用非常重大。只靠内部力量推动对官员的监督，而不充分发挥体制外的必要适度的监督作用，使得这种内部监督流于形式，官场中的违反道德乃至法律等规范的行为，以各种方式表现出来，在一定时期甚至异常严重，都无法及时有效查处。

谭君：梳理一下这些年因为食药安全问题问责的官员，老百姓印象最深的，可能是2007年7月原国家食品药品监督管理局局长郑筱萸被执行死刑。这是新中国成立以来为数不多的被执行死刑的官员。尽管郑筱萸的身上凝聚了太多太多的民众对药品安全的担忧及对存在的严重药品安全问题的愤怒，比如在他的任期内出现了"齐二药""奥美定""欣弗"等重大医疗事件，以及阜阳毒奶粉事件。在阜阳奶粉事件中，郑筱萸作为食品药品监督管理局局长，还是国务院调查组组长。但是导致郑筱萸死罪的，是其受贿罪，而非玩忽职守罪。尽管两者关联，药商送钱，他就睁只眼闭只眼让不合格的药品通过审批，GMP认证制度造成了"国家医药管理的混乱，增加了老百姓的用药风险，降低了政府的公信力"。如何看待郑筱萸的死刑判决？

贺小电：法院认定，郑筱萸在1997年至2006年年底担任原国家食品药品监督管理局局长等职务期间，在审批8家药厂的药品和医疗器械过程中，直接或者通过妻子和儿子，收受贿赂649万余元。按照当时刑法规定，受贿数额在10万元以上，情节特别严重的，就可以判处死刑。之所以认定郑的受贿行为"情节特别严重"而对之处以极刑，乃是"严重地侵害了国家工作人员的职务廉洁性，严重地破坏了国家药品监督管理的正常工作秩序，危害人民群众的生命、健康安全，造成了极其恶劣的社会影响"。最高人民法院对郑所判死刑复核时也认为，"郑筱萸作为国家药品监督管理部门的主要领导，利用事关国家和民生大计的药品监督管理权进行权钱交易，置人民群众的生命健康于不顾，多次收受制药企业的贿赂，社会影响极其恶劣，受贿数额特别巨大，犯罪情节特别严重，社会危害性极大，依法应当判处死刑"。其中，我认为最为主要的还是，其在受贿的过程中，违反有关事项规则，从而造成了国家药品监督管理正常秩序的破坏，给擅自降低审批药品标准、不严格负责审批事项带了一个恶头，其任职期间发生的"齐二药"亮菌甲素注射液事件、安徽华源生物药业有限公司"欣弗"注射液事件，导致10人死亡，多名病人出现肾功能衰竭。这些严重后果与药品监督管理规则不能得到有效遵守，秩序得到严重破坏自然有着莫大的关联，故其行为给人民群众的生命、健康安全带来了严重危害，社会危害性极大，社会影响极其恶劣。在整个药品监督管理秩序因其受贿行为撕裂而遭受严重破坏、导致混乱的情况下，对之"用重典"处以极刑，固然也有其必要性。不仅如此，从政治意义上来看，也可以凭此来充分体现人民群众的意志和愿望，充分体现了法律公平正义的精神，充分体现了党和政府坚定不移惩治腐败分子的坚强决心。

八、伪劣商品制售与违法犯罪的防范

谭君：对于疫苗等特殊药物，我国从2006年开始实行电子监督管理，通过在疫苗外包装盒上赋码，疫苗生产、经销、使用企业扫描电子监督管理码录入流通信息，来对疫苗的流通过程进行监督管理。但是从2010年开始陆续曝光的疫苗管理乱象，我们可以发现，这些监督管理措施在这些事件当中，并没有真正落实。这是否说明法令的执行，比法令本身更重要？而让法令能顺畅执行的基础是什么？

贺小电：2008年7～10月，延申生物和河北福尔生物制药股份有限公司（下称福尔生物）在生产人用狂犬病疫苗过程中偷工减料、弄虚作假、逃避监督管理，致使7个批次共21.5832万份质量存在问题的人用狂犬病疫苗销往重庆、河北、宁夏、广西、江苏、安徽、福建、四川等地。2010年5月15日，原国家食品药品监督管理局通报对2单位作出处罚，没收2单位违法生产、销售的劣质人用狂犬病疫苗和违法所得，并依法从重处货值金额的3倍罚款。其中，延申生物被罚2563.79056万元，福尔生物被罚563.8284万元；2单位参与制售劣质人用狂犬病疫苗的直接主管人员和其他直接责任人员10年内不得从事药品生产、经营活动，涉嫌刑事犯罪的由司法机关依法追究刑事责任；同时撤销延申生物生产人用狂犬病疫苗产品的批准文号。

此例说明，任何法令，只有得以彻底落实执行，其才能发挥应有的功能与作用。有法不依，法不过是一纸空文。不仅如此，还会使人们产生蔑视法律、置法不顾的惯性，若加以蔓延，依法治国就不可能实现。有法必依，不仅有赖于强有力的监督管理，而且有赖于人们的自觉遵守。没有人们自觉地遵守，事事都靠国家有关部门予以监督管理，也不可能。当然，在有法不依还存在的情况下，必须进行的监督管理。像疫苗的生产销售，由于涉及千家万户以及国家人口的质量与安全，其生产销售需要批准许可，属于限制性生产经营，竞争性相对较小。为此，抓好两头，即对生产销售单位的产品出厂前加强检测，增加检测频次；另一是对疫苗统一采购，在疫苗接种前，再次进行检测。发现问题后，对有关人员处罚要重。像上面的以3倍货值金额处罚，我认为远远不够。要是故意生产销售假劣疫苗、逃避监督管理的，对公司企业的股东及其有关生产销售检测等相关人员，全部在经济上给予严厉处罚。对股东可以将之在本公司的股份全部没收强制转让，对其他财产也应大部分甚至全部没收；有关工作人员则按其年工资的数倍处以罚款。当然，这又涉及有关法律法规规则的改变问题。不然，因为疫苗生产利润高，而查处机会很少，即使被查处后仍有巨大的违法所得，那么，要遏制其为了利益链而走险实难有效。

　　谭君：2016年山东查处的疫苗非法经营案等在内的事件，再次推动了国务院修改关于《疫苗流通和预防接种管理条例》，即建立疫苗流通全程追溯制度，对冷链运输责任监督管理，加大了对疫苗流通、预防接种中的违法犯罪行为和监督管理不力现象的处罚及问责力度。一方面，法律终于在事件发生之后逐步完善，堵缺防漏；另一方面，事情永远都在变化，法律永远都会是不完美的。作为法律人会不会有一种无奈？

　　贺小电：2016年3月，山东警方破获案值达5.7亿元的疫苗非法经营案，一些不法之徒未取得疫苗经营资格，违反疫苗冷链存储运输有关规定，将购进的25种儿童、成人用二类疫苗销往安徽、北京、福建、甘肃、广东、广西、贵州、河北、河南、湖北、吉林、江苏、江西、重庆、浙江、四川、新疆、陕西、山西、山东、湖南、辽宁、黑龙江、内蒙古等24个省近80个县市。2017年3月19日，最高人民检察院在工作报告中披露，庞红卫等人非法经营疫苗案曝光后，山东、河南、河北等地检察机关批准逮捕355人，已起诉291人，立案查处失职渎职等职务犯罪174人。2016年1月～2018年3月26日，涉及疫苗犯罪的刑事判决书239份，其中与"山东查处的疫苗非法经营案"有关的刑事判决书91份。该91份刑事判决中，涉及山东、湖北、湖南、河南、广西、陕西等18个省份，共137人各因非法经营、滥用职权、毁灭伪造证据、贪污、故意泄露国家秘密等5项罪名获刑，其中涉及国家公职（工作）人员64人。2013年6月至2015年4月，庞红卫在缓刑考验期内，未取得《药品经营许可证》等资质条件在山东省聊城市、济南市天桥区等地，从国内多地购进冻干人用狂犬病疫苗、乙型肝炎人免疫球蛋白、B型嗜血杆菌结合疫苗等多种药品，存放于不符合冷藏要求的个人租赁场所，并以"配件"或"保健品"名义，用不符合冷藏要求的运输方式通过快递公司将上述药品发往山东省及山东省外买家，销售金额共计7497.0966万元。其女孙琪2014年9月至2015年4月明知庞红卫未取得《药品经营许可证》等资质条件，仍帮助从事记录账目、收货、发货、银行转账等非法经营药品的活动，参与销售金额共计4266.6272万元。庞被以非法经营罪判处有期徒刑15年，并处没收个人全部财产，与前罪刑罚并罚，决定执行有期徒刑19年，并处没收个人全部财产；孙被以非法经营罪判处有期徒刑6年，并处没收个人财产743.28594万元。这一案件暴露了疫苗运输过程中的监督管理问题，促使国家建立了疫苗流通全程追溯制度，无疑有利于疫苗流通环节的监督管理，亡羊补牢，自是好事。

然而，还是那句话，制度不管多么完善，还是需要人去遵守执行。如果不遵守执行，不法之徒为了利益还是会千方百计想办法加以规避。正所谓："道高一尺，魔高一丈""上有政策，下有对策"。何况制度基于稳定、规范等特征不可能经常修改变化，总跟不上日益变化的科学技术等所带来的生产、销售、经营过程中的具体手段、方法的变化。其实，即使有疫苗流通全程流痕追溯制度，不法之徒要是与疫苗生产厂家的销售人员、运输环节工作人员、采购单位的采购人员相互勾结，伪造冷链运输的有关痕迹，那这种运输全程追溯制度就失去其应有意义。所以，制度制定之后，还是依靠有关人员自觉遵守。其实，没有疫苗环节的全程追溯制度，并不意味着发现不了有关违法行为。如采购单位工作人员若是严格履行责任，当销售者通过非冷链运输的快递方式邮寄，疫苗就明显违反有关规定，而按规定上报处理，就不可能有不法之徒钻空子的余地。这里面，就有不少采购单位的国家工作人员因自己的玩忽职守或者滥用职权行为为有关犯罪充当了帮凶。事实上，涉及此案的国家工作人员被起诉的就达170多人，也说明了这一点。

恒天然公司一加工厂的清洗系统进入了泥巴与碎石，有14辆奶罐车用之进行了清洗，其中6辆装了牛奶15万升，要是从可能造成后果的角度去考虑，可能性几乎为零。然恒天然自己主动对社会公告，并将15万升牛奶全部倒掉。生产、销售者有这种将事关消费者的生命健康的质量及其产品荣誉放在第一位的精神，是很难发生不符合质量的假劣产品流入市场的现象的。因为，一经发现，也可以自动修正，采取诸如召回等措施，而避免严重后果的发生。根本不存在出现严重后才能启动查处的问题。到出现后果后，无论如何已经晚矣，只能通过惩治警示威慑后面的胆敢违法之徒，但之前的结果则不能通过严格遵守规范而予以防范。所以，真正的法治，乃是全民自觉对法律的遵守，对违法追究只是促使公民自觉对法律的遵守。对此，古希腊著名的思想家亚里士多德就指出，优良法治包括两重意义：一是公民恪守业已颁订的法律，另一则是公民们所遵从的法律是制定的优良得体的法律。

而现在，一些人可以说是大多数人都认为，出了事之后，对违法犯罪进行了惩治尤其是重刑惩治就代表了法治的全部，显然是对法治的一种误解。

谭君：回归到司法层面，我还发现一个现象：我们的公检法机关，在重大事件曝光，特别是中央领导批示后，总是能够及时发声，而在此前几乎是默默无闻。比如长生生物不合格疫苗案被自媒体曝出来后，山东省人民检察院、长春市人民检察院积极表态，他们已依法介入"长生疫苗"事件，做好依法追究相关人员责任的衔接、对长生疫苗损害公共利益情况及相关机关履职情况展开调查，积极配合国务院调查组做好相关工作。这些司法机关，在事情发生之前，我们似乎看不到它们的行动，尤其是对公职人员履职情况的监督。

贺小电：2017年11月3日，长生生物生产的一批次百白破疫苗效价指标不符合标准规定，被原国家食品药品监督管理总局责令企业查明流向，立即停止使用。

2018年7月19日，长生生物公告称，收到《吉林省食品药品监督管理局行政处罚决定书》，没收库存的"吸附无细胞百白破联合疫苗"186支，罚款344万元。

7月15日，国家药品监督管理局发布通告指出，长生生物冻干人用狂犬病疫苗生产存在记录造假等行为，已责令企业停止生产，收回药品GMP证书，对企业立案调查。次日，长生生物发布公告表示正对有效期内所有批次的冻干人用狂犬病疫苗全部实施召回。

7月22日，国家药品监督管理局负责人通报长生生物违法违规生产冻干人用狂犬病疫苗案件有关情况。时任总理李克强作出批示，此次疫苗事件突破人的道德底线，必须给全国人民一个明明白白的交代。

7月23日，习近平总书记对长生生物疫苗案件作出重要指示，强调要一查到底严肃问责，始终把人民群众的身体健康放在首位，坚决守住安全底线。

吉林省委召开常委会议，强调长生生物违法违规生产疫苗行为，性质恶劣，触目惊心，必须依法依规坚决严厉查处；不论涉及哪些企业、哪些人都要坚决严惩不贷、绝不姑息。根据最高人民检察院部署，长春市人民检察院按照吉林省人民检察院要求成立专案组，对"长生疫苗"事件开展调查。吉林省纪委监委要求对疫苗事件涉及的责任者依纪依法，依照工作职能坚决查处，严肃追责。吉林长春新区公安分局通报：长生生物董事长高俊芳等15名涉案人员因涉嫌刑事犯罪，被依法采取刑事拘留强制措施。

7月29日，长春新区公安分局以涉嫌生产、销售劣药罪，对长生生物董事长高俊芳等18名犯罪嫌疑人向检察机关提请批准逮捕。

8月6日，国务院调查组公布，2014年4月起，长生生物在生产狂犬病疫苗过程中严重违反药品生产质量管理规范和国家药品标准的有关规定，其有的批次混入过期原液、不如实填写日期和批号、部分批次向后标示生产日期。目前，召回工作在进行中。其销往境外的涉案疫苗，同时启动了通报和召回工作。

10月16日，国家药品监督管理局和吉林省食品药品监督管理局对长生生物违法违规生产狂犬病疫苗的行为作出行政处罚。国家药品监督管理局撤销长生生物狂犬病疫苗（国药准字S20120016）药品批准证明文件；撤销涉案产品生物制品审批签发的合格证，并处罚款1203万元。吉林省食品药品监督管理局吊销其《药品生产许可证》；没收违法生产的疫苗、违法所得18.9亿元，处违法生产、销售货值金额3倍的罚款72.1亿元，罚没款共计91亿元。此外，对涉案的高俊芳等14名直接负责的主管人员和其他直接责任人员作出依法不得从事药品生产经营活动的行政处罚。涉嫌犯罪的，由司法机关依法追究刑事责任。

12月，中国证券监督管理委员会决定：对长生生物责令改正，给予警告，并处以60万元罚款；对高俊芳、张晶、刘景晔、蒋强华给予警告，并分别处以30万元罚款；对张友奎、赵春志、张洺豪给予警告，分别处以20万元罚款；对高俊芳、张晶、刘景晔、蒋强华采取终身市场禁入措施；对张友奎、赵春志、张洺豪采取5年市场禁入措施；对刘良文、王祥明、徐泓、沈义、马东光、鞠长军、万里明、王群、赵志伟、杨鸣雯给予警告，并分别处以5万元罚款。

另据不完全统计，2001～2017年，长生生物及其母公司涉及10多起受（行）贿案，受贿者大多为县市一级的疾控中心工作人员，也有医院免疫门诊的负责人。

从以上案件知道，我们不难得一些结论：

一些公司企业没有责任心，以不正当行为获取不法利益满足自己的需要，自然不能希望他们自己将不当行为公之于众，不仅如此，当因消费者投诉等让违法犯罪行为暴露时，在这一过程中还会想方设法加以掩盖，如发表声明，与投诉者达到妥协，删除不利信息，贿赂检测查处人员等。

生产、销售假劣商品的行为，涉及面广，要是没有高层如公安部等的督办，即使一些县市发现一些假劣违法犯罪，在有关范围内查处，效果不大。

长生生物制售的假劣狂犬病疫苗案、山东查处的疫苗非法经营案，要不是党中央高度重视，可能很难有这种查处力度及其效果。这说明，无论是有关行政机关还是司法机关，对一般不会引起严重危害实际上也没有引起严重后果的生产、销售假劣商品违法犯罪行为，加之对严重危害人民群众身心健康的危害性认识不足，主动彻底查处的积极性不够，不能将有关违法犯罪彻底予以查处。

上述案件更加说明，我国对有关违法犯罪打击惩处的治理，只要足够重视，并发挥体制的优势，完全能够取得巨大胜利。长生生物，自中央最高层批示后仅仅1个月就得出结论，几个月对公司及其有关人员进行了行政处罚，并在批示后的次日就进行刑事立案侦查，追究有关人员的刑事责任，行动不能不说不迅速。但这种仅靠领导重视而集全力查处的现象应当转化为制度化的打击假劣商品制售违法犯罪行为，每年通过主动地在全国范围内查处一些重大违法犯罪，以遏制一些涉及面广的制售假劣违法犯罪蔓延之势。其实，毛泽东就曾指出："世界上怕就怕'认真'二字，共产党就最讲认真。"只要我们对待制售伪劣商品这些违法犯罪行为真正认真予以重视并认真地加以治理，假劣商品制售的违法犯罪完全是可以得到有效控制的。

在对制售伪劣商品公司企业进行经济处罚的同时，对有关个人也应加大经济处罚力度。公司企业制售伪劣商品，自然要对之进行严厉的经济处罚。公司企业实行的是有限责任，经济处罚力度大，公司企业能够承受，没有问题。不能承受而要破产时，根据破产法的有关规定，这种处罚实际执行不了从而失去其意义。但有关人员如股东、高级管理人员，在查处前则因制售假劣商品的行为获取了巨额利益，要不对之严厉处罚，有关个人在经济上就不会遭受什么损失。因此，对单位违法犯罪行为查处的同时，我认为也要对有关责任人员在经济处罚方面设置规则并加大力度。如单位制售假劣商品，对单位处罚让之破产，直接受损失的是那些债权人，而公司股东高管等有关人员先前获取的利益没有损失，为此，必须将之先前获取的利益全部剥夺，如将其在单位的股份全部没收加以转让，处之以前分红数额的多倍罚款等，真正让之感受到违法犯罪的得不偿失及其不可忍受的痛，才更能强化他们自身对违法犯罪行为的控制。

谭君： 根据海因里希法则（Heinrich's Law），在一件重大的事故背后必有29件轻度的事故，还有300件潜在的隐患。最早的奶粉和疫苗事件可以看到，已报告的病例只是冰山一角，后续查处的情况都超出我们的意料。食药安全不是一时的问题，而是围绕着社会发展永远存在的问题。我们应该如何在制度层面，来长远保障食药安全？

贺小电： 长远保障食药安全，如前所述，不仅是一个制度层面的问题，而且是一个如何有效遏制制售伪劣食品药品违法犯罪的问题。这里需要针对违法犯罪的原因进行综合治理，其中建立健全有关制度只是一个方面，从某种意义上来说，这只是减少预防犯罪的外因。另外，制度建立后，不论完善与否，关键是全面遵照执行。有关法律规定等已经基本成熟，尽管还可能存在这样或那样的不足，然若能够得到有效的遵守实施，对于依法打击惩处有关违法犯罪行为不存在无法可依的问题。只有法治理念真正深入人们的内心，成为一种自觉遵守的信仰，以符合道德、法律等规范的行为获取物质精神上的财富以满足自己的各种需要成为一种自觉的行动，制售违法犯罪行为自然会降低到最低程度，从而食药安全问题才不会成为人们担心的问题。

事实上，按照海因里希法则，一件重大的事故背后必有29件轻度的事故，还有300件潜在的隐患，这样，在出现严重的违法犯罪行为前，还是有迹可寻的。要是所有监督管理工作人员，严格依法办事，是可以发现有关问题并采取措施加以防范的。如果说，司法机关，如检察院、法院不能主动有所作为，只有待有关犯罪侦破后才能依法发挥其职能作用，那么，公安机关、行政监督管理机关、药品质量检验检疫机构等，则可主动而为，认真查验，发现有关隐患，便采取严格措施，是可以防范减少一些本不该发生的违法犯罪行为发生的。长生生物2014年4月起，在生产狂犬病疫苗的过程中就违法生产经营，直至最高层2018年7月23日作出批示，仅20多天的时间就调查出了有关违法行为，而在之前长达4年多的时间内，则没有发现，说明什么呢？还是说明之前的监督管理流于形式，没有得到认真而有效的落实执行。

谭君： 食药质量还有一个特点，即严重不利后果一下子难以显现。很多人说中国人是"吃遍了元素周期表"。比如假奶粉，可能吃一次并不会出现什么症状，失效疫苗打在体内，在防疫的疾病没有显现时，也不会有什么反应，只是接种效果不好，而假酒则更明显了，除非非常劣质的酒，一般的假酒本身并不属于不安全的食品。这些特点导致食药质量隐藏时间长、相关部门难以及时发现。这些是不是都是造成食品药品质量难以监督管理的原因？

　　贺小电：现在假劣食品药品的制售者，已经不像过去那样为了利益置人们的生命于不顾，因为那样自己也可能要付出生命的代价。20世纪80年代，一些人为了获得钱财利益，为了几块钱可以抢劫并致死人命；为了获取很少的利益，用毒药毒杀他人耕牛收购或者盗走后在市场上销售，用工业酒精制售或者直接假冒白酒销售等，从而造成人员的死伤。随着经济的发展，为钱抢劫致人死亡的现象、盗窃犯罪也大大减少，假劣商品危及人的生命安全的现象更是很少发生。绝大多数的假劣商品制售都不会直接致人死亡或者重大伤害，从后果上看很难引起人们注意，致使一些职能部门的工作人员不予重视，即使发现也不会深究，有的甚至利用检测、查处等职责进行权力寻租，相互勾结加以掩盖，有关违法犯罪于是难以得到有效查处。可是，对制售假劣商品违法犯罪的追究及其处罚，并不需要给消费者造成实际的人身损害结果为前提，消费者购买假劣商品，在经济上必然遭受损失，尤其是食药假劣商品长期食用产生损害或者因为药品失效以致病情无法及时治疗加重，故也需要加以规范禁止惩处而减少、防范有关危害结果的发生。

　　因此，对于制售假劣商品违法犯罪的查处，不能以假劣商品是否产生了致人伤亡的结果为犯罪构成要件，出现了致人伤亡的结果，固然要查处，这时会引起注意，查处会更有力。但这不是说，不出现致人伤亡的结果，就不需要查处，就可以放任不管。其实，假劣商品涉及面广，总有蛛丝马迹可寻，按照海因里希法则，还有更多的现象可找。有关行政管理机关平时只要能够认真对待诸如投诉、对疑似假劣商品进行必要调查等，是不难发现的，还是那句话，是不是认真对待而已。

　　谭君：新闻中，我们经常看到，地方政府官员要经常去当地纳税大户走访调研，当地的公检法司部门，也是主动为之排忧解难，所谓为当地经济服务。地方政府既然对企业是依赖的，又如何让政府能真正监督管理企业呢？

　　贺小电：政府与被监督管理的对象都存在着管理与被管理的关系，监督管理是依照法律的规定进行的。在社会发展过程中，一切的发展都有赖于经济发展，经济发展从而成为社会发展的重中之重，它直接关系到人们的生活质量、社会稳定、安居乐业等各个方面。因此，一些政府尤其是经济比较落后的地方政府，对当地产业的规划、市场资源的配置、一定规模企业的扶持等本属于市场自行调整的活动通过权力进行干预，有的还让领导到具体企业驻点进行联系，以解决企业生产经营活动中的各种困难。这些行为，其作用总的说来是积极的，可将政府与企业两个性质职能完全不同的主体由具体的生产经营活动相联系，但在职业伦理上也存在问题。政府及其工作人员与企业之间不保持适度的距离，尤其不注意两者之间存在的管理与被管理者的行政法律关系，也容易导致一些工作人员在其中进行权力寻租，如入"干股"、给企业进行高利借贷等。倘若碰上为追逐利益不惜进行诸如制售假劣商品、非法吸收公众存款等违法犯罪的企业主，政府亦会牵入其中。如发生在的湘西系列集资诈骗、非法吸收公众存款案等，就有政府一些工作人员参与其中或者在背后站台的身影。此时，政府要依法查处，就易遭受各种各样的阻碍。因为，假如县委书记在某企业驻点，结果该企业制售的是假劣商品，他的面子怎么挂得住？所以，我认为，政府及其工作人员与企业的关系，应当尽量保持一定距离，更不应为有关的经济活动提供特殊的服务，解决的问题乃是企业经商的环境，如政府工作人员不依法为企业办理有关服务或者故意卡拿吃要等违法犯罪的问题。不然的话，对同类的其他企业来说，也是一种不公平竞争，更容易为一些不法企业主所利用。毕竟，在信用问题普遍存在的情况下，政府官员、科学家、官方媒体、明星等对企业的一举一动尤其是肯定性的行为，都会给民众带来强烈的暗示，该企业的有关生产经营服务肯定靠得住，否则，怎么会得到他们的肯定呢？他们的肯定倘若不能相信，那么，又能相信谁呢？

九、喝不起的茅台与山寨假劣茅台

谭君：如何看待假茅台卖断货，而真茅台股价成为神话这一现象？茅台酒的"高档"体验、"豪奢"享受，满足了人们对权力的想象，这是导致茅台酒脱销的原因之一，而造假者在"比毒品利润还高"的利益刺激下，肆意猖獗山寨茅台，假茅台为此泛滥成灾。为了让大家能够识别茅台的真假，茅台集团可谓是想尽了办法，费尽了心思，并且不断对防伪系统升级，但这能从根本上解决问题吗？在打击假茅台方面，地方政府似乎也作出过一些努力。比如，为避免打擦边球，通过贵州省向国家工商部门提出申请，以后仁怀市的新注册企业，均不得在名称中添加"茅台镇"的前缀等。

贺小电：假茅台卖断货，是因为真茅台很少，若是真茅台很多，供求平衡甚至供过于求，就不可能有假茅台的市场。前面说过，尽管茅台一直在增加产量，2019年全国只有17.14%的家庭1年能够买上1瓶真茅台。要是1个家庭买上3瓶呢，就更少的家庭才能买到了。就是按市场价2500元左右（春节最高时可能达到3000元左右）1瓶，1年消费2~3瓶的家庭大有人在。在2019年前，茅台产量还没有这么多，有能力消费茅台而买不到真茅台的则更多。这仅仅是平均每个家庭消费2瓶的情况，事实上，有的家庭可能每年消费几十瓶甚至上百瓶，还不讲有人买来收藏。2018年4月查处的贵州省委原常委、政府原副省长王晓光，在其家一间房子堆满的茅台酒就达4000多瓶；玻璃大王、全国著名慈善家曹德旺，其别墅私人酒窖里存放的都是茅台。其实，茅台已经不仅仅是一种消费品，现在还成为一些人的抢手保值乃至投资的硬通货，于是带上了一些金融产品的属性。要是2012年订购价值1000万元的真茅台，到现在就涨到了3000万元，而且是稳赚不亏啊。既然真茅台量如此少，假茅台就有市场，从而卖断货也就不足为奇。因为绝大多数人都无法通过真正的渠道搞到真货，一般人也难以辨别真假，平时要用，只得将就，买到真的，就是自己的运气；买到假的，就算自己倒霉啦。这里还要排除上面谈到的基于面子虚荣等原因明知是假茅台而仍予以购买的情况。

至于，防伪系统不断升级，不能说完全没有作用，但我认为，作用不大。因为，作为消费者，不可能通过防伪系统加以辨别，先不说不会使用，即使会使用，也不可能每瓶酒在喝之前都通过防伪系统来辨别。多年来，因为酒感等因素，喝酒时一直喝茅台。有段时间，茅台酒盖上有一串号码，可以查询。查询的号码要是不存在，肯定是假的；要是存在，一般就认为这是真酒。但号码只能查询1次，同一号码后面被查询的，就显示该号码已被查询，也就是存在同一号码有2瓶甚至多瓶的现象。这里面无疑只有1瓶是真的，其余则是假的。那么，先查询的就是真的吗？显然不能这样认为。因为，买真酒的不一定先喝先查询，要是买到假酒的先查询，结果称该号码的酒是茅台厂生产的，从而为"真酒"，而买真酒的后喝后查询结果是该号码已被查询，并被提示可能为假酒，那就不是真酒变成"假酒"了吗？后来，想到这一点，我就不再查询号码了，而是想方设法找到卖真货的又可以确证所售茅台为真，这才是唯一的正道，否则，总不放心啊！同样，一些高档名烟如和天下、芙蓉王也有类似通过查询号码辨别真假的防伪方法，从根本上来说，是不能解决问题的。

谭君：假劣商品与腐败之间有关联吗？早在2010年，茅台酒股份有限责任公司（下称茅台股份）原总经理乔洪就因受贿1300多万元被判处死缓。接着2015年贵州茅台酒厂（集团）有限责任公司（下称茅台集团）原党委副书记、副总经理房国兴被查，2016年茅台股份原副总经理谭定华被查，2018年茅台股份党委原副书记、董事长袁仁国被查，2019年先后又查处茅台集团原副总经理高守洪，茅台集团电子商务股份有限公司原董事长聂永，茅台集团原总经理刘自力，茅台集团电子商务股份有限公司原副董事长、总经理肖华伟，茅台集团电子商务公司系列酒事业部原负责人王静，茅台集团原副总经理、茅台酒销售公司董事长王崇琳，贵州茅台酒销售有限公司原党委委员、副总经理雷声，贵州茅台酒销售有限公司原华东大区经理，上海茅台实业公司原经理罗爱军，贵州茅台酒股份有限公司原副总经理张家齐，茅台学院原党委委员、副院长李明灿，茅台股份原总经理助理及茅台酒销售有限责任公司党委原副书记、总经理原马玉鹏，茅台股份原副总经理杜光义。杜光义被查公布时，还有贵州省遵义市人大常委会原副主任刘志义被宣布查处。这些人被查时，多数有一个共同特点，用茅台酒的经营权牟利，搞特权腐败。贵州省人民政府于2019年还出台条例，鉴于名酒行贿和批条倒卖成风，严禁领导干部利用茅台酒谋私。这种权力寻租和腐败，对茅台酒营销生态的破坏，是导致消费者买不到真茅台酒的原因吗？

贺小电：假劣商品自然与腐败行为相关。尤其是一些重大的制售假劣商品的违法犯罪案件，都与商品质量监督管理、检验检疫、商品采购等各个环节的国家工作人员的玩忽职守、滥用职权甚至收受贿赂等腐败行为相联系，山东查处的疫苗非法经营案、长生生物制售的假劣狂犬病疫苗案，涉及国家公职人员之多，也印证了这一点。这也是"靠山吃山，靠水吃水""白吃白不吃，白喝白不喝，白拿白不拿"的不正当观念在某些国家工作人员身上的一种折射与反映吧！

至于贵州茅台接二连三的系列腐败案件，有关人员利用确定茅台销售经营权、亲属参与经营等进行权力寻租，造成一些人借茅台销售获取巨额利益。这种通过控制下游链的寻租，只是让一些下游经营者获利，与市场终端消费者是否能够购买到真茅台没有直接联系。消费者购买不到真茅台，根本原因在于真茅台的市场需求远远大于真茅台的供应。在此情况下，尽管茅台总想控制价格，但市场因为巨大需要而造成资源短缺，必然导致价格奇高。飞天茅台从2013年的999元到2015年的1299元再到2018年的1499元的零售限价，只是对具有经销者起到一定限制作用，但市场消费价格远远高于限价。茅台经销者从厂家订货，据说不到1000元，销售出去利润可观。在市场能卖高价的情况下，谁又不想卖高价呢？尽管茅台集团对经销者的价格作出限制，可经销者之外的销售者没有限制，经销者可以与其他销售者合作，按1499元的价格卖给自己合作的人或者亲人，由合作者或亲人再卖高价，或者自己就卖高价，茅台集团也不可能都能弄得清楚的。还有，上述对经销者的零售限价，仅限于当时生产的茅台，以前产的茅台则不在限制范围内。这样，经销者完全可以将当年的进货压着，到第2年或者之后再卖，那样还可以当作年份酒卖，利润可更高。

十、伪劣商品制售防范与品牌建设

谭君：在假冒伪劣商品无可避免的当下，人们在信息不对称的市场中，还是会选择相信品牌。我们国家曾经也有过品牌迷信，国家颁发过全国知名品牌、免检产品等，2008年的三鹿奶粉，也曾是国内知名品牌，奶粉国标制定的参与者；2016年山东非法经营疫苗案查处的二类疫苗，全部是正规厂家生产的疫苗；2018年长生生物及康泰生物等疫苗企业，也曾是国内顶级的疫苗生产厂家。现在，一方面老百姓对于国产品牌仍然是缺乏信心，另一方面，国家也在重塑对产品质量的标准，比如2008年三聚氰胺事件后，国家取消了免检产品，免检标志不再有效。我们应该如何建设食药行业的品牌？

贺小电：在我国，信用缺失情况还比较普通，在有些行业还相当严重，而食品、药品又与千家万户、人民群众的身心健康、国家人口质量等密切相关，对有关产品尤其是普遍使用的食品、药品的检验、检疫必不可少，实行免检的做法可以说是极其不负责任的决定。

如何防范减少假劣商品尤其是假劣食品药品的制售违法犯罪行为，我认为还有相当长的路可走，而且还可能遭遇一些挫折，然前途总是光明的。总的来说，强化品牌建设，乃是其中一个方面。品牌建设，不仅仅是规模、产量、质量等本身，主要还是要加强品牌人的建设。要强化品牌企业及其出资人的社会责任心，这是最为根本的一面。公司本身承载着发展自身、贡献社会的双重责任，而不仅仅是为了利润而生。

品牌建设，不仅靠自律，而且要依靠社会监督，如行业协会监督、媒体监督、政府监督管理等全方位的督促，使之在规模、产值等扩大时，为了保住品牌，更要注重品牌质量及其精神文化方面的建设。古语说得好，"打江山容易，守江山难""创业易守成难"，生产销售商品公司企业的品牌建设何尝不是如此。

另外，除制造企业品牌建设外，也要注意销售企业品牌包括平台企业的建设，后者我认为其意义更大。建立一批注重质量声誉的销售企业品牌，由其把握好进货渠道来源，对于控制商品的质量，限制挤压假劣商品的空间更具有意义。一个销售平台或者销售企业，在进货时，一般是不可能不知道商品是否为假劣商品的。由它负责保证从正规渠道进货，保证商品质量，制造假劣商品的就没有市场至少是难以有市场的。要国家机关对那些假劣商品制售的家庭式作坊、小型公司企业进行全部查处，无论是从人力、物力还是财力等方面来讲，都不现实。国家机关监督管理，只能针对那些有一定规模的生产、销售企业。倘若这些具有一些规模的生产、销售企业，后者如大型商场、连锁超市等的产品若都能保证质量，那么，消费者都到这些品牌企业那里去购买，作坊式的假劣商品的销售自然就没有市场，或者说是市场份额至少会大大减少。

而品牌企业的建设，更要加强监督，并且用极端严厉的措施促使它们珍惜已经形成的品牌。一般说来，越形成了品牌，就越不愿意因为少利而去犯险。反之，规模越小，犯险的概率就越高。因为，违法犯罪抓住后，损失就是这样。不犯险，销售真品，利润不高；犯险若没抓住，利润巨大；面对巨额利润的诱惑，自然就会有人犯险而去以非法手段获取巨大利润，尤其是抓住的概率不大的情况下，更是如此。

而已经形成一定规模甚至一定品牌的情况下，要是能够让其因制假售假承担破产的代价，则就会谨慎行事。前面说过，一个外资销售品牌商场，在消费者购买商品结账时每种商品在标价上加上一两块钱，消费者往往不会察觉，等发现后仅仅罚款50万元，而它只要进行5万次交易（1次交易买上10余种商品）就够了，这早就赚过来，或者用不上几天就能再赚回来。所以，这种处罚根本上起不到惩戒抑制其再犯的作用。因为，你不可能天天都去查吧？该商场已经经营了多年，不就是被发现这一次吗？但肯定不可能只是被发现的这一次有结算加价行为吧！然，要让之付出沉重的代价，如发现罚它个几千万，严重者强制股东转让股权退出等，那么，就不一样了，它就没有必要这样去犯险了。你可能要说，其余的大型商场要都有这种行为，怎么办呢？你不可能全部这样处理吧？全部是这样，确实法不责众，至少不可能全部这样严厉处罚。但可以分批次分层次来吧，首先找一个或几个有关商品质量价格问题比较严重的下手，彻底整治，杀鸡给猴看嘛！对于其他企业，前面已经产生的问题不再追究，但下不为例。如此严厉搞上几个，坚持一段时间，让人感到你确实会认真地坚决这样做下去，已经辛辛苦苦建立一定规模甚至具有一定品牌效益的销售企业，是不可能再犯险下去的，从而就可以通过严惩少数而促使大多数规模品牌企业主动防范销售伪劣商品的行为发生。上面提到的美国一女孩食用一品牌药品生产公司的药品眼睛失明后获得高达6300万美元的赔偿，这在我国乃不可想象。然，就是这种不可想象，让具有一定规模品牌的企业，一旦发现有假劣商品制售行为包括公司企业尤其是股东等出资人付出沉重乃至失去所有或者大部分财产甚至破产的代价，我想是足以抑制其不当欲望的。这些规模品牌企业及其出资人的欲望被抑制后，依法经营，自然会注意从正规渠道进货，也只有他们经常涉入相关行业，才真正知道真品、假劣品的来源，并能够辨别，假劣商品存在的空间日益被压缩，假劣商品及其制售行为就一定会越来越少。

如前所述，我国的一些电商平台，其商户销售假劣商品，出现问题都推给商户，我认为品牌企业永远建设不起来。有的电商平台，有商户利用假材料注册国外商铺，销售假劣商品，而平台对此充耳不闻，我认为平台就有责任。因为，建立商铺，平台有责任审查，若让不符合条件的人注册了商铺，销售了假冒商品，就应该承担责任。平时，也应加强对商铺销售商品的监督管理，如取样抽查、检验等，只有让经营者承担与之利益获取相关的责任，才能相互制约。要让国家市场监督管理机构及其检测部门应付众多的经销者，可能吗？显然不可能。不管，肯定出问题；管，又没有力量，怎么办呢？就只有让与之相关的可以控制经销者并从经销者那里可以获取利益的平台来监督管理，他们天天接触，并从经济利益出发，是可以想办法来解决有关问题的。不然，设立一个平台，天天收取商铺的钱，对销售行为不负任何责任，不就是一次投资终身受益吗？与投资到分红乃是一个长期经营过程的一般本质也不相符合啊！事实上，一些电商平台获利巨大，其创始人基本上是位居前列的巨富乃至首富，固然与其经营决策、投资资本、科研技术等相关，然在获取利益后需要强化对平台销售商品的人加强监督管理，划分好责任，也是权利与义务相一致的需要。实际上，平台的品牌越好，销售商户也会受益；反过来，也是如此。销售好的商品，赚钱了，可以相互获益，为什么销售假劣商品就不能够相互来承担责任呢？当然，平台这种责任不一定是连带责任，法律可以设置补充责任或者比例责任来平衡之间的权利与义务关系。

诚然，品牌建设涉及多个方面，如有关法律制度的完善及其严格的执行，这些都是相互联系、相互影响的，必须进行综合治理，才能达到其目的。

十一、伪劣商品制售与民事责任的承担

谭君：一些观点认为，在关于食品药品质量问题的报道中，媒体有时过于煽情或者不够专业，比如2016年，一篇《疫苗之殇》的图片报道，讲述了20个患病、不幸死亡的儿童病例，并怀疑与注射疫苗相关。专业人士会认为，疫苗注射本身就有一定风险，只是这个百万分之几的风险，可以忽略。为了更多人的健康，我们应该容忍这种小概率事件。到底是我们对食品药品安全的要求过高，还是我国食品药品的安全处于太不正常的时代？层出不穷的食药问题，几乎次次都会引起中央层面的高度重视，但是问题似乎越来越多，无穷无尽。到底是整个系统出了问题，还是我们不够宽容？

贺小电：凡事都不是绝对的，任何药物包括疫苗其功能不可能绝对达到100%的效果，何况药物的作用与受体本身也是紧密相连的，一些受体因为其身体的特别性完全可能致使疫苗的效能无法起到作用。这样，疫苗的注射及其使用完全可能产生一定的风险，只要控制在一定的范围内即可。当然，要是受体因为疫苗的使用造成受体人身伤亡，其及其家人的心情可能是另一回事，需要加以理解。这时，只要疫苗质量本身没有问题，而且在生产、运输、保藏、销售、使用等的过程中完全按规则办事，则就不应承担任何责任。如未按规则办事，疫苗质量即使没有问题，结果也不是因疫苗的注射使用而致，同样要依法承担包括刑事责任在内的各种法律责任。因为，包含疫苗的药品、食品以及其他假劣商品的制售行为，不论是否给人们的身心健康是否产生实际危害，都属违法犯罪行为。此类违法犯罪行为，不以人身健康的实际损害结果为构成必要，它要通过对假劣产品制售行为的依法惩处来防范造成人身健康实际损害结果的发生。当然，这类行为本身会给消费者造成实际的经济损失、伪劣商品的产生要耗费更多的原料等有限的自然资源，发现之要消耗国家不少的有限司法资源等而具有危害性，故而也需要依法惩治。

毫无疑问，假劣药品、食品等商品，给人们的身心健康带来的风险会远远大于真品。有的假药本身对身体无害，如用淀粉制作的用于心脏病治疗的药品，不会因为使用该假药导致心脏病发作。可是，由于该假药在心脏病发作时根本无法起到治疗的作用，造成使用者得不到有效治疗而死亡，本身固然就是一种危害，并且与使用者的死亡具有因果关系。正因为如此，假劣商品的危害性不能从单纯的是否能够直接导致人身伤害结果发生这一原因关系来衡量，而且还要从是否能够发挥其应有的功能，即是否具有商品所应有的使用价值、交换价值及价值来衡量。倘若商品因为假冒伪劣不能达到其应有的使用价值、交换价值及价值，就需要禁止。何况假劣商品尤其是假劣药品、食品会给人们身心健康安全带来重大隐患，并因涉及广一旦造成危害结果，则极为巨大，更需要以零容忍的态度治之。

在现阶段，假劣商品制售的现象还比较严重，有的还相当普遍。然应看到，过去那种完全不计后果而制售假劣商品的违法犯罪行为，还是大大减少，现在大多都是质量不合格的假劣产品。已经发生的诸如山东查处的疫苗非法经营案、长生生物制售假劣狂犬病疫苗案以及已经查处的一些制售假劣茅台等名酒案，甚至出现的"假酒一条街"现象，在过去同样存在，只不过是现在媒体传播下知道的人更多，更让人感到假劣商品仍然泛滥并更趋严重之势。

长生生物制假的假劣疫苗，并未对受体产生实际的严重危害后果，也正是如此，有关监督管理机关及其工作人员也未引起重视，只是作罚款处理，而罚款的数额相对于制假所带来的巨大利润来说，乃微不足道。直至中央最高层关注批示后，使得长生生物制售假劣疫苗的事件发生质的转变，由一般的行政违法案件转化为刑事犯罪案件，并依法给予处罚，意味着国家高层在打击惩处假劣商品的观念上已经有了明显的转变。作为职能部门，有关观念也需要加以转变，不能等到假劣商品给人们身心健康安全发生实际危害时才认真查处，而是对于一切假劣商品制售的违法犯罪行为，要从事关人们身心健康乃至生命安全、国家人口的质量、公民诚实信用风气的形成，在经济日益全球化，一些关系到国计民生的商品销售至国外，还会因为制售的假劣商品造成国家形象影响、阻碍国家经济发展乃至引发外交事件等的高度来加大打击惩处假劣商品制售的力度。

谭君： 有人认为，基于市场经济的特点，经济人逐利的本性，食品安全事故难以避免。所以，重要的不是给相关人员判刑，而是要重视民事赔偿。比如当年三鹿奶粉，企业已经破产倒闭，而29万多名患儿谁来救治？于是主张应该建立食药安全保险制度。您怎么看这种观点？

贺小电： 如前所述，对于违法犯罪包括制售假劣商品的行为依法惩治时，我认为，在法律设置上，对民事赔偿、经济处罚力度不够，这与我国长期存在的重自由刑甚至生命刑等主刑，轻罚金、没收财产刑等重刑主义的观念相关。当然，对于像三鹿集团制售的假劣商品已经给消费者的人身健康乃至生命造成伤亡等损害结果时，往往后果已经相当严重，单靠假劣商品制售者来承担民事责任，通常难以达到。这里面，还需要从法律制度上从多方面来考虑：如对制售者包括制售单位的股东等出资人、公司企业的具有一定职位的管理人员尤其是高级管理人员，可以通过立法让之承担连带赔偿责任，而不能仅仅让公司企业借法人名义承担有限责任，这从法理上有其依据。因为，在没有被查处时，他们就因伪劣商品制售行为获取了分红、年薪等利益甚至巨大的违法利益。根据权利与义务相统一原则，在单位及其行为给消费使用者造成实际损害时自然应当让之承担相应的民事责任。又如，对于没有造成实际损害后果的制售假劣商品违法犯罪行为，加大行政罚款、刑事罚金的处罚力度，并将列为专项经费，在遇到像三鹿集团制售假劣商品造成众多消费使用者人身遭受损害需要治疗等费用，单位及其有关人员又无法承担民事责任时，则以专项经费加以支付。还如，对于尚未工作没有购买养老保险、医疗保险等的婴幼儿因为假劣商品的使用而致严重损害，国家从人口质量的提高出发，在制售假劣商品者无法承担起相应责任时，应当先由国家加以保障治疗，这是保持社会稳定、聚集民心所必须。因治疗产生的费用，然后再由制售假劣商品者依法承担。当然，鼓励家庭给小孩购买商业保险，以避免因为假劣商品使用而造成的各种风险，也不失为可用来弥补制售假劣商品违法犯罪所造成的恶劣严重后果的途径之一。

谭君：就制售假劣商品违法犯罪行为，我们已经谈了很多。那么，从防范减少此类违法犯罪行为而言，您还有什么补充吗？

贺小电：前面已经讲过，任何违法犯罪行为的发生，其根本原因还是在于违法犯罪者本身。是以，从小加强公民的规范意识教育、熏陶，培养按照道德、法律等规范行为满足自身需要的善的作为，乃至关重要。这是一般意义上的。可以说，在过去乃至现在，一些人利欲熏心，制售假劣商品失去了其应有的底线，令人根本无法容忍。如医院用过的输液瓶、输液袋、输液管等医疗废物，其病毒、病菌的携带量通常是普通生活垃圾的几十、几百甚至上千倍，倘若处理不当，就会污染水体、土壤和空气，甚至传播病毒，成为疫病流行的源头，会给人民群众身体健康带来极大的威胁。于是，必须由具有相关资质的单位采用集中焚烧等的方法进行无害化处理。然而，10多年前我就在中央电视台的《焦点访谈》节目中看到过，至今还从媒体中见有这样的报道，一些黑心作坊、企业依旧偷偷将未经消毒的医疗废物回收后，加工成业内所说的"破碎料"卖给下游企业，后者再制成蔬菜网袋、塑料制品、洗脸盆、儿童玩具等物品，有的甚至制成塑料餐具堂而皇之登上百姓的餐桌，这些人的道德底线低至何种程度，不敢想象。

就制售伪劣商品等生产经营者而言，需要强化其社会责任。这种社会责任的培养，要落实到具体的行为中，不能空洞地表决心、喊口号。现在，按照《消费者权益保护法》规定，对于被查处的制售假劣商品者，处罚机关应当记入信用档案，向社会公布。问题是，原来的公司被查处后，他又注册一个公司经营就可，有的本身就同时注册多个公司经营，而注册经营公司又很容易，有的花1元钱就行，这种信用跟公司不跟个人的现象，难以发挥其作用。还有，向社会公布，又有几个消费者在购买某一商品时会去查询呢？而制售假劣的产品，有的就是假冒他人名义生产的，这时查询生产者无法查。至于销售者，如前所述，你记录了甲，他又以乙名义销售，你辛辛苦苦对之建立的信用档案，他一招就可以彻底破解。那么，有没有办法解决这一问题呢？我认为，在科学技术发展到今天的情况下，完全可以得到有效解决。像身份证，具有强大的信息存储功能，将有关征信情况包括由国家机关认定的善的、恶的行为，都记入其中，并确定使用者只有通过指纹使用，就可以防止冒用情况。在他要与他人发生交易时，他人有权予以查询征信记录，他若不予提供，他人就可以不与之交易。这样，征信记录就会真正地跟着他走，并且由社会上所有欲与之交易的人监督，一旦违法犯罪将导致其终身追求需要的满足遭受障碍，这样，就会对之违法犯罪的欲望有所抑制，从而鼓励人心不断地向善而弃恶。

另外，上面提到的，利用行业协会等加强其自律，行政机关加强监督管理，尤其是对疑似违法犯罪者强化检查、检验的频度、力度，对违法犯罪者按照"人为财死"的朴素观念强化经济处罚及其执行完毕才予罢休的决心，促使诚实信用之风普遍形成，有关违法犯罪包括制售假劣商品的行为，随着社会生产力的发展，自然会越来越少，直至共产主义社会的到来，作为上层建筑的一种不良形态的现象，则完全而彻底地消亡。

第四章

传销非集之解

一、传销30年：从"发财梦"到"死于传销"

传销是什么？是一个说起来既复杂又简单的问题。

说简单，中国的法律已经明确规定传销是非法的，严重者是构成刑事犯罪的。说复杂，"传销"这个词在国内外可能具有不同的界定，而在中国，至少经历了30年的演变，从无到有，从混乱到规范，从禁止再到立法。

20世纪80年代末，传销传入中国。在英文中，"直销"和"传销"是同一个词："Direct Selling"，指的是传销公司通过经销商以面对面方式，向消费者提供有关产品和服务的销售模式。当时，日本一家卖磁性保健床垫的公司"偷渡"中国开展传销业务。

20世纪90年代，台湾兴田企业股份有限公司（下称台湾兴田）用于传销的"爽安康有氧健康摇摆机"（下称爽安康摇摆机）在大陆风靡一时。这种功能简单、成本低廉售价却达六七千元的足、腿部按摩器，让很多普通工人、农民负债累累，甚至家破人亡。当时，传销分为单层次传销和多层次传销——后者即今天所指的传销，被屡次监管和查处。

1990年11月14日，雅芳成为中国第一家正式以传销申请注册的公司。此后，各种名目、来自国外的传销公司，在全国遍地开花。

1993年，以"摇摆机"为代表的传销大行其道，官方尚未出台行之有效的政策法规，管理几乎失控。1994年，上海、深圳、广州等地行政管理部门开始组织人员，草拟有关管理办法。

1994年8月10日，国家工商行政管理局发出《关于制止多层次传销活动中违法行为的通告》，9月2日再次发出《关于查处多层次传销活动中违法行为的通知》。

　　1995年，传销开始进入狂热期。大多数传销组织大肆炒作，以暴利为诱饵，用新拉来人的入会费补给老会员。有报道称，1995年到1996年，传销主要策源地之一的湖南长沙的传销人员人数不到1年的时间由数万人增加到数十万人。此时，传销业已完成从实物传销向无物传销的演变：传销人员越来越多，摇摆机的生产供不应求，会员并不关注摇摆机的质量和功效，而是关注自己到底拉了多少人头。

　　1997年1月10日，国家工商行政管理局发布第73号令《传销管理办法》，一度想要对传销进行规范管理。

　　1997年底至1998年初，尤其是开展异地炒作公司的集中地区，诸如武汉、长沙、北海等地，到处是卷款潜逃的传销公司和大批流动闹事的传销"难民"。至此，开始出现混乱局面。1997年，台湾兴田在长沙召开万人大会。会场拥挤不堪，场外太多人无法挤进去，怀疑场内之人切断他们获取信息的权利，阻碍他们发财，口水战演变为拳脚战。

　　1年之后，国家终于意识到传销给社会治安带来的不稳定因素。1998年4月18日，国务院发布《关于禁止传销经营活动的通知》，规定"立即停止传销经营活动"，传销企业进入严冬。

　　2005年8月，国务院同时发布《禁止传销条例》和《直销管理条例》，再次明确传销活动在我国的非法性质，并对传销行为作了定义，明确了查处措施和法律责任。2009年2月，又将"组织、领导传销活动罪"写入《刑法修正案（七）》。

　　在国家不断打击下，为规避风险，台湾兴田改变营运模式，在其他传销公司相继停业破产时，转入"地下"，以批发零售的形式蓄力。传销组织流向不同区域，南北派传销分化形成，但都进行异地传销，即把人骗往外地进行"洗脑"。

　　北方以武汉新田为首，在东北转入地下，搬入城乡接合部及偏远居民楼，过着打地铺、吃大锅饭的"苦日子"。南派则发展到广西、湖南南部等地，告别地铺，进入小区。

　　2008年，在广西北海的一次会议上，被冠以中国管理学会理论创始人等各种头衔的传销"理论家"丁耀华，提出了"负面调控论"，即国家之所以让媒体曝光、让公安部门打击传销，实际上是暗中保护这个行业，担心这个行业发展太快，13亿中国人不够用。"负面控制论"随后成了万能挡箭牌，并使传销的洗脑形成了一个完整的闭环。

　　进入21世纪后，随着互联网电子商务的发展，传销也"与时俱进"地改头换面，进入了网络运作的新模式，打着慈善、保健品、资本运作、国家政策、电子商务、互联网科技等各种名义，传播"财富梦想"，拉人头，发展下线。

如，2008年，广西北海环北文化传销以筹钱拍电视剧、电影为名，"秒薪秒结"拉人头，号称只要1个月内直推3名"下线"，就能赚300万。2009～2012年，太平洋直购、万家购物、斐贝国际传销等，打着远程教育、培训、网上创业、法律网站、电子商务等旗号，以消费返利来诱骗。传销与网上创业、消费者日常消费的紧密结合，具有更大的隐蔽性和更快的传播速度。比如，微商传销，以微信为平台，以微商营销、会员优惠折扣、分享到朋友圈返现等作幌子，诱骗"朋友圈"里亲朋好友加入，发展下线。

2013年后，不少获得直销牌照的企业实际是在进行传销，还有的直销企业与传销企业存在着千丝万缕的关联，让参与者真真假假看不清。

在经济方面，百亿传销帝国比比皆是。2017年，传销与慈善结合发展出千亿级体量的大盘"善心汇"，这个涉案金额1000多亿的传销组织，被权威人士认定为"经济邪教"。在社会治安方面，采取人身控制等多种暴力威逼手段于一身的传销组织，引发了数以千计的刑事案件，直接导致数百人死亡。

"善心汇"以慈善的名义讲述了一个"共富神话"：会员只要按一定标准投资，可以很快收回本金，并获取高额回报。参与人向推荐人以每颗300元的价格购买1颗"善种子"，即可激活1个会员账号。会员账户激活后，可通过投入资金和发展下线获得高额静态、动态收益。

静态收益是指会员按照平台指令，向陌生会员汇款，称为"布施"。这一环节完成一段时间后，平台会安排其他会员向此人汇款，称为"感恩受助"。会员可以选择"特困""贫困""小康""富人""德善""大德"6个档次，"布施"金额从1000元至1000万元不等，收益率从5%至50%不等。

动态收益则指会员发展下线后，可以拿到下线"布施"金额2%～6%的提成。

如此，善心汇成员不断发展下线。随着会员层级提高，参与者源源不断地获利。但这种击鼓传花式的骗局，一旦下线发展慢了，资金流入量小于支付量，资金链就会断裂，系统就会崩盘，拆东墙补西墙、瞒天过海的"庞氏骗局"就会露馅。

2017年7月，在警方的介入下，善心汇被查处。

警方查明，2013年5月，张天明（男，该案组织者、策划者）在深圳市注册成立深圳善心汇文化传播有限公司。2016年5月27日，张天明等人在保亭县注册成立海南善心汇文化传播有限公司。自2016年5月28日起，张天明等人打着"扶贫济困，均富共生"的口号，借助互联网平台、对外虚假宣传，冒用保亭县扶贫办、保亭县共青团名义，以收取注册费、以高额静态收益和动态收益为诱饵，大肆发展会员，是一种"经济邪教"，涉嫌组织、领导传销活动犯罪，致598万余人参与传销活动，涉案金额1046亿余元。

这是近年来较为罕见的特大涉嫌传销犯罪的团伙。

2018年12月14日，湖南省双牌县人民法院对被告人张天明等10人组织、领导传销活动，聚众扰乱公共场所秩序案一审公开宣判，判处被告人张天明有期徒刑17年，并处罚金1亿元；对其他9名被告人分别以组织、领导传销活动罪判处1年6个月至10年不等的有期徒刑及罚金，同时追缴各被告人的违法所得。2019年5月10日，永州市中级人民法院二审维持原判。

纵观传销30年，司法机关从未停止过对传销的打击，而传销却也从未收敛过其罪恶的触角。

2018年曝出一起传销命案：被骗入传销组织的云南男子张世才，在厕所里勒死了1名看守他的传销人员，此案立即引发舆论高度关注。

该案传销组织名为"天津天狮"，与拥有直销牌照的天津天狮生物工程有限公司存在着股权关系。近15年来，作为北派传销组织的"天津天狮"，已发展成为我国分布最广、最具暴力性的传销派别。

2018年9月6日，云南省人民检察院高度重视，指派专人赴楚雄州指导办案，围绕社会关注的张世才是否存在防卫情节等问题，要求楚雄州人民检察院抓紧调查核实，严格依法认定。

澎湃新闻2018年9月检索中国裁判文书网发现，2009年以来，以"天津天狮"名义进行的传销活动引发各类刑事案件2781例，除了以"组织、领导传销活动罪"定罪的案件，其他案件主要表现为非法拘禁、故意伤害、抢劫、过失致人死亡、故意杀人等，共导致155人死亡。

有反传销人士指出，中国内地"传销教父"杨玉勇2002年曾带领团队加盟天狮集团，但随后退出。

接受澎湃新闻采访时，天津直销企业天狮集团相关负责人称，打着"天津天狮"

旗号进行传销的系"假天狮"，与天狮集团"没有关系"。但股权穿透发现天狮集团旗下的直销企业"天狮生物工程"，是传销企业"天狮生物发展"的股东。

"天津天狮生物工程有限公司"2011年1月获得《直销经营许可证》，注册资本1亿元。

2015年5月，天狮集团组织6500名员工赴法国旅游创吉尼斯世界纪录。其董事长李金元获法国外长会见。直销企业海外"豪游"并非新闻，如完美（中国）有限公司2014年5月21日至6月2日在美国西海岸盛大举行海外研讨会并庆祝公司成立20周年，组织6000多人赴美国旅游，创下中美建交以来中国单一团组赴美国旅游规模最大、人数最多的新纪录。无限极（中国）有限公司2015年5月14日向记者证实，2015年5月9日开始，陆续组织近1.2万名经销商前往泰国开展培训拓展及旅游活动。活动预计使用95个航班及324台车辆，预定21家酒店共5800个房间。

在直销企业天狮集团风头十足之时，其影子背后的传销组织天津天狮，在全国各地疯狂犯罪。

"非法拘禁"是"天津天狮"传销人员最常用的手段。澎湃新闻在中国裁判文书网搜索关键词"非法拘禁、传销、天津天狮"，共发现1867篇裁判文书，致人死亡的有87例，其中52例案件中的被害人在逃生时坠亡，其他的多半死于突发疾病或人身伤害。多地法院认定，被告人冒用"天津天狮生物科技有限公司"的名义，通过欺诈、胁迫、暴力等手段从事传销活动。如2018年5月，153人在长沙开福区被公诉，涉案300余万元。犯罪集团自2015年7月至2017年8月，在长沙市开福区洪山桥月湖小区等地租住多套住房，建立传销窝点。

组织采取欺骗手段，由成员以"谈恋爱""介绍工作"等借口，将被害人骗至长沙后又将其手机、身份证、银行卡、现金等骗走统一保管，以限制其离开房间。同时，组织中有人扮演"师傅"，对被害人洗脑，传授吹嘘"发展前景"，逼迫被害人以每套2800元的价格购买虚构的产品加入团伙，还以发展新成员可提成返现为名，将部分被害人发展成为该组织成员。还有人为被害人提供所谓的温情服务等，最终使被害人放弃抗拒，实现认同，成为该传销组织的一员。

还有更多的"天津天狮"传销案件仍然继续，如2019年4月18日，长沙市岳麓区人民法院审结"天津天狮"恶势力传销犯罪集团系列案，涉案115人全部获刑；2019年11

月18日至21日，湖南省耒阳市人民法院公开审理杨秀河等59名被告人涉嫌组织、领导传销，抢劫，非法拘禁，掩饰隐瞒犯罪所得一案；2019年12月，江苏省丹阳市人民法院对"天津天狮"传销组织案34名被告人一审宣判，被告人姚某犯组织、领导传销活动罪，非法拘禁罪，数罪并罚，决定执行有期徒刑2年10个月，并处罚金7万元；被告人赖某等其他33名被告人犯非法拘禁罪，分别被判处有期徒刑1年11个月至8个月不等刑期。

二、集资的是与非

1. 湘西吉首非法集资事件

到2008年崩盘为止，吉首的民间融资持续了13年，说是全民集资并不为过。崩盘之前的2008年6月，湘西州委、州政府在党政机关内部下发文件，要求党政干部退出民间融资，党政干部提前收回本金和利息，此后出现挤兑风潮。政府随后严厉打击，将当地持续10余年的民间融资，定性为"非法集资"。

据当时媒体报道，吉首集资的资金规模、参与融资的人数和家庭、融资持续时间均为全国之最。

2000年，作为湖南贫困地区的吉首有了建设新城的计划。但当时吉首的财政收入年仅3亿元左右，寻找资金进行开发成了整个建设中的最重要一环。在此情况下，民间融资自然而然成为选择。取得湘西自治州图书馆、体育馆、群艺馆、电力宾馆、东方红市场等（下称"三馆项目"）开发权的曾成杰，更是民间融资的典型。而官方在崩盘之前，对此种方式也是默认。

崩盘源于融资利息的水涨船高。2004年到2005年，大部分集资公司给出的月息由3分飙升到5分；到了2007年，融资月息都已普遍在6分以上。为防止资金链断裂，各集资公司只能纷纷竞争，以超高利息疯狂吸纳民众手里的闲散资金。在高息的诱惑下，众多百姓被套牢。至2008年7月，新进入的集资者，将月息推至8分乃至于1毛、1毛2分，而这也成为击鼓传花的最后一棒。

2008年9月7日，吉首市人民政府发布《关于对非法集资活动依法进行清理整治的通告》，首次明确将当地长达数年的高息融资活动定性为"非法集资"。

2008年11月11日，曾成杰因涉嫌非法吸收公众存款罪被刑事拘留。同年12月18日因涉嫌集资诈骗罪被批捕。2011年5月20日，曾成杰因集资诈骗罪被长沙市中级人民法院一审判处死刑，剥夺政治权利终身，并处没收个人全部财产。2012年1月19日，湖南省高级人民法院二审驳回曾成杰上诉，维持原判，并报请最高人民法院核准。

长沙市中级人民法院判决书认定，自2003年11月15日至2008年9月30日，曾成杰等人以邵阳市建筑安装工程公司驻吉首开发部、湖南三馆房地产开发集团有限公司（下称三馆房地产）的名义面向不特定社会公众非法集资总金额34.52亿余元，但是实际投入工程项目支出只有5.56亿余元，占集资总数的16.12%。集资涉及人数24238人，集资累计57759人次，仍有17.71亿余元的集资本金未能归还。集资总额减去还本付息的金额后，曾成杰集资诈骗金额为8.29亿余元，造成集资户经济损失共计6.2亿元。

2008年9月上旬，三馆房地产停止向集资户还本付息。因三馆房地产及吉首市其他进行非法集资的公司相继不能兑付到期的集资款本息，引发了2008年9月5日吉首市万余名群众围堵铁路及火车站事件、同月25日数千名集资群众围堵湘西自治州人民政府并进行"打砸"的事件。

2013年6月14日，最高人民法院核准曾成杰死刑。同年7月12日上午，长沙市中级人民法院根据最高人民法院院长签发的执行死刑命令对曾成杰执行枪决。

2. 吴英集资事件

1981年出生的吴英是浙江东阳人，原为浙江本色控股集团有限公司（下称本色集团）法定代表人，被称为"亿万富姐"。

时年26岁的她3个月内购下100多间商铺、创建8家实业公司，成立本色集团并自任董事长；跑车、珠宝、别墅，张扬的个性，使她成为2006年中国商界最具争议的人物之一。风传拥有38亿元身价的她，资金原来都是借来的。借100万元，承诺3个月以后还200万元。

把钱借给吴英的有不少人都是义乌和东阳的中产阶层，有的还是公职人士或律师，根据公诉机关的指控，他们总共牵涉的非法集资10亿多元。

林卫平，本色集团的执行董事，吴英一案中的关键人物，原本是义乌市文化局的干部，后辞职下海经商，在2005年底至2007年1月，他先后非法吸收公众存款达8.6亿元，其中的4.7亿多元提供给了吴英的本色集团。

2007年3月，吴英因涉嫌非法吸收公众存款罪被捕。2009年10月，金华市中级人民法院认定，2005年5月至2007年2月间，吴英以高额利息为诱饵，以支付高额中间费为手段，以投资、借款、资金周转等名义，先后从林某、杨某等11人处非法集资7.73395亿余元，用于偿还集资款本金、支付高额利息、购买汽车及个人挥霍等，至案发尚有3.84265亿余元无法归还，于是以集资诈骗罪判处吴英死刑，剥夺政治权利终身，并处没收个人全部财产；对其违法所得予以追缴，返还给被害人。2012年1月，浙江省高级人民法院维持死刑判决，依法报请最高人民法院复核。

最高人民法院复核认为，一审判决、二审裁定认定被告人吴英犯集资诈骗罪的事实清楚，证据确实充分，定性准确，审判程序合法，综合全案考虑，对吴英判处死刑可不立即执行，裁定发回重审。2012年5月，浙江省高级人民法院重新审理后认为，吴英集资诈骗数额特别巨大，给受害人造成重大损失，且其行为严重破坏国家金融管理秩序，危害特别严重，应依法惩处。鉴于吴英归案后如实供述所犯罪行，并主动供述其贿赂多名公务人员的事实，其中已查证属实并追究刑事责任的3人，根据法律规定，综合考虑，对吴英判处死刑，缓期2年执行，剥夺政治权利终身，并处没收个人全部财产。

2012年3月14日，温家宝总理在全国"两会"结束后接受记者采访时谈到"吴英案"，作了3点表态："我注意到，一段时间以来社会十分关注吴英案。我想这件事情给我们的启示是：第一，对于民间借贷的法律关系和处置原则应该做深入的研究，使民间借贷有明确的法律保障。第二，对于案件的处理，一定要坚持实事求是。我注意到，最高人民法院下发了关于慎重处理民间借贷纠纷案件的通知，并且对吴英案采取了十分审慎的态度。第三，这件事情反映了民间金融的发展与我们经济社会发展的需求还不适应。现在的问题是，一方面企业，特别是小型微型企业需要大量资金，而银行又不能满足，民间又存有不少的资金。"

2012年，著名经济学家张维迎在一场演讲中认为，吴英案说明中国距离市场经济至少还有200年。吴英被判死刑意味着中国公民没有融资的自由，意味着融资是特权不是基本权利，意味着建立在个人基础上的产权交易合同仍然得不到有效的保护，意味着中国人的企业家精神仍然受到摧残，说明我们还不是真正的市场经济。

2014年7月，浙江省高级人民法院开庭审理罪犯吴英减刑案，当庭裁定将吴英的死刑，缓期2年执行，剥夺政治权利终身减为无期徒刑，剥夺政治权利终身。

2018年3月23日，浙江省高级人民法院再次依法公开审理罪犯吴英减刑一案，当庭作出裁决，将吴英的刑期由无期徒刑，剥夺政治权利终身减为有期徒刑25年，剥夺政治权利10年。

3. 穷途末路 P2P：撸了谁的口子？

非法吸收公众存款、集资诈骗这类涉众型经济犯罪，近几年又以极为时髦流行的P2P的形式出现，非常突出地爆发于互联网金融领域。这一新型的网络非法集资，披上科技外衣，演变成一场轰轰烈烈的金融运动，并最后成为中国百姓储蓄的"韭菜收割机"。

P2P从"起高楼"到"楼塌了"仅仅只有几年时间。不少专家明确指出，P2P就是当下数字经济的一段弯路，是最为深刻的教训。

P2P是Peer to Peer的简称，发端于英国，原意是指个人对个人的贷款平台。平台只是信息中介，负责信用审核、信息展示及招标，不出资，不设资金池，也不提供担保。

大约在2013年，P2P网贷成为席卷中国的"网红"理财产品。随后1年多的时间，市场上出现了以"网络金融""投资咨询"为名号的P2P公司3000多家。P2P一度成为时髦的科技金融、金融创新、互联网金融的代名词。成千上万的P2P公司，吸引着投资者购买高回报的理财产品，同时也诱惑着草根进行"低息"贷款。

在互联网技术之下，玩家"入坑"P2P非常容易。下载一个App，填写一些诸如姓名、身份证、手机号或者支付宝、微信账号等的信息，就可以购买一个理财产品或者获得一笔现金贷款，审核简单，资金秒到账，还款也方便。而且，看起来利息还不高。当然，只是"看上去"。因为将每天的利息折算，年化利率高达72%都是很正常的。只是那些收入不高、消费刚性，有的还带着"薅羊毛""撸口子"心理的年轻人，不会去算这个账。

当然，正是这种互联网模式为P2P埋下了祸根。银行放贷除非工作人员滥用职权或者玩忽职守，一般都会仔细甄别借款人的资质。可在P2P模式之下，网贷平台几乎是完全授信借款人。无抵押、无担保，只需登记简单个人信息就可以借到款。因为对于平台来说，也只有有人来借，才会有投资人去"投标"。所以，没有"借款人"，也要创造"借款人"，制作"新标的"。至于P2P"借款人"是否还得上，这并不重要，重要的是后续不断有新的投资人进来。

2015年，e租宝因涉嫌经济犯罪被突查，终于揭开了P2P非吸爆雷的序幕。

e租宝诞生于2014年年中，在2015年5月成交量为50亿元，以每天1亿多元的成交量猛烈扩张至700多亿元，员工过万人。在e租宝网站被关的前一秒，还有投资者投了十几万元。其官网显示，e租宝产品预期年化收益率为9%到14.6%，投资门槛为1元，可自由赎回。但后续调查显示，e租宝的集资款除了支付循环利息之外，几乎全部用于实际控制人和高管个人挥霍。

其实，早在e租宝爆雷之前，其突飞猛进之路早已受到业界质疑，因为涉嫌自融自担、虚假标的。但P2P平台长期处于"无门槛、无规则、无监管"的三无状态。

2016年8月，原中国银行业监督管理委员终于制定发布了《网络借贷信息中介机构业务活动管理暂行办法》，明确将P2P定位为信息中介，并规定借款上限、禁止债权转让、强制第三方存管等。对照这个规定，绝大部分P2P平台都应该被清退。

而在此时，P2P已经引发很多社会问题：一方面是平台泡沫、虚假借贷、套路放贷；一方面是借款人在多个平台加杠杆、循环借款、饮鸩止渴。网贷像毒品一样泛滥。因借网贷，女大学生被逼拍裸照做抵押还贷，年轻人因还不起"套路贷"而自杀的新闻层出不穷。

重庆市原市长、第十二届全国人大财经委员会副主任委员黄奇帆曾称，P2P金融实际上是中国传统的农村里以高息揽储的老鼠会、乡里乡亲间的高利贷，在互联网基础上的死灰复燃。P2P通过互联网覆盖到全国，最后造成了网民们彼此之间连面都没见过，就形成了几十亿元、上百亿元金额坏账的局面。

2018年6月，P2P"爆雷"成了常态，受害投资者过万，涉案金额百亿的大案要案不计其数。

2019年10月16日，湖南省地方金融监督管理局在全国率先宣布本省整治名单内的24家网贷机构P2P业务均不符合有关规定，予以取缔。随后更多省份加入全面清退本省P2P的行列。

2020年4月下旬，互联网金融风险专项整治工作领导小组、网络借贷风险专项整治领导小组联合召开会议，截至2020年3月31日，全国实际仍在运营的网络借贷机构139家，比2019年初下降86%；借贷余额下降75%；出借人数下降80%；借款人数下降62%。机构数量、借贷规模及参与人数连续21个月下降。整治工作开展以来，累计已有近5000家机构退出。

在这场昙花一现的幻影中，很多P2P背后都有国有企业、上市公司的影子，有的实力看起来很雄厚。当然，也并非所有P2P非吸的资金被用来挥霍，有的投资有明确去向，比如股权和影视，但终归敌不住"庞氏模式"的最后结局。

进入2020年，曾经被捧为"金融创新"的P2P平台，不是被诉讼、法办，就是作鸟兽散，此地空余"黄鹤楼"。

三、直销之容

谭君：传销是个舶来品，首先源于美国，后由日本传入我国，它究竟是什么东西，请您作一简单的介绍。

贺律川：传销，首先不从法律上定性而单就一种产品（包括保险、期货、债券等服务产品）的经营模式来讲，并不存在对与错的问题。

这一经营模式，在国外就是直销（Direct Selling）。

所谓直销，就是产品生产商、制造商、服务商、进口商通过直销商（即营销人员，可以兼作消费者）在固定场所（店铺、个人住宅、工作场地或其他地方）以外的地方，以面对面的方式，采取讲解、说明、演示、试用等方式而将生产、服务产品直接推销给消费者的产品交易方式，如自动供货机、目录销售、登门销售等。既包括单层直销，又包括多层直销。另外，随着电视、网络等现代信息技术的发展，一些生产商、制造商、进口商通过媒体将产品或者资讯传递给消费者，消费者通过电话、微信、网络等订购，再由快递公司提供快捷优质的送货上门服务、货到付款的经销方式，在国外称之为Direct Marketing，或者具体称为电视购物、网购、邮政贩卖、目录购物等，也属于广义的多层次直销，有的则称为复式直销。

直销，有的认为最初产生于美国20世纪50年代，当时由于贫富差距太大，许多穷人没有改变现状的机会，美国哈佛大学的2个研究生发明了直销业，让穷人从事这种职业，让富人消费商品。很快，许多企业滞胀的产品有了销路，萧条的市场有了生机，同时，许多穷人改变了命运，加入富人行列之中。这种崭新的营销方式很快盛行起来。其实，这里讲的直销乃系多层次直销，多层次直销属于现代商业经营模式的创造。而对于单层次的直销，实际上古已有之。人类一开始将生产的物品作为商品交易时，用的就是"直销"，尽管那时还没有"直销"这一概念。有了店铺商家居中将生产者的产品卖给消费者后，"直销"方式则退居其后，商业不发达的地方，或者商品生产者附近的地方，也可能通过"直销"模式在生产者与消费者之间进行交易。

在今天，直销之所以能够存在，自有其存在的道理。

它，对消费者而言，方便简单。直销者将产品送上门，并进行讲解、说明、演示甚至试用，比起在店铺中更能获得"顾客乃为上帝"的感觉。

它，对于生产者来说，并不会增加成本，只不过将给代理商、销售商的部分利润或者广告费用等转给直销者。代理商、销售商等按照传统模式必须租赁店铺经营，需要耗费大量的人力、物力成本，代价已非常高，生产者除紧俏产品完全具有话语权外，商家往往更有话语权。这样，其将给商家的利益转给直销商获取，可能还会增加自己在产品利益链的分成及话语权。

它，有利于生产者产品的推销。商家经营销售的产品，同类产品都有很多，从而让消费者比较，竞争压力更大。而销售者，一般不会特意推销某种产品，只是守株待兔，产品是否销售出去，处于一种被动状态。为了获得产品的知名度，增加竞争力，生产者有的不得不发布大量的广告，请名人站台等，需要耗费大量财力不说，而且因为广告并无针对性，可能作用并不大。而将这些成本消耗转给直销者，让直销者面对面将产品销售给顾客，则可节省必要的费用，且直销人员大多收入不高，有的是兼职，有的是刚刚进入社会，要求不高，而致富的欲望强烈，通常会主动地为产品进行宣传、推销，尤其是与业绩挂钩，更能激发其主动性及创造力，从而将产品由商家销售的被动等待变成了由直销商销售的主动推销，效果也会更好。

然，凡事有利也有弊，直销者直销产品，上门推销产品，品种自然有限，生产者的产品品牌单一，发展的最终动力肯定要受到限制。特别是核心产品一旦因为消费潮流、偶然的社会性灾难性事件（如地震）等就可能导致整个企业的崩盘。另外，直销人员过多、素质参差不齐，上门推销过程中倘若因为环境触发的歹意如看见单身漂亮女人或者老人，突然起意强奸、抢劫等，有的产品甚至被伪劣商品生产者冒用推销等，在诚信、法治环境还不完善的情况下，也可能给生产者或其产品带来这样或那样的不利影响。直销人员对熟人推销时，有的熟人也厌烦不已，也会对直销业产生这样或那样的影响。

四、传销之恶

谭君：按您所说，传销也好，直销也罢，都是产品销售的一种模式，并在全世界范围内广泛存在。而传入我国后，则经历了从规范到禁止再到区分为传销与直销立法的过程，很曲折。对此，您对传销在我国30年的兴起、异化以及禁而不止的现状有什么看法呢？

贺律川：直销在国外的情况，我不是很清楚，有关资料也很少。可像我国异化成为一种涉及面广、人数众多，形式不断翻新变化，并屡禁不绝且已经演化成为一种愈来愈严重的社会问题的违法犯罪行为，恐怕并不多见。

现有资料表明，直销作为一种销售模式在20世纪80年代末期由日本流入我国。日本一家经营磁性保健床垫的Japan Life公司最先在我国开展传销业务。

直销作为一种产品经营模式，经营的产品若是质量优良且价格适当或者因为直销减少广告费、经销商等的费用商品价格有所下降的话，则本身没有任何问题。但要用之经营伪劣商品或者价格远远超过其价值本身或者完全没有产品纯粹用于骗取他人财物的产品道具的，则自然于法不容，而要打击处理。这样，需要打击的本来不应该是传销这种经营模式本身，而是以传销为载体的经营伪劣商品等的不法行为。可因为"爽安康摇摆机"等产品的传销在内地一开始就与伪劣商品经营等实质的违法犯罪行为联系在一起，涉及人数众多，不少人为此付出巨大代价，妻离子散，家破人亡，故便打上不法行为的烙印，且不易区分，难以查实证据，加上多层次传销的方式如未经过批准绝大多数也与伪劣商品经营、欺骗拐骗等相关。故，国家规定，凡是未经国家批准获取直销许可证以多层次推销方式经营产品的，均以不法的传销行为论处，轻者违法要被给予行政处罚，重者则属犯罪而要被追究刑事责任。

谭君： 传销行为的危害还有哪些方面的体现呢？

贺律川： 传销何以为恶，其基础就在于它的社会危害性。没有社会危害性的行为，自然不存在恶之问题，而无须法律加以禁止。只有具有社会危害性而且具有相当的社会危害性的行为，才能称之为较大之恶而需要法律加以严格规范、禁止。由此说来，传销一定具有较大的社会危害性，甚至具有相当大的危害性，可能构成犯罪需要追究刑事责任。但在谈及其具体危害性之前，我们需要明确传销究竟是个什么东西。这里我们首先只是简单介绍一下其概念，至于传销的内涵、外延及其特征，等下专门加以介绍。

关于传销，原国家工商行政管理局1997年1月10日发布实施的《传销管理办法》第2条规定，是指生产企业不通过店铺销售，而由传销员将本企业产品直接销售给消费者的经营方式，包括多层次传销和单层次传销。多层次传销指生产企业不通过店铺销售，而通过发展两个层次以上的传销员并由传销员将本企业的产品直接销售给消费者的一种经营方式；单层次传销指生产企业不通过店铺销售，而通过发展一个层次的传销员并由传销员将本企业的产品直接销售给消费者的一种经营方式。这种意义上的传销，实际还是把它当作生产企业销售商品的一种经营模式而加以规范，单从商品的经营方式来讲，就是一种直销。此时，对之还不能单从传销的方式看传销一定属于违法。只有借传销经营伪劣商品或者借此骗取钱财者等的行为才属违法犯罪行为，否则还不能以违法犯罪行为论处。

2005年8月23日，国务院同时颁布《禁止传销条例》《直销管理条例》，并分别在同年11月1日、12月1日起施行，各自就传销、直销的行为进行界定。直销规定为"直销企业招募直销员，由直销员在固定营业场所之外直接向最终消费者推销产品的经销方式"，从而与《传销管理办法》规定的传销一致，也就是用直销代替之前的欲进行规范的而未认定为违法犯罪行为予以禁止即仍属合法存在的"传销"。而将传销定义为"组织者或者经营者发展人员，通过对被发展人员以其直接或者间接发展的人员数量或者销售业绩为依据计算和给付报酬，或者要求被发展人员以交纳一定费用为条件取得加入资格等方式牟取非法利益，扰乱经济秩序，影响社会稳定的行为"，认为传销是具有社会危害性的不法行为，需要予以禁止。这样，传销与直销作为不同行为而存在。

具体就之危害性来说，主要体现在：

它，对于实施的组织者、经营者来说，其目的并非在于销售质量合格、价格适度的产品，而是借传销这种销售模式的外壳掩盖其牟取非法利益之实的勾当，为此经营的通常是伪劣商品或者功能、价值远远高于所宣称的价值而以虚高乃至极为虚高的价格销售，有时甚至不经营任何产品，完全以这种方式销售实际并不存在的"虚拟"产品进行诈骗、非法融资，以牟取非法利益，其危害性不用多言。

　　它，被用之经销伪劣商品或者虚拟商品，需要进行虚假宣传、介绍，违背经营诚信基石，尤其是大多数传销者对与自己有着这样或那样关系的亲戚朋友、邻里乡亲、老乡战友等进行欺骗，侵蚀人与人之间的基本信任基础，使整个社会诚信丧失，将这一可怜的信任都通过这种经营手段加以损害甚至摧毁，对于诚信以及法治等信仰的危害，无疑更大。

　　它，采用集中、封闭式的狂热、崇拜式的宣传、洗脑，让他人接受有关传销的理念、制度，有的还通过他人将之拉入传销活动场地，违背其意志进行劝说、教育、灌输；有的则采取限制其活动范围，或者进行非法拘禁，甚至采取迷信、色情、淫秽、帮会乃至邪教等中的方法手段对人身及其精神进行非法控制；有的对被骗参与传销或者发现受骗后不愿参与传销活动的人，采取威胁、恐吓，或者殴打、伤害、猥亵、污辱、强奸、引诱或者强迫吸毒等手段进行控制，致一些人为了脱离魔掌，跳楼逃跑造成伤亡；乃至被伤害致死甚至被故意杀害，或者故意伤害、杀害对自己进行非法控制之人的现象发生；消费者购买伪劣商品或者被骗上当之后，与上线之间发生矛盾纠纷的现象也不时发生。这样，因传销衍生的违法犯罪行为及其社会问题不少，从而给社会带来诸多危害。

　　它，针对社会不特定的群体，借着经销名牌产品的幌子，在地下经营，难以让监督管理机关察觉、识别，等参与传销人员的觉醒，往往已经属于最后阶段，巨量的传销人员最终成为受害者而蒙受损失。此时，传销的主要组织者、领导者往往已经卷款潜逃。在长期的传销过程中，组织者、领导者利用骗取的钱财，常是极度挥霍或者将其转移境外、藏匿他处，涉及范围广，行为次数多等，难以查处，一旦"爆雷"，受害人损失总量巨大，且涉及人众多，从而经常引发上访、聚集等事件发生，危及社会稳定。

　　它，针对社会不特定的群体，利用传销手段将公众的由少成多的巨额资金集中处于金字塔的少数组织者、领导者手中，又有着非法吸收公众存款的因素，使得巨量资金逃离金融机构的监督管理，借个人账户流动，亦逃避税收机关的监督管理，会给金融秩序、税收监督管理秩序造成一定甚至严重危害。

它，一般将目标群体重点放在收入较低的人群，没有工作或者退休老人参与传销遭受损失后，对其生计等都有着巨大的影响；让工人、农民、学生以及基层单位的教师、干部乃至军人等兼职参与传销，又会给有关人员的正常工作带来影响。

它，促使一些人幻想一时暴富却不想通过辛勤的劳动致富，而是通过不劳而获、不诚实、不遵守法度等的不法途径寻找捷径致富，不利于诚实信用、遵守法纪等法治观念的形成，却更能促使蔑视法律、不讲信用等不良观念传染、泛滥，通过不法手段加速财富的不公平分配、积累……

是以，国务院1998年4月18日发布的《关于禁止传销经营活动的通知》明确指出，传销作为一种经营方式，由于其具有组织上的封闭性、交易上的隐蔽性、传销人员的分散性等特点，加之目前我国市场发育程度低，管理手段比较落后，群众消费心理尚不成熟，不法分子利用传销进行邪教、帮会和迷信、流氓等活动，严重背离精神文明建设的要求，影响我国社会稳定；利用传销吸收党政机关干部、现役军人、全日制在校学生等参与经商，严重破坏正常的工作和教学秩序；利用传销进行价格欺诈、骗取钱财，推销假冒伪劣商品、走私产品，牟取暴利，偷逃税收，严重损害消费者的利益，干扰正常的经济秩序，不符合我国现阶段国情，已造成严重危害。因此，对传销经营活动必须坚决予以禁止。

五、传销与直销

谭君：权健自然和华林酸碱事件，有一个共同点，都是拿到直销牌照的企业，实质上是一家传销公司。这种打擦边球的现象，比较突出，合法的外衣，违法的行为。如何区分直销与传销？或者说如何区分合法与非法？传销的罪与非罪的界限在哪里？

贺律川：权健自然和华林酸碱作为经依法批准对之产品进行直销的企业，干的却是传销勾当，那就不是打擦边球的问题，而是以合法直销为幌子而实际进行传销违法犯罪的问题。至于如何对合法的直销与非法的传销行为进行区分，要回答这一问题，需结合传销行为的特征进行分析。

如前所述，作为行政违法行为的传销，根据《禁止传销条例》第2条对之的界定，具有以下主要特征，并由此构成与合法直销行为的主要区别：

从主体上看，是否具有依法经过批准取得的《直销经营许可证》，即是否具有直销资格，乃是传销与直销法定的形式不同。

传销行为无论是其组织者、领导者还是一般的传销人员都会成立或者假冒某一公司并以之为依托，生产并以"直销"的方式经营某种产品，但该公司不具备"直销企业"的条件，也没有申请依法经过省级或者国家市场监督管理机关批准《直销经营许可证》；没有在国务院商务主管部门和国务院工商行政管理部门共同指定的银行开设专门账户，并存入所要求的保证金；平时的经营活动都处于"地下"或者打着其他旗号进行，以规避市场监督管理部门的监督管理。

而直销企业，根据《直销管理条例》规定，应当具有诸如"投资者具有良好的商业信誉，在提出申请前连续5年没有重大违法经营记录；外国投资者还应当有3年以上在中国境外从事直销活动的经验""实缴注册资本不低于人民币8000万元""依照本条例规定在指定银行足额缴纳了保证金""依照规定建立了信息报备和披露制度"；通过向所在地省、自治区、直辖市商务主管部门向国务院商务主管部门提出申请，经征求国务院工商行政管理部门的意见后批准，获得《直销经营许可证》，并在国务院商务主管部门和国务院工商行政管理部门共同指定的银行开设专门账户，存入所要求的保证金，即在直销企业设立时为2000万元；直销企业运营后，保证金应当按月进行调整，其数额应当保持在直销企业上1个月直销产品销售收入15%的水平，但最高不超过1亿元，最低不少于2000万元。保证金的日常监督管理工作由国务院商务主管部门和国务院工商行政管理部门共同负责；其生产经营活动随时接受市场监督管理部门的监督管理。

就具体实施行为的推销人员来说，取得推销资格的条件不同。如，传销员没有什么条件要求，既可以是没有稳定职业的人员，或者在校学生、退休的人员，也可以是有稳定职业的工人、老师、干部、军人；有的是自愿加入，有的则是被先参与传销组织的亲戚朋友、邻里乡亲等熟人骗到传销组织的场所等采取非法拘禁、威胁、恐吓等方式逼迫参与。无论是自愿加入还是被逼加入，传销组织及前面的传销人员都会大肆宣扬传销人员可以获得的报酬，并且以最高可以获得的报酬作诱饵，却故意隐瞒获得最高报酬的条件；以获得高报酬者（或者故意安排"做托"者）发表感言，举行大会颁发奖励、发放提成报酬等各种方式宣扬传销人员可以获得理想的报酬，乃是传销组织经常所做的最为主要的事情，以引诱他人源源不断地参与传销活动；成为传销员必须通过购买产品或者缴纳一定费用等获得资格，如此，传销人员首先是消费者然后才是传销员；没有劳动合同等一说，不会给传销人员购买劳动保险等；要求传销人员再发展下线传销人员，并按之直接或者间接发展的人员数量或者销售业绩为依据作为计算报酬的唯一或者主要标准。

而实行直销行为的直销员，必须由直销企业及其分支机构招募，并签订推销合同；无论是招募者还是被招募者，都平等且完全自愿；直销员必须接受业务培训并在考试合格后获得直销员证；直销企业不得发布宣传直销员销售报酬的广告，不得以缴纳费用或者购买商品作为成为直销员的条件，直销员与直销企业之间形成了劳动关系，销售者不以先消费直销企业的产品为前提。直销企业支付给直销员的报酬只能按照直销员本人直接向消费者销售产品的收入计算，报酬总额（包括佣金、奖金、各种形式的奖励以及其他经济利益等）不得超过直销员本人直接向消费者销售产品收入的30%，并且至少应当按月支付；直销员的直销行为，除能够证明直销员的直销行为与直销企业无关的外，由直销企业对其承担连带责任。"未满18周岁的人员""无民事行为能力或者限制民事行为能力的人员""全日制在校学生""教师、医务人员、公务员和现役军人""直销企业的正式员工""境外人员""法律、行政法规规定不得从事兼职的人员"等不得被招募为直销员。

最能体现传销员与直销员不同的，主要在于两个方面：一是推销员成为推销者的条件不同，具体是否需要通过购买推销产品或者以加盟费、押金、保证金等各种名义缴纳一定费用而获得推销资格，如果需要则为传销；如果不需要，则就不是传销；二是推销人员的计酬标准不同。具体看推销人员的计酬是否将他引荐发展下线的数量，或者发展的下线所推销的业绩作为根据。如果要以发展下线的数量或者下线推销的业绩作为报酬计算的标准，一般就是传销，否则通常就是直销。

从主观上看，传销具有牟取非法利益的意图。而直销则是通过经营商品而获取必要的利润，即使利润过高，也不是基于直销经营这一模式形成，而是违反《价格法》等有关规定构成相应的违法行为。

从客观行为看，传销基于牟取非法利益的主观意图，则应采取诸如法律、法规禁止的行为，如对推销产品的功能、价值、市场状况等进行夸大、虚假、欺骗性宣传；对同类其他产品进行诋毁；由于行为本身违法甚至构成犯罪，通常是暗中进行或者以其他活动为幌子以掩盖之行为的实质；行为的对象，要么为假冒伪劣商品、三无产品、产品的价值远远低于其所宣称的价值而价格虚高乃至极为虚高的产品，甚至为本不存在的虚拟商品。所以，通常没有完善的换货和退货制度；没有符合国家有关部门规定完备的信息报备和披露制度；行为的后果，最后绝大多数的传销者成为实际消费者，遭受巨大损失，等等。

而直销行为，属于合法直销企业及其直销员采用直销方法经销直销产品的行为，由直销员按照一定的程序及要求进行，如出示直销员证和推销合同；未经消费者同意，不得进入消费者住所强行推销产品，消费者要求其停止推销活动的，应当立即停止，并离开消费者住所；成交前，向消费者详细介绍本企业的退货制度；成交后，向消费者提供发票和由直销企业出具的含有退货制度、直销企业当地服务网点地址和电话号码等内容的售货凭证；行为对象为依法生产的直销产品，产品上应当标明产品价格，该价格与服务网点展示的产品价格应当一致；对于产品具有完善的换货和退货制度，并具有符合国务院商务主管、市场监督管理部门规定的信息报备和披露制度等。

从行为的危害性来讲，传销行为具有骗取他人钱财、牟取不法利益等不法目的，在实施的过程中通常伴随着坑蒙拐骗、非法拘禁等其他违法犯罪行为；吸收巨量社会资金逃避金融监督管理等各种各样的危害行为，从而破坏市场经济秩序，干扰市场经营等的正常活动，侵犯公民人身权利、财产权利，严重者还会因为受害人众多影响乃至危害社会稳定，查处行为因涉及人数多、范围广、次数多、查证难等原因而要耗费大量的司法资源等。

而直销行为经营依法生产的质量合格、价格适度的产品，对于改善人们的生活、方便顾客，增加就业等方面都是有益的，一般不会存在所谓的社会危害性的问题。

从行为的法律性质上来讲，前者即传销行为乃为非法甚至犯罪行为，需要依法就传销这一行为承担相应的法律责任；而直销行为，一般为合法行为，本身不会因该行为本身而要追究什么法律责任。

当然，这不是说，所有的直销行为就一定是合法行为。直销企业在实施直销行为销售其合格产品的过程中，要是违反《直销管理条例》的有关规定，如对直销员采取传销方式的计酬标准，亦属违法行为，但这是直销行为中的违法行为，而不能仅仅因为其对直销员借用了传销中的计酬标准，就认为属于国家明令禁止的传销行为。另外，如果借直销之名销售伪劣商品，或者借直销为名行传销之实而推销伪劣商品违法犯罪的，则应依法承担相应的法律责任。可这种法律责任并非因为直销行为而致，而是其经营伪劣商品以及行为构成传销而致其行为的性质发生质的变化所致。

谭君： 上面您对传销行为与直销行为的区别在法律上作了详尽的解读。但在现实生活中，一个没有学习过法律的人，不可能根据它们的上述区别加以判断。那么，是否有一个简单的标准，可以将两者加以区分呢？

贺律川： 确实，上面是从静态上对传销与直销的区别进行了介绍。在现实生活中，判断某一行为是直销行为还是传销行为，可以从两个方面加以判断：

作为消费者，购买推销的产品，注意查看直销员是否具有直销企业颁发的《直销员证》；产品的生产、经销企业是否具有国家商务主管部门颁发的《直销经营许可证》，所经销的产品是否属于直销产品。三者都可以通过商务部直销管理系统网站——商务部直销行业管理信息系统进行查询。不要太相信有关证件，因为现在伪造一个证件太容易了，既然他敢以传销方式经销伪劣商品，就敢伪造有关证件说是直销以掩盖传销实质。至于所伪造的证件，一般人是很难看得出来的。因此，上网查询是非常必要的。当然，传销者冒充直销企业的直销员推销产品，即使通过网上查询也没有办法识别。这里就需要看产品包装是否具有符合法律规定的说明书等各方面加以判断了。倘若产品为三无产品，十有八九，该产品不是直销产品，相应的行为就不可能是直销，而是传销。

对于他人以直销名义推荐加入直销企业而成为直销员，实际是引诱参与传销的判断，如果对于参与产品的经销，不需要任何条件，则肯定是传销；因为直销必须是专职的，乃是直销企业的员工，要签订劳动合同、购买社会保险等，而传销组织则不可能提供这些。最为关键的，是直销员作为公司的员工，薪酬是有限制的，以他自己的推销业绩作为报酬的计算标准；他人即使由推荐人推荐介绍进入直销企业，所推销的产品业绩也与推荐人无关，不会因为推荐人引荐他人进入直销企业就将他人的业绩可以作为推荐人的报酬计算标准。另外，直销员进入直销企业，不需要购买直销企业产品或者向直销企业缴纳一定费用作为进入直销企业的条件。为此，凡是必须通过购买产品或者缴纳一定费用等获得资格的，基本上就是传销；其报酬的标准不仅以他本人推销的产品数量等业绩作为标准，而且还以其引荐发展的下线（包括下线的下线等规定的几级下线）数量作为其计酬标准，或者还以下线所推销产品的业绩作为其计酬标准的，几乎也属于传销。上述三种情况，并不要求同时成立，只要属于其中之一的就可认定为传销。换言之，要求先投入才能获得推销资格，或者其报酬的标准与之发展下线的数量或发展下线的推销产品的业绩相联系，基本上就是传销，而非直销。

还有，传销因为非法，不敢公开，常常会很神秘；传销的产品为伪劣商品或者虚拟商品，从而没有正常的生产场地，活动常常在宾馆、酒店进行；为了让众多的人参与传销，上当受骗，通常会大肆宣扬传销人员可以通过引人进入获得让人为之疯狂的报酬和希望，并通过成功者作示范；不惜耗费巨资召开千人大会、万人大会，以衬托、宣传传销的成功；熟人不厌其烦推销产品的功能、作用，传销人员经常甚至长期居住在一起；传销人员建立微信群，领导者发表宣言、进行问候，经常体现出单位对员工的过度关心，等等，也常常构成传销行为的外在表现，遇到此种情况，应当加以防范。

谭君： 您所讲的传销与直销的区分识别方法，并没有直接涉及多层次销售与单层次销售的区别。这两者对于区分传销与直销有什么意义吗？

贺律川： 从法律规定上讲，两者区分还是具有一定意义的。

单层次销售，乃是指推销人员的报酬只与自己推销产品的业绩有关，而与他发展的推销人员即下线推销的业绩无关，即在标准上采取的是单式计酬规则。

多层次销售则指推销人员的报酬与他发展的下线推销人员的业绩相关。后者可以形成层次性的金字塔结构。处于上层金字塔的人员，对其发展的下线以及下线发展的下线的推销业绩，在规定的几级范围内，都可以抽取一定的比例，也就是计酬标准采取复式计酬规则，也称团队计酬规则。还有一种报酬就是年终分红或者按照其发展下线的团队业绩，以及整个企业的情况进行各种奖励等。

从《直销管理条例》对直销乃是"直销企业招募直销员，由直销员在固定营业场所之外直接向最终消费者推销产品的经销方式"的定义看，与世界直销协会联盟关于"直销是指在固定零售店铺以外的地方（例如个人住所、工作地点或者其他场所），由独立的营销人员以面对面的方式，通过讲解和示范方式将产品和服务直接介绍给消费者，进行消费品的行销"的定义，两者并没有实质区别。如前所述，国外的多层次直销的公司早在2009年就已经达到97%。这一直销的定义，也与我国2001年加入WTO时作出的承诺"以商业方式存在提供的无固定地点批发或者零售服务在入世3年后逐步取消限制"相一致。因此，从定义上看，直销既包括单层次的销售，又包括多层次的销售。

值得注意的是，传销、直销中的单层次销售与多层次销售的区分标准，是以推销人员与最终消费者、发展下线双重关系进行界定的。凡是由推销员直接将产品销售给消费者，且其报酬与发展的下线数量或者销售业绩没有关联的就属于单层次销售；推销不完全是自己直接将产品销售给消费者，而是发展下线销售给消费者，且推销员的报酬与发展下线的数量或者销售业绩相关联，则就属于多层次销售。计算层次时，要将推销员本身计算在内：推销员为第1层，所发展的下线为第2层，直接发展的下线再直接发展的下线为第3层，依此类推。有的认为，一些传销组织为了规避法律，只让推销员发展一级下线，只以这一级下线的数量或销售业绩作为上级发展者的报酬计算标准，认为这只属于单层次销售，由于这里的下线实际并不属于最终消费者，购买上线所推销的产品并不是为了消费，而是为了取得推销资格，从而属于发展下线行为。下线为了取得推销资格，所购买的产品不能视为上线推销给消费者的产品，据此计酬并不是根据自己的推销业绩为标准，而是根据发展下线人数的数量为标准，依旧属于"拉人头"的传销行为。还有，这种情况下，上线虽然只按直接下一级的下线数量作为计酬标准，还会通过其他方式如年底分红，推销员与下线、下线发展的下线等构成一个团队，当整个团队的业绩达到一定数量时则另外给予奖励。这样，推销员的报酬也并不只是只与自己直接发展的下线相关，而是与直接发展的下线再直接发展的下线相关，实际还是形成了利益分配的金字塔结构，故仍属于传销，只不过是为了规避法律而产生的变种。

但是，《直销管理条例》第24条规定："……直销企业支付给直销员的报酬只能按照直销员本人直接向消费者销售产品的收入计算，报酬总额（包括佣金、奖金、各种形式的奖励以及其他经济利益等）不得超过直销员本人直接向消费者销售产品收入的30%。"也就是，直销的计酬不能突破复式计酬也称团队计酬的限制，并且在计酬上设置了不得超过产品收入30%的上限。这样，实际上又是将直销限定在单层次传销的范围内。如果实际团队计酬，进行多层次传销直销产品的，根据《直销管理条例》第49条关于"直销企业违反本条例第二十四条和第二十五条规定的，由工商行政管理部门责令改正，处五万元以上三十万元以下的罚款；情节严重的，处三十万元以上五十万元以下的罚款，由工商行政管理部门吊销有违法经营行为的直销企业分支机构的营业执照直至由国务院商务主管部门吊销直销企业的直销经营许可证"的规定，属于违法行为，应当给予行政罚款或者吊销直销经营许可证的处罚，然而并没有将这种采取多层次传销质量合格、价格适度的直销产品的行为，界定为必须予以禁止的"传销"行为。因为，要是认定为"传销"行为，则就应当根据《禁止传销条例》第24条关于"有本条例第七条规定的行为，组织策划传销的，由工商行政管理部门没收非法财物，没收违法所得，处五十万元以上二百万元以下的罚款；构成犯罪的，依法追究刑事责任。有本条例第七条规定的行为，介绍、诱骗、胁迫他人参加传销的，由工商行政管理部门责令停止违法行为，没收非法财物，没收违法所得，处十万元以上五十万元以下的罚款；构成犯罪的，依法追究刑事责任。有本条例第七条规定的行为，参加传销的，由工商行政管理部门责令停止违法行为，可以处二千元以下的罚款"的规定处罚。

综上，《直销管理条例》虽然将直销企业中的多层次销售直销产品的行为界定为不法，但还是在承认它为直销行为的前提下，再对这种违法行为规定了不同于对传销行为的处罚，最严重者是吊销直销经营执照，而未将之作为禁止的，一旦认定必须加以取缔，情节严重的还可以构成犯罪的传销行为加以认定，对直销中的多层次销售行为体现出了一定的包容性，而与我国加入WTO时作出的承诺相对应。同时，也基于我国诚信环境、法治环境还不完善，一些直销企业及其主要人员还可能借多层次销售经营伪劣商品，骗取他人财物牟取非法利益，从而使得经营合格直销产品的直销行为完全异化变质成为传销行为，若承认所有直销中的多层次销售行为都为直销，完全不能按传销行为论处，就会给借直销为名行传销之实的所谓"直销企业"留下可钻的漏洞。所以，对直销企业中的多层次销售行为，究竟是直销还是传销，不能仅以形式判断，而应以推销的产品等为根据：倘若推销的产品为直销企业生产的合格直销产品，乃应属于直销行为，虽然不法，按照法规承担相应的行政责任即可。并在实践中，只要未造成严重后果，则予以包容，事实上则加默许。这样，现在90余家直销企业实际都存在着不同程度的多层次销售的行为；但对于打着直销的幌子用以生产经营伪劣商品甚至虚拟商品，骗取他人财物，牟取非法利益的，则以传销行为论处而加以取缔，构成犯罪的，还应以组织、领导传销活动罪追究有关单位及其直接责任人员的刑事责任。

六、单层次销售与多层次传销

谭君： 如此说来，直销与传销确实非常复杂。下面，您能否从对多层次推销产品的行为在什么情况下属于传销，在什么情况下又属于直销，作一全面的归纳总结？

贺律川： 将直销与传销的概念、特征及其区别分析后，将多层次推销产品的行为在传销、直销中进行归类，已不再属于复杂的问题。不过，通过归纳分类，则利于两者区别的把握与进一步深化：

①经过批准取得《直销经营许可证》多层次销售质量合格、价格适度的直销产品，并非牟取非法利益的，如前所述，仍属直销，但为直销中的违法行为。

②经过批准取得《直销经营许可证》多层次销售伪劣商品、虚拟商品等牟取非法利益的，则属于传销。我们知道，这里进行的多层次销售，本质上自然要求属于一种正常的直销产品交易。要是超出交易的范畴，即用之兜售没有什么价值的伪劣商品或者完全属于虚拟商品的，或者产品的价值与价格严重脱离，经销者获得的利益远远高于商品本身的利润，具有牟取非法利益意图的，就属于传销。构成犯罪的，可能构成组织、领导传销活动罪，生产、销售伪劣产品罪，生产、销售假药罪，销售假冒注册商标的商品罪等。同时触犯多个罪名构成多罪的，因为行为本身就是一个，应当择一重罪从重处罚。

③没有经过批准取得《直销经营许可证》多层次销售产品，产品属于伪劣或者虚拟商品的，固然属于传销。销售的产品质量即使符合生产者、销售者所声称的要求，价格也适度的，还是属于传销，需要取缔。基于没有经过批准取得《直销经营许可证》的多层次推销，几乎都是推销伪劣商品甚至完全就是并不存在的虚拟商品，以骗取财物牟取非法利益。而这种行为涉及面广，受害人众多，加上传销过程中衍生出来的非法拘禁、伤害甚至杀人等违法犯罪行为；销售体系崩盘受害人损失巨大，严重影响甚至危及社会稳定，且查处起来由于范围广、人数多、分散封闭等原因，困难重重，耗费很大，为此便采取一刀切，将所有未经批准取得《直销经营许可证》的多层次销售行为均认定需要禁止的传销违法行为。这正如，生产、销售假药、劣药，生产、销售的药品即使对病人有效，然没有经过批准而生产、销售，或者销售超过有效期限的药品而这药品实际没有失去疗效，都一律推定为生产、销售假药、劣药罪。因为，生产、销售的药品是否

符合要求，过期的药品是否失去效用，乃是一个实体问题，很难判断。既然规定了有效期限，不遵守，就推定为销售劣药，判断识别乃非常简单。在一些难以判断识别行为的真假，而绝大多数行为都与牟取非法利益相关，又涉及众多人利益，出事危害性极大，甚至影响社会稳定等诸多负面因素时，对之采取一刀切的禁止否定的做法，确实有其必要性。不过，要注意的是，那些未经批准采取多层次销售正规商品的行为，虽然构成不法的传销行为，但不能构成传销犯罪行为。

谭君：上面讲了多层次销售的情况。那么，单层次销售的行为，是否一律合法呢？

贺律川：单层次销售，也不能简单地以合法或者非法论，具体还是要视实际情况进行具体分析：

①未经批准取得《直销经营许可证》单层次销售质量合格、价格适度的商品，且推销员不以缴纳任何费用而取得销售资格为前提条件的，属于违法的直销行为，应当根据《直销管理条例》第39条关于"违反本条例第九条和第十条规定，未经批准从事直销活动的，由工商行政管理部门责令改正，没收直销产品和违法销售收入，处五万元以上三十万元以下的罚款；情节严重的，处三十万元以上五十万元以下的罚款，并依法予以取缔；构成犯罪的，依法追究刑事责任"的规定，予以罚款或依法取缔。但这种违法的直销行为，因为销售的产品为正常的产品，不会构成犯罪。

②未经批准取得《直销经营许可证》单层次销售伪劣商品或者虚拟商品，牟取非法利益的，且推销员不以缴纳任何费用而取得销售资格为前提条件的，则同时属于违法的直销，生产、销售伪劣商品等违法行为，需要择重给予行政处罚；构成犯罪的，则应根据情况以生产、销售伪劣商品罪，销售假冒注册商标的商品罪等定性处罚。因为，组织、领导传销活动犯罪惩治的乃是多层次传销行为，而上述行为尚未构成组织、领导传销活动罪。

③未经批准取得《直销经营许可证》单层次销售产品，推销员需要以诸如支付加盟费、购买产品费、保证金、抵押款等各种各样的名义才能取得推销资格的，均属于需要禁止的传销行为。这时，应当根据《禁止传销条例》第24条的规定依法给予行政处罚。

需要注意的是，这种单层次销售产品的传销行为，对象若为伪劣商品或者虚拟商品，则可能构成有关犯罪，如生产、销售伪劣产品罪，生产、销售假药罪，销售假冒注册商标的商品罪等，需要依法追究有关刑事责任。

不过，这种行为虽然属于传销违法行为，但不构成组织、领导传销活动罪。因为，构成组织、领导传销活动罪，需要同时满足缴纳费用取得推销资格，并采取对推销人员与之所发展的下线人数或销售业绩相联系的复式计酬，而单层次传销不对推销人员进行复式计酬，故不能构成组织、领导传销活动罪，经销伪劣商品构成犯罪的，则构成生产、销售伪劣商品罪等犯罪。

④经过批准取得《直销经营许可证》单层次销售产品，除推销的产品为伪劣商品或者虚拟商品或者《直销管理条例》等有关规定外，乃属合法行为。要是销售伪劣商品或者虚拟商品，可能构成犯罪，但不会构成组织、领导传销活动罪，而是构成生产、销售伪劣产品罪，销售假冒注册商标的商品罪等有关犯罪。

七、传销与传销犯罪

谭君：上面的问题中提到了传销、直销活动中的犯罪问题。那么，传销行为与有关传销犯罪行为之间又有什么界限，又如何进行区分呢？

贺律川：传销中的犯罪行为，先要说明的是，并不是总单一的，即一定只构成组织、领导传销活动罪。传销企业所生产、销售若为自己生产又没有冒充他人注册商标等的质量合格、价格适度的正常产品，除生产、销售国家禁止或者限制生产、销售的产品，前者如枪支、爆炸物、毒品、淫秽物品，后者如烟草，构成有关犯罪如非法制造、买卖枪支、爆炸物，制造毒品，制作、贩卖淫秽物品，非法经营等犯罪外，一般则不会构成犯罪；质量合格但夸大功能，价格畸高牟取非法利益，情节严重构成犯罪的，则构成组织、领导传销活动罪。传销的产品若为伪劣商品，则往往还会触犯诸如生产、销售伪劣产品罪，生产、销售假药罪，销售假冒注册商标的商品罪等犯罪。同时构成多种犯罪的，则择一重罪从重定罪处罚。下面，则就传销行为与直接由传销演变而来的组织、领导传销活动罪的界限和区别，作一介绍。

应当指出，对于传销行为，刑法没有规定为犯罪。鉴于传销活动盛行，涉及人众多，以此骗取财物的数额往往巨大，给社会带来了不稳定因素等各方面的严重危害，在国务院明文禁止取缔之后，最高人民法院2001年3月29日通过、同年4月18日起施行的《关于情节严重的传销或者变相传销行为如何定性问题的批复》（法释〔2001〕11号）明确指出，对于1998年4月18日国务院《关于禁止传销经营活动的通知》发布以后，仍然从事传销或者变相传销活动，扰乱市场秩序，情节严重的，应当依照《刑法》第225条第4项的规定，以非法经营罪定罪处罚。实施上述犯罪，同时构成刑法规定的其他犯罪的，依照处罚较重的规定定罪处罚。

直到2009年2月28日，全国人大常委会通过的《刑法修正案（七）》第4条才增设组织、领导传销活动罪。刑法据此修正的第224条之一规定："组织、领导以推销商品、提供服务等经营活动为名，要求参加者以缴纳费用或者购买商品、服务等方式获得加入资格，并按照一定顺序组成层级，直接或者间接以发展人员的数量作为计酬或者返利依据，引诱、胁迫参加者继续发展他人参加，骗取财物，扰乱经济社会秩序的传销活动的，五年以下有期徒刑或者拘役，并处罚金；情节严重的，五年以上有期徒刑，并处罚金。"

比较《禁止传销条例》第7条规定，传销行为包括3种情形：（1）组织者或者经营者通过发展人员，要求被发展人员发展其他人员加入，对发展的人员以其直接或者间接滚动发展的人员数量为依据计算和给付报酬（包括物质奖励和其他经济利益），牟取非法利益的；（2）组织者或者经营者通过发展人员，要求被发展人员交纳费用或者以认购商品等方式变相交纳费用，取得加入或者发展其他人员加入的资格，牟取非法利益的；（3）组织者或者经营者通过发展人员，要求被发展人员发展其他人员加入，形成上下线关系，并以下线的销售业绩为依据计算和给付上线报酬，牟取非法利益的。上述3种情形属于并列情形，只要具备其一的，即属传销。不难看出，刑法中的传销犯罪行为，比传销的一般违法行为的规范，要严格得多：

从主体上看，传销违法行为，任何达到责任年龄、具有责任能力的人都可以构成；但组织、领导传销活动罪，则除达到刑事责任年龄、具有刑事责任能力外，还必须是传销活动的组织者、领导者才能构成。非组织者、领导者的参与传销活动者，虽属非法，但不构成犯罪。

从主观意图看，两者虽然都有牟取非法利益的意图，然传销犯罪行为的意图更进一步，要求具有骗取财物而具有非法占有目的意图，行为实际已经具备诈骗行为的性质；而传销违法行为，则只要属于让人缴纳费用获取传销产品的资格或者未经批准取得《直销经营许可证》进行多层次传销，即使所销售的产品为公司正规生产的质量合格的商品、价格适当的产品，也属于传销，以此谋取的利益也因传销行为本身违法而属不法利益。这种不法利益，与传销犯罪活动通过骗取，如经销伪劣商品或者虚拟产品，或者价格与产品价值相差甚远，价格远远超过产品应有的价值，已经超过社会所容忍的范围，又不是因为稀缺而完全因市场需求量极大所致，以从推销的对象上谋取巨大的不法利益，两者的程度有着明显的区别。

从客观行为看，传销行为只是从行为的外在表现形式提出要求，而对涉及的对象、后果等情节未作要求，只要属于要求传销人员参与传销前缴纳一定费用（包括投资、购买经销产品等各种各样的名义），或者直销行为中实行团队计酬，即推销人员以其发展下线的数量，或者以其发展的下线的推销业绩为标准，就属于传销。且缴费取得传销资格的行为和传销人员采取团队计酬的行为，两者之间为并列关系，相互独立，只要实施其中之一，都可构成传销。

可对组织、领导传销犯罪活动的行为来说，则不仅从外在形式提出要求，而且从行为的实质、行为的对象、后果等情节方面都提出了要求，这些要求必须同时满足，缺少一项则因不符合传销犯罪的客观要件从而不能构成犯罪。具体来说，传销犯罪行为在客观方面必须同时满足下列条件，缺少其一，依然不能构成传销犯罪。

①从行为的外在形式看，传销犯罪行为不仅要求传销人员先通过缴纳一定费用取得传销资格，而且要求传销人员采取团队计酬，即按之发展下线的数量或者发展下线的销售业绩作为报酬的计算标准。这样，缴费取得传销资格的行为和传销人员采取团队计酬的行为，两者之间为递进关系，要求必须同时成立，连成一体才能构成传销犯罪的客观行为，而非并列关系、相互独立，具备其中之一尽管可以构成传销违法行为却不能构成传销犯罪行为。

另外，从传销人员及其层次性上，传销人员构成违法没有发展人员及其层次的要求，只要要求参加人员缴纳费用获得传销资格，就可构成；而传销犯罪行为，司法解释规定需要构成组织者、领导者的组织内部参与传销活动人员在30人以上且层级在3级以上，才能构成。

②从行为的内在实质来看，传销犯罪行为乃是以推销商品、提供服务等经营活动

为名，引诱、胁迫参加者继续发展他人参加，骗取财物。也就是，推销商品、提供服务乃是幌子，并非为了推销商品。若是为了推销商品，通常不会存在骗取财物的问题。正因为其目的不是推销商品获取其正当的利益，而是为了骗取财物，或者推销完全不存在的虚拟商品，或者高价推销价值低廉的伪劣商品，或者假冒他人生产、商标的商品等牟取巨额非法利益。

③从情节上看，传销行为在客观后果上要达到扰乱经济社会秩序的程度。虽然外在形式上与内在实质上都符合要求的传销行为，然在客观后果上没有达到扰乱经济社会秩序的程度，仍旧不能以犯罪论处。是否扰乱经济社会秩序，主要是看经销伪劣商品的性质、数量、受害人数，骗取财物的数量等。一般情况下，传销行为必须引起了较为严重的后果，受害人众多，才能告发。所以，一旦案发，认定这一后果通常不存在问题。但从人数与层次上看，整个组织内部参与传销活动的人员应在30人以上且层级在3级以上。若是没有达到这一要求，实际上也很难认定对社会经济秩序造成了扰乱的程度。整个传销组织因为人数没有达到30人且层次未达到3级以上的传销行为，并非一定不能构成犯罪。如通过传销推销伪劣假药、劣药、保健品等，消费者食用后因之受到伤害甚至死亡的，虽不能构成组织、领导传销活动罪，但不排除构成生产、销售假药罪，生产、销售劣药罪，生产、销售不符合安全标准的食品罪，生产、销售有毒、有害食品罪等。

从行为对象及对经济社会秩序等造成的侵害来看，传销行为的对象既可以是质量安全、价格适度的正规商品，也可以是伪劣商品，还可以是虚拟产品；传销犯罪中一般对商品进行夸大功能的虚假宣传，这是骗取财物的手段。这样，从对经济社会秩序侵害的程度以及行为的社会危害性来看，传销犯罪的危害要远大于传销违法行为。只有这样，才能达到需要刑法予以规制、需要刑罚予以惩治的程度而才以犯罪论处。

八、传销之滥

谭君：从上面谈到的来看，传销尤其是传销犯罪具有极大的社会危害，已经查处的案件，受害人众多，损失往往惨重，相关事件在现实生活中经常发生，而且自20世纪

90年代以来，历经30多年，人们为何不会从中吸取教训，远离传销行为呢？

贺律川：某种传销行为被查处时，后果往往已经很严重。这种严重的后果，乃是最后的结果。您如果说，面对这样严重后果的传销行为，为什么有的人就会去传销。而这些被查处的传销案件中的受害人则会说，你这是事后诸葛亮。在事前，谁会知道这是传销呢？即使认为是传销，谁知道这些组织者、领导者昧着良心经销的是伪劣商品或者虚拟产品，以用来骗人呢？他参与传销由亲朋好友推荐，谁会想到他们也会骗人呢？有的参与传销，并非自愿，而是因受到威胁，并非都是受到利益引诱！参与传销后发现是推销伪劣商品等骗人害人后，自己的损失等怎么办？如此等等，人不参与其中，身临其境，是很难理解决意参与传销人员的复杂心理状态及其决意过程的。这样，要说为什么会有这么多人迷信并参与传销，乃是既关系到经济又关系到社会还关系人的心理等许多方面的问题，很难几句话或者从哪些方面就可以说清楚的。尽管如此，下面还是试着进行有关方面的分析，努力找出一些带有共性的因素来。

从传销的产品来看，容易使人认为难以亏本，从而放松警惕。因为推销的产品都是人们日常生活经常需要，有的消费量还很大的产品。这样，对消费者而言，这些产品的技术含量并不高，质量一般都会有保证，因为质量导致恶性事故的现象乃越来越少，尤其有人演示示范，让人感到没有质量问题的同时，还因上门服务方便快捷，加之推销的产品通常也不是什么贵重产品，于是有着容易接受的预期。特别是遇到亲戚朋友、邻里乡亲等推销，又不存在多大问题时，从支持的角度也会接受。有的不厌其烦地进行推销，一些人也可能出于面子加以接受。有的则是推销的名牌产品价格更低，也能够解释过去，很多人尤其是家庭妇女很容易接受商家的各种名目的打折等服务，重复购买的现象也很多，无非就是图个有便宜可赚。另外，在一般人看来，向亲戚朋友等熟人推销起来容易接受，如化妆品、个人卫生用品、生活用清洁用品、保健食品、保健器材、小型厨具、家用电器等，在20世纪，几千元可能是很大的数额，可随着经济的发展，人们的收入水平已大大提高，在参与人员看来，凭借自己的努力推销出几份，问题不大。即使没有产品，自己购买一份虚拟产品，推荐两三人加入，便可通过直接的提成回本，从而也不存在亏本的问题。这样，一层一层下去，人就越来越多。

从案发被查处的情况看，因为案发的可能性不大而使人存在侥幸。

①对消费者来说，所购买的产品，价款一般不高，数千元或者万把元。只要不是

有毒有害产品，或者造成恶性事故，如假冒伪劣家用电器的爆炸、电路障碍等引起火灾，购买者即使发现质量不达标，也基于熟人推荐等原因而不会作声。案发的传销案件，通常是产品确实存在质量问题，造成大量消费者投诉，且又不能妥善解决等，若不存在这些情况，有关传销行为就不会因为消费者投诉、举报而事发遭受查处。

②从传销组织的组织者、领导者来看，只要传销未达到一定规模，未被有关部门关注，资金链安全，承诺给下线的奖励、提成等费用可以兑现，也不会卷款潜逃造成案发。直到最后，实在难以支撑下去而快要案发遭受查处前，绝大多数参与销售人员，以及还未参与而欲参与的人员也不知情。

还有一些人，如学生或者刚步入社会的人，容易轻信他人，较易陷入传销陷阱之后即使了解内幕，其心态也可能因为为了挽回自己损失、担心被处罚等而不报案，甚至越陷越深。

③从执法机关、司法机关等的查处来讲，由于传销行为以推销产品为幌子，不出现严重问题也很难以界定；传销组织的传销活动比较封闭，过去大型会议公开进行的活动减少或者完全转入地下，通过小型会议、网络视频、微信传达等活动，同样可以达到宣传效果，给发现查处更增加了困难；传销因涉及面广、人数众多、范围大，不仅容易引发社会稳定事件，而且查证工作需要大量的人力、物力，并且需要统一的协调、配合。故，没有达到相当严重的程度，很难让有关部门耗费巨大的有限执法资源去查处传销案件。况且，这种案件的刑期最高是有期徒刑，很难像办理故意杀人、重大抢劫恶性刑事案件而立功受奖，可后者的工作则要比前者的工作简单得多。这样，有关执法人员、司法人员主动查处的动力不足，尤其是经济犯罪查处的警力本来不足，在其他相关犯罪案件如开设赌场、非法集资、骗取贷款等案件高发的情况下，更是如此。

巨大的利益诱惑，往往是自愿参与传销的最为主要的因素。所有的传销，都会通过各种渠道、想方设法给接触传销组织及其人员的他人描绘出一种发财致富的美丽捷径。这种捷径，走起来让人感觉并不困难，并有极大的可能。而且通过众人的努力，参与传销的人员越来越多，传销组织网络越来越大，先加入的传销人员都可以从后加入的身上获利，理论上可能，从所描述的情况看也确实如此。

再加上，熟人之间的劝导和一些富有演讲能力的激情者通过演讲，反复灌输，尤其是先加入者的"成功"，有的就是出钱让之"做托"引人加入；出钱聘请著名主持人、歌星、影视明星乃至经济学家、政府官员等对传销产品进行宣传，更会将一些人的疑惑一扫而光。若传销的是伪劣产品，这些名人、官员等怎会为之站台？若传销的是伪劣产品，为何政府不会查处，还会让这么多人传销？总之，对传销不利的问题，都可以得到合理的解释而加以排除。可是，他们就是没有想到，这些人不一定是真的；这些人即使是真的，也可能并不知道所传销的原来是伪劣商品；这些人也可能道德品质败坏，为了获取出场费不惜出卖自己的灵魂；这些人的名气往往也是因为他的主持水平、风格、演技或者声音等给人留下美感、深刻印象并受到人喜爱、追捧，而对之善恶品行等其他方面他人并不了解……

尤其是面对面的宣传造势，通过呼喊口号、富有感染力的演讲等，都容易煽动人的情绪，并激发出人往好的方面想而形成激情，此时更容易使人忽视对可能存在的问题做全面的考虑与平衡。只要到歌厅听过歌的人，就可能体会到现场可以由主持人、表演者的语言唤起人潜在激动的因素，一起疯狂喊叫。传销组织也是如此，这些人的语言运用、演讲能力水平高超，通过故意的安排、布局等更容易唤起人的激情，尤其是让人想到人人都予希望的美好前景时，更是如此。

还有，跟风从众，是一种广泛存在的社会现象。一些行为特别是消费行为流行主要就是跟风从众心理引导所致。跟风从众，还更容易由名人引发。跟风从众还容易产生法不责众而排斥传销违法后果的错误的认识。参与传销，并非所有的人都不知道自己的行为是传销，知道自己的行为是传销且属违法而仍然为之，就会有一个查处的可能及后果承担的比较问题。既然大家都在传销，都在违法，要查起来，不可能都查处吧？法不责众，从而为自己担心被查处而开脱。

上面讲了这么多，讲来讲去，在参与传销人员的心里，就是参与传销可以发财甚至可以发大财致富，从而决意参与。人一多了，前面的人确实"赚"钱了，倒霉的则是最后加入还没来得及享受发展下线业绩的人，尽管这些人很多很多。但想参与传销的人去却不会这么想，他们不会认为自己这样倒霉，一进去这么大的网络就会一下子垮啦，停啦，不干啦？然而事实就是如此。

谭君：传销的这套组织架构和洗脑术，还被广泛运用于诈骗犯罪。如近年来频繁发生的"民族资产解冻"诈骗。这是一类让我这种30多岁年龄的人觉得简直"匪夷所思""不可理喻"的诈骗案件。

这类案件中，不法分子谎称中华民族历史上各朝代灭亡后以及国民党溃败台湾时在大陆和海外遗留保存了巨大财富，国家现委托一些民间组织或企业对这些海外"民族资产"进行解冻，并通过诱骗受害人缴纳启动资金、会员报名费或者投资入股等实施诈骗，同时许诺"民族资产"解冻后，将给予投资赞助者巨额回报，不断骗取钱财。这种诈骗通过网络而不需要接触的方式进行，还伴随伪造大量国家机关公文、曲解国家相关政策等虚假行为。

尽管，所谓"民族资产解冻"确有其事。1979年5月，中美两国政府在北京签订了《中华人民共和国政府和美利坚合众国政府关于解决资产要求的协议》，根据此协议，中国大陆居民和单位被美国政府冻结的资产，由美国政府于1979年10月1日全部解冻。中国银行还发布公告，要求凡持有被美国政府冻结资产的任何单位和个人，应限期向中国银行办理登记。

这么多年来，人民银行多次发布公告，公安部门也持续通报打击，仍然不断有人用此行骗。尤其是进入互联网时代，混合返利、传销、诈骗为一体，规模越来越大。类似诈骗项目还有"民族大业""菜篮子工程""国防预备役部队""精准扶贫""养老帮扶""慈善富民"等。运作模式都类似传销，声称缴纳数十元、上百元会费、报名费等费用就能获利数十万、数百万元，甚至谎称可以加入"中国人民解放军预备役部队"，授予"司令""军长""师长"等职务，还可终身领取工资。

我难以理解的是，就算相信组织者编造的故事，凭什么认为加入这个组织就能获利呢？唯有传销这种模式，通过一传十、十传百，病毒裂变般扩张，形成庞氏骗局。

贺律川：其实，组织、领导传销活动的传销犯罪，本身就是一种以获取高额回报引诱、欺骗等手段让他人参与，以骗取财物的诈骗犯罪，正因为如此，在增设这一犯罪时将之置于《刑法》第224条规定的合同诈骗罪之后，作为第224条之一来加以规定，犯罪构成也明确要求"骗取财物"。故，用传销方法推销价值远远低于其价格反映的价值或者根本没有什么价值的伪劣商品甚至是不存在的虚拟产品，自然属于一种诈骗，用之去进行其他诈骗也就很正常。

不过，这种传销性质的诈骗活动也有其特点，一般推销的尽管是伪劣商品，多多少少还是有一定用处。另外，组织者、领导者虽然可能骗取财物的数额巨大，但乃系参与的人多，每人最终上当受骗的数额通常不大，绝大多数参与者属于自愿参与。原来按非法经营罪处理，而与非法经营行为还是有所不同；以生产、销售伪劣产品罪处理，乃是一行为触犯两罪或者多罪的问题，现在也不排除可以构成有关生产、销售伪劣商品犯罪。尤其是不论是以非法经营罪还是以生产、销售伪劣商品罪的有关犯罪乃至合同诈骗罪、诈骗罪等处理，等都会涉及众多的参与人员。按照共同犯罪理论，都属于共同犯罪。这样，既然要将绝大多数人剥离而作为一般的违法行为论处，只有极少部分才作为犯罪加以追究。基于此种犯罪的层次性特点，处于顶层的人很少，将之认定为组织者、领导者，让他们承担刑事责任，才是符合该类行为特点的适当选择。为此，将组织、领导传销活动的行为单列出来将之规定为独立的犯罪自有其必要。

如前所述，之所以有这么多人参与传销，乃出于各种各样的原因，大多有获利的意图，但不一定是认为有利可图或者一定会挣大钱。参与传销的人，一般是考虑不亏本，在保证不亏本的情况才考虑挣钱，而按传销规则，有的如"五行币"传销只要传销2个人就可以回本并赚一点，最多也就是传销六七人就可以，这在一般人看来并不难，后面赚钱则是另一层次的追求啦！

谭君：随着互联网科技的发展，网络传销盛行，"客户"之间互不见面，通过微信支付进入该公司网络交易平台，隐蔽性增强。传销组织公司化经营，利用自媒体微信公众号、官方网站以及论坛发布所谓的广告宣传推广，引诱公众投资参与，有的看起来还特别"正规"，更像是在搞互联网电子商务。这给人们识别传销增加了难度，人们到底该如何来认定一个传销组织？

贺律川：这点前面已经讲过。在我国，合法的直销必须是依法经过批准取得《直销经营许可证》的企业及其生产的产品，其他没有批准而采取上门推销产品的方式都不是直销，属于违法行为。这个可以通过商务部直销管理系统网站查询是否属于直销企业的产品作初步判断。如果不是直销企业推销直销产品，在招收推销员的过程中，只有缴纳费用才能够取得推销产品的资格而推销产品，或者给予自己的报酬与自己推荐他人加入进行推销的人数即发展下线的人数以及下线销售的业绩相关，就属于法规所禁止的违法行为。推销的要是伪劣商品或者虚拟产品，还可能构成犯罪，需要承担刑事责任。

谭君：传销立法的过程，特别能映应国家对传销认识的转变。传销的立法进程：1994年，上海、深圳、广州等地行政管理部门开始组织人员，专门草拟有关管理办法。

1994年8月11日，原国家工商行政管理总局发出《关于制止多层次传销活动违法行为的通告》，1994年9月2日，再次发出《关于查处多层次传销活动中违法行为的通知》。1995年3月28日，国家内贸部（今商务部）办公厅发文，宣布正式成立"多层次传销管理条例"立法工作机构，正式起草国家关于多层次传销管理办法。1995年9月22日，国务院办公厅发出《关于停止发展多层次传销企业的通知》，以对国内再次过热的传销进行规范限制。

1996年4月，中国首次批准了41家传销企业可以开展传销业务，其中广东8家。1996年6月26日，上海市传销行业召开第一次会议，首次向全社会公布了行业守则。至此传销基本开始进入相对的健康成熟期。1997年9月，原国家工商行政管理总局在青岛市向500多家传销公司授牌。1998年4月21日，国务院颁布了全面停止任何形式的传销活动的命令，对整个传销业进行全面封杀，也就是说不管你是规范经营还是违规炒作，所有从事传销业务的公司全部停止营运，听候国家后续政策的处理。此后不久，国务院发出了要求原有传销企业全部转型为传统批发、零售方式，进行了一个过渡性的转制工作。1998年7月，国务院颁布了成功转型的10家规范直销企业的名录。这似乎有点像，国家一开始想通过法律来控制传销这头"怪兽"，为己所用，但后来发现，这根本上是不可能的。从给传销立法到废止传销的例子来看，如何理解法律的局限性？如何看待法律对经济社会的规范？

贺律川：如前所述，传销不在法律上定性，只以经济属性考虑不过就是一种推销产品的方式。基于我国伪劣商品泛滥的现实，一些人便借此推销伪劣商品犯罪，有的甚至以虚拟产品推销进行诈骗，加上我国人口众多，大多数并不富裕，以钱生钱的投资途径有限，诚实经营的法治环境还不成熟等原因，导致这种方式发生变异而成为一种有着特殊性质的违法犯罪行为。以前没有将之规定为独立的违法犯罪，而是将其作为其他违法犯罪如非法经营，生产、销售伪劣产品等。现在用传销手段推销伪劣商品的，在构成组织、领导传销活动罪的同时还可能构成生产、销售假药罪等相关犯罪，属于竞合犯罪而要择重罪从重处罚。因此，不能说以前的传销行为完全脱离于法律规范之外。

考虑到这种推销模式在国外并未出现至少没有广泛出现像我国这样很多用于违法犯罪的情况而一直在以直销的方式存在，在日益融入世界市场的情况下不可能完全废止，便通过法规规定凡是采取这种方式推销的都要经过批准；经过批准推销合格的直销产品就为直销，借直销之名经营伪劣商品或虚拟产品的"直销"仍以传销论；未经过批准的多层次推销不管销售的是否为伪劣商品，都为传销，从而将这种在推销模式上并没有本质不同在外国都称为直销的销售方式，在法律性质上区分为两种不同质的销售行为，一个合法允许，一个违法犯罪禁止，也是根据我国实际情况作出的无奈而又必要的选择。

其实，传销撇开它的法律性质，仅仅作为一种推销产品的方式而言，本身不是一种怪兽。人们基于对金钱的需求决定采取不正当方式获取的内心邪恶，于是用之销售伪劣商品或者虚拟产品以骗取财物的行为，才属于怪兽。也只因借之用于后者等行为才使之打上恶的烙印而被规定为违法犯罪。要是将之用于推销正常的产品，它不仅不是怪兽，而且还是一种有益的销售方式。说它是怪兽，实际已经将之与推销伪劣商品或者虚拟产品等骗取财物的实质内容联系在一起。因此，惩治传销违法犯罪，不是完全否定这种销售模式，而是否定借这种模式下的推销伪劣商品或者虚拟产品等骗取财物的行为。正如合同可以用来促进人们的交易，也可以用来诈骗或者掩盖销售伪劣产品、贪污、受贿一样。不过因为社会环境等因素，直销太容易被人利用骗取财物，为了规范、容易区分并强化监督管理，才以是否经过批准作为合法与非法的主要界限，经过批准直接推销直销产品的合法，即使采取团队计酬的传销做法，也不是传销而是直销中的违法；然经过批准推销伪劣产品的，仍然属于传销。这样，传销与直销的区别，在法律上虽然要以是否经过批准取得《直销经营许可证》这一简单明显的标准作形式判断，然之间的内在实质区别还是要对是否经营伪劣商品或者虚拟产品等骗取财物这一内容作实质判断。要是真的有人具有无穷无尽财富，通过他许诺的分配规则将推销产品的所有利润分配给传销人，利润不够时则从无穷无尽的财富中拿出补足，也就是根本不是用来骗钱，又怎么仅仅能够以传销模式而以违法甚至犯罪行为论呢？当然，这种假设事实上不可能存在。正如"五行币"传销的设计者宋密秋而言"传销就是忽悠"而已。"所有的传销都是忽悠"，因为实质在于"骗取财物"，故"到最后迟早都要崩盘的"。

谭君：我注意到，传销企业或者说类似这样行走在违法边缘的企业，非常热衷于做公益、搞形象工程，不管是权建、善心汇还是华莱生物。比如，在善心汇案中，据负责技术维护的骨干成员黄某回忆，张天明诱导自己加入时，反复地说你有理想有抱负，要投入到扶贫中，说既能扶贫又能赚钱。在"善心汇"互助网络上，很多细节都有意跟扶贫慈善挂钩，如把传销中的层级命名为"特困社区""贫困社区"等，还有诸如"功德主""布施""善心币"等各种命名。在这些组织被查办后，我们可以认定其是给其违法行为扯一个合法幌子。但在这些组织没有被查办时，很多人据此为这些企业辩护，说其参与扶贫、助农，搞慈善、做善事。您如何看待这种辩解？

实际上，从更广一点的视角来看，很多行走在违法边缘的组织，在挖到"黑金"后通过种种手段"洗白"，最后合法化。只要不去算其旧账，其就是一个合法的存在，甚至有的因为已经很强大，成为一个经济体，对地方经济形成影响，轻易不能动。您的职业生涯，有没有遇到过这种靠传销、非吸起家并"做成功"后转型的"企业家"？

贺律川：社会进步包括法律规范的进步，都有一个逐步规范的过程。在资本主义社会初期，法律规则不完善，资本的原始积累通过严酷地剥夺工人的剩余价值充满着征服、奴役、掠夺、杀戮。所以，"如果按照奥日埃的说法，货币'来到世间，在一边脸上带着天生的血斑'，那么，资本来到世间，从头到脚，每个毛孔都滴着血和肮脏的东西"。也正是基于这样的背景，马克思才作出了资本主义是腐朽的、没落的、垂死的判断，无产阶级作为资产阶级的掘墓人通过暴力革命将之推翻而进入社会主义。但在后来，随着经济的发展、社会的进步、法治的不断规范完善，维护工人阶级的工会等组织的建立，资产阶级与工人阶级的矛盾大为缓和，工人的福利、生活水平大大提高。这样，社会主义作为更高级的社会阶段，从高度发达、物质文明日益丰富的资本主义社会演进而来，而不是通过造成社会动荡、财富巨大损失的暴力手段完成，在我看来概率更大。经济全球化造成各国之间的深入融合、彼此影响难以分离，政治、文化等也相互包容，互相取长补短、相互接近，乃为自然。近几年来，由于各种各样的原因出现了民族主义、民粹主义等逆全球化的现象，也是社会进步过程中的曲折复杂的正常表现，并不代表着整个社会的发展趋势。既然全球化已经造成全球经济迅速增长，因为某些原因产生摩擦造成暂时的障碍甚至倒退，然在找到解决之间矛盾摩擦的适度方法途径后，则会产生更高层次的全球化，如此一轮一轮，循环往复，而每一循环基于上一循环的终点处于更高的起点，呈螺旋式发展，社会的物质文明、精神文明达到一定高度时，社会主义乃至共产主义社会自然而然就会出现。这既是人类的美好理想，也是在这一理想下的美好追求。通过美好的追求在之有利于全人类的前提下，当然就可以实现。

回到财富积累的话题上。财富积累因为法律不规范、人们的法律意识存在问题、法治环境不完善等各种各样的原因，有的与违法犯罪相关，如通过行贿、串通招投标、滥用职权获取项目获得了第1桶金，或者在股票、期货市场上利用内幕交易获得巨额利益等，然后转向合法经营；有的则不断通过违法犯罪行为获取财富，如一直采取高利借贷并通过非法拘禁、故意伤害等方式追讨利息；有的则在经营过程中，总伴随着一些违法行为，如每次工程项目承揽都采取串通招投标等进行。这样，既然是违法犯罪所取得的财富，就不会存在能够"洗白"的问题，对于违法犯罪行为及其取得的财物，都要依法查处并予以没收。当用合法经营的手段、形式予以掩盖，让人无法了解其非法所得的问题，这样便带来哪些属于违法犯罪所得及其孳息，则存在如何区别的问题。如某人通过行贿、串通招投标的方式获得了工程项目，不能认为工程项目所获得的全部利润均属于非法所得而应予以没收。因为，工程的利润主要靠资金、人力、物力等其他付出才能得到。

由原始积累的财富作为资本而合法获取的财富，只要原始积累中的犯罪行为在法律上仍属于犯罪，并在追诉时效内的，在法律上就应当追究。当然，这种情况可能因为原始积累人改邪归正，并做得很大，且进行慈善等各种有益活动，完全成为大家认同的正面人物，过去的违法事情只要不大，可能很难被人深挖而实际受到追究。可是，倘若被发现得以追究，也应仅仅限于原始积累犯罪行为本身的财富及其孳息内。至于孳息既不能太广义也不能太狭义，凡是由犯罪所得直接进行简单的投资行为，如存款，购买股份、股票、彩票、保险、房产等导致的增值，似应归于孳息；不是通过简单的行为，而是还要付出其他巨大的人力、物力等投入，如用于开发产品、建造房屋等所形成的利润则不能等同于孳息，而以非法所得论处。

进行财富积累，合法非法并举，并以合法经营掩盖不法行为，就是您所说的将"黑钱"洗为"白钱"的行为，但从法律上讲，违法犯罪就是违法犯罪，所得的"黑钱"是不可洗白的，只是这种行为使得违法犯罪更为隐蔽而难以发现遭到有效查处而已。

总之，关于"黑钱"向"白钱"的转化，异常复杂，不可能全面分析到位，要具体问题具体分析。原始犯罪并不是不抓，一般的后面又没有新的犯罪的，可能不会深入查处。因为证据难以找到等各方面的原因，现实的犯罪都无法清零，而新的犯罪才是摆在社会面前让人能够感受更需要予以处理的问题。过去的问题，能放则放，当然达到一定严重程度的还是不会放过，尤其是一直有着非法勾当的，更是如此。海南省2019年查处的黄鸿发家族特大黑社会性质组织案，该家族自20世纪80年代末就开始进行诸如开设赌场等犯罪活动，时间跨度30余年，也没有因为其他合法经营行为而将之通过违法犯罪所获取的黑钱加以洗白，最终都要加以没收。另外，不少富豪都有过牢狱之灾，也说明"黑"是不能洗成"白"的，事情的关键还是"黑"是否能够进入法眼并是否存在证据将之确证为"黑"的问题。

至于您提到我的职业生涯中"有没有遇到过这种靠传销、非吸起家并'做成功'后转型的'企业家'"的问题，我只是代理过2个传销犯罪案件、两三起非吸案件，所以从没有碰到过这样的"企业家"。家乡一个很有名气的商人，在20世纪80年代改革开放初期就是通过骗取他人财物而取得第1桶金，再通过承揽工程项目、开发房产而成为巨富的。事实上，这种企业家肯定会有，但只要后面没有再违法犯罪，时间过得越久，司法机关发现的可能性就越小。这也是一种客观存在，任何社会无论其侦查手段多么先进发达，都不可能将所有违法犯罪通过法网打尽，正如天下有贼数千年，所有的贼都抓尽了吗？没有。那要是一贼通过盗窃取得了第1桶金，尔后用于投资加上自己的努力与运气开创了一片事业的新天地，成为巨富，而其盗窃行为没有被他人发现，或者有人发现但因证据不足也没有他法，那就只得如此啦！何况还可能因为其成为巨富后，广交官商富贵，有的基于各种各样的原因而对之过去的行为加以包庇，使得其被查处的机会可能性就更小，这种现象也并非不可能。

九、非法集资画像

谭君： 谈到非法集资，一定离不开2个曾经引起广泛关注的案件，一是湘西非法集资案，湖南吉首非法集资数额高达70亿，涉及企业数十家，由于集资公司无法向集资户还本付息而引发的群体性上访堵路事件。二是吴英案，2009年4月，金华市中级人民法院开庭审理"东阳富姐"吴英集资诈骗案，认定其集资诈骗金额3.84亿余元。吴英一、二审均被判处死刑，后由最高人民法院进行死刑复核时认为吴英罪该处死，然可不立而执行，故裁定发回重审，浙江省高级人民法院重审后改判死缓。

这2个典型案例带来的共同法律问题是：非法集资和民间融资的边界到底在哪里？

为何非法集资是一种罪恶？

贺律川：这里涉及非法集资的定义与特征等诸多问题。下面先对此作些介绍。

集资，是指单位或者自然人基于某种目的而采取诸如吸收存款，联营、合资、合伙，融资租赁，公益慈善捐助，发行彩票、推销保险，发行股票、债券、投资基金等有价证券、债权凭证，或者利用其他方式向社会公众筹集、集中资金的行为，一般会给集资对方承诺在一定时期内给予一定的回报，包括给予利息、实物或者其他物质性利益。合法的集资，必须符合法律、法规规定的条件、期限、对象、数额、途径、方式、程序等各方面的有关要求，如经过批准、依法注册等，如公司公开发行证券集资，必须符合法律、行政法规规定的条件，并依法报经国务院证券监督管理机构或者国务院授权的部门注册。未经依法注册，任何单位和个人不得公开发行证券；公开发行公司债券，应当符合"具备健全且运行良好的组织机构""最近3年平均可分配利润足以支付公司债券1年的利息""国务院规定的其他条件"等。不符合法律、法规有关方面的要求而采取各种各样的形式向社会公众募集资金的，就属于非法集资。

非法集资，就之表现形式来说，多种多样，五花八门，概括起来，主要有：

以非法吸收或者变相吸收公众存款的方式非法集资。作为司法实践中最为主要的集资方式之一，根据《防范和处置非法集资条例》第2条第1款规定："本条例所称非法集资，是指未经国务院金融管理部门依法许可或者违反国家金融管理规定，以许诺还本付息或者给予其他投资回报等方式，向不特定对象吸收资金的行为。"所称变相吸收公众存款，是指未经国务院金融管理部门依法许可，不以吸收公众存款的名义，向社会不特定对象吸收资金，但承诺履行的义务与吸收公众存款性质相同的活动。据此，经过国务院金融管理部门依法许可能够吸收存款的单位如银行，则其行为一般不宜认定构成非法吸收公众存款。可是，违反国家金融管理规定吸收不特定公众存款，涉及面广、危害性大的，仍然可以非法吸收公众存款论之。

此外，根据最高人民法院《关于审理非法集资刑事案件具体应用法律若干问题的解释》第1条规定，违反国家金融管理法律规定，向社会公众（包括单位和个人）吸收资金的行为，同时具备下列4个条件的，除刑法另有规定的以外，属于"非法吸收公众存款或者变相吸收公众存款"：（1）未经有关部门依法许可或者借用合法经营的形式吸收资金；（2）通过网络、媒体、推介会、传单、手机信息等途径向社会公开宣传；

按照《关于办理非法集资刑事案件适用法律若干问题的意见》规定，包括以各种途径向社会公众传播吸收资金的信息，以及明知吸收资金的信息向社会公众扩散而予以放任等情形；（3）承诺在一定期限内以货币、实物、股权等方式还本付息或者给付回报；（4）向社会公众即社会不特定对象吸收资金。未向社会公开宣传，在亲友或者单位内部针对特定对象吸收资金的，不属于非法吸收或者变相吸收公众存款。不过，根据《关于办理非法集资刑事案件适用法律若干问题的意见》第3条规定，"在向亲友或者单位内部人员吸收资金的过程中，明知亲友或者单位内部人员向不特定对象吸收资金而予以放任的""以吸收资金为目的，将社会人员吸收为单位内部人员，并向其吸收资金的"，不属于"针对特定对象吸收资金"的行为，应当认定为向社会公众吸收资金。此时，向亲友或者单位内部人员吸收的资金也应当计算为非法吸收或者变相吸收公众存款的数额。

由上，经过批准具有吸收公众存款资格但"借用合法经营的形式吸收资金"的单位，只要违反金融管理法规吸收或者变相吸收公众存款，符合其他条件的，也构成非法吸收或者变相吸收公众存款。这样，是否构成非法吸收或者变相吸收公众存款，关键在于是否违反金融管理法规。违反了金融管理法规，即使经过批准具有吸收公众存款的资格，也可以构成非法吸收或者变相吸收公众存款。

以是，非法吸收或者变相吸收公众存款，具体包括下列3种情形：

①不法提高利率吸收或者变相吸收公众存款。也就是违背中国人民银行规定的利率上限，直接提高利率，给存款人高于法定利率的利息回报，并在账面上予以体现，又称"账面反映"形式。

②变相提高利率吸收或者变相吸收公众存款。也就是表面上给存款人的利息在法定的上限内，然采取诸如将存款人在账上的存款直接扣除补偿给存款人，如存款人存款100万元直接扣除10万元让之实际交付90万元，这样实际存款只有90万元但按100万元计算利息，从而变相提高了利率；搞有奖储蓄，给存款人在利息外给予奖金，或者赠送计算机等物品，存款巨大的甚至送车；长期提供房屋、车辆给存款人无偿使用；为存款人的餐饮、旅游等应当支付的费用埋单；有的为了规避账面检查，还将吸收来的存款直接在"体外循环"（又称"绕规模"），即不入账而私下直接放贷给他人（一般是拉来存款的人），以提高存款利率，等等。诸如此类的变相提高违背法定利率上限规制提高

利率的方式，提高利率而增加的利息不会在账面上得到反映，于是又称"账面无反映"形式。

③未经批准取得吸收公众存款资格而吸收或者变相吸收公众存款的，则不论是否违背法定利率上限规定提高利率，因为吸收公众存款的行为本身不法而直接构成非法吸收或者变相吸收公众存款。

根据《审理非法集资解释》第2条规定，采取不具有房产销售的真实内容或者不以房产销售为主要目的，以返本销售、售后包租、约定回购、销售房产份额等；以转让林权并代为管护等；以代种植（养殖）、租种植（养殖）、联合种植（养殖）等；不具有销售商品、提供服务的真实内容或者不以销售商品、提供服务为主要目的，以商品回购、寄存代售等；不具有发行股票、债券的真实内容，以虚假转让股权、发售虚构债券等；不具有募集基金的真实内容，以假借境外基金发售虚构基金等；不具有销售保险的真实内容，以假冒保险公司、伪造保险单据推销保险服务等；以网络借贷、投资入股、虚拟币交易等方式非法吸收资金的；以委托理财、融资租赁等方式非法吸收资金的；以提供"养老服务"、投资"养老项目"、销售"老年产品"等方式非法吸收资金的；利用民间"会""社"等组织非法吸收资金的；或者其他非法方式向公众吸收资金，等等，均属于非法吸收或者变相吸收公众存款的方式而构成非法吸收公众存款。这样，实际是将非法集资与非法吸收或者变相吸收公众存款两者等同。在这里，还是将两者加以区分。因为，非法吸收公众存款必以要求获取固定利益为条件，而除非法吸收或者变相吸收公众存款募集资金行为之外的其他非法集资行为则不一定承诺给予固定的回报。

以非法发行权利凭证等方式非法集资，如采取非法发行或变相发行股票、债券等有价证券，债务凭证、投资基金、认股证书、优先认股权证等权利凭证，会员卡、会员证、席位证、优惠卡、消费卡等权利卡的方式进行非法集资。

以非法进行交易、提供服务的方式非法集资，如采取进行期货交易、典当经营、融资租赁，非融资性担保，签订诸如连锁加盟，转让林权，收购古董等收藏品，销售保健、医疗等养老产品，借提供养老服务之名收取会员费、"保证金"等各种费用，利用房产等商品预售、售后与返租、回购与转让、定期返利，销售房产份额，消费返利、快速积分等交易方式进行非法集资。

以投资、委托理财方式非法集资，采取认领股份、入股分红、合伙投资、委托投资、投资咨询；投资基金、房产、工程、种植、养殖、果园、庄园、养老公寓、养生度假、生态环保等项目；投资境外股权、期权、外汇、贵金属等；投资养老产业；投资"虚拟货币""区块链"等现代产业；委托理财、财富管理、第三方理财等方式进行非法集资。

以发行或变相发行彩票方式非法集资，如采取私人擅自发行与销售彩票，在境内发行境外彩票，传销方式发行彩票，或借有奖销售为名，变相发行彩票等方式进行非法集资。

以传销或秘密串联等方式非法集资，如设置"推荐奖"、"管理奖"等奖励制度，鼓励投资人发展他人加入形成上下线层级关系；采取双赢制、电脑排网、框架营销等；假借专卖、代理、特许加盟经营、直销、连锁、网络销售等；采取会员卡、储蓄卡、彩票、职业培训等手段进行传销和变相传销骗取入会费、加盟费、许可费、培训费等方式进行非法集资。

以民间会社等组织名义非法集资，如借"标会"、抬会、基金会、互助会、储金会、投资公司、担保公司、地下钱庄、私募机构、养老机构、民办教育机构、农民专业合作社、农村救灾扶贫储金会、"股权众筹"融资平台、大宗商品现货电子交易场所、区域性股权市场挂牌企业和中介机构等组织形式进行非法集资。

以网络平台非法集资，如采取设置电子商铺、电子百货、电子黄金、股权筹凑、房产金融服务、P2P网络借贷等网络技术方式进行非法集资。

以"扶贫""慈善""互助"等幌子非法集资，如设置相互保险、互助计划、互助联盟等扶助方式进行非法集资。

以"解债"方式进行非法集资。

以其他方式非法集资，如采取教育储备金、银行信用证，打着"招商"的幌子，借地方政府发行债券等上述方式以外的其他所有向社会公众非法募集资金的方式进行非法集资。

谭君：这样看来，非法集资就行为方式上来讲就很复杂，如此复杂的非法集资，是否可以得出一些带有共性的或者特征的东西来呢？

贺律川：任何行为，无论多么复杂，自然有些共同的特点。就非法集资而言，主要特征可以概括为如下方面：

非法集资行为人外表的迷惑性。非法集资，一般是以公司的名义出现。为了能够吸收资金，都会依法注册成立，从形式上看是合法的。

实力表现上，如在注册资金、组织架构、办公场地、生产经营场地等从外表方面都会搞得很好，使人会感觉它很规范，很有实力。如场地面积很大、建筑气势宏伟等，经销商、融资人一看这样的架势，很难相信这样的公司会骗自己的，即使骗，也有这么多资产，然而他们没有想到的是，这些建筑要么是让承建者垫资的或者大量工程款未付，要么已经抵押。所以，外表很容易骗人。一个骗子要骗大钱，没有一个外表不是光鲜的。穿着破烂像叫化子（亦称叫花子）一样，只能骗点小钱，不可能骗得很大的钱。有的还可能在外地成立诸多关联公司，以体现自己的实力，实际均由同一公司控制。

组织、制度上表面也会很健全，如内设机构应有尽有；公司内部的高管工资也很高，平时工作有的穿戴统一，相当规范，有关制度等表面上也很健全。实则整个公司包括各地成立的独立公司或分公司，所有与公司相关的重大事实，如人事任命权、利益分配权、资金进出支配使用权等，一般均由公司的最高负责人一人控制，具体则以利益分配权为基础，辅之以严格的奖惩制度实行层层的把控，表现出很强的独断性，具有极强的控制力。

非法集资行为人意图的恶害性。集资者只要向社会公众非法集资，就有着骗取众多人加入集资骗局的恶劣意图，并且会采取各种各样的欺骗方法加以宣传，以实现大量募集公众资金的目的。筹集到一定资金后，为了体现自己的实力，往往还会大肆挥霍，买豪车、置豪宅。这些并不是为了正常的生产、经营，而是为了装扮自己及其公司的实力，让更多的人相信自己。有的甚至出于非法占有目的，所集资金就是为了占为己有，在自己奢侈挥霍的同时，将之转移、隐藏，甚至通过各种途径移至境外，在目的上表示出极大的恶害性。

至于当事人是否具有非法向公众吸收或者变相吸收存款的意图甚或非法占有的目的，则应依据其任职情况、职业经历、专业背景、培训经历、本人因同类行为受到行政处罚或者刑事追究情况以及吸收资金方式、合同资料、业务流程等证据，结合其供述，进行综合分析判断。在办理非法集资刑事案件中，应当根据案件具体情况注意收集运用涉及犯罪嫌疑人、被告人的以下证据：是否使用虚假身份信息对外开展业务；是否虚假订立合同、协议；是否虚假宣传，明显超出经营范围或者夸大经营、投资、服务项目及盈利能力；是否吸收资金后隐匿、销毁合同、协议、账目；是否传授或者接受规避法律、逃避监督管理的方法，等等。

非法集资行为的非法性。对此，前面已经谈到，原来都认为经过批准具有吸收公众存款资格的，不会构成非法吸收或者变相吸收公众存款。但最高人民法院的司法解释后来认为，"借用合法经营的形式吸收资金"符合非法吸收或者变相吸收公众存款其他条件的，仍然可以构成非法吸收或者变相吸收公众存款。"借用合法经营的形式"不能理解为根本没有吸收公众存款资格而采取伪造资格称自己具有吸收公众存款资格的情况，后者仍属于未经批准而没有吸收公众存款资格的范围。要是将前者理解为后者，则实际指的一回事。既然前者与后者并列，说明两者内涵就会有所不同。这样，"借用合法经营的形式"乃是指已经经过批准而具有吸收公众存款资格却借用这一合法经营形式的外壳实际干着违反金融管理法规吸收公众存款的勾当。所以，即使经过批准可以吸收公众存款但违反金融管理法规规定如超过法定利率吸收公众存款的，也可以构成非法吸收或者变相吸收公众存款。当然，没有经过批准而不具备非法集资资格而非法集资的，自然属于非法集资。就未经过批准的非法集资的情形而言，既包括没有批准权限的部门批准的非法集资，又包括有审批权限的部门超越权限批准的非法集资，还包括有审批权限者基于申请人通过行贿等非法手段而致批准的非法集资。

至于集资行为是否具有"非法性"，则应以国家金融管理法律法规作为依据。对于国家金融管理法律法规仅作原则性规定的，可以根据法律规定的精神并参考中国人民银行、国家金融监督管理总局、中国证券监督管理委员会等行政主管部门依照国家金融管理法律法规制定的部门规章或者国家有关金融管理的规定、办法、实施细则等规范性文件的规定予以认定。

非法集资行为对象的不特定性。换言之，集资行为的对象针对的是"不特定的"的多数人即社会公众，而不是特定的少数人。这里的"特定"与"不特定"，要从主观与客观方面结合加以考虑：先从主观上看，主观意图明显确定在一个有限的范围内，如公司的所有职工，或者职工的亲戚，或者某一村的村民等，因为这里的职工、亲戚、村民人数即使众多，然由于标准界定确定，故可以控制在"特定"的范围内。另从客观上看，集资行为能够控制在事先主观确定的有限而"特定"的范围内，则为"特定"，不论集资对象是几十人还是数百人甚至上千人。当然，也不能让之在主观上确定很多村、职工亲戚的亲戚等，这时表面上因为标准明确，似乎能够"特定"在一定范围内，然这样层层下去，根本无法控制，这时就要借助于客观标准加以判断。这样，主观上表面上可以确定，然其行为根本无法控制在主观上确定的范围内，而是主观上确定以外的人参与其集资，他及公司无法根据有关资料确定，有的明知不是主观确定范围的而仍然允许；或者对前来参与其集资的人根本不认真核实资料或者根本不在乎是否属于主观确定的范围而放任不管，造成主观明确范围外的人事实上参与其集资的，则就应当认定为针对"不特定"的公众而可构成非法集资。

还有，有的明确只向特定的单位内部队员、亲属或者几家公司集资借款，但让其他公司向社会公众非法集资，或者明知是其他公司向社会公众非法集资的款项仍向之非法集资的，仍然要以向公众非法集资论处。不然，甲向特定的单位内部队员、亲属或者几个公司融资，他们又向其他一些特定的公司、个人融资，如此下去，每个融资环节都是特定的，实际达到了向社会公众非法集资的目的，显然属于规避法律的做法，应当加以否定。

在现实中，不少高校学生、农民、城市下岗或买断工龄职工、工资不高的工人、退休人员等低收入人群基于各种各样的原因更易涉入其中。当然，城市白领、个体企业老板等收入较高者也有陷入之内的。

非法集资行为较高利益的回报性。所有非法集资，承诺较高利益的回报乃是他们对公众集资的不二法门。较高利益的回报，没有一个客观的比较，各地经济发展程度不同，不同的地区及其不同的人对回报高低的期待也有所不同，不能说集资回报率10%，就不是较高的回报，其实许多公司的利润率、房产的租金收益率等都达不到这个回报。当然，为了吸引公众，让他们参与其集资，往往承诺了很高的利益回报，有的甚至高得离谱，常人都知道根本就不可能。然而，基于各种各样的原因，还是会有不少人像着魔了一样被吸引过去。如庞氏骗局中的查尔斯·庞兹就许诺投资者在45天之内可以获得50%的回报，致使4万多人受骗上当。至于利益回报，一般表现为现金货币，还包括实物、股份等其他物质性利益。

此外，给予的较高利益回报，一般都是固定明确的。有的也可能不固定明确，如按公司利润的一定比例，采取发行股票、认购股权等。不论属于哪种情形，都应当属于承诺给予一定的回报。如果明确固定的回报比例，则属于非法吸收或者变相吸收公众存款，不是固定的回报则构成其他非法集资。所以，有关规定并未要求非法集资一定承诺固定的回报。

还有，对于固定回报的理解，也不应呆板机械，有的承诺回报至少不低于如20%，或者规定一个幅度如20%～30%，似乎不固定。但20%则是保底的，这时应当认为属于承诺了固定回报。不然，集资者这样承诺，既又无法认定其具有非法占有的目的而不能构成集资诈骗，也因为不属于固定回报而无法构成需要以承诺固定回报为入罪条件的非法吸收或者变相吸收公众存款罪，就会让其通过此种承诺规避非法吸收公众存款罪的法律规定而逃避惩治。

非法集资行为所募资金的挪补性。集资资金到手后，集资者往往会奢侈消费或者用于生产经营或者用于加大宣传力度等各种各样的目的，到期还本付息，由于是出于诈骗目的根本没有任何投资行为没有任何利润，但为了不致穿帮以让更多的人参与进来，便会将后面的集资款挪补用于前面集资本息的支付。可是，随着集资的人越来越多，所需支付的利息也越来越多，运转成本愈来愈高，集资用于投资的利润不高甚至亏本，或者投资的房产等固定资产无法变现，产品卖不出去等造成现金流断裂，无法支付投资者的本息，就会崩塌而案发。有的本身就是诈骗，等参与的投资者达到一定数额，就开始转移资金，以各种理由停付投资者的本息，或者卷款潜逃，以致案发。是以，在到最后不是因为资金无法支付本息或者虽有资金支付而出于占有目的主动停付达到一定数额前，集资者一直会以后面进来的集资本金支付前面到期的本息，在资金使用、本息支付上故会表现出"拆东墙、补西墙"的挪补性特征。

非法集资行为方式的多样性。如前所述，非法集资的行为方式表现的五花八门，令人眼花缭乱。有传统的种植、养殖，有经常性的工程项目建设、房屋售后返租、商品加盟销售，有技术含量较高的科技开发，还有投资不那么常见的港口建设、石油开发、啤酒生产线，等等。不论方式怎样，大致还是可以分为股权投资、债权形成、生产经营、商品销售约4大类型。为了让更多人的加入，人拉人的传销手段也常被用于其中，灌输洗脑、利诱威胁等，各种违法犯罪常常交织在一起。

非法集资行为宣传手段的立体性。集资要达到其目的，需要让很多人源源不断加入。因此，集资者往往会采取各种各样的宣传手段为集资行为造势，让投资者感受到集资者的信用、实力；有的为公司拍摄专题宣传片、出版图书画册；有的举办各种活动，并在现场兑现红利，让前面参与其集资的人通过自身获利的"现身说法"以起示范效应，甚至故意安排人"做托"称自己的回报有多么丰厚；通过报纸、电视、网络等途径大肆进行广告宣传；有的通过名人如主持人、影视明星等代言采访，刊登专访文章，如有的甚至通过出钱组织到人民大会场召开有关会议等进行所谓的"专业"性宣传；有的通过一些民间团体评选诸如"X地商业地产十强""X年度X某地房地产先进单位""X年X地消费者信得过单位""X届X地企业改革十大杰出人物""X届X地十大经济人物""X地诚信企业家"等荣誉为集资者进行包装；有的捐建希望工程、建设养老院等通过各种各样的社会捐赠公益活动，造就自己的"正面"形象；有的通过在承诺的回报之外进行额外奖励诱惑他人，借用各种感情劝说亲戚朋友、邻里乡亲、老乡同学战友等熟人再引人参与；有的采取组织观光、旅游、众人聚餐等打"感情牌"；有的打着政府支持旗号，巧立名目，迷惑公众，甚至不惜让领导、著名专家等做"活道具"，或让其参加公司剪彩、周年纪念、视察巡访等各种各样的活动；有的则将领导、专家出席的这些活动做成影视资料通过电视、网络等进行播放传播，将领导与公司负责人的照片挂在办公室、门厅、网站首页等；有的地区不少国家工作人员甚至领导干部都参与其中，如此等等，自然具有极大的引诱性、欺骗性。

非法集资行为手段的虚假欺骗性。如前所述，集资者通过领导背书、大范围的公开立体式的宣传，本身就有着迷惑欺骗性。除此之外，集资者与投资者之间还会通过并非真实意思表示的股权投资、债权形成、合伙合作生产经营、经销商品等种种合同，包装成正常交易行为，伪装成正常的生产经营活动，以合法形式掩盖其非法集资的实质，最大限度地实现其骗取资金的最终目的。有的"拉大旗、作虎皮"，擅自成立有关国家办公机构，打着响应国家产业政策等旗号，冒用科研单位的招牌等。诸如这些还能够通过媒体、网络或者领导背书宣传，使人感觉若有问题有关部门怎么不会查处？解除欲参与集资而担心上当受骗、犹豫不决的人心中的脆弱疑问，更具有欺骗性。

非法集资行为的顽固性。非法集资及其诈骗自"庞氏骗局"开始，至今在世界都有发生，我国近20余年一直很严重，并成为高发性犯罪之一。

非法集资行为查处的困难性。如前所述，非法集资行为具有以合法合同等形式掩盖，名流介入甚至国家工作人员领导为之背后站台等欺骗性；涉案人数众多、地域广泛等，自然会加大查处的人力、物力等成本，并需要各地有关部门统一、协调行动；信息传播、资金流转等传播速度加快，一有风吹草动，便会引起集资人警觉，通过关联公司、私人账号加速资金的转移、隐藏，有的甚至还有地下钱庄等专门渠道能够将资金迅速转至境外，如此都会增加查处的难度。而且，大多数集资均以公司名义进行，组织严密，尤其是资金的流动、支配使用等财务状况，一般是由集资设计、决策者1人掌握，并通过许多账号分别加以控制，对外秘而不宣，其他高管也难以知情，有关账目、文件均由1人保存，极易销毁，自然更会增加犯罪行为查处的难度。

十、非法集资与民间融资

谭君：上面您对集资、非法集资的内涵、特征作了全面而详细的介绍。那么，非法集资和民间融资的边界到底在哪里？为何非法集资是一种罪恶？

贺律川：融资，即货币资金的融通，是指融资者利用品牌、产品、资产等信用或者担保等通过发行股票、债券，采取直存款（将钱存入银行承诺在一定的时间不予使用而获取一定的贷款，但不属于质押）、直通款直接投资、贷款、委托贷款、银行承兑、银行信用证、典当、融资租赁、基金、国家性基金等方式在金融市场上筹措或贷放资金的行为，简言之就是货币资金的借贷或有偿筹集的活动。融资途径有自己直接与放款人之间的融资，然大多则是通过银行、典当行、P2P等融资平台等专门平台，有的还借助境外途径进行融资，如在我国香港地区、美国等发行股票、债券等。

民间融资，则是指融资人（借款人、受资人、用资人）在国家的法定金融机构之外，以支付较高利息为条件取得资金并给对方（出借人、出资人）支付约定利息的行为，包括民间借贷、民间票据融资、民间有价证券融资和社会集资等各种方式，具体可分为民间特定融资与民间非特定融资。前者是指民间融资的对象明确特定在一定的范围内，针对的是特定少数人；而后者针对的则是不特定的公众，即民间融资的对象并不特定在一定的范围内，这时实际就是前面所讲的社会集资，简称集资。这样，民间融资与集资乃是一种包容与被包容关系，前者包括后者在内。要说非法集资与民间融资之间的界限，实际乃是前者与民间特定融资的区别。

民间特定融资，由于特定在一定的范围，范围相对有限，即使一些大的公司对公司职工借款融资，由于职工对自己的公司有所了解，通常也是出于自愿，危害性相对有限，故不需要批准。不需要批准，但不一定说明所有民间特定融资就是合法，有的采取欺诈、威胁等方式，就是非法。尤其是获取资金的利息不少远远高于法定的利率，有的年利率达到50%、100%甚至更高，从而刺激民间高利借贷大量发生。在借款人无法按期还本付息时，借贷人常常就采取诸如非法拘禁、寻衅滋事、故意伤害等违法犯罪行为进行暴力催债。有的借贷人为了谋取高额利息，则专门从事高利放贷活动，《民法典》明确规定，禁止高利放贷。这样，高利放贷中的借款方以支付高额利息取得借款的行为，本质上也有危害性，他们向出借人高利借款的行为，对高利放贷者的高利放款行为无疑有着推波助澜的作用。不过，借款人要是基于生产经营、生活等的需要而高利借款的，则在法律上不作为违法行为论处而加以惩罚。但要是采取欺骗方法以支付高利为名骗取他人借款的，不仅属于非法，而且还可能构成犯罪。不过，此时由于对象特定而不属于集资行为，从而不可能构成集资诈骗罪，而应根据具体情况构成骗取贷款罪，出于非法占有目的的，则是构成票据诈骗罪、有价证券诈骗罪、合同诈骗罪、诈骗罪等。

由上，非法集资与民间特定融资，之间的本质区别就在于行为对象的特定性，特定的就是民间特定融资，否则就是集资。

十一、非法集资与集资犯罪

谭君：您上面提到，非法集资包括非法吸收公众存款的行为，而非法集资行为又可能构成集资诈骗犯罪，那么，非法集资行为在罪与非罪、此罪与彼罪之间又如何区分呢？

贺律川：非法集资行为，除非那些确实无法解释为承诺固定回报的行为外，均属于非法吸收公众存款的行为，构成犯罪，一般是构成非法吸收公众存款犯罪。

根据刑法规定，非法吸收公众存款罪，行为人只要实施了非法吸收公众存款或者变相吸收公众存款的行为，达到了扰乱金融秩序的程度就可能构成犯罪。虽有非法吸收或者变相吸收公众存款的行为，但未达到扰乱金融秩序的程度，若情节显著轻微，如吸收的数额很小，涉及对象不多，主要用于正常的生产经营活动，能够及时清退所吸收资金，且没有造成恶劣社会影响或者其他严重后果的，按照刑法谦抑性原则，根据《刑法》第13条"但书"即"但是情节显著轻微危害不大的，不认为是犯罪"的规定，不以犯罪论处。何谓扰乱金融秩序，根据《关于审理非法集资刑事案件身体应用法律若干问题的解释》第3条规定，非法吸收或者变相吸收公众存款数额在100万元以上的，或者对象150人以上的，或者给存款人造成经济损失数额在50万元以上的，便可认定属于扰乱金融秩序。此外，非法吸收或者变相吸收公众存款数额在50万元以上或者给存款人造成直接经济损数额在25万元以上，具有"曾因非法集资受过刑事追究的""二车内因非法集资受过行政处罚的""造成恶劣社会影响或者其他严重后果的"等情形之一的。

就此罪与彼罪的区别而言，乃主要在于非法吸收公众存款罪与集资诈骗罪的区别，两者主要表现在主观方面与客观方面：

从主观上看，关键在于行为人是否具有非法占有的目的。前者不能具有非法占之目的；后者则一定具有非法占有之目的。使用诈骗方法非法集资，根据《关于审理非法集资刑事案件具体应用法律若干问题的解释》第7条规定，具有"集资后不用于生产经营活动或者用于生产经营活动与筹集资金规模明显不成比例，致使集资款不能返还""肆意挥霍集资款，致使集资款不能返还""携带集资款逃匿""将集资款用于违法犯罪活动""抽逃、转移资金、隐匿财产，逃避返还资金""隐匿、销毁账目，或者搞假破产、假倒闭，逃避返还资金""拒不交代资金去向，逃避返还资金"或者"其他可以认定非法占有目的的情形"之一的，则可以认定具有"以非法占有为目的"。非法集资过程中，行为人的部分非法集资行为具有非法占有目的的，对该部分非法集资行为所涉集资款以集资诈骗罪定罪处罚；非法集资共同犯罪中部分行为人具有非法占有目的，其他行为人没有非法占有集资款的共同故意和行为的，对具有非法占有目的的行为人以集资诈骗罪定罪处罚，对其他没有非法占有目的之人则以非法吸收公众存款罪治罪科刑。根据《关于审理非法集资刑事案件具体应用法律若干问题的解释》第10条、第11条规定，未经国家有关主管部门批准向社会不特定对象发行、以转让股权等方式变相发行股票或者公司、企业债券，或者向特定对象发行、变相发行股票或者公司、企业债券累计超过200人的则应以擅自发行股票、公司、企业债券罪论处；违反国家规定，未经依法核准擅自发行基金份额募集基金，情节严重构成犯罪的，则应以非法经营罪定罪处罚。

从客观方面来看，又包括行为方式与行为情节轻重两个方面。

就行为方式而言，则表现在是否使用诈骗的方法上。前者的非法集资，既可以采取非欺骗方法进行，也可能采取欺骗方法进行；后者的非法集资，则必须使用诈骗方法实施。没有使用诈骗方法实施，而是真实告诉投资者真相，则很难以认定行为人具有非法占有之目的而构成集资诈骗。此时构成犯罪，也是他罪，如非法吸收公众存款罪，非法经营罪，擅自发行公司股票、公司、企业债券罪等。所谓使用诈骗方法，是指行为人以非法占有为目的，编造谎言，捏造或者隐瞒事实真相，骗取他人的资金的行为。如伪造有关批准吸收社会公众资金的文件批件，大肆登载虚假广告，打着举办高科技、国家支持产业的幌子，虚构实际上并不存在的企业或企业计划等，只要行为人采用了隐瞒真相或虚构事实的方法进行集资的，均属于使用欺骗方法非法集资行为。当然，尽管采取了诈骗方法集资，但若不是出于非法占有之目的，并非意味着一定不能构成犯罪，倘若符合非法吸收公众存款的条件的，则构成非法吸收公众存款罪。

就行为情节轻重来说，两者的要求亦不相同。非法吸收公众存款罪不要求其行为扰乱了金融秩序，才构成犯罪，而集资诈骗罪则要求，且非法集资诈骗的数额必须达到数额较大才能构成其罪。根据《关于审理非法集资刑事案件具体应用法律若干问题的解释》第8条、14条规定，无论是个人还是单位，数额达到10万元以上的，就可认定为"数额较大"而以集资诈骗犯罪论处。至于集资诈骗的数额以行为人实际骗取的数额计算，在案发前已归还的数额应予扣除。行为人为实施集资诈骗活动而支付的广告费、中介费、手续费、回扣，或者用于行贿、赠与等费用，不予扣除。行为人为实施集资诈骗活动而支付的利息，除本金未归可予折抵本金以外，应当计入诈骗数额。

谭君：2019年10月，时任最高人民法院院长周强在全国人大常委会作《关于加强刑事审判工作情况的报告》时，披露了一组数据，2014年至2019年6月，全国法院审结一审刑事案件628.3万件，判处罪犯709.9万人。其中，审结故意杀人、抢劫、绑架、放火、爆炸等严重暴力犯罪案件21.9万件，判处罪犯22.5万人；审结一审贪污贿赂、渎职等案件19.4万件，判处罪犯20.7万人；审结非法集资、网络传销等涉众型犯罪6.5万件，判处罪犯10.8万人。依法审结破坏金融管理秩序、金融诈骗犯罪案件10.9万件，其中内幕交易等证券期货犯罪案件210件，洗钱、假币犯罪案件2657件。

2020年4月，《中国经济日报》报道，最高人民检察院披露数据，2019年，全国检察机关起诉非法吸收公众存款犯罪案件10384件23060人，同比分别上升40.5%和50.7%；起诉集资诈骗犯罪案件1794件2987人，同比分别上升50.13%和52.24%。在非吸如此严重高发之下，您觉得现在非法吸收公众存款构罪的标准是否定得过低？司法实践中，查办的非吸案件，经常都远远高于这个标准，是不是非吸的标准也可以提高？

贺律川：这是一个立法的问题。关于每种犯罪构罪的起点标准，有一个法律体系平衡的问题，必须有一个通盘的考虑。就有关涉及金钱财产数额的犯罪，构罪起点都不高。贪污受贿的犯罪案件及其人数似乎比非法吸收公众存款、传销犯罪要多得多，然前者的构罪起点也并不高，在一般情况下，贪污受贿3万元就可构罪，遇有一些特殊情节，数额达到1万元，就可以构罪，而司法实践中不是因为特殊情况而常常没有将之定罪追究刑事责任，或者因为这类犯罪严重就将起点提高。因为，这里有着其他犯罪如盗窃、诈骗等许多涉及财产犯罪的数额确定问题。

还有，构罪条件提高，罪重情节的条件就得水涨船高，那么，就越不利于对严重犯罪的惩罚。

其实，构成标准的确定，主要有着宣示作用。法律并不是万能的，认定构成犯罪需要讲证据，而司法资源却有限，对于刚刚构罪的行为，不可能一律追究刑事责任。现在那么多严重犯罪行为，人案矛盾突出，司法人员包括刑事司法人员，常常是加班加点，也一直在忙。因此，不能以实际查处的数额远远高于构罪标准就认为构罪标准要予以提高。

谭君：2020年12月26日，《刑法修正案（十一）》经全国人大常委会审议通过，并自2021年3月1日起施行。针对实践中不法分子借互联网金融名义从事网络非法集资，严重扰乱经济金融秩序和极大侵害人民群众财产的情况，将非法吸收公众存款罪的法定最高刑由10年有期徒刑提高到15年，调整集资诈骗罪的刑罚结构，加大对非法集资犯罪的惩处力度。您怎么看这个修改？

贺律川：《吕刑》规定："刑罚世轻世重，惟齐非齐，有伦有要。"我国一直有"乱世用重典"的刑罚文化传统。所以，在某种犯罪多发、严重危害社会，增加刑罚乃就成为自然。

　　另外，早在秦始皇统治时期，相国吕不韦令其门下食客各抒所闻著成的传世之作——《吕氏春秋》，其中的《察今》一文就言简意赅地告诉人们："凡先王之法，有要于时也，时不与法俱在，法虽今而在，犹若不可法。故释先王之成法，而法其所以为法。"说明古今时世不同，制定法令，应当察明当前形势，不应死守故法。1800余年后，英国著名思想家、弗·培根大法官也精辟地指出："历史是川流不息的，若不能因时而进，顽固恪守旧俗，这本身就是治乱之源。"这样，两者同出一辙，道出了法随时而改、法依时而变的这一古今中外制定、修改法律时都应遵循的基本原理。

　　基上，源于非法吸收公众存款、集资诈骗犯罪极为严重需要严惩而加以遏制的现实情况，《刑法修正案（十一）》将非法吸收公众存款罪的法定主刑的最高刑由10年提高到15年，取消附加刑罚金最高为50万元限额的规定；集资诈骗罪的法定主刑的最低刑由拘役提高到3年，并对附加刑罚金取消最高限额50万元的规定。就是参照司法解释有关贪污贿赂罪的罚金最高可以判处犯罪数额2倍规定，会大大强化对非法吸收公众存款罪、集资诈骗罪这种贪利性犯罪的财产刑处罚力度。

　　为了强化对非法集资犯罪的打击，《防范和处置非法集资条例》第19条明确规定，对本行政区域内只要涉嫌非法集资的下列行为，处置非法集资牵头部门就应当及时组织有关行业主管部门、监管部门以及国务院金融管理部门分支机构、派出机构进行调查认定：（1）设立互联网企业、投资及投资咨询类企业、各类交易场所或者平台、农民专业合作社、资金互助组织以及其他组织吸收资金；（2）以发行或者转让股权、债权，募集基金，销售保险产品，或者以从事各类资产管理、虚拟货币、融资租赁业务等名义吸收资金；（3）在销售商品、提供服务、投资项目等商业活动中，以承诺给付货币、股权、实物等回报的形式吸收资金；（4）违反法律、行政法规或者国家有关规定，通过大众传播媒介、即时通信工具或者其他方式公开传播吸收资金信息；（5）其他涉嫌非法集资的行为。

　　此外，对于非法集资，除强化刑事惩治力度之外，国家还加大了有关非法集资人与非法集资协助人的民事责任、行政责任的负担。

　　首先，强调清退资金的责任。《防范和处置非法集资条例》第25条规定，非法集资人、非法集资协助人应当向集资参与人清退集资资金。清退过程应当接受处置非法集资牵头部门监督。任何单位和个人不得从非法集资中获取经济利益。因参与非法集资受到的损失，由集资参与人自行承担。第26条规定："清退集资资金来源包括：（一）非法集资资金余额；（二）非法集资资金的收益或者转换的其他资产及其收益；（三）非法集资人及其股东、实际控制人、董事、监事、高级管理人员和其他相关人员从非法集资中获得的经济利益；（四）非法集资人隐匿、转移的非法集资资金或者相关资产；（五）在非法集资中获得的广告费、代言费、代理费、好处费、返点费、佣金、提成等经济利益；（六）可以作为清退集资资金的其他资产。"第32条规定，非法集资人、非法集资协助人不能同时履行所承担的清退集资资金和缴纳罚款义务时，先清退集资资金。

其次，强化非法集资人与非法集资人的行政处罚力度。如《防范和处置非法集资条例》第33～35条规定，对非法集资人，由处置非法集资牵头部门处集资金额20%以上1倍以下的罚款。非法集资人为单位的，还可以根据情节轻重责令停产停业，由有关机关依法吊销许可证、营业执照或者登记证书，对其法定代表人或者主要负责人、直接负责的主管人员和其他直接责任人员给予警告，处50万元以上500万元以下的罚款。构成犯罪的，依法追究刑事责任。对非法集资协助人，由处置非法集资牵头部门给予警告，处违法所得1倍以上3倍以下的罚款；构成犯罪的，依法追究刑事责任。第33～35条规定，对依照本条例受到行政处罚的非法集资人、非法集资协助人，由有关部门建立信用记录，按照规定将其信用记录纳入全国信用信息共享平台；互联网信息服务提供者未履行对涉嫌非法集资信息的防范和处置义务的，由有关主管部门责令改正，给予警告，没收违法所得；拒不改正或者情节严重的，处10万元以上50万元以下的罚款，并可以根据情节轻重责令暂停相关业务、停业整顿、关闭网站、吊销相关业务许可证或者吊销营业执照，对直接负责的主管人员和其他直接责任人员处1万元以上10万元以下的罚款。广告经营者、广告发布者未按照规定查验相关证明文件、核对广告内容的，由市场监督管理部门责令改正，并依照《广告法》的规定予以处罚；

金融机构、非银行支付机构未履行防范非法集资义务的，由国务院金融管理部门或者其分支机构、派出机构按照职责分工责令改正，给予警告，没收违法所得；造成严重后果的，处100万元以上500万元以下的罚款，对直接负责的主管人员和其他直接责任人员给予警告，处10万元以上50万元以下的罚款等。

谭君：根据历年刑事审判的数据，P2P这种金融业原本不是非法吸收公众存款的高发行业，常见的是租赁、商务服务业、制造业、房地产业、批发和零售业。这些行业确实债权流转频繁，有融资的需求。但是P2P的怪胎就在于，它对于投资人来说，是一种纯粹的投资项目，妄图让钱生钱；对于借款人来说，它又像一个方便的小钱庄，既不像银行那样审核严格，又不像高利贷那样面目狰狞，甚至说不定还可以撸平台的"口子"、薅羊毛、白嫖。可是，荒诞之处是，法律对于该平台的定位，有清晰的界定，大量投资者仍然视而不见，认为自己所投的平台是靠谱的，或者认为大家都在投，就是安全的，法不责众，导致P2P成为最好的"韭菜收割机"之一。《商业银行法》第11条规定，未经国务院银行业监督管理机构批准，任何单位和个人不得从事吸收公众存款等商业银行业务。《非法金融机构和非法金融业务活动取缔办法》第4条规定，未经中国人民银行批准，不得从事向社会不特定对象吸收资金，出具凭证，承诺在一定期限内还本付息的非法金融业务活动。就算投资者不够熟悉这些条款，但基本的常识应该还是有的。您怎么看P2P这种网络借贷的法律性质？您认为法律到底应该怎样，才会成为人们内心真正的信条和准则？

贺律川：违法会有风险，但那是法律上的风险，有的人可不会因为交易的性质不合法就不与之交易的。这正如，给官员送钱谋取不正当利益，收钱人属于受贿构成犯罪，送钱人他为了获得利益还是甘冒风险。在非法集资过程中，违法的责任完全由对方承担，与投资人无关。投资人考虑的主要不是集资行为本身的合法性，而是考虑集资人，能否兑现承诺。

P2P，作为随着现代网络技术发展而产生一种新业态，本身就是为融资双方提供诸如信息服务的。一个人要钱需要借钱，一个有钱想用钱生些钱，但两者由于没有接触互不知情，于是要求在中间有个机构，借钱的人将借钱的意图、愿意提供的利息，以及自己借钱的目的、用途、信用等信息提供给这个中介机构，想将钱借出的人也将想借钱的意图、所要的利息，以及借钱人应当具备的条件等信息提供给它，这样，中介机构就可以作为双方联系的桥梁、纽带将要借钱的借款人与想将钱借出的出借人相互联系起来，促成双方交易的成功。这也与"Peer2Peer"的英文本意完全相符。Peer，在英文中，含有"同等地位的人"之意。原中国银行业监督管理委员会、工业和信息化部、公安部、国家互联网信息办公室2016年8月17日发布的《网络借贷信息中介机构业务活动管理暂行办法》第2条第2款明确规定："网络借贷是指个体和个体之间通过互联网平台实现的直接借贷。个体包含自然人、法人及其他组织。网络借贷信息中介机构是指依法设立，专门从事网络借贷信息中介业务活动的金融信息中介公司。该类机构以互联网为主要渠道，为借款人与出借人（即贷款人）实现直接借贷提供信息搜集、信息公布、资信评估、信息交互、借贷撮合等服务。"

可是，在现实操作的过程中，一些P2P便变了味。它知道他人要借钱，也知道他人有钱想借出去，便自己从想将钱出借的人手里借钱然后再将之贷给需要借钱的人，从中赚取差价，像银行那样做起钱的生意来，这当然比起在借钱人与出借人之间居中仅仅作为中介机构赚取一些佣金、中介费强多了。有利就有人干，何况P2P中介机构明显看到了民间巨大的融资需求。可它没有想到或者很少想到借钱人借钱后可能用于非法目的、经营能力不行、提供的借款能力等信用资料可能作假，自己仅仅作为中间方并不具备像银行等金融机构那样具有对外吸收资金后再放贷给他人赚取差价的信用判断、风险控制能力等。它只是通过网络审核一下借款人相关材料，在诚信、法治环境远不完善成熟的背景下，又怎么能够控制将款放出的风险呢？这样，借钱人一旦不守信用或者经营不善等或这或那的原因还不上，中介的盈利能力就会大大降低。这样的借款人数量达到一定规模，就会导致它又无法支付出借人的本息。这样，就会导致信用危机。一有信用危机，它从外借款便会存在障碍。而它又不是生产经营者，本身不能创造利润。为此，P2P中介机构，借人家的为自己挣钱，那真是"空手套白狼"，可以说是投机谋利，或者说是不劳而获，作为本为中介机构的P2P本不该这样。做了，乃就属于非法经营或非法集资，并极易暴雷而引发风险的。当然，有的P2P平台一开始就是出于非法吸收或者变相吸收公众存款甚至非法占有的目的，获得出借人款项后由自身占有使用，不给社会上需要资金的以及出借人希望的他人使用，则属于直接的非法吸收公众存款或者集资诈骗违法犯罪行为。

另外，倘若与出于非法集资意图的借钱人相互串通勾结共同吸收公众资金的，当然也与非法集资者构成共同犯罪，需要依法承担相应的刑事责任。要是它与出借人串通勾结向不特定公众放款，则构成非法经营罪；向特定者提供高利贷款的，则应承担高利放贷的违法责任。

还有，有的与银行等金融机构工作人员串通，由银行向之贷款然后转借给他人，则属高利转贷的违法行为，数额较大的，则可能构成高利转贷罪或者其他诸如行贿罪、单位行贿罪、对非国家工作人员行贿罪、受贿罪、单位受贿罪、非国家工作人员受贿罪、违法发放贷款罪、吸收客户资金不入账罪等，具体构成何罪或者多罪，则应根据具体情况依法加以确定。

谭君：涉众型经济犯罪还有一个特点，即受害人不告发，司法机关很难介入。而且，就算受害人报案，也难以像暴力犯罪一样得到司法机关的及时处置，除非该犯罪发展到一定规模，对国家机关和社会稳定造成冲击。

比如，上述的集传销和诈骗于一体的"民族资产解冻"骗术。2017年5月，数万名老人前往北京鸟巢体育馆，参加所谓"民族资产解冻大会"。组织者宣称，每人收取10元胸牌制作费，到现场就可以领取5万元现金并报销来回食宿费。这场鸟巢大会直接触动了高层，并全力打击该犯罪组织。

所以，非法传销或者非法集资这种涉众犯罪，其危害性到底在哪里？如何理解这种被损害的法益？

贺律川：行为的极大危害性，本来就是非法集资行为的一种重要特征。

非法集资，随着网络信息技术的发展、传销式的方法引入，涉及范围越来越广，跨市、省甚至国境作案也司空见惯，异地作案现象日益突出。集资者本来就是秉着以小积多式的观念将众多投资者的财富集中在他口袋中，想方设法吸引更多的人参与，恨不得全天下的人都能够入其之局，多多益善，受害人为此必多，不然就根本达不到目的。众多的集资款聚集起来，真能达到他所预期的聚沙成塔、积水成渊的效果，社会影响面也就广、层次多，既危及投资信心和金融稳定，更频繁引发群体性事件，有的还导致极端过激事件发生，影响社会稳定。在经济下行压力较大，企业生产经营困难增多的背景下，危害性更大：一是扰乱了社会主义市场经济秩序。非法集资活动以高回报为诱饵，以骗取资金为目的，破坏了金融秩序，影响金融市场的健康发展。二是严重损害群众利益，影响社会稳定。非法集资有很强的欺骗性，容易蔓延，犯罪分子骗取群众资金后，往往大肆挥霍或迅速转移、隐匿，使受害者（多数是下岗工人、离退休人员）损失惨重，极易引发群体事件，甚至危害社会稳定。三是损害了政府的声誉和形象。

谭君：对于媒体来说，除非出现极端命案，现在搞传销以及对传销的打击，难以算得上热门新闻。近年来其实最触动人心的传销案件，是2017年5月25日发生的东北大学毕业生李文星因遭遇黑招聘，被诈骗而深陷传销组织"蝶贝蕾"的死亡事件。这几年流行的"黑招聘+传销"组合，专坑年轻人。传销早已从过去吸引人加入，变成了逼人加入。就算时代已经逐渐看清了传销的本质，但总还有源源不断的"小白"入坑，被洗脑加入传销组织，或者因为找不到工作而误入传销组织。同样，因为没有更好的投资项目，所以很多人将钱投向了声称是"金融创新"的P2P。因为条件好的公立养老院住不进去，所以老年人住到了非法集资者创办的民办养老机构……在经济较好的年景，传销、非吸这类犯罪会不会减少？

贺律川：这类犯罪多发的原因，不是哪一方面的，涉及许多方方面面，这点在前面实际已经谈过。经济发展了，资金需求量可能更大，有剩余的钱，就会想到将之作为资本去挣钱。民间闲散资金就有寻求出路的动机。另一方面，民间也确有融资的需求，两者自然会相互寻找。传销、非吸类犯罪的存在与人们的诚信法治观念、法治环境还不成熟、查处相关犯罪难度又大等外在原因密切相关。故，经济好转我认为并不是此类犯罪减少的主要原因。从经济上看，虽然存在这样与那样的困难，然从历史前后纵向来看，我国经济还是始终稳步向前发展的，人们的生活水平也越来越高，也正是如此，社会上才存在一些闲钱。当然，经济非常发达，人们的收入大大提高，达到一定水平，如大多数人根本不对未来的用钱存在过分的担心时，加上法治环境（包括遵法守法、执法司法等各方面）逐渐好转，犯罪也可能会减少，但在整个犯罪的条件尚未消失之前，也不可能完全不会发生这种犯罪。

十二、传销非集之破

谭君：传销和变相传销活动屡禁不止的根源究竟是什么？是相关部门监督管理不力、有关法律惩罚不严还是参与人员利欲熏心？传销进入中国30年来，大部分成年人身边都可以找到参加过传销的朋友、亲戚。我们的感受，这些年传销确实少了很多，不像过去那么疯狂。既然这种犯罪像病毒一样，人类能否对这类犯罪形成"群体免疫"？

贺律川：赌博、传销、非法集资等贪利性违法犯罪确实有如病毒、瘟疫，在公众之间容易传染，让众人受害。受染后参与赌博、传销或者参与了他人的集资，也不一定能够产生免疫力。像赌博一样，输了借钱再赌，再输了再想办法弄钱赌的现象屡见不鲜。尤其是，这种病毒、瘟疫等是人故意设计，形式变化多样，而且人们是主动接受的，这里有着各种各样的因素。可变换着花样、形式的传销、非法集资等让人防不胜防，有些人的免疫力本身就不够；赚钱的欲念，有时真是强，不然怎么会有"人为财死，鸟为食亡"之说呢！加之，任何投资都有风险，有时候风险越大，获利越大，很多人就愿意冒险。另外，人有时就是"好了伤疤忘了痛"，加上新人、没有受到感染等的人不知道赌博、传销、非法集资可以搞得人血本无归；有的人在此亏了又想扳本，正所谓"亏了想赢，赢了想再赢"的赌徒式的不良心理作怪。还有，人口也是一个世代交替的过程，新人不断出现，新非法者与受害者往往同时存在、出现。有的说，父母受害之后可以现身说法，可是一代人有一代人的观念，如前所说，同样是传销、非法集资，随着社会尤其是科学技术的发展，表现形式不一样。实际上，子女长大了，他有自己对世界的理解，对某一现象认同后又有几个听父母教导的呢？毕竟，父母受害的痛，他没有经历，就不可能感同身受。是以，因为传销、非法集资高发造成很多人受害，对其严厉打击等各方面的原因会导致这方面的犯罪可能减少，任何行为包括犯罪在一定时期内都有其顶峰，但要说由此可以像对病毒、瘟疫一样产生"群体免疫"似难以比较。何况，"群体免疫"是否对所有病毒、瘟疫都有作用，无论在医学理论上还是医学实践上都有争论。

谭君：在科技赋能管理手段之下，传销犯罪可能被消除吗？

贺律川：科技的发展，如网络技术通过对资金流的控制、同类大数据等的分析，对于发现查处遏制、减少有关传销、非法集资等犯罪，自然大有裨益。然而，某种犯罪的产生与消灭，与社会的经济、政治、文化、思想等环境，物质文明、精神文明发展的程度等存在着密切的联系。传统观点认为，"犯罪这一概念是有阶级性的""犯罪是人类社会出现阶级以后的社会现象，是一定历史阶段中具有强烈阶级性的法律概念""犯罪是阶级社会的产物，是一个历史范畴，它是人类社会发展到一定阶段，随着阶级和国家的出现而出现。而且最终也必将随着阶级、国家的消亡而消亡""犯罪是阶级社会的特有现象，具有鲜明的阶级性"。有的虽然不认同这一观点，但也认为，犯罪是伴随着人类最初的社会制度和统治关系的产生而产生的，犯罪的根本属性是反对统治关系或蔑视社会秩序而危害严重的行为，简言之，即严重的社会危害性。对此，马克思入木三分地深刻指出：犯罪——孤立的个人反对统治关系的斗争，和法一样，也不是随心所欲地产生的。相反地，犯罪和现行统治都产生于相同的条件。

上述有关犯罪产生与阶级社会关系的原理，说明犯罪要完全根除、消失，不可能单靠某种手段包括科学技术发展就可以解决的。按照马克思主义的观点，当经济、政治、文化、思想等各方面全面发展到相当高度，物质文明、精神文明高度发达，如社会生产力高度发展；全体社会成员的文化教育的普及和科学技术水平、思想觉悟和道德品质的极大提高；建立起同高度社会化生产相适应的生产资料社会公有制；消灭旧的社会分工，造就出体力和智力全面发展的新人；在全世界消灭了一切剥削制度和剥削阶级，作为阶级统治工具的国家自行消亡，人与人之间就不再存在统治与被统治关系；对于社会秩序规则，人们自觉遵守，反抗统治关系、蔑视社会秩序规则的违法犯罪自然不复存在啦！

谭君：传销、非法集资这类涉众犯罪，有时会有领导干部的参与。比如善心汇传销案被调查后，云南省纪委监委官网通报6起基层党员干部利用政府公信力参与或组织善心汇传销的典型案例。湘西吉首非法集资案，领导干部带头参加民间融资，并提前退出。P2P爆雷之后，中纪委通报，一些领导干部"特权挽损"，优先退出。您怎么看待涉众犯罪中这种领导干部的身份腐败问题？

贺律川：一些官员甚至领导干部带头参与非法集资，可能确实看中了其中的项目。有的凭借手中权力，还借此向项目高利借贷谋取利益，自然会为非法集资行为推波助澜，更易让人上当受骗。存在较大风险时，官员获取的信息比常人往往更早，集资者为了不得罪官员，一般也不会让官员亏本，其中可能存在一些官员或多或少的权力寻租因素。尤其是爆雷之后，"特权挽损"一旦让受害者知道，更易引发众怒甚至社会群体事件的发生。所以，要真是进行了"特权挽损"的，则属违法行为，应当追回。若官员利用了其职务便利，或者主管集资者项目的便利而这样的，我认为，就可能触犯受贿、滥用职权等犯罪，应当依法追究有关刑事责任。

谭君：关于传销的打击治理，还有一个怪象。比如，安化黑茶企业，其经销商被很多法院认定为传销，但仍然屹立不倒，企业的法定代表人或者实际控制人还当选人大代表，这些企业发展得好的，多数成为地方纳税大户，与地方利益深度捆绑，地方保护主义若隐若现，如何破解？

贺律川： 关于黑茶产业，我不清楚。我平时不喝茶，体会不到茶的功能及价值。如前所言，传销作为一种销售模式，能够长期存在，在推销商品上自有它的作用。在我国，基于它与销售伪劣商品等骗取财物行为之间的经常联系，便要求经过批准后以直销的方式进行，不经过批准而通过人传人发展下线方式推销的就是传销。传销，又有形式与实质之分。前者是从形式上加以判断，只要要求缴纳费用才能获得推销资格，或者报酬计算要以发展下线人数的数量或者推销的业绩为根据即实行"团队计酬"，就属传销，而不论推销的是否为伪劣商品或者虚拟产品。若在要求缴纳费用获取推销资格的同时实行"团队计酬"，而且借推销产品、服务为名行推销伪劣商品或者虚拟产品而骗取财物之实，扰乱市场经济秩序的，不论是否经过批准具有直销的资格，都属于传销违法犯罪，构成犯罪的固然需要依法承担相应的刑事责任。这样，黑茶产品若为真，只是形式上的传销，最多只是罚罚款。另外，作为黑茶产业源头的安化县的企业，其产品若真的有价值、功能，也可能被他人借以传销甚至以此骗取财物，而源头企业可能并不知情。当然，真的属于传销，则自然需要依法追究其法律责任。对这种企业，要是以对违法犯罪予以纵容的方式加以保护，保护一时，也保护不了永久。

谭君： P2P陆续爆雷之后，一些曾为P2P站台的"专家""名人""明星"也被大众声讨。如2020年6月，P2P平台"爱钱进"出现兑付困难，众多投资者投在该产品上的资金无法正常提现后，在网上喊话著名主持人汪涵，希望曾是该平台代言人的汪涵可以帮助投资者发声。公司注册登记资料显示，"爱钱进"App系爱钱进（北京）信息科技有限公司旗下的网络借贷信息中介平台，为用户提供资金出借服务，累计撮合成交额高达2319.21亿余元。据媒体报道，爱钱进涉嫌诈骗超过10万人，共计超百亿元，据北京市地方金融监督管理局信息，公安机关已对该平台立案调查。隔空喊话汪涵"讨钱"很快登上微博热搜。7月2日，被推上风口浪尖的汪涵发表声明，承认自己2016～2018年曾为"爱钱进"App代言，之后得知该产品出现兑付迟缓现象，多次联系平台，敦促他们尽快妥善解决。但未及时向大家通报，特此致歉，并表示继续密切关注、跟进此事，全力沟通、督促平台解决问题。您怎么看待这种明星代言P2P的现象？这中间代言人应该承担怎样的责任？

贺律川： 演员、主持人等明星作为公众人物，得到社会公众的认可甚至追捧，其言行具有示范效应。另外，他（她）的代言也容易让"粉丝"们认同或者丧失必要的警惕，因为，谁会想到有名有利的明星们会在电视报纸等媒体中去为违法犯罪行为宣扬背书、站台呢？若真的为传销者、非法集资者利用，涉及的人通常会更多，地域会更广，危害性由此会更大。

代言的法律责任，若是与传销、非法集资者串通勾结或明知他人从事非法吸收公众存款、集资诈骗、传销犯罪等犯罪活动为之提供广告而构成犯罪的，则应以非法吸收公众存款罪、集资诈骗罪及组织、领导传销活动罪的共犯论处，并且依法以共犯身份承担要的刑事责任与尼事责任。要是不属于这种情形，则构成独立的行为，有的可能完全受骗，有的则是违反广告法律、法规的违法行为，有的作为广告发布者，违反国家规定，利用广告对商品或者服务做虚假宣传，情节严重的，则构成虚假广告罪，需要在"2年以下有期徒刑或者拘役，并处或者单处罚金"的法定量刑幅度内依法承担刑事责任。

关于行政责任，《广告法》第61条明确规定，广告代言人具有下列情形之一的，由市场监督管理部门没收违法所得，并处违法所得1倍以上2倍以下的罚款：（1）违反本法第16条第1款第4项规定，在医疗、药品、医疗器械广告中作推荐、证明的；（2）违反本法第18条第1款第5项规定，在保健食品广告中作推荐、证明的；（3）违反本法第38条第1款规定，为其未使用过的商品或者未接受过的服务作推荐、证明的；（4）明知或者应知广告虚假仍在广告中对商品、服务作推荐、证明的。

应当指出，《广告法》第68条规定："广告主、广告经营者、广告发布者违反本法规定，有下列侵权行为之一的，依法承担民事责任：（一）在广告中损害未成年人或者残疾人的身心健康的；（二）假冒他人专利的；（三）贬低其他生产经营者的商品、服务的；（四）在广告中未经同意使用他人名义或者形象的；（五）其他侵犯他人合法民事权益的。"再根据《广告法》第2条第2、3、4款规定，广告主，是指为推销商品或者服务，自行或者委托他人设计、制作、发布广告的自然人、法人或者其他组织；广告经营者，是指接受委托提供广告设计、制作、代理服务的自然人、法人或者其他组织；广告发布者，是指为广告主或者广告主委托的广告经营者发布广告的自然人、法人或者其他组织。是以，广告代言人乃是作为独立的民事主体存在的，既不是广告主，又不是广告经营者，还不是广告发布者。故，不能按照《广告法》第68条规定承担民事责任。然，这不是说，广告代言人发布虚假广告造成他人损害的，就不要承担民事责任。《广告法》没有特别对其民事责任作出规定，可仍要根据《民法典》的有关规定承担有关侵权责任，与广告主、广告经营者或者广告发布者构成共同侵权的，则应依法共同承担连带责任。

不用多言，在现代社会的产品、服务推销中，广告有着相当大的作用。不然，商家就不会耗费大量广告费用有的甚至不惜血本大做广告。要是明星为产品、服务做广告，影响更大，这是明星代言费用高达几十万、上百万的原因。他们若为传销、非法集资违法犯罪行为作虚假广告宣传，除明知他人在进行传销、非法吸收公众存款、集资诈骗犯罪构成共犯外，还要承担独立的虚假广告的一般违法行为的法律责任或者犯罪的刑事责任。前者为"没收违法所得，并处违法所得1倍以上2倍以下的罚款"，后者为"2年以下有期徒刑或者拘役，并处或者单处罚金"。然，明星作这种虚假广告，可能确实不知情，但在不知情而又不加了解的情况下，作为公众人物就不能去代言，其行为应当极为谨慎。因为，他们的代言行为，并不仅仅是一种广告服务行为，对大众有着较强的引导作用，易让更多的人参与到他所代言的行为中。还有，没有使用或者接受过服务便代言作为违法行为的标准，很难界定。有的则是产品或者服务者为了让明星代言广告而免费让他使用，有的仅仅使用过一两次，这样，明星为了规避这一违法行为就很容易购买或者接受服务。所以，对于明星代言中出现的虚假广告违法犯罪行为，无论是从刑期还是从财产刑所应承担的责任来看，我认为都过低，应当提高。尤其是在传销、非法集资违法犯罪现象异常严重，他们为了扩大自己产品、服务的影响往往不惜重金请明星出山代言宣传的情况下，更应如此。

谭君：自2015年来，投资者因各类理财产品血本无归的事情频发，投资市场流行一个段子："土豪死于信托，中产死于炒股，草根死于P2P，总有一款骗术属于你。"在一些专家看来，防范这类骗局最好的办法，是对全民进行金融教育，或者说投资教育，了解基本的经济运行规律，以及产品的底层逻辑，自然不容易上当。您怎么看这种观点？

贺小电：对全民进行金融教育可能吗？金融投资等有关知识就这么容易能让全民接受吗？我们国家，很多人高中都没有毕业，就是大学毕业，对一些诸如股票、债券、票据、期货、基金、理财、融资、保险、信用证、信用卡等各种各样的金融行为及其产品，是一般人甚至受过高等教育的人一下能够搞得懂的吗？金融产品远不止过去传统的存款与放款那么简单，而且传销、非法集资等的违法犯罪行为与债权、股权、生产经营服务、商品等各种各样的行业、产品、服务联系在一起进行设置，岂是单靠进行金融普及教育就可以解决问题的？其实，传销、非法集资等的违法犯罪行为之所以能够得逞，主要是因为它对准了人性的弱点、环境的缺陷等，使得众人上当受骗。还有，金融不过是一种服务，它并不生产产品，并不创造物质价值，只是改变财富的归属，在知识呈几何级爆炸的情况下，还有那么多的知识需要去学去普及，都能够普及得过来吗？那又要多少普及者？普及完了后，是不是都去搞金融？现在，炒股已是普遍现象，它属于合法，对于融资支持生产经营等确实有好处。但其中诸如内幕交易、操纵证券交易等违法犯罪现象也屡见不鲜，发案虽然不多，但实际来说我想并不乐观。金融本身异常复杂，正因为异常复杂，又涉及每个人、每个单位、每一组织，在现代社会中人人无法缺少，但容易被滥用而成为一把双刃剑。而要防止金融犯罪，不可能通过每个人自身去加以解决，而需要通过经济、法治、文化等发展来加以解决。人人真要信仰法治，尊法尚法，所有金融产品的设计均依法而为，就不可能再存在什么犯罪，包括金融犯罪的问题。如认为，全民普及金融知识可以预防传销、非法集资几个犯罪的发生，那么，其他许许多多的犯罪涉及其他知识，是不是就需要通过普及相关知识以解决其他有关问题呢？即使能，民众都能够普及得过来吗？我的答案是肯定不能。为解决传销、非法集资犯罪开出"对全民进行金融教育"的处方，我想不过是江湖郎中而已，不可能是什么真正的专家！

谭君： 在这种P2P雷潮中，我身边的很多人都亲身经历了。有的是投资人，遭受了五六十万的损失；有的是借款人，正为还清多个平台的借款而发愁。在网络上，自嘲为"韭菜"的投资人似乎已经习惯被资本家收割。在现实生活中，很多投资人也是自我安慰"这个钱就不该是你赚的，当时不该贪图那点利息"。在非法集资诈骗案件中，我们较少看到非法集资受害人伤害自己或报复社会的次生灾难事件。我们知道，很多暴力犯罪或命案，与债务纠纷有关。比如农民工将拖欠工资的包工头或者老板杀害，或者农民工跳楼自杀等。总之，传统的债务纠纷，不还钱者很可能被人逼死。但在非法集资诈骗案件中，参与者最后基本会屈服或者说接受资金无法追回的现实，很少能团结起来，一起找债主算账，把资金追回来或者报复债主的。您如何看待这种涉众的债务纠纷，与个体债务纠纷的差异？

贺律川： 一个人受害后，采取什么样的方式处理，与人的性格、有无更好的解决途径、受害所带来的压力及其解决的希望程度、承受困境的能力等诸多方面都有关系，不能一概而论。农民工的辛苦报酬未能得到合法支付，这些人更是处于社会底层，讨要工资往往是在年关，全家人可能就是靠着这外出辛辛苦苦打工的一点钱去过上个好一点的"新年"。而有的包工头从老板那里拿了钱全部塞进自己的腰包，有的老板本身不是困难就是拖着故意不给，从而更易使人走向极端。相对来说，自愿参与传销、非法集资的人，经济状况大多尽管不是很好，可还是有点余钱，且挣钱并不像农民工那样那么艰难。出事之后，也不是一个人受害，有很多人，也容易从大多人受到损失中得到安慰，而且受害多多少少与自己的欲念、行为有关，大多只有用"阿Q精神"来麻痹自己，减少一下内心的痛苦，"这个钱就不该是你赚的，当时不该贪图那点利息"，不然又有什么法子呢？难道大家真的去自杀、去杀人不成？其实，真正自杀的人是要勇气的，除非到了内心绝望的程度，加之足够的勇气及外力的推动，才会走向绝路。求生作为动物本能，绝大多数人无论遇到多大困难，都会设法活下去的。

谭君：对于传销、非法集资的行为，对有关方面您已做了全面的介绍。就资金交易的双方而言，传销、非法集资者乃属资金的使用方、接受者，广义上可以称为融资方，另一方则是资金的出借方、投资方、付出方，那么，资金的出借方、付出方能够像融资方那样构成违法犯罪吗？

贺律川：融资本是一种在一定时期内由双方约定一方将钱借出从借入方获得固定回报，一方将钱借入而向借出方支付约定回报的行为，但有的为了规避法律或者为了防止风险，有时还以买卖、投资入股、合伙合作等形式出现，出借方从而可能以买卖者、投资者、合伙者等名义出现。其实，将钱按照合同约定借给他人谋利，也属于合同的交易行为，从而也可以从广义的角度认为是通过出借钱款给他人谋利的行为，只不过是谋取固定利益而已。只是因为法律将此种行为从广义的投资行为独立出来而称为融资、借贷款，而将投出资金谋利却不约定固定回报应当承担风险的行为与之区分，定义为狭义的投资行为罢了。这样，若是从广义的交易、投资行为理解资金的出借行为，其具有一些违法犯罪的行为就不难理解了。

任何交易行为，或者无偿赠与、遗嘱处理自己的财产，都可能存在违法行为，如在他人不愿进行赠与的情况下，采取威胁、胁迫等方式强行违背他人意志赠与；赠与他人的财物含有能够致人伤害的瑕疵而故意不予告知或者谎称甚至保证没有瑕疵；无民事行为能力人或者限制民事行为能力人利用赠与、遗嘱处分自己财产；遗嘱没有为缺乏劳动能力又没有生活来源的继承人保留必要的遗产份额，等等，就均属违法行为。当然，这种违法行为，可能只是构成一般的民事违法，而不构成行政违法与刑事犯罪。

具体来说，对于资金的出借行为，在这里作广义理解，包括银行等金融机构将资金借给他人使用的行为，按行为的非法与否，可以分为以下几种情形：

①从借款对象、借款利率、借款合同、借款方式、借款偿还行为等诸方面完全符合《民法典》等法律、法规规定，则属合法行为而应受到法律保护。

②因资金来源、借款对象、借款利率、借款合同、借款方式、借款偿还行为等诸方面违反有关法律规定而属于违法行为。这些行为，根据违法轻重及其社会危害性的不同，有着不同的法律性质，如前面讲到的民事违法行为、行政违法行为及刑事犯罪行为。民事违法行为，又有违反非强制性法律规范或者有关合同管理性强制性规范而不导致合同无效的可撤销违法行为，及违反法律、法规有关合同无效性强制性规范的导致合同无效的行为，对此应当根据具体情况承担相应的民事法律后果或者行政违法责任。

另外，不同的主体就是对同一性质的违法行为，其方式也不是一定要求相同，如银行给他人出借款，就可能直接产生出违法发放贷款，进行体外循环利用账外资金高利转贷等，或者衍生出受贿、非国家工作人员受贿、挪用公款、挪用资金等违法甚至犯罪行为。非银行的民间借贷，则主要是高利借贷，当然可以伴随着非国家工作人员受贿、挪用资金、强迫他人借款等非法交易的违法甚至犯罪行为。

对于民间借款，基于高利出借款滋生出融资难、融资贵、强迫交易、暴力催收等诸多违法犯罪行为，有关司法解释或者其他规范性文件，多次明确利息不能突破法定利率的司法红线。人民法院在民间借贷纠纷案件审理过程中，对于各种以"利息""复利""罚息""租金""违约金""服务费""中介费""保证金""延期费"等突破或变相突破法定利率红线即民间借贷利率司法保护上限的，依法都不予以支持。

③经过批准可以对外发放贷款的机构在发放贷款过程中产生的犯罪行为，既包括直接因贷款行为违法本身而构成的有关犯罪，如银行工作人员违法发放贷款、进行高利

转贷犯罪等，又包括在此过程中因为违法贷款行为而衍生的诸如受贿、非国家工作人员受贿等犯罪。

④民间借贷中的犯罪行为，具体包括因出借款行为本身产生的犯罪行为与出借款行为实施过程中因为采取其他方式、手段而形成的其他犯罪行为。

前者又如民间借款。从狭义上讲，民间借款指的是出借人针对特定对象的借款。倘若针对非特定对象借款，则就不再是民间借款，在法律性质上则转换为了向公众发放贷款的违法开展金融业务的非法经营行为。对此，司法解释明确规定，违反国家规定，未经监管部门批准，或者超越经营范围，以营利为目的，经常性地向社会不特定对象发放贷款，扰乱金融市场秩序，情节严重的，依照《刑法》第225条第4项的规定，以非法经营罪定罪处罚。"经常性地向社会不特定对象发放贷款"，是指2年内向不特定多人（包括单位和个人）以借款或其他名义出借资金10次以上。贷款到期后延长还款期限的，发放贷款次数按照1次计算。对此，有的媒体便称民间高利贷由此入罪，有的甚至解读之所以入罪乃是因为"高利"。其实，这种说法存在着问题。民间高利贷，一般指针对特定对象的民间借款，针对特定对象的民间借款是不可能仅因借款本身构成犯罪的，即使利率很高，违反了法定的上限。倘若不是针对特定对象而是针对不特定的社会公众出借款项，这时就不是普通的民间出借款，而是只有经过国家批准的银行等金融机构才能进行的放贷行为，因之未能经过中国人民银行批准从事这种经营贷款的业务而属于非法经营活动，情节严重构成犯罪的，则构成非法经营罪。此时，不论利息是否属于高利，哪怕与银行的利率一样，也构成犯罪。当然，事实上的利率会远远高于银行的贷款利率。

后者即出借款之外还因其他行为的介入而衍生出来的犯罪，如用于出借的资金来源于银行贷款而借给他人谋利；在出借款过程中，机构的工作人员收受他人财物谋取私利；机构工作人员挪用机构资金转借给他人谋利；为了牟取不法利益而采取暴力、威胁他人借款；在催收出借款本息中非法拘禁、寻衅滋事，等等，则就可能构成高利转贷罪、非国家工作人员受贿罪、挪用资金罪、强迫交易罪、非法拘禁罪、寻衅滋事罪，等等。

所谓"套路贷"，是对以非法占有为目的，假借民间借贷之名，诱使或迫使被害人签订"借贷"或变相"借贷""抵押""担保"等相关协议，通过虚增借贷金额、恶意制造违约、肆意认定违约、毁匿还款证据等方式形成虚假债权债务，并借助诉讼、仲裁、公证或者采用暴力、威胁以及其他手段非法占有被害人财物的相关违法犯罪活动的概括性称谓。但是，民间借贷中的出借人为了到期按照协议约定的内容收回本金并获取利息，不具有非法占有他人财物的目的，也不会在签订、履行借贷协议过程中实施虚增借贷金额、制造虚假给付痕迹、恶意制造违约、肆意认定违约、毁匿还款证据等的行为；不具有非法占有目的，也未使用"套路"与借款人形成虚假债权债务，不应视为"套路贷"。因使用暴力、威胁以及其他手段强行索债构成犯罪的，应当根据具体案件事实定罪处罚。

就手段、方式而言，"套路贷"在司法实践中表现形式多种多样，如：（1）制造民间借贷假象，通常以"小额贷款公司""投资公司""咨询公司""担保公司""网络借贷平台"等名义对外宣传，以低息、无抵押、无担保、快速放款等为诱饵吸引被害人借款，继而以"保证金""行规"等虚假理由诱使被害人基于错误认识签订金额虚高的"借贷"协议或相关协议。有的犯罪嫌疑人、被告人还会以被害人先前借贷违约等理由，迫使对方签订金额虚高的"借贷"协议或相关协议。（2）制造资金走账流水等虚假给付事实，如按照虚高的"借贷"协议金额将资金转入被害人账户，制造已将全部借款交付被害人的银行流水痕迹，随后便采取各种手段将其中全部或者部分资金收回，被害人实际上并未取得或者完全取得"借贷"协议、银行流水上显示的钱款。（3）故意制造违约或者肆意认定违约。如以设置违约陷阱、制造还款障碍等方式，故意造成被害人违约，或者通过肆意认定违约，强行要求被害人偿还虚假债务。（4）恶意垒高借款金额。当被害人无力偿还时，有的犯罪嫌疑人、被告人会安排其所属公司或者指定的关联公司、关联人员为被害人偿还"借款"，继而与被害人签订金额更大的虚高"借贷"协议或相关协议，通过这种"转单平账""以贷还贷"的方式不断垒高"债务"。（5）软硬兼施"索债"。在被害人未偿还虚高"借款"的情况下，犯罪嫌疑人、被告人借助诉讼、仲裁、公证或者采用暴力、威胁以及其他手段向被害人或者被害人的特定关系人索取"债务"。

所谓"软暴力"，是指行为人为谋取不法利益或形成非法影响，对他人或者在有关场所进行滋扰、纠缠、哄闹、聚众造势等，足以使他人产生恐惧、恐慌进而形成心理强制，或者足以影响、限制人身自由、危及人身财产安全，影响正常生活、工作、生产、经营的违法犯罪手段。其中，"由黑恶势力实施""以黑恶势力名义实施"（包括由多人实施，编造或明示暴力违法犯罪经历进行恐吓，或者以自报组织、头目名号、统一着装、显露纹身、特殊标识以及其他明示、暗示方式，足以使他人感知相关行为的有组织性等）"曾因组织、领导、参加黑社会性质组织、恶势力犯罪集团、恶势力以及因强迫交易、非法拘禁、敲诈勒索、聚众斗殴、寻衅滋事等犯罪受过刑事处罚后又实施""携带凶器实施""有组织地实施的或者足以使他人认为暴力、威胁具有现实可能性"等的，就可认定"足以使他人产生恐惧、恐慌进而形成心理强制或者足以影响、限制人身自由、危及人身财产安全或者影响正常生活、工作、生产、经营的情形"。

在司法实践中，"软暴力"的违法犯罪手段可以表现为诸如"侵犯人身权利、民主权利、财产权利的手段，包括但不限于跟踪贴靠、扬言传播疾病、揭发隐私、恶意举报、诬告陷害、破坏、霸占财物等""扰乱正常生活、工作、生产、经营秩序的手段，包括但不限于非法侵入他人住宅、破坏生活设施、设置生活障碍、贴报喷字、拉挂横幅、燃放鞭炮、播放哀乐、摆放花圈、泼洒污物、断水断电、堵门阻工，以及通过驱赶从业人员、派驻人员据守等方式直接或间接地控制厂房、办公区、经营场所等""扰乱社会秩序的手段，包括但不限于摆场架势示威、聚众哄闹滋扰、拦路闹事等"形式。通过信息网络或者通信工具实施上述"软暴力"的，自然也属于"软暴力"。

既然为"软暴力"，从而属于暴力的范畴，像故意伤害、杀人或以暴力威胁等直接可以给人产生人身危害的"硬暴力"一样，同样可以用之实施强迫交易、敲诈勒索、寻衅滋事、非法拘禁、非法侵入住宅等违法犯罪，构成犯罪的，则可构成强迫交易罪、敲诈勒索罪、寻衅滋事罪、非法拘禁罪、非法侵入住宅罪等。构成这些犯罪行为，既可以单独以"软暴力""硬暴力"方式实施，也可以两者结合同时加以实施。

第五章
反腐之雷霆

一、赵正永之贪

赵正永，1951年3月出生于安徽马鞍山，1968年11月为安徽省原宣城地区水阳乡双丰村上山下乡知青，2年后的1970年到安徽省马钢公司修理部机动车间工作，4年后于1974年10月被推荐至中南矿冶学院材料系金属物理专业学习，3年学成后回到马钢公司任钢铁研究所物理室技术干部，复查办办事员，1979年6月转任该所团委副书记，然后再任马钢公司团委副书记、书记。1982年8月调任共青团安徽省马鞍山市委书记、党组书记。之后历经马鞍山市委常委、秘书长、市委副书记，黄山市委副书记、市委书记，黄山军分区第一书记、第一政委；1998年4月调任安徽省公安厅厅长、党委书记，武警安徽省总队第一书记、第一政委；2000年5月升任安徽省委政法委书记；2001年6月转任陕西省委常委、政法委书记，之后又担任过陕西省政府副省长、党组副书记，陕西省委副书记、代省长，陕西省省长，省委书记，陕西省军区党委第一书记，省人大常委会主任，陕西省军区党委第一书记；2016年4月28日，担任全国人大内务司法委员会副主任委员。

2019年1月15日，中央纪委国家监委网消息，陕西省委原书记赵正永涉嫌严重违纪违法，目前正接受中央纪委国家监委纪律审查和监察调查。

2020年1月4日，中央纪委国家监委网消息，经中共中央批准，中央纪委国家监委对全国人大内务司法委员会原副主任委员、陕西省委原书记赵正永严重违纪违法问题进行了立案审查调查。经过审查，赵正永严重背弃初心使命，对党不忠诚不敬畏，毫无"四个意识"，拒不落实"两个维护"的政治责任，对党中央决策部署思想上不重视、政治上不负责、工作上不认真，阳奉阴违，自行其是，敷衍塞责，应付了事，与党离心离德，无视组织一再教育帮助挽救，多次欺骗组织，对抗组织审查，是典型的"两面人""两面派";违反中央八项规定精神,大搞特权活动;违背党的组织路线,培植个人势力,搞团团伙伙,纵容亲属肆意插手干部选拔任用工作,严重破坏选人用人制度;肆无忌惮聚钱敛财,收受礼品、礼金,滥权妄为,大搞权钱交易,在职务晋升、能源资源开发利用、企业经营、工程项目承揽等方面利用职务上的便利为他人谋利,并非法收受巨额财物;道德败坏,家风不正,对家人、亲属失管失教。鉴于赵正永严重违反党的政治纪律、组织纪律、廉洁纪律和生活纪律,构成严重职务违法并涉嫌受贿犯罪,是党的十八大以来不收敛不收手,问题线索反映集中、群众反映强烈,政治问题和经济问题交织的腐败典型,其行为严重污染破坏了陕西的政治生态和发展环境,性质特别严重,影响极其恶劣。依据《中国共产党纪律处分条例》《监察法》等有关规定,经中央纪委常委会会议研究并报中共中央批准,决定给予赵正永开除党籍处分;按规定取消其享受的待遇;终止其陕西省第十三次党代会代表资格;收缴其违纪违法所得;将其涉嫌犯罪问题移送检察机关依法审查起诉,所涉财物随案移送。

2020年1月8日,全国人大内务司法委员会原副主任委员、陕西省委原书记赵正永涉嫌受贿一案,由国家监察委员会调查终结,移送检察机关审查起诉。最高人民检察院依法以涉嫌受贿罪对赵正永作出逮捕决定。

2020年2月27日,据《人民日报》消息,赵正永涉嫌受贿一案,由国家监察委员会调查终结,经最高人民检察院指定,交由天津市人民检察院第一分院审查起诉。天津市人民检察院第一分院已向天津市第一中级人民法院提起公诉。

2020年7月31日,天津市第一中级人民法院对之受贿一案公开进行一审宣判。经审理查明:2003年至2018年,被告人赵正永利用担任陕西省委常委、政法委书记、陕西省人民政府副省长、陕西省委副书记、陕西省人民政府代省长、省长、陕西省委书记等职务上的便利,为有关单位和个人在工程承揽、企业经营、职务晋升、工作调动等事项上谋取利益,单独或伙同其妻等人非法收受他人给予的财物共计7.17亿余元。其中2.9亿余元尚未实际取得,属于犯罪未遂。鉴于其收受部分财物系犯罪未遂,如实供述全部犯罪事实,认罪悔罪,赃款赃物均已查封、扣押、冻结在案,具有法定、酌定从轻处罚情节,对之以受贿罪判处死刑,缓期2年执行,剥夺政治权利终身,并处没收个人全部财产,在其死刑缓期执行2年期满依法减为无期徒刑后,终身监禁,不得减刑、假释。赵正永当庭表示服从法院判决,不上诉。

二、卢恩光之贿

卢恩光，山东省阳谷县高庙王乡刘化育村人。1984年9月~2001年3月，从阳谷县高庙王乡中学一个民办教师起步，历任乡科仪厂厂长、乡党委副书记兼方舟集团董事长、总经理、总工程师，到阳谷县政协副主席、党组成员，山东省政协科技开发服务中心副主任、主任，成为省级政协下属单位的一位正处级干部。2001年3月~2007年6月再经历6年余的时间，先后担任过华夏文化出版集团筹备组副组长，华夏时报社社长、党委书记，四川省遂宁市委副书记（挂职），中国残疾人福利基金会副理事长兼秘书长；2007年6月转任国家劳动保障部办公厅巡视员兼副主任，后再任人力资源和社会保障部劳动监察局巡视员兼副局长；2年后的2009年5月调任司法部政治部副主任，兼人事警务局局长；2015年11月，升任司法部政治部主任、党组成员，达到其人生在官场中追求的最高峰，成为国家的高级干部。

2016年12月16日，中央纪委监察部网站宣布：司法部党组成员、政治部主任卢恩光涉嫌严重违纪，接受组织调查。

2017年5月，经中共中央批准，中共中央纪委对司法部原党组成员、政治部主任卢恩光严重违纪问题进行了立案审查。经查，卢恩光年龄、入党材料、工作经历、教育学历、家庭情况等全面造假，长期欺瞒组织；金钱开道，一路拉关系买官和谋取荣誉，从1名私营企业主一步步变身为副部级干部；亦官亦商，控制经营多家企业，通过不正当手段为企业谋取利益；对抗组织审查。为在职务提拔、企业经营等方面谋取不正当利益，送给国家工作人员巨额财物，涉嫌行贿犯罪。鉴于卢恩光价值观念严重扭曲，严重违反党的纪律，并涉嫌违法犯罪，严重损害了党的形象和选人用人制度，破坏了相关地方和单位的政治生态，性质恶劣、情节严重。依据《中国共产党纪律处分条例》等有关规定，经中央纪委常委会会议研究并报中共中央批准，决定给予卢恩光开除党籍处分；由监察部报国务院批准，给予其开除公职处分；撤销其违规获得的荣誉称号；将其涉嫌犯罪问题及所涉款物移送司法机关依法处理。

2017年6月2日，据最高人民检察院官方微博消息，日前，最高人民检察院经审查决定，依法对司法部原党组成员、政治部主任卢恩光以涉嫌行贿罪立案侦查并采取强制措施。案件侦查工作正在进行中。

2018年2月，河南省安阳市人民检察院对卢恩光涉嫌行贿、单位行贿案提起公诉。

同年4月18日，河南省安阳市中级人民法院对卢案进行了公开审理。

经审理查明：1992年至2016年，被告人卢恩光为违规入党、谋取教师身份、荣誉称号、职务提拔及工作调动等，请托多名国家工作人员提供帮助，先后多次给予上述人员共计1278万元；1996年至2016年，被告人卢恩光为其实际控制的山东省阳谷县科仪厂、山东阳谷玻璃工艺制品厂、山东阳谷古阿井阿胶厂及北京天方饭店管理有限公司违规获取贷款、低价收购资产、核定较低税额和破产逃避债务等，请托多名国家工作人员提供帮助，直接或指使企业工作人员先后多次给予上述国家工作人员财物，共计796.7597万元。在认定卢恩光的上述行为分别构成行贿罪、单位行贿罪，依法应当数罪并罚的同时，鉴于其到案后，能够如实供述自己罪行，主动交代办案机关尚未掌握的部分行贿犯罪事实，认罪悔罪，并检举了多起违纪违法问题线索，具有法定、酌定从轻处罚情节，对之以行贿罪判处有期徒刑11年，并处罚金200万元；以单位行贿罪判处有期徒刑2年，并处罚金100万元，决定执行有期徒刑12年，并处罚金300万元，并对之用于行贿的赃款及其孳息，依法予以没收。

三、腐败之害

谭君：近年来，经过对贪污腐败全方位的严厉惩治、预防，腐败现象已得到极大遏制，但仍然是社会公众关注的一个重要问题。您认为，腐败在形式上表现在哪些方面呢？

贺小电：谈到腐败的形式，我们还是要对腐败的内涵及外延做些说明。所谓腐败，有腐烂、思想陈旧、行为堕落、（组织、机构、制度、措施、政治）混乱、黑暗等层面的意思。从广义上讲，腐败不仅指"公共官员滥用职权的问题，而是人们为了捞取任何不义之财而滥用职权（不一定是政府权力）的行为。另外还体现在人们在自己的工作岗位上不尽职、不作为，有令不行、有禁不止、思想颓废、麻木不仁等"，滥用职权、贪污受贿等违背社会道德风尚、公序良俗、违法乱纪甚至犯罪等所有不正当、不正常的各种各样的行为。从狭义上来说，则指利用公权力谋取私利的各种各样的违纪违规、违法犯罪的不正当行为。这种狭义上的腐败，与掌握公共权力的官员相关，或该为不为而玩忽职守，或不该为却为而滥用职权，其目的都是谋取钱财、情色、名誉等私人利益，贪污贿赂、挪用公款、跑官要官、腐化堕落等，则构成狭义腐败行为中的主要方面。

谭君： 近年来，从查处的腐败尤其是贪污贿赂的犯罪来看，表现出诸如腐败者身份高官化、领域全面化、时间长期化、方式多样化、背后情人化、数额天文化、危害的严重化等特征，说明我国的腐败现象确实非常严重。这些严重的腐败现象，从危害性来说，您认为主要体现在哪些方面呢？

贺小电： 腐败行为的危害性，既有显性的，如直接将公共财物占为己有造成国有财产的损失；滥用职权或者玩忽职守，致使发生重大事故，给国家、社会及人民群众的生命、健康、财产遭受重大损失等；又有隐性的，如收受他人贿赂后将工程交给他人施工或由他人转给他人施工，工程质量要是没有问题，表面上并没有造成显性的实际损害，但会给市场竞争的规则、平等竞争的秩序等造成潜在的危害。至于其危害结果，则多种多样，有的是直接造成经济损失，有的则是给人民群众的生命、健康带来危害，有的则是对法治、风气等规则制度良好习俗造成恶化……后果严重的，显性的经济损失动辄千万上亿甚至数十亿，造成的人身损害一发生往往也是上千成百人伤害结果，还有诸多直接看不见的隐性的危害。

就隐性抽象的危害而言，我认为既有经济、政治上的，又有军事、科学文化上的，还有法律规则、社会观念风气习俗上的。

1. 侵蚀经济基础

谭君： 在经济上，腐败造成的显性经济损失，不难理解。但在经济上的隐性抽象危害，主要体现在哪些方面呢？

贺小电： 腐败现象在经济方面的危害，这涉及生产力、生产关系、社会主义市场经济等各个方面。

——从生产力方面来讲，我们知道，作为具有劳动能力的人和生产资料相结合而形成的改造自然的生产力，是社会发展的内在动力基础。其基本构成要素：以生产工具为主的劳动资料，引入生产过程的劳动对象，具有一定生产经验与劳动技能的劳动者。一般说来，三要素之间的关系组成生产力系统结构，其和谐对称程度决定着生产力的发展速度：生产力系统结构倘若和谐对称，生产力发展速度就越快；生产力系统结构要是不和谐不对称，生产力发展速度就越慢。

另外，科学技术上的发明创造，会引起劳动资料、劳动对象和劳动者素质的深刻变革和巨大进步，为劳动者所掌握，可以极大地提高劳动生产率，对于生产发展的作用越来越大，日益成为生产发展的决定性因素，成为先进生产力的集中体现和重要标志，是第一生产力。

然而，贿赂掌握着各种市场资源的官员，以此进行诸如矿山资源、建设项目等开发建设，无疑难以发挥市场在资源配置中的决定性作用，并且不利于市场主体之间平等关系的形成。因为权力的获利，既产生对权力依附的关系，又使之相对于其他市场主体在劳动者、资金、项目等资源的获得处于优势地位而无法形成市场主体间这一必要且基础性的平等关系，还会阻碍有序地通过提高劳动者素质、生产能力、管理水平、科学技术等生产力、市场经济发展要素的竞争，造成生产效率提高及生产力发展的障碍。尤其是将科学技术研究项目和研究经费通过权力配置给那些无能的骗取资金、名誉、地位等的人，在科学技术竞争日趋激烈，决定着国家前途命运的情况下，危害之大，可想而知。另外，通过贿赂等各种不正当手段获取项目、资金等各项资源后，获取者目的往往也是攫取更大的利益，有的就是在中间作为"掮客"在"提篮子"成功获得项目后转手给他人，有的甚至数经几手，这样，用于项目的资金因为腐败行为的出现会大大减少，从而偷工减料，降低工程质量，容易造成"豆腐渣"工程出现，轻则造成国家财产损失，浪费国家资源，重则可能造成重大事故，危及人民的生命健康安全。

从生产关系方面看，它作为人们在物质生产过程中形成的不以人的意志为转移的经济关系，包括生产资料所有制形式、人们在生产中的地位及其相互关系和产品分配方式三项内容。生产资料实行的所有制形式，决定着一个国家的基本制度：封建社会主要是自给自足的自然经济，生产主要为农业生产，以土地为主要生产资料，由地主占有绝大部分土地，实行土地私有制；资本主义社会建立在科学技术发展的基础上，从农业生产为主改变为工业生产等为主的商品经济，生产的目的主要在于交换，由资本家占有生产资料；社会主义国家，实行生产资料公有制。我国经过探索实践表明，在社会主义初级阶段，以公有制为主体，个体经济、私营经济等多种所有制经济并存共同发展。

人们在生产中的地位及其相互关系，则决定着生产资料所有者与劳动者之间的关系，封建社会地主虽不占有农民，但因其拥有人需要赖以生存的土地，致使农民只能被约束捆绑在土地上；资本主义社会则完全由资本为主导，工人因无生产资料、资本而为了生存被雇佣。无论是封建社会还是资本主义社会，农民与地主、工人与资本家之间的地位是不可能平等的。而社会主义社会，以公有制为主体，公有制则为全民所有或者劳动群众集所有，决定了生产资料所有者与劳动者是一致的。

至于分配形式，封建社会的地主阶级主要是通过地租、高利贷等方式而占有农民大部分劳动成果，农民缴纳地租、高利贷利息后剩下的部分才用于自身、家庭维持生存。由于生产力不发达，往往日不饱食，遇有疾病、天灾人祸，生计都成问题；资本主义社会，科学技术得到普遍发展，温饱一般不成问题，但基于资本贪利的本性，工人在生产劳动中所创造的大量剩余价值由资本家按照资本占有，自己仅获取少量剩余价值以维持与社会发展相适应的必要生活。在我国的社会主义初级阶段，则实行按劳分配为主体、多种分配方式并存的原则，前者与公有制相适应，后者与个体经济、私营经济等其他所有制等相适应。

可是，腐败者通过权力挪用、侵吞国有资产、资金，有的甚至借国有企业改制将市场资源重新进行配置，将一些具有前景的生产资料、工厂、项目等转化为私有，无疑是对公有制的侵犯。同时，利用权力实施诸如贪污、受贿、挪用公款、高利借贷等不当获取利益的行为，然后再用之购买生产资料，或者房产、黄金等消费资料、生产对象，又从中攫取社会财富，无疑是对按劳分配基本原则的违反及危害。

从货币的职能来看，它具有价值尺度、流通手段、贮藏手段、支付手段等基本职能。其中，以之为尺度来表现和衡量其他一切商品价值大小的价值尺度职能，及具有在世界市场充当一般等价物的世界货币即抽象的标准衡量职能；将之当作社会财富的代表保有的贮藏职能，让货币处于静止状态，这种职能也可以黄金、房产等许多财富来代替。而作为商品流通中充当商品交换媒介流通手段职能，和用来清偿债务或支付赋税、租金、工资等的支付手段职能，则让货币处于流动状态，真正发挥其在市场中的交易、促进生产发展、保障分配正常的作用。可是，一些腐败者通过各种各样的手段获取大量的现金货币，上百万数千万甚至上亿的货币置于柜中、床下，甚至埋到地下发霉、腐烂，使得货币职能的作用无法得到有效发挥。

从共同富裕追求方面来看，全体人民通过辛勤劳动和相互帮助最终达到丰衣足食的生活水平、消除两极分化和贫穷基础上的普遍富裕，乃为社会主义的本质规定和奋斗目标，属于不可动摇的社会主义的根本原则。

然而，腐败官员以及攀附在这些官员周围的人通过权力分配资源获取财富，可以轻而易举获得巨额财富，逃避国家税收的监督管理，自然而然会将社会财富迅速集中至腐败者、利用腐败权力的人手中，造成两极分化。2020年5月28日，时任国务院总理李克强在全国人大会议结束后的记者会上语重心长地强调，中国有"6亿中低收入及以下人群，他们平均每个月的收入也就1000元左右""怎么样保障那些困难群众和受疫情影响新的困难群众的基本民生，我们应该放极为重要的位置"。腐败分子通过非法手段聚敛的财富，乃是对共同富裕这一社会本质及其根本目标的严重侵蚀与危害。

从给国家造成的直接经济损失来看，有的腐败官员行为给国家、人民利益所造成的直接、显性的经济损失巨大，甚至给国家的经济基础及其安全造成巨大的危害。

恒丰银行原党委书记、董事长蔡国华2014年至2016年在担任恒丰银行党委书记、董事长期间，滥用职权，违规在恒丰银行发放核心员工奖励薪酬、推行员工股权激励计划，造成恒丰银行损失共计人民币8.9亿余元。2017年4月至8月，蔡国华在明知申请贷款项目不符合发放贷款条件的情况下，授意银行工作人员违规发放贷款35亿元，给恒丰银行造成特别重大损失。

安徽原副省长陈树隆除收受他人贿赂2.75亿余元外，在担任芜湖市委书记期间，违反议事决策程序规定，擅自决定给予相关企业设备补贴合计21.24亿元，并超越职权决定全额返还土地出让金合计7.92亿多元，以上造成国家经济损失共计29.16亿多元。另泄露内幕信息让妻子、胞弟非法进行内幕交易分别非法获利1.37亿多元、3031.17万余元。厦门市中级人民法院2019年4月宣判，以受贿罪、内幕交易罪、泄露内幕信息罪3罪并罚，对其决定执行无期徒刑，剥夺政治权利终身，并处没收个人全部财产。

2.危害政治根本

谭君：在您看来，腐败对于一个国家的经济制度、分配原则等都有严重的危害，那么，就政治方面的危害而言，主要体现在哪些方面呢？

贺小电：腐败在政治上所表现的危害，我这里讲下对国家根本政治制度、干部组织制度、法律制度、司法制度的危害。

——从国家根本政治制度方面来说，人民代表大会，包括全国人民代表大会和地方各级人民代表大会及其常设机关即常务委员会，作为人民行使国家权力的机关，是人民民主专政的政权组织形式，承担着制定、修正、解释法律、地方性法规，任免国家机关有关工作人员，审查通过政府预算等职能。人民代表大会制度，是我国的根本政治制度。对此，有关评论指出："人民代表大会制度是符合我国国情、体现社会主义国家性质、保证人民当家作主的根本政治制度，是党在国家政权中充分发挥民主、贯彻群众路线的最好实现形式。作为国之根本，维护、巩固人民代表大会制度这一关系国家前途、关乎人民福祉的根本政治制度，是保证党的执政基础，保障国家长治久安，保障人民当家作主的原则问题，绝不容许任何挑战。""选举人大代表是一项十分神圣的事情，它关系着国家政权建设，关系到党的领导和执政地位的巩固，关系到人民当家作主权力的实现，关系到国家政权建设的不断深化，必须保证选出的代表真正代表人民，向人民负责，接受人民监督，不负人民的重托，忠实履行宪法和法律赋予的职责。""以钞票换选票，是特殊形式的权钱交易，本质是以金钱谋取政治权利，从政治上看，是对人民代表大会制度的玷污和挑战，严重损害党和国家的形象；从法纪上看，是对党的纪律和国家法律的无视与践踏，是对社会主义民主和党内民主规则的直接破坏。""明目张胆'以金钱换选票'，是对我国人民代表大会制度的挑战，是对社会主义民主政治的挑战，是对国家法律和党的纪律的挑战。"

可是，一些官员或者人大代表在选举过程中，为了谋取官位、代表职位，竟敢冒天下之大不韪，违背底线，以金钱换选票进行贿选，谋取政治利益，之后再以不法获得的政治利益为依托谋取经济、名誉等其他利益。

2013年1月，辽宁省十二届人大一次会议选举全国人大代表的过程中，45名当选为全国人民代表大会的代表贿选拉票，619名省人大代表中有523名牵涉其中。中共中央2016年8月28日印发的《中共中央关于辽宁拉票贿选案查处情况及其教训警示的通报》称，该案"涉及面之广、涉案人数之多、情节之恶劣、性质之严重，触目惊心、发人深省"。2016年9月13日，为贯彻党中央关于查处辽宁拉票贿选案的决策部署，按照十二届全国人大常委会第七十七次委员长会议决定，临时召开本届全国人大常委会第二十三次会议，依法确定45名拉票贿选的全国人大代表当选无效。时任全国人大常委会委员长张德江措辞严厉地指出："辽宁拉票贿选案是新中国成立以来查处的第一起发生在省级层面、严重违反党纪国法、严重违反政治纪律和政治规矩、严重违反组织纪律和换届纪律、严重破坏人大选举制度的重大案件，是对我国人民代表大会制度的挑战，是对社会主义民主政治的挑战，是对国家法律和党的纪律的挑战，触碰了中国特色社会主义制度底线和中国共产党执政底线。"

因为该拉票贿选案，842人被批评教育、诫勉谈话及纪律处分。

2017年3月28日至30日，辽宁省沈阳、鞍山、抚顺的15个基层法院分别对营口港务集团有限公司原董事长高宝玉等41名拉票贿选人员作出一审宣判，41名被告人分别因犯破坏选举罪、贪污罪、受贿罪、行贿罪，被判处有期徒刑等刑罚。

涉案的省部级高官辽宁省人大常委会原副主任王阳、辽宁省委政法委原书记苏宏章、辽宁省委原书记王珉，辽宁省人大常委会原副主任郑玉焯、李文科、李峰，辽宁省原副省长刘强等先后被开除党籍，并接受国法的制裁。辽宁省委原书记、省人大常委会原主任王珉，被以受贿罪、贪污罪、玩忽职守罪3罪并罚，决定执行无期徒刑；时任沈阳市委副书记政绩平平的苏宏章通过送钱以"黑马"的姿态成功当选上位，跻身省委常委班子，被以受贿罪、行贿罪2罪并罚，决定执行有期徒刑14年；抚顺市委书记位上贿选为辽宁省副省长的刘强，被以受贿罪、破坏选举2罪并罚，决定执行有期徒刑12年；辽宁省人大常委会原副主任王阳，被以受贿罪、破坏选举罪2罪并罚，决定执行有期徒刑16年6个月；辽宁省人大常委会原副主任李文科，被以受贿罪、行贿罪2罪并罚，决定执行有期徒刑16年；辽宁省人大常委会原副主任郑玉焯，被以破坏选举罪、受贿罪2罪并罚，决定执行有期徒刑3年6个月。

3. 腐蚀组织基石

从国家干部组织制度方面而言，在1938年10月召开的中共六届六次全会上，毛泽东早就精辟地论断：政治路线确定之后，干部就是决定的因素。"共产党员在政府工作中，应该是十分廉洁、不用私人、多做工作、少取报酬的模范……。因此，自私自利，消极怠工，贪污腐化，风头主义等等，是最可鄙的；而大公无私，积极努力，克己奉公，埋头苦干的精神，才是可尊敬的。"

纵观历史的长河，国家的兴亡、朝代的更迭，无不与"吏治"休戚相关。东汉末期、西晋时期吏治松弛，卖官鬻爵成风，王朝都很快覆亡；而"文景之治""贞观之治"等著名的盛世，吏治都十分严格。自古以来，所有贤明的政治家，都十分重视对各级官员的严格要求和管理，不约而同地提出了"治国先治吏"的治国方略。清代思想家顾炎武在《与公肃甥书》中说："诚欲正朝廷以正百官，当以激浊扬清为第一要义"，说的就是自上而下整饬吏治的重要性。

　　可是，一些官员通过任人唯亲、裙带关系、圈子文化、伪造档案、虚报成绩、金钱贿赂、献身供乐等各种不法途径谋取官职，必然给国家干部组织制度造成严重的破坏。而这种现象长期以来就已经存在，并有如"牛皮癣"，难以根治。宁夏回族自治区政协原副主席、统战部部长利用担任自治区人事劳动厅厅长的职务便利，违背组织招录干部的条件与程序，肆意安插亲戚朋友特别是不符合条件的亲戚朋友至国家机关、事业单位等重要部门任职，这并非个案，在现实生活中不时可见。毫无疑问，以诸如此类手段上位者，往往又会贪污贿赂、腐化堕落，甚至结成利益联盟疯狂攫取不义不法之财，又会给国家的各项事业带来危害，其危害之大、之甚，不能小视。习近平总书记指出："这些年来，尽管我们不断大力整治用人上的不正之风，但从查处的案件看，任人唯亲、卖官鬻爵在一些地方、部门、单位还十分严重。有的拉关系、找靠山，攀龙附凤、跑官要官；有的明码标价、批发官帽；有的举大旗、拉山头，选边站队、拉帮结派；有的在用人问题上极其专权，对下属买官来者不拒，对组织部按正常程序研究的用人方案概不同意。有的人在忏悔录里讲，他们那个地方从政环境不好，特别是官场风气不好，跑官要官极为普遍，就是多数人并不看好的个别人，却常常成为杀出来的'黑马'。买官卖官为什么屡禁不止？一手交钱、一手交货，这多容易啊！一些德才平平、投机取巧的人屡屡得到提拔重用，踏实干事的干部却没有进步的机会。这是搞逆淘汰，伤害了多少好干部的心！"下面仅举几例为证：

　　如，因"榆林百亿国有煤矿疑被1亿元贱卖""陕西省政府致函施压最高法""女港商拥上千亿元煤矿6年纳税35元"等丑闻不断，几度身陷舆论漩涡，使用强压手段而将事态平息的"两面人"赵正永，自安徽调任陕西省委常委、政法委书记开始，深耕陕西官场15年，历任省委常委、政法委书记、常务副省长、省长、省委书记等职，后任全国人大内务司法委员会副主任委员，最终因掩盖秦岭北麓违规别墅之事被查处。除肆无忌惮收受贿赂高达7.17亿余元外，违背规则任意调整调任干部，由此在用人选人问题上饱受诟病，并有"官霸"之称。在其主政陕西省委期间，"小圈子""搭天线"盛行，省委常委会"研究干部28批次，有16批次在没有作出党风廉政意见、个人有关事项核查、信访举报等结论的情况下就上会研究；有42名任期不满3年的市县党政正职被调整工作岗位。""有知情人告诉《财经》记者，榆林市委原书记胡志强'落马'后，买官卖官问题逐渐显现，甚至到了明码标价程度。一些经济发达的区县人事，基本是赵正永说了算，要想在这些区县当'一把手'，没有3000万元想也别想。"

除了省委常委等高官名衔外，赵正永另一广为人知的民间职务乃为"网球队长"。为此，一些官员和商人纷纷投其所好，苦练球技，网球运动在当地成一时风尚，为的就是得到赵正永的提拔和器重："网球场上，捡球的都是厅官。"根据《环球人物》报道，赵正永爱打网球，这是他的小圈子的一个缩影。圈子内的人，赵正永格外照顾；圈子外的人，则毫不留情地打击。在中央巡视组对陕西的巡视报告中，数度提及存在用人搞"小圈子""搭天线"问题，有的干部甚至是"'火箭'式提拔、'点卯'式工作，毕业后10年历经8个岗位，提拔至副厅级"。知情人告诉《财经》记者，曾任陕西省地方志办公室主任的张仁华，便是赵正永网球朋友圈成员之一。因为这层"球友"关系，2014年1月，张仁华调任陕西日报传媒集团总编辑，后转任社长。除了张仁华，先后接受调查的榆林市委原书记胡志强，及陕西省委原秘书长钱引安，皆为赵正永网球朋友圈成员。

陕西燃气集团有限公司原党委书记、董事长郝晓晨，被指"为谋求仕途，热衷于站队进圈，搞政治攀附和人身依附，投机钻营，挖空心思逃避监督""利用掌握的国家垄断性资源攫取巨额利益"。他攀附有"网球队长"之称的赵正永，成为赵所"领导"的"网球队的"主要成员，耗资400多万元在陕西燃气集团院内修建了一座网球场，因觉得出入不方便，赵只来打了两次球而从此闲置。赵正永的妻子孙建辉利用郝与赵之间的特殊关系，不仅安排亲属到陕气集团工作，还涉嫌插手工程项目，郝晓晨最终因受贿、行贿罪被查处。

身为赵正永外甥的胡传祥背靠大树从部队转业后进入陕西省纪委工作，历任副处级纪检监察员，汉中市汉台区委常委、纪委书记，陕西省纪委、省监察厅、省预防腐败局预防腐败室主任，官至正厅级，后因违规拥有非上市企业股份，违反规定配备超标车，长期占用公车和他人车辆，违规放贷并获取高额利息，以及受贿、行贿犯罪被查处。

陕西省能源局原局长贺久长，在陕西省纪委省监委通报中被提及，通过利益交换捞取政治资本，搞政治攀附，谋取个人职务升迁。2004至2006年的短短2年内，连升3级，从正处级的发改委能源处处长，到副厅级的陕北能源化工基地建设领导小组办公室专职副主任，再到正厅级的陕西省发改委党组成员、副主任，并兼任陕西省能源局局长，在煤炭市场的"黄金10年"，利用陕北地区能源项目审批的权力自肥，乃至监守自盗，如贺给赵正永之妻的亲信违规审批一灭火工程项目。该亲信4年时间里以灭火工程名义采煤销售、不缴纳任何管理费和税金，累计获利逾4亿元。最后，贺也以受贿犯罪被查处。

名列世界500强的大型能源化工企业陕西延长石油（集团）有限公司原董事长、陕西省人大财经委员会原副主任委员沈浩，从煤矿工人干起，经过17年升至副厅级的铜川市委常委、铜川矿务局局长，2007年3月出任延长石油董事长。因力推油气煤盐综合转化新模式，延长石油营收突破千亿而稳坐陕西国企的头把交椅。开始，沈并不那么买作为省委常委、常务副省长的赵正永的账，赵2010年初向沈推荐了一亲信明示在延长石油安排一个合适岗位，拖了半年就不给解决。按沈自己所说，他只认省里2位正职的指示，其他人的"条子"一概不理。没有想到的是2010年6月，年满60周岁即将退居二线的赵正永竟升任陕西省代省长，几天之内，沈便连忙将赵推荐的亲信安排到了重要岗位，并专程向赵汇报。2011年1月，赵由代省长转正考察延长石油新董事长的人选。沈闻讯后急忙动用各种关系最终通过赵妻这条线而保住了董事长的位子。沈被收服后，赵便着手安排自己的亲友，开始染指延长油田业务。沈将自己的一位女友介绍给赵，赵此后频繁出入该女子的会所对沈毫不避讳。沈也以受贿被查处而惨淡离开官场。

陕西海安实业有限责任公司原董事长俞洧，系赵的同乡，且两家为世交，并为赵夫妻的中学同学，原在深圳做的都是贸易、投资类生意，在2008年赵担任常务副省长的那年，成立面向石油开采的"高科技企业"海安实业；2012年4月，延长集团携手海安实业打造年产20万吨的驱油剂项目，时任陕西省省长的赵正永亲自出席奠基仪式。俞某最终使用各种手段，从延长科技套现累计超过1亿元。

又如，山西省临汾市委原常委、宣传部部长，山西师范大学党委原副书记，林业部三北防护林建设功臣、山西省杰出青年、山西省科技兴市十大功臣、中国优秀改革人物、中国百名行业创新杰出人物等荣誉称号获得者王月喜，1974年从生产队长起步，历任大队党支部书记、乡镇长、共青团临汾地委书记、洪洞县委副书记、地委农工部副部长后，1994年调任革命老区、贫困山区永和县委副书记、县长，1996年初任县委书记。在该县6年精心打造永和"红枣文化"，将当地农民赖以生存的红枣推出临汾、推向全国，从而赢得了"红枣书记"的美誉。2000年3月，在临汾地委酝酿调整班子时，通过关系活动于当年5月调任霍州市委书记。

2003年6月，王月喜拟升任临汾市委常委、宣传部部长，山西省委组织部对之进行公示，公示期6天，12日开始至18日结束。得知后，17名老干部于15日开始书面举报，没有音讯后便租车3个多小时远赴省城当面举报；未果又推举代表在北京居住5个月，不定期地递交实名举报信，"誓把王月喜拉下马"。这一举报，从最初的17人陆续增加到128人，包括副县长、计委主任、党校校长、公安局局长、交通局长、民政局局长、信访局长、法院副院长在内，时间跨度约4年，其间有10多位老干部离世，但让王月喜最终倒下的，不是这些老干部的长期上访举报，而是2006年1月4日发生的他意想不到的1起命案。

经山西省公安厅成立专案组调查后发现，命案的行凶者为霍州市公安局治安科干警朱某，当日参与斗殴的还有朱的母亲、临汾市人大代表范某，以及朱在霍州市人民检察院工作的哥哥以及多名警察。朱某的父亲为霍州市政协委员，案发前盛传他与王月喜关系深厚，经进一步调查，他的2个孩子进入公、检机关均有王月喜签字认可。于是，霍州市公安局、检察院超编一事也像海底冰山一样浮出水面。不久，这位一直当红的政坛明星被免去临汾市委常委、宣传部部长职务，改任山西师范大学党委副书记。2007年6月，王月喜在临汾某医院治病时被山西省纪委专案组带走"双规"。

从2003年3月到霍州市任职再到2006年6月升任临汾市委常委、宣传部部长仅3年多的时间，是什么让多达128名老干部历经约4年的锲而不舍的实名举报，"大伙上北京，去太原，抱定了一条信念，不将王月喜告倒，决不收兵"，誓将之拉下马呢？不是基于之间的私怨，而完全源于王月喜的目无法纪、胆大妄为的卖官鬻爵。

霍州市原信访局长杨德兴形象地描述道：一个局长，问他是怎么当上的，不说话，只伸一只手翻3次。杨德兴说，这是花了15万。有实权、有钱的部门一把手15

万～20万元；各乡镇和二类局一把手5万～10万元；其他单位一把手大约3万元；一般副科级干部1万元。

在众多买官者中，霍州市委原常委、政法委书记翟某特别令人注目，他先后向王行贿48万元。"榜样"在先，该市跑官要官买官卖官现象自然成风，公安局副局长、法院院长、检察院副检察长等紧随其后。最具讽刺意味的是，霍州某乡党委书记几次给王月喜送钱，其目的就是谋取检察院的反贪局局长之位。"让行贿者当专门查行贿受贿的检察院反贪局局长，千古奇闻。"在起诉书中，涉及政法机关"有名有姓"的就达15人。另外，王月喜在霍州主政3年间，提拔调整干部达1000多人次，科级干部由500多人暴增到1000多人；"吃财政"的则增加了1800多人。老干部们称，较为典型的是公安局，据他们掌握的数据，市公安局当时有300多人，其中王月喜批准进入的达85人。

经法院审理查明，王月喜非法收受他人为获提拔、调整职务以及安排子女就业等所送钱款226万元，并贪污公款，2008年1月8日被一审法院以受贿罪、贪污罪分别判处有期徒刑9年、6年，两罪并罚决定执行有期徒刑12年。

再如，宁夏回族自治区政协原副主席、统战部原部长、自治区人事劳动厅原厅长周文吉1993年8月至1998年3月，在任宁夏回族自治区人事劳动厅厅长期间，在没有编制和增干指标的情况下，不经集体研究，也未经考试、考核，直接签批或授意他人办理，儿子、女儿、儿媳、弟弟、侄子、妻妹、外甥等15名亲属先后吸收录用为干部，安排在政法、财税、社会保险、水利等重要部门。此外，还应其家乡同心县及其工作过的地方的老同事、老部下以及他们介绍的人员的要求，违反规定，亲自签批、写条子或打招呼，使未经考试、考核且大多数根本不符合干部录用条件的117人被吸收录用为干部。经中央批准，中央纪委决定给予周文吉开除党籍处分；建议撤销周文吉全国政协委员，宁夏回族自治区政协委员、政协副主席职务。2000年8月25日，宁夏回族自治区政协第七届十三次常委会作出决议，撤销周文吉宁夏回族自治区政协委员资格及自治区政协副主席、民族和宗教委员会主任的职务。

如南充贿选案。2011年10月19日，南充市委五届一次全会前，时任仪陇县委书记杨建华用公款80万元，自己出面或安排下属，向部分可能成为市委委员的人员送钱拉票，通过拉票贿选当选市委常委。当时南充市委组织部与市纪委虽然接到了举报，但两部门的主要负责人都采取了庇护态度。直至3年后的2014年7月至9月，中央巡视组在巡视中接到举报，遮蔽此案的帷幕方被撕开。四川省委根据有关线索组织调查，才查清此次党代会之前在南充市有关干部民主推荐中存在的持续4年之久的送钱拉票贿选问题，卷入人员477人：其中组织送钱拉票的16人，帮助送钱拉票的227人，接受拉票钱款的230人，失职渎职的4人；涉案金额1671.9万元。33名官员因此被移送司法机关，具有贿选情节的11人，覆盖时任南充下辖的3区6县一把手。给予撤销党内外职务以上处分的77人，给予严重警告并免职、严重警告、警告或行政记大过、记过处分以及免职处理的267人，诫勉谈话、批评教育100人。

移送司法机关的省管干部9人中，只有1人为县委书记，其他8人均时任或者后升任的厅级干部。这些通过贿选担任南充市领导干部的官员，除1人仅涉及玩忽职守犯罪外，其余8人均牵涉受贿、贪污、挪用公款等贿赂犯罪，有的犯罪数额还特别巨大。如南充市原副市长邹平时任某县委书记，在南充市2011年非定向推荐厅级领导干部职务后备人选、南充市领导班子换届推荐中，2次挪用、侵吞345万余元进行贿选拉票，并于2012年当选为南充市副市长，落马后查实的受贿金额高达2420万余元。

4. 破坏法治规则

从法律制度、法治方面来讲，我国法律，是党领导下的权力机关制定或认可的，并依靠国家强制力保证实施的，体现着广大人民群众意志的，以权利和义务为内容，以确认、保护和发展对人民群众有利的社会关系和社会秩序为目的的行为规范。作为一种行为规范，为人们提供某种行为模式，指引人们可以这样行为、必须这样行为或不得这样行为，是国家、社会得以和谐稳定，各项事业蓬勃发展的最强有力的基石，也是捍卫人民群众权利和利益的保障。因此，宪法明确规定："一切国家机关和武装力量、各政党和各社会团体、各企业事业组织都必须遵守宪法和法律。一切违反宪法和法律的行为，必须予以追究。任何组织或者个人都不得有超越宪法和法律的特权。"

与处于静态方面的法律相适应，法治，就是用法律的准绳去衡量、规范、引导社会生活。一个现代化国家，必须是一个法治国家；国家要走向现代化，必须走向法治化。中国人民在中国共产党领导下以震撼世界的姿态大踏步行进民族复兴的步伐。今天，我们比近代以来任何时候都更接近中华民族伟大复兴这一几代人梦寐以求的奋斗目标。全面建成小康社会之后路该怎么走？如何跳出"历史周期率"、实现长期执政？

如何实现党和国家长治久安？以习近平同志为核心的党中央为这3道重大考题给出了坚定而明晰的答案——全面推进依法治国。时代大潮中，法治中国的宏伟蓝图已经磅礴展开。全面依法治国，实现国家的法治，包括立法机关的科学立法、行政机关的依法行政、全体公民的真诚守法，以及司法机关的严格司法等诸多方面。其中，对法律、法治的信仰，自觉遵法守法，乃是最为基础动态的方面。然而，法律、法治的信仰，有赖于法治环境的长期熏陶，苏北在《半月论》上撰文《让法律成为全民的信仰》，指出："法律信仰不是被灌输出来的，被教导出来的。人们更多的是在社会生活的实践中发生深刻的感知，与政府官员的互动中获有现实的引领。""我们不能无视官场腐败对民众心态的伤害：官商勾结，巧取豪夺，一人得道，鸡犬升天，百姓由激愤而无奈而麻木；我们不能无视上访乱象对法治思维的误导：'大闹大解决，小闹小解决，不闹不解决'，直接刺激访民的抗争文化和投机心理；我们不能无视行政暴力对公平正义的挑战：强征土地强拆民宅在城市化浪潮中一再上演，导致群体性事件接踵而来；我们不能无视官员雷语对法律信仰的亵渎：'我就是法！'直接挑战社会的底线和百姓的常识……"丧失职业、生活伦理道德，违背法律规则"打招呼""批条子""拉关系"，权大于法、钱重于法、情过于法，如此等等的每一次腐败，都是对法律、法治、道德等规则的蔑视与破坏，是对法律、法治权威的侵蚀与挑战。尤其是一些领导干部的严重腐败行为，更会带来上行下效，污染、败坏社会风气，危害自然更大。

另外，司法通过对合法行为的肯定，对违法乃至犯罪的否定及其惩罚，是法律、法治得以有效实施的重要保证，是社会公正守护的最后一道门槛与防线。清正廉明，严格司法，法律面前人人平等，坚守法律的底线，依法作出公正判决，努力让民众在每一个司法案件中都能感受到公平正义，乃是司法的本质要求。英国哲学家、大法官弗·培根早就说过："一次不公正的司法判决，其恶果甚于十次犯罪，因为犯罪只是弄脏了水流，而不公正的判决却是弄脏了水源。"于是，诸如暗中贿赂，枉法裁判，为违法犯罪甚至黑恶势力提供保护等等司法腐败行为，固然会对法律、法治及其司法的平等性、权威性等造成严重的损害，更会扭曲消解人们的法治意识、公正观念，给国家、社会带来的危害无法用货币等直接加以估量。最高人民法院原党组副书记、常务副院长沈德咏和原副院长奚晓明等司法官员在案件中利用审判权力谋取巨额私利的腐败行为，就是如此。

如，最高人民法院就山西首富张新明与吕中楼之间的股权纠纷案所作出的二审判决[案号为"（2011）民二终字第76号"]，被民法学界认为属于最高人民法院的一次"最荒唐的判决"。作为"学者型法官"，奚晓明将此案编入了最高人民法院指导审判的书中。

原来，山西省金业集团原董事长张新明在购买金海煤矿时因资金短缺而以股权转让等方式向吕中楼持有的山西沁和投资有限公司借款，最后将股权悉数转给沁和公司，沁和公司则支付4.23亿元获得该煤矿62%的股权。未能想到的是，该煤矿市价不久便飙升至百亿元，张想要回股权遭到拒绝，于是以股权转让价格过低为由向山西省高级人民法院提起诉讼要求解除合同，得到了支持。

2013年1月，针对"76号判决"召开的2场研讨会在北京召开，国内最著名的民法和民诉法学者几乎悉数到场。

几乎从不参加个案讨论的中国社科院法学所研究员梁慧星主动参会。他说："这样高级别的、如此糊涂的判决，如果再不出来说句话，实在是对不起法律的良心了。"

"如果煤炭价不涨，也就没有了这个案子。现在煤炭价涨了，才有了这个案子。"梁慧星解释，最高人民法院依据公平原则作出判决是错误的，既然双方当事人都是商人，那么双方约定的就是公平的，只要不违法，不损害国家和社会利益，法院就没有权力干预。

"这个判决颠覆了十几项法律原则和制度，"梁慧星说，最高人民法院的判决具有全国性的指导作用，如果下级法院都效仿，"那法律关系就乱了，社会就乱了，社会稳定就不存在了，法治国家就很难实现了。"

西南政法大学民商法学院教授谭启平的话更直接："这个判决是我几十年来看到的最荒唐的判决。"[①]

但最终结果是二审维持原判，张新明为此也如愿以偿地拿回了股权。此案更被列为"指导案例"编入了奚晓明主编的《最高人民法院商事审判指导案例（2012）·公司与金融卷》一书中，裁判要点为"如何判断股权转让协议是否应予解除"。

---

① 《最高法落马副院长奚晓明疑涉"最荒唐的判决"》，载 http://www.mnw.cn/，《海峡都市报》，2015 年 7 月 14 日。

而就在该案中，作为主管民事审判的奚晓明，通过其子奚嘉诚收受张新民所送的贿赂1800万元，在张新民与奚嘉诚之间奔走穿线的诉讼掮客王西也获取高达1200万元的不法之财。此外，在方正集团与暴雪娱乐股份有限公司知识产权案、方正集团与郭文贵的北京政泉控股有限公司纠纷中，方正集团原CEO李友请托奚嘉诚让其父帮忙，给予贿赂约5000万元；2011年，腾信股份申请IPO期间，实际控制人徐炜请托奚嘉诚利用其父职务影响，为公司上市提供帮助，并承诺送给腾信股份48万股干股，同年6月，奚晓明在明知奚嘉诚收受腾信股份干股的情况下，依然利用其职权和地位形成的便利条件，为腾信股份上市提供帮助。2014年9月腾信股份成功上市，2015年5月，徐炜将48万股干股变现为3900万元送给奚嘉诚。是以，这位在最高人民法院工作了33年的老法官，因"同个别违法律师、司法掮客、不法商人相互勾结，收受巨额贿赂"，成了"司法界的耻辱"。时任最高人民法院院长周强也先后3次公开表示，奚晓明案影响恶劣、教训深刻；要从中深刻吸取教训，加强对审判权力运行重点领域、重要环节的监督，把司法权力关进制度的笼子里；从严惩处各种违纪违法行为，特别是法院干警充当诉讼掮客、以案谋私等行为，以零容忍态度坚决惩治司法腐败。

此外，国家安全、军队、国防等领域有关的贪污贿赂犯罪行为，还与泄露国家秘密等联系在一起，危及国家安全；科学技术、文化教育、体育卫生、金融证券等具体领域的贪污贿赂犯罪行为都会给相关领域带来严重危害。任何腐败尤其是官员的贪污贿赂腐败行为，都会毒害社会风气，如此等等，都可以表现为贪污贿赂腐败行为的危害，这里就不再详细讲了。

谭君： 上面，您是从腐败行为对国家、社会的各个领域方面来剖析其危害性的。就国家、社会整体而言，腐败行为的危害主要会有什么表现呢？

贺小电： 国家与社会，从不同的角度来分析，是由不同元素组成的。将之抽象地划分为各种领域，各个领域中的腐败行为本质虽然一样，然表现的方式不一样，针对的对象、发生危害的范围也就不一样，危害性自然可能产生不同的特点。

腐败行为，其危害，我认为主要不在于某一腐败行为的危害结果有多大。任何单个的腐败行为，是很难动摇一个国家、社会的根基的。可若放任不管，它就有如瘟疫、病毒，具有极强的传染性，能够在不同的领域不断复制传染，开始并不觉得，直至某一领域、地区腐败严重得无法阻止，造成地区、领域秩序乃至某个组织甚至国家、社会秩序的崩溃。这也是腐败现象的狡猾之处，它让人舒服，给社会造成的危害整体由轻到重、逐渐侵蚀直至根基腐烂或者普遍泛滥，若没有防微杜渐、久久为功的韧力，对腐败采取果敢、决断的"蝮蛇螫手，壮士解腕"、刮骨疗毒方式，以及完善的治理尤其是防范腐败的体系，腐败就会如蚂蚁一样在堤上不断造穴，最终可以将千里之堤加以毁坏。它又如人身上的病症，有的如吃喝玩乐、嫖赌、奢侈享受等还具有相当的传染性，对人的身体健康开始危害并不是很烈，而是很温和，身体可以忍受，不影响工作、学习、生活。但病情不论大小，就是令人难以忍受的皮肤病，要是超出了身体所能忍受的范围，不予理睬，久而久之，越来越重，有的甚至发生变异如由一般的皮肤病转化皮肤癌，或者引发其他的并发症，最终达到不可收拾的程度，轻则影响某一组织、器官的功能，重则危害生命。

另外，腐败行为，长此以往还会造成人的价值观念、意识形态、社会风气的衰败，如使人们形成对官员、对权力依赖的不平等观念与人格；依靠权力分配易滋生出不劳而获甚至以不法手段获取社会财富的企图；赌博淫乐吸毒造成社会风气的毒化污染；权力任性滥用造成"法律的失效"而让人们形成视法于无物的惯性，等等，若形成一定的风气、气候，治理起来会很困难。要是整个社会的思想观念、风气腐败，则治理更加困难。在民主、平等、人权、法治等观念日益为人们所接受并深入人心，个人以及某个组织、领域、地区、国家之间的信息公开、交流、传递范围、速度因为科学技术的发展致使腐败行为越来越难以掩盖，而在人们对权力滥用、腐败深恶痛绝的情况下，有时候某一腐败行为就可能点燃民众因为腐败等各种社会问题长期在心中闷积的怒火，而产生骚动甚至暴乱，危及社会稳定。美国发生的警察跪压一个长期犯罪吸毒的黑人致死这一在人们看来属于滥用权力的腐败行为点燃了因为长期遭受种族歧视的黑人怒火，由一般的游行示威抗议发展到极具规模、范围的打砸抢的骚乱，让社会付出了巨大代价。从这种意义上来说，描述腐败行为给一个组织、社会乃至国家的危害，怎么讲也不过分。当然，这种危害不一定呈现出某种实际的损害。

正因为如此，我们党在建立新中国前，就基于腐败的危害而对党员干部尤其是领导干部反复告诫的同时，而对腐败行为采取异常严厉的态度加以否定与严惩。之后，随着时代的发展，一直在摸索、探寻着防治腐败的方法与途径。

四、反腐新象

谭君：党的十八大以来，我国的反腐斗争力度不断加大，不仅对贪污贿赂等严重腐败违法犯罪行为严加惩治，而且对诸如形式主义、官僚主义、享乐主义和奢靡之风等违纪或者轻微的违法腐败风气也严加惩戒，防微杜渐，从早、从小抓起，在全国各地区、各领域取得了相当效果。从不同的角度解析我国的反腐行动，会有不同的特点。下面，从对腐败犯罪行为的防治方面，请您介绍一下当今反腐斗争的某些特点。

贺小电：构成犯罪的腐败行为，属于严重的腐败现象，需要通过监察程序、刑事诉讼程序依法追究其刑事责任。对于这类已经构成犯罪的腐败行为的防治，从刑事方面来看，其特点也很多，下面从实体与程序两个方面加以分析。

首先，从实体方面来看，主要表现为：

"打虎拍蝇，老虎苍蝇一起扫"。党的十八大以来，打虎力度空前未有，但力度一直未减。按照《法治日报》记者根据中央纪委国家监委网站审查调查栏目通报信息统计，2017年、2018年、2019年被查处的中管干部（"大老虎"）分别为18人、23人、20人，大体持平，与此前两年持平；查处的省管干部（"中老虎"）则分别为221人、354人、408人，数量较以往有所增加。

2022年10月17日下午，在党的二十大新闻中心举办的第二场记者招待会，中央纪委副书记、国家监委副主任肖培在谈及十年反腐成就披露了一组数据：中央纪委国家监委立案审查调查的553名中管干部当中，含十八届中央委员、中央候补委员49人，十八届中央纪委委员12人；十九届中央委员、中央候补委员12人，十九届中央纪委委员6人。全国纪检监察机关共立案审查调查各级"一把手"20.7万人。

第一，法律面前人人平等。在封建社会，有的功臣虽被朝廷定罪甚至杀害，乃不是依法而为，大多乃是权力之间斗争的因素。改革开放后，依法惩治了许许多多的贪污贿赂犯罪分子，并查处了陈希同、成克杰、陈良宇、孙政才、薄熙来、郭伯雄、令计划等一批副国级高官，数以百计的省部级官员更是纷纷落马，且打破了一些人所称的我国具有"刑不上常委"的所谓潜规则的不实传闻。任何人犯了罪，不论其官职多大，亦不论其地位多高，都要接受国法的严厉惩治，不再是一句空话，成为新时代下反腐斗争的一个重要特征。

第二，法不责众，反腐没有这一说。我国的古代社会历来就有法不责众、法不责众、罚不及众等的做法。那时的法律，反映的是作为统治阶级的地主阶级极少数人的利益，而且为了维护他们对绝大多数农民的统治，手段非常严酷，不少乃为违背广大民众的"恶法"，从而引起百姓对此类法律规定的不守。若严格按法律治之，则易引起官民对立乃至骚乱暴动；置之不理，法如同虚设，也不行。因此，在遇到某种普遍的不法行为时，官府为了避免官民之间的激烈冲突而以"法不责众""罚不责众""罚不及众"等的规则使所有违法者或者绝大多数违法者得以免除处罚。

当然，现在的法律，源于人民是国家的主人这一基础，是广大人民群众意志的体现，是为广大人民群众追求美满幸福快乐的生活服务的，不存在"恶法"之问题。因此，从理论上，凡是违法犯罪都应依法得到追究，不能因为某一地区、某一领域、某一行业、某一单位、某一案件中的某种违法犯罪行为涉及人众就"法不责众"等不予处罚。相反，因为某一范围内的某种违法犯罪行为多发，说明法纪松弛造成该类行为秩序的严重混乱而要严加惩处，并按照法律面前人人平等的原则依法而为，而不能有任何例外。当然，也应当根据行为违法犯罪的轻重分别进行处理。

就反腐行动而言，对于因某事、某案发生的众人涉案的案件，查处范围之广、查处力度之大，前所未有。衡阳、南充、辽宁的贿选案，均涉及数百人，对于犯罪者均旗帜鲜明地做了处理；周永康的"石油系""四川系""政法系""秘书帮"中的涉案成员，均得以绳之以法；云南的孙小果、山西的"小四毛"等黑恶势力背后的"保护伞"，等等，拔出萝卜带出泥，相关涉案人员，均被严厉查处。

第三，退休不是贪腐的"护身符"。对腐败者的查处，一般发生在他们还在任上时，有不少乃是因为之间的争权夺利，相互举报而引发。有的则是在拟升任过程中，被人举报而落马。基此，有的认为要是退休甚至退居二线而还未被查处的话，就等于进了"保险箱""避风港"，已经安全"软着陆"，可以高枕无忧，万事大吉。有的还以退居二线或者提前退休作为自己腐败行为的"护身符"，想"一退解千愁"，借此免除自己的牢狱之灾。然而，自党的十八大以来，这种心存侥幸、自欺欺人的所谓"惯例""潜规则"及美梦，一再被"棒打退休虎"的现实打破、击碎。中央政治局原常委、中央政法委员会原书记周永康，中央政治局原委员、中央军事委员会原副主席郭伯雄、徐才厚，江苏省委原常委、秘书长赵少麟，湖南省政协原党组副书记、副主席阳宝华，湖北省政协原副主席陈柏槐，四川省委原常委、四川省原副省长、省文联原主席郭永祥，安徽省原副省长倪发科，新疆维吾尔自治区人大常委会原副主任栗智，河北省委原常委、河北省原副省长张和，河北省政协原副主席艾文礼，天津市原副市长陈质枫，内蒙古自治区人大常委会原副主任邢云，原国家质量监督检验检疫总局副局长魏传忠，国家开发银行原党委书记、董事长胡怀邦，国家开发银行股份有限公司原党委副书记、监事长姚中民等"大老虎"都是在退休或者退任二线后被查。其中，有的退休后多年甚至几近15年才被查处。1946年10月出生的赵少麟，2006年12月从江苏省委常委、秘书长任上退下，此后一直担任中国老龄事业发展基金会第一副理事长，至2015年8月被立案查处，尚差4月已经退休9年；长春市高新区党工委原书记刘泽臣2010年10月退休至2018年5月29日被查，时隔近8年；广州市国土资源和房屋管理局原副局长谭丽群提前退休并移居美国，至2014年4月2日被查时已退休约11年。上海仪电控股集团公司原副董事长余宝庆2019年5月被查，已在退休12年后。江苏常州高新技术产业开发区原党工委书记、管委会主任顾黑郎2019年1月被查，当时已退休近15年。

第四，功不抵过，反腐没有"铁券丹书""铁帽子王"。铁券丹书，又称丹书铁券、丹书铁契，指古代帝王赐给功臣、重臣世代享受优遇或者免罪免死的一种特权凭证，因用朱砂书写于铁板上，故名。铁帽子王，指清朝的一种世袭罔替的王爵，比一般的亲王享有更优厚的待遇和特权，包括世袭，隔代不降爵；俸禄优厚；赐予世袭罔替王府（铁帽子王府）等特权及配享太庙之殊荣。整个清朝共封12位铁帽子王，其中8位为在开朝之初立下卓绝战功的皇亲宗室，另外4位因在清朝中后期稳固江山中功勋显赫而受封。

查处的腐败犯罪者中，虽因贪污贿赂等腐败现象而给党和国家带来损失与危害，但大多数还是作了一些有利于党和国家的工作的，有的甚至成就巨大、贡献突出，从而获得诸如"全国五一劳动奖章""全国优秀县委书记""全国劳动模范"等光荣称号，"国家科技进步奖""中国环境保护特别贡献奖"等科学奖，有的还为国家的科学、国防作出了卓越的贡献。中国船舶重工集团公司原董事长、党组书记胡问鸣，作为首艘国产航母总指挥、歼十首飞工程一等功臣，ARJ-21上海生产线改造的主持者、国产大飞机的前期论证参与者，以及中国航空工业的三大跨越——军机从二代迈向三代，飞机发动机从涡喷转涡扇，机载装备向数字化和信息化转变的参与者、见证者，其贡献不可谓不大，仍因贿赂腐败犯罪而在2019年8月30日退休后不到9个月于2020年5月接受组织审查。

其次，从程序方面来看，主要是采取了以下反腐新举。

第一，强化反腐法治保障。提起反腐斗争，一些经历过"文革"的人，总不免有运动式反腐的感觉。法治化的主要特征在于它的常态化。所以，以法治化反腐是不可能出现运动化的，至少运动化因素随着法治化的不断完善会变得越来越少，直至最终消失。

反腐法治化的一个重要方面，我认为就是《监察法》的出台。对此，一些专家学者尤其是律师认为，《监察法》将贪污贿赂犯罪行为的调查取证，由过去的人民检察院侦查变成监察机关的调查，将这本属于司法性质的侦查行为变为了非司法性质的监察行为，不允许律师介入，由过去的相对封闭变成现在的完全封闭，致使贪污贿赂犯罪的调查取证完全处于秘密状态中，从而与现代程序的基本规则相背。加上，纪委监察机关所处的地位，人民检察院、人民法院对之经过调查移送作为犯罪处理的案件，在事实认定甚至定罪量刑上还要经过他们同意，故律师在此类案件中的作用基本无法发挥。如此等等，我并不否认。

然而，这些问题并非因为《监察法》出台才存在，而是在《监察法》出台前就早已存在。此前，国家工作人员尤其是领导干部的贪污贿赂违法犯罪行为，几乎都是由纪委作为违纪案件立案查处，那时按照有关规定，对于严重违纪者（而犯罪者自然属于严重违纪者）予以"双规""双指"，从而被限制甚至失去人身自由。而"双规""双指"完全为党规政纪所规范，没有纳入法律的范围。"双规""双指"期间，因为纪委工作人员不够，通常借用人民检察院反贪污贿赂局、反渎职侵权局等的力量，以纪委监察人员的身份调查有关案件事实。"双规""双指"，由于不属于任何法律程序，在此期间律师自然也无法介入。在基本查清了所涉嫌的违纪违法包括犯罪事实后，"双规""双指"才告结束，移送人民检察院侦查，人民检察院再将过去的问话主要是当事人的供述转化为侦查人员的讯问笔录，即进行证据的转化，短的二三月，长的又是7个多月，厅级以上的干部，一般要将法律规定的侦查期限用满用足。而这期间，按照法律规定，属于特别重大的贪污贿赂案件的，辩护人会见当事人要经过侦查机关许可。在《刑法修正案（九）》施行前，贪污受贿10万元，如无减轻处罚情节最低刑乃是10年，当时最高人民检察院的司法解释确定为贪污受贿50万元以上的，属于重大贪污贿赂案件，大多数被查处的贪污受贿的数额何止50万元？这样，被查处的此类案件基本上都要经过人民检察院批准辩护律师才能会见当事人。另外，即使开始发现当事人贪污贿赂数额没有50万元，律师又不知道，侦查人员说这是重大贪污贿赂案件要经过其批准才能会见，又有什么办法？而经过许可，法律并未规定律师要求会见，侦查机关就一定许可，而是可以许可。既然是可以许可，他们就可以解释为也可以不许可。是以，在贪污贿赂案件中，辩护人申请会见、检察机关不许可会见，便成了两者之间的文件来往游戏。最高人民检察院发文要求在这类案件中要保障律师的辩护权利，要求侦查机关在律师提出会见申请后的一定期限内作出是否许可的回复，侦查机关这样做了，就是保障了你辩护人的辩护权。此外要求重大贪污贿赂案件至少保障辩护人与当事人会见1次，为此检察机关便在侦查工作乃已完成或者几乎完成时通知辩护人与当事人见下面，这样的会见无论是对当事人来说还是对辩护人而言都失去了其应有的意义。如此，人民检察院就重大贪污贿赂案件（可以说是贪污贿赂案件的绝大多数）的侦查，仍然处于不让律师介入而与外界封闭的阶段。至于，审查起诉阶段、审判阶段关于事实、定罪甚至量刑的意见要听取纪委的意见，一直就存在。那时，审查起诉的公诉部门还要听取内部侦查机构反贪污贿赂局、反渎职侵权局的意见，而这两机构的局长不少为检察院党组成员，地位要比审查起诉部门、审判庭室高，后者要改变前者的结论，其难度可想而知。

以是，上述所讲的《监察法》出台后的问题并非因《监察法》出台所引起，而是在之前早就存在。而《监察法》出台后，将"双规""双指"废止，由"留置"替代，并将贪污贿赂犯罪的违纪违法犯罪行为完全改由纪委监察机关进行审查调查，且取消了人民检察院对"司法工作人员利用职权实施的非法拘禁、刑讯逼供、非法搜查等侵犯公民权利、损害司法公正的犯罪"案件以外的贪污贿赂犯罪案件的侦查权，虽未改变过去存在的现象，但至少是将过去现实存在的完全没有纳入法律范围内的纪律监察机关对贪污贿赂犯罪案件的调查行为纳入了法律的范围，并以程序加以规定，从而将反腐斗争纳入了法治化轨道。既然作为一种法律行为，有关学者专家等就可以依法研究，不断完善，不像过去那样，根本无法对"双规""双指"这些非法律范围内的行为从法律行为的角度加以研究讨论。

另外，用留置代替"双规""双指"后，明确规定留置的期间可以折抵刑期，比起同样被限制或者失去人身自由而不能折抵刑期的"双规""双指"来说，无疑是一种更大的进步。

还有，纪委监察机关调查结束后，直接移送人民检察院审查起诉，而不是移送侦查，减少了一道侦查程序，对当事人来说也是一种实际的进步，降低了对当事人及其家人、辩护人所带来的困扰与痛苦，并且提高了程序效率。

第二，巡视锐器，反腐战场上的"千里眼""顺风耳"。巡视，在中国古代历史中源远流长，最早可以追溯到意在考察地方诸侯政绩和公德的舜时"五载一巡狩"的天子巡狩制，但这种天子巡狩仍不是正式的专职巡视。春秋战国时代，国王有"巡县之制"，国君、相国、郡守也可以巡视地方，意在管理农业生产、祭祀名岳山川、选拔人才、整顿吏治、纠察不公，甚至将"不善孝父母，不长悌于乡里，骄躁淫暴，不用上令者"也纳入巡视范围，具有督察下级官员的监察功能的巡视制度得以初步形成。秦始皇统一六国，5次"出巡"，设立监御史和监察史分别督察中央与地方官员，从中央到地方形成了独立而严密的巡视体系。然后，汉、隋、唐、宋、元、明、清等，都在沿袭过去基本做法的基础上作了些改革变化。

在我党的历史上，1925年9月设立"中央特派巡行的指导员"；1927年11月的《最近组织问题的重要任务议决案》规定"应当开始建立各级党部的巡视指导制度"；1928年10月制定了《巡视条例》。

改革开放后，1983年10月，党的十二届二中会会作出的《中共中央关于整党的决定》指出："县级以上各级党委应挑选一批党性强、作风好、熟悉党的思想工作和组织工作的同志，包括退出第一线工作的老同志，经过整党学习和训练，作为联络员或巡视员派往所属进行整党的单位。"1996年1月，十四届中国共产党中央纪律检查委员会第六次全会通过《中共中央纪委关于建立巡视制度的试行办法》，中纪委开始向地方、部门选派巡视组，巡视制度初步试行。2002年11月，党的十六大报告明确指出："改革和完善党的纪律检查体制，建立和完善巡视制度。"2003年5月，中央批准中央纪委、中央组织部设立中央纪委、中央组织部巡视工作办公室和5个巡视组。2004年2月，颁布《关于中共中央纪委、中共中央组织部巡视工作的暂行规定》。2009年7月，中共中央颁发《中国共产党巡视工作条例（试行）》；同年11月成立中央巡视工作领导小组；12月，"中央纪委、中央组织部巡视组"更名为"中央巡视组"。2010年，《中央巡视工作领导小组工作规则》《中央巡视工作领导小组办公室工作规则》《中央巡视组工作规则（试行）》和《关于被巡视地区、单位配合中央巡视组开展巡视工作的暂行规定》先后出台。

党的十八大以来，习近平总书记曾一再反复强调巡视工作："巡视是党章赋予的重要职责，是加强党的建设的重要举措，是从严治党、维护党纪的重要手段，是加强党内监督的重要形式。"同时要求"巡视组要当好中央的'千里眼'，找出'老虎'、'苍蝇'，抓住违纪违法问题线索。要落实监督责任，敢于碰硬，真正做到早发现、早报告，促进问题解决，遏制腐败现象蔓延的势头。""法规制度的生命力在于执行。'盖天下之事，不难于立法，而难于法之必行。'现在，我们有法规制度不够健全、不够完善的问题，但更值得注意的是已有的法规制度并没有得到严格执行。""反腐倡廉法规制度一经建立，就要让铁规发力、让禁令生威，确保各项法规制度落地生根。好的法规制度如果不落实，只是写在纸上、贴在墙上、编在手册里，就会成为'稻草人'、'纸老虎'，不仅不能产生应有作用，反而会损害法规制度的公信力。我们要下大气力建制度、立规矩，更要下大气力抓落实、抓执行，坚决纠正随意变通、恶意规避、无视制度等现象。""现在巡视开展起来了，有了这个条例，就要把这个制度坚持执行下去，相信一段时间后，会起到治本作用。所谓的'不想腐'，就靠提高觉悟，而'不敢腐'、'不能腐'，巡视是立竿见影的。"

几年来，我党不断强化巡视工作，对之进行了广泛而充分的实践，就诸多方面进行了有益的探索，并将有关经验上升为巡视工作制度，使得巡视工作不断完善，并表现了诸多方面的特点。

如建立分层、全面的巡视制度。2013年11月，中共中央十八届三中全会通过《关于全面深化改革若干重大问题的决定》提出："改进中央和省区市巡视制度，做到对地方、部门、企事业单位全覆盖。"2015年8月3日，中共中央颁布实施修订的《中国共产党巡视工作条例》。2016年10月，《中国共产党党内监督条例》明确要求，中央和省、自治区、直辖市党委一届任期内，对所管理的地方、部门、企事业单位党组织全面巡视，省、自治区、直辖市党委应当推动党的市（地、州、盟）和县（市、区、旗）委员会建立巡察制度。

又如，打破过去巡视组长一届5年任期的惯例，实行"一次一授权""一次一任命"和"三个不固定"。前者指打破过去巡视组长固定不变的做法，每次巡视完毕，巡视组长不再拥有该次所授之权。下次巡视，又必须重新授权，这样巡视组长不再是固定不变的"铁帽子"，可以灵活变更和调整人员，有利于打破人情羁绊的问题。后者则是指中央建立巡视组长库，选用刚刚离开一线或现职省部级领导干部等担任组长，每轮巡视之前根据具体情况从组长库中确定巡视组组长人选，巡视组长不固定、巡视组与巡视对象的关系不固定，增强巡视机构与人员的动态性。每一次开展巡视工作，究竟巡视哪里，具体担任什么职务，巡视者事先都不知道，每次确定具体的巡视对象后，巡视者与巡视对象几乎是同时得知这一情况。如此自然有利于隔断巡视组与被巡视对象之间的联系，斩断巡视对象自身或者通过他人提前打听情况甚至说情的通道，防止巡视对象与巡视者之间的事先联络，以充分发挥出巡视的作用功效。如甘肃省委原常委、省政府原常务副省长、党组原副书记虞海燕，在2014年中央巡视结束之后的10月份将一个关联人抓了之后，身感恐惧，晚上都要靠安眠药才能入睡。于是，他就想方设法接触这些纪检干部，最后以利益诱惑、拉拢上了中央纪委第九纪检监察室原副主任明玉清，让之帮助抹平有关自己的问题，由此认为高枕无忧，违法犯罪变本加厉。不想中央实行"三个不固定"的巡视，使之所依托的"靠山"不再可靠。2016年11月，明玉清落马；2个月后虞海燕被查。

再如，巡视方式不断创新，灵活多样：进行专项巡视，对重点突出的特定人员、特定领域、特定问题，或者分行业、分领域在常态巡视的基础上开展"点穴式"的专项巡视，提高巡视工作的针对性；进行"回头看"的再巡视，产生"回马枪"的再发现、再震慑的效力；开启"机动式"巡视试点，发挥"小队伍、短平快、游动哨"的特点，集中力量，突出重点，高效突破，等等。天津市委原代理书记、市长黄兴国，辽宁省委原书记、省人大常委会原主任王珉，安徽省委原常委、省政府原常务副省长陈树隆等严重违纪违法问题的线索，都是在再巡视时发现的。"第一次巡视了，第二次再来个'回马枪'，这一招很厉害。"黄兴国将此举理解为"回眸一笑"，本以为即将"去代转正"的他怎么也没想到，"回头看"后仅仅2个月自己就被"回马枪"挑落下马。

最后如，突出重点，明确职责定位。每轮巡视都注意围绕这一中心，坚持政治定位，突出问题导向，采取"下沉一级"，走群众路线，深入民间，广接地气，通过到相关部门了解群众举报信息；公开巡视组名单、电话和邮箱，接受书面举报；进行个别谈话、约谈、访谈等听取群众意见建议；到干部曾经工作过的地方和单位了解情况等途径，采取听、问、看、访、测、察等方法，明察暗访、了解民情、反映民意、集中民智，着力发现诸如违反政治纪律和政治规矩，存在违背党的路线方针政策的言行，有令不行、有禁不止，阳奉阴违、结党营私、团团伙伙、拉帮结派，以及落实意识形态工作责任制不到位等；违反廉洁纪律，以权谋私、贪污贿赂、腐化堕落等；违反组织纪律，违规用人、任人唯亲、跑官要官、买官卖官、拉票贿选，以及独断专行、软弱涣散、严重不团结等；违反群众纪律、工作纪律、生活纪律，落实中央八项规定精神不力，搞形式主义、官僚主义、享乐主义和奢靡之风等所表现党的领导弱化、党的建设缺失、全面从严治党不力，党的观念淡漠、组织涣散、纪律松弛，管党治党宽松软问题，充分发挥之在反腐战场中的"千里眼""顺风耳"的作用。

事实上，全面而务实的巡视，也确实发挥了它在反腐斗争的"千里眼""顺风耳"这一锐器的作用，寻"虎"觅"蝇"，功力非凡。自党的十八大以来，孙政才、苏荣、周本顺、王珉、白恩培、王三运、黄兴国、卢恩光、常小兵等在内的一大批高级领导干部违纪违法问题的线索，以及山西系统性、塌方式的腐败，衡阳破坏选举、四川南充和辽宁拉票贿选等问题的线索，都是通过巡视"揪出"、发现的。数据显示，中央纪委立案审查的中管干部案件中，超过60%的问题线索来自巡视。2014年3月，中央第五巡视组在天津巡视期间收到群众来信来电来访1万多件次，大多指向人称"武爷"的天津市政协原副主席兼公安局局长武长顺："查不查武长顺就是看你们是不是真的反腐败，这也是对你们中央巡视组的一个检验。"巡视组根据群众提供的线索进行深挖，2014年6月向中央纪委移交武长顺相关线索，并建议将之列为重点对象，1个月后，武长顺便落马被查。2019年6月的一天，江苏省扬州城市房产发展集团原董事长、总经理杨磊听说了原工作单位要被巡察的消息，坐立不安，急得在家中来回踱步，思来想去，向妻子坦白了自己贪污和收受礼物的事实。在妻子的支持下第二天一早带着违纪违法所得和数条香烟走进了扬州市纪委监委投案自首。

巡视锐器不仅有寻"虎"觅"蝇"、震慑犯罪的作用，还有微腐败的"探照灯""显微镜"的功效，找出问题，反馈意见，促进问题整改、完善制度、深化改革，进而实现对各种腐败现象的标本兼治。天津天保控股有限公司原党委书记、董事长邢国友，现任党委书记、董事长赵家旺，在市委巡视组已经指出相关问题后，敷衍了事、消极应付，甚至弄虚作假、边改边犯，对巡视整改走过场、摆样子，2019年7月，天津市纪委省监委对他们违反政治纪律、履行巡视整改责任不力予以问责并予以通报，起到了问责一个、警醒一片的警示教育作用。2018年以来，公安部对中央巡视组2016年巡视后发现的问题、反馈的意见，认真落实、全面整改，先后出台了118项户籍、交通、出入境、警用装备管理等领域的"放管服"改革措施。

第三，缺席审判、违法所得没收的特别程序，刺向潜逃、死亡腐败者的又一法律利器。一些贪污贿赂腐败分子，为了逃避法律制裁，或者移民或者叛逃至境外，或者逃匿、隐藏于境内，或者因为患病、意外死亡甚至以自杀的方式保全通过贪污贿赂等不法手段获取的财产，虽然在自由方面有所限制，但借助于不法财富，尤其是配偶父母子女等家人则享受着财富带来的便利、奢侈、挥霍……骄奢淫逸、逍遥法外。是以，国家通过修正《刑事诉讼法》对贪污贿赂犯罪等增加了犯罪嫌疑人、被告人逃匿、死亡案件违法所得的没收程序及缺席审判程序。《刑事诉讼法》第291条、292条规定："对于贪污贿赂犯罪案件，以及需要及时进行审判，经最高人民检察院核准的严重危害国家安全犯罪、恐怖活动犯罪案件，犯罪嫌疑人、被告人在境外，监察机关、公安机关移送起诉，人民检察院认为犯罪事实已经查清，证据确实、充分，依法应当追究刑事责任的，可以向人民法院提起公诉。人民法院进行审查后，对于起诉书中有明确的指控犯罪事实，符合缺席审判程序适用条件的，应当决定开庭审判……""……传票和起诉书副本送达后，被告人未按要求到案的，人民法院应当开庭审理，依法作出判决，并对违法所得及其他涉案财产作出处理。"《刑事诉讼法》第298条规定："对于贪污贿赂犯罪、恐怖活动犯罪等重大犯罪案件，犯罪嫌疑人、被告人逃匿，在通缉1年后不能到案，或者犯罪嫌疑人、被告人死亡，依照刑法规定应当追缴其违法所得及其他涉案财产的，人民检察院可以向人民法院提出没收违法所得的申请。""公安机关认为有前款规定情形的，应当写出没收违法所得意见书，移送人民检察院。""没收违法所得的申请应当提供与犯罪事实、违法所得相关的证据材料，并列明财产的种类、数量、所在地及查封、扣押、冻结的情况。""人民法院在必要的时候，可以查封、扣押、冻结申请没收的财产。"第300条规定："人民法院经审理，对经查证属于违法所得及其他涉案财产，除依法返还被害人的以外，应当裁定予以没收；对不属于应当追缴的财产的，应当裁定驳回申请，解除查封、扣押、冻结措施……"这样，为司法机关潜逃、隐匿、死亡等的贪污贿赂腐败者的财产追缴、没收奠定了法律基础，无疑有利于这种贪污贿赂者的打击。

山西省人民政府原副省长任润厚，2001年至2013年利用担任山西潞安矿业（集团）有限责任公司董事长、山西潞安环保能源开发股份有限公司董事长、山西省人民政府副省长等职务上的便利，为他人谋取利益收受贿赂30万元，另有1265.562708万元、港币42.975768万元、美元104.294699万元、欧元21.320057万元、加元1万元以及珠宝、玉石、黄金制品、字画、手表等物品135件来源不明，2014年9月30日因病死亡。2017年7月25日，扬州市中级人民法院就扬州市人民检察院没收山西省人民政府原副省长任润厚受贿、贪污、巨额财产来源不明违法所得申请一案作出裁判，没收上述受贿、巨额财产来源不明犯罪所得及其孳息，上缴国库。

2019年12月31日，岳阳市中级人民法院公开开庭审理"红通人员"彭旭峰受贿及其妻子贾斯语受贿、洗钱违法所得没收申请一案，查明：湖南省基础建设投资集团有限公司原党委书记、董事长彭旭峰2010年至2017年，单独或伙同妻子贾斯语等人，利用彭旭峰担任长沙市住房与建设委员会副主任，长沙市轨道交通集团有限公司党委书记、董事长等职务上的便利，为有关单位和个人在工程承揽、土地承租、设备采购等事项上谋取利益，收受有关单位、个人财物2.3899258856亿元和美元12万元。2012年至2017年贾斯语将受贿所得4299.603495万元通过地下钱庄或者借用他人账户转移至境外。2017年3月10日、24日，贾斯语、彭旭峰先后逃匿境外，至今未到案。2020年1月3日，岳阳市中级人民法院公开宣判，裁定没收犯罪嫌疑人彭旭峰、贾斯语在境内的违法所得1.03892238亿元、黄金制品以及在澳大利亚、塞浦路斯、新加坡、圣基茨和尼维斯联邦等国家共计5处房产、250万欧元国债、50.0028万美元；对彭旭峰、贾斯语违法所得追缴不足部分，继续追缴。

百名红通人员第33号黄艳兰，1993年至1998年，利用担任桂林地区物资发展总公司总经理兼法定代表人、桂林地区物资局副局长等职务上的便利，违反财务规定，将巨额资金隐匿在账外不纳入财经管理。1997年7月30日至1999年4月26日，伙同近亲属等人设立多家公司，以近亲属名义设立多个银行账户、证券账户，将隐匿于账外资金中的3000.35万元作为首付款，先后用于购买上海市52套房产，并于2001年至2002年指使他人将其购买的房产部分虚假过户、部分出售、部分出租。2002年8月14日，在桂林市人民检察院对之立案侦查期间逃匿，被国际刑警组织2005年发布红色通缉令，至今未到案。2018年11月15日，桂林市中级人民法院对黄艳兰贪污违法所得没收申请一案进行一审公开宣判，对黄艳兰位于上海市普陀区长寿路748弄1号湖南大厦、闵行区虹许路788弄名都城、闵行区中春路8988弄79号、闵行区中春路8988弄84号等处23套涉案房产以及部分涉案房产出售、出租产生的收益裁定没收；对黄艳兰贪污犯罪产生的违法所得追缴不足部分，继续追缴；依法向相关银行支付上述涉案房产按揭贷款欠款本息及相关费用。二审广西高级人民法院依法驳回上诉，维持原裁定。

2020年11月17日，呼和浩特市中级人民法院对"百名红通人员"之一的中国农业银行股份有限公司金融市场部投资中心本币投资处原处长白静违法所得没收一案公开宣判。经审理查明，犯罪嫌疑人白静涉嫌于2008年至2011年间，利用其担任中国农业银行股份有限公司投资业务处副处长、处长的职务便利，伙同他人操纵债券交易，套取国有资金转入其实际控制的公司，非法获利共计2亿余元，后白静用其中1.6亿余元在北京市、海南省三亚市购买房产，登记在其亲属名下，并于2013年7月31日逃匿境外，被通缉超过1年未到案。检察机关根据有关证据和查封情况，对其中购买资金为1.4亿余元的9套房产申请没收。该院认为，本案有证据证明犯罪嫌疑人白静实施了贪污犯罪行为，并逃匿境外，被通缉1年后未到案。检察机关申请没收的9套房产高度可能来源于白静实施贪污犯罪行为套取的国有资金购买，依法应当适用违法所得没收程序予以没收。于是，裁定没收高度可能属于白静使用违法所得购买的9套房产。

第四，境外追逃，压缩逃至境外腐败者的生存自由空间。党的十八大以来，党中央就反腐败国际追逃追赃工作作出战略部署，使之成为全面从严治党和反腐败斗争的一个重要环节。2014年6月27日，包括中央纪委、最高人民法院、最高人民检察院、外交部、公安部、国家安全部、司法部、人民银行等8家成员单位的中央反腐败协调小组国际追逃追赃工作办公室（下称中央追逃办）正式成立，并不断推动国际之间的多边合作。2016年9月5日，G20杭州峰会通过"二十国集团反腐败追逃追赃高级原则""二十国集团2017至2018年反腐败行动计划"，并在9月23日于北京设立二十国集团反腐败追逃追赃研究中心；2019年6月13日至14日，上海合作组织成员国元首理事会通过《上海合作组织成员国元首理事会比什凯克宣言》和《上海合作组织成员国元首理事会会议新闻公报》，进一步就加强反腐败国际合作达成重要共识，以及与在逃人员相对集中的重点国家之间的双边合作，如多次召开中美执法合作联合联络小组（JLG）会议，协商有关在逃人员的追捕、追赃工作，等等。

中央追逃办2015年3月26日决定启动"天网"行动；次月22日，国际刑警组织中国国家中心局集中发布了针对100名涉嫌犯罪的外逃国家工作人员、重要腐败案件涉案人等人员的红色通缉令，对该100名红通人员加大全球追缉力度等，并辅之以舆论宣传，形成对外逃人员追拿的高压氛围，充分运用自首、宽严相济政策，如最高人民法院、最高人民检察院、公安部、外交部等4部门2014年10月10日联合发布《关于敦促在逃境外经济犯罪人员投案自首的通告》，中央纪委监察部网站2014年12月9日开设反腐败国际追逃追赃专栏，中央反腐败协调小组国际追逃追赃工作办公室2017年4月27日发布《关于部分外逃人员藏匿线索的公告》，央视2019年1月10日至14日陆续播出反映反腐败国际追逃追赃工作的5集纪实专题片《红色通缉》等，数以千计的外逃人员得以缉拿归案。红色通缉令发布的第3天，2015年4月25日就将第19号红通人员中国经济开发信托投资公司上海营业部原总经理、潜逃在外14年余的戴学民抓捕缉拿，戴于是成为红色通缉令发出后的首个落网人员。截至2019年5月31日，通过"天网"行动先后从120多个国家和地区追回外逃人员5974人，其中国家工作人员1425人，追回赃款142.48亿元。携女儿、女婿及外孙从上海机场出逃他国的浙江省建设厅原副厅长、红色通缉令首号案犯杨秀珠，深圳裕伟贸易实业有限公司原法定代表人，涉嫌走私案值12.15亿元、偷逃税款7.17亿元的黄海勇等58名"百名红通人员"通过投案自首、引渡、强制遣返等方式归案。截至2019年6月27日，追回外逃人员2395人，其中党员和国家工作人员731人，百名红通人员10人，追回赃款47.06亿元。

2018年7月11日，中央纪委国家监委网站发布公告称，在中央反腐败协调小组国际追逃追赃工作办公室的统筹协调下，在中美两国执法等部门通力合作下，巨贪40亿余元、外逃美国17年、中国银行开平支行案的主犯许超凡被强制遣返回国，并被追回赃款20多亿元。

2001年10月12日，中国银行将全国1040处电脑中心统一成一套系统，联网后，电脑中心很快显示账目存在4.83亿美元的亏空。通过对账目进行分析，案发范围锁定到广东开平。这时，中行开平支行的前后3任行长许超凡、余振东、许国俊突然失踪，成为震惊全国的中行开平"10·12"案。

　　30岁时就担任中行开平支行行长的许超凡被认为是该案首犯，他沉迷于赌博，曾在澳门赌博4个小时就输了6000多万元。1993年起便以代客买卖的形式进行外汇交易大肆贪污挪用银行资金；后又与手下的副行长余振东、下属公司经理许国俊联手，先后从银行账户中拆借大量资金，以贷款名义转出并转至设在香港的潭江实业有限公司等名下；在升任中行广东省分行公司业务处处长后，继续与先后担任该支行行长的余振东、许国俊相互勾结掩护，利用8年余的时间将4.83亿美元资金转移到海外。早在1994年，3人的妻子在开平通过与美国公民假结婚方式于1999～2001年先后获得美国公民资格；1997年3人则利用假身份证到香港获得伪造的香港护照，再以假香港护照申请美国签证，2001年5月均在香港与美国公民假结婚；2001年10月13日得以成功潜逃至美国。同年，公安部要求国际刑警组织发布红色通缉令、司法部随后则向美方提出刑事司法协助请求。

　　2002年2月，余振东在美国被以欺骗手段获取签证罪判处144个月的监禁，因自愿接受遣返而于2004年4月16日被遣送回国。2006年3月31日，广东省江门市中级人民法院一审以贪污罪、挪用公款罪对之判处有期徒刑12年，并处没收其个人财产100万元。

　　2009年，许超凡和许国俊在美国被以洗钱、跨州转运贪污资金、护照和签证欺诈等罪名分别判处有期徒刑25年和22年，两人之妻邝婉芳、余英怡均获刑8年。2015年9月，美方将邝婉芳先行遣返回国；2018年6月，许超凡最终被判发遣返令，7月被遣返回国，追回赃款20多亿元。

　　此外，另一涉案人中行江门分行原行长赖明敏，作为开平支行的上一级分行领导则潜逃至澳大利亚，17年后的2018年6月22日，回国投案自首，并主动退赃，成为国家监委成立后首个到案的"百名红通人员"。

　　第五，立体反腐，严格执行，促使"不敢腐""不能腐""不想腐"的风气形成，最终实现标本兼治。多途径、多方式，营造反腐斗争的良好氛围。在宽严相济依法惩治贪污贿赂违法犯罪腐败分子的同时，对反腐斗争采取各种各样的途径、方式，灵活多样地进行宣传、教育，既加大腐败分子的心理负担、精神痛苦，又教育、警示他人，反腐意识不放松，反腐警钟时时鸣，营造坚持依法反腐、常抓不懈，并完善法律等各种规范制度、查漏补缺，实现由国家工作人员的不敢腐、不能腐、不想腐，由被动不腐到主动不腐的过渡，以惩前毖后，治病救人。如在刑事诉讼过程中，让其通过书写忏悔书、悔过词，认罪认罚，法庭教育等方式对所犯罪行进行反思、深化认识；对腐败分子从铤而走险违法犯罪，到担心、恐惧被抓以及案发后的痛苦、悔悟等心态历程，再到遭受羁押、受审、接受制裁以失去工作、自由乃至生命等的过程拍摄影视录像在国家机关、国有企业事业单位等工作人员中组织观看，以警示教育国家工作人员"莫伸手，伸手必被捉"并因此付出的财产、名誉、自由乃至生命的代价；组织国家工作人员到监狱与腐败分子交流、亲身感受因腐败犯罪而失去自由的种种后果；中央纪委宣传部、国家监委宣传部、中央巡视办、中央电视台等联合制作《巡视利剑》《红色通缉》《打铁还需自身硬》《永远在路上》等反腐电视专题纪录片在中央电视台播出，反映党和国家有关反腐的决心、勇气、方针、政策、成果，并让腐败者现身说法，形象生动，发人深省，令人警醒，具有极强的震慑、感召、教育、警示效果；国家机关、国有公司企业、教育科研、卫生体育、新闻出版、广播电视等各行各业，对于发生在身边的微腐败严格处理，通过党的民主生活会、内部机构小型会议、单位工作人员大会等各种方式，进行批评与自我批评，反省检查回顾工作中的得失，总结经验教训等，长期反复地进行反腐倡廉教育，防微杜渐，警钟长鸣，形成了全党全国上下、四面八方，全民重视、关注、参与反腐，腐败分子生存自由的空间日受挤压缩小从而有利于反腐防腐良好局面的形成和巩固。

　　严格减刑假释监外执行制度的适用，防止刑罚执行过程中的腐败，确保反腐力度延续至刑罚执行完毕。对于贪污贿赂犯罪腐败分子的惩处，从立案调查、侦查至审查起诉再到审理判决生效，只是完成了认定到处罚确定的第一步，关键还在于之后对生效的刑罚严格依法执行，不然前面的反腐工作就要大打折扣而受到影响。而基于人们的心理、行为习惯，对于腐败行为从被发现开始，往往只注意法院对之量刑的结果，而对量刑如何执行关注程度则大大降低，罪犯的减刑、假释尽管通过开庭审理进行，裁判结果也会公开，但相对来说，没有律师等外界力量的介入相对处于更为封闭的状态，社会各方的监督通常也不予注意，故易出现在刑罚执行过程中的减刑、假释、监外执行的腐败现象。近年来，尤其是对于一些涉黑涉恶势力者的减刑、假释黑幕的揭露，更说明刑罚执行过程中作为个案反腐行为的最后一个环节，需要引起重视。所以，在严格法律规范，如将判处无期徒刑、死缓、限制减刑假释、终身监禁等的同时，对于减刑的幅度、间隔，假释、监外执行的条件等均作了更为严格的规定，减刑幅度缩小、间隔延长，尤其是对金融犯罪、职务犯罪、黑社会性质组织犯罪等3类犯罪罪犯的减刑、假释、监外执行较其他犯罪的规定更为严格，体现了严厉惩治腐败贯穿到发现、立案调查侦查、审查起诉、审理判决直至刑罚执行完毕的整个过程，决不先严后宽、先紧后松、虎头蛇尾。

对判处无期、死缓刑罚罪犯的实际执行刑罚的最低限制，更加严格。对被判处无期徒刑的罪犯实际执行的刑期从原来的不能少于10年到不能少于13年；对被判处死缓的罪犯其实际执行的刑期从原先的不得少于12年（不含死刑缓期执行的2年）到不能少于15年，再到对于依照《刑法》第50条第2款规定限制减刑的死刑缓期执行的犯罪分子，缓期执行期满后依法减为无期徒刑的，不能少于25年，缓期执行期满后依法减为25年有期徒刑的，不能少于20年，最后到根据《刑法》第384条规定被判处死刑缓期执行的贪污受贿犯罪分子，人民法院根据犯罪情节等情况可以同时决定在其死刑缓期执行2年期满依法减为无期徒刑后，终身监禁，不得减刑、假释。

对减刑的规定，在中共中央政法委2014年1月21日发布《关于严格规范减刑、假释、暂予监外执行切实防止司法腐败的意见》（中政委〔2014〕5号，以下简称《减刑假释意见》）前，对职务犯罪，破坏金融管理秩序和金融诈骗犯罪，组织、领导、参加、包庇、纵容黑社会性质组织犯罪等罪犯（下称3类犯罪罪犯）的减刑、假释、监外执行与其他犯罪罪犯相比，并没有特别的要求。在《减刑假释意见》要求对3类犯罪罪犯减刑、假释、监外执行的条件、具体标准、减刑幅度及间隔都应从严掌握，并作了一些规范性的指引，有关司法解释均根据该意见对之前的有关司法解释作了修正。

最高人民法院2016年9月19日通过、2017年1月1日起施行的《关于办理减刑、假释案件具体应用法律的规定》（法释〔2016〕23号，以下简称《减刑假释规定》）第3条第2款明确规定，3类犯罪罪犯不积极退赃、协助追缴赃款赃物、赔偿损失，或者服刑期间利用个人影响力和社会关系等不正当手段意图获得减刑、假释的，不认定其"确有悔改表现"。第4条第2款规定，要认定罪犯具有"在生产、科研中进行技术革新，成绩突出""对国家和社会有其他较大贡献"的立功表现的，其中的"技术革新"或者"其他较大贡献"应当由罪犯在刑罚执行期间独立或者为主完成，并经省级主管部门确认。第5条第2款规定，要认定罪犯具有"有发明创造或者重大技术革新""对国家和社会有其他重大贡献"的重大立功表现的，其中的"发明创造"或者"重大技术革新"应当是罪犯在刑罚执行期间独立或者为主完成并经国家主管部门确认的发明专利，且不包括实用新型专利和外观设计专利；"其他重大贡献"应当由罪犯在刑罚执行期间独立或者为主完成，并经国家主管部门确认。

减刑幅度与减刑间隔，由于《减刑假释规定》区分被处5年以下、10年以下、10年以上有期徒刑、无期徒刑、死缓的罪犯分别规定了不同的减刑幅度与间隔，下面仅以被处无期徒刑的罪犯作例说明。如非3类犯罪罪犯，被判处无期徒刑的，根据《减刑假释规定》的规定，除有重大立功表现可以不受下述减刑起始时间和间隔时间的限制外，符合减刑条件的，必须执行2年以上方可减刑。减刑幅度为：确有悔改表现或者有立功表现的，可以减为22年有期徒刑；确有悔改表现并有立功表现的，可以减为21年以上22年以下有期徒刑；有重大立功表现的，可以减为20年以上21年以下有期徒刑；确有悔改表现并有重大立功表现的，可以减为19年以上20年以下有期徒刑。无期徒刑罪犯减为有期徒刑后再减刑时，减刑幅度依照本规定第6条的规定执行。两次减刑间隔时间不得少于2年。

而对3类犯罪罪犯以及危害国家安全犯罪罪犯，恐怖活动犯罪罪犯，毒品犯罪集团的首要分子及毒品再犯，累犯以及因故意杀人、强奸、抢劫、绑架、放火、爆炸、投放危险物质或者有组织的暴力性犯罪的罪犯，确有履行能力而不履行或者不全部履行生效裁判中财产性判项的罪犯，数罪并罚被判处无期徒刑的罪犯，符合减刑条件的，执行3年以上方可减刑，减刑幅度应当比照本规定第8条从严掌握，减刑后的刑期最低不得少于20年有期徒刑；减为有期徒刑后再减刑时，减刑幅度比照本规定第6条从严掌握，1次不超过1年有期徒刑，2次减刑之间应当间隔2年以上。但罪犯有重大立功表现的，可以不受上述减刑起始时间和间隔时间的限制。

根据最高人民法院2019年3月25日通过、同年6月1日起施行的《关于办理减刑、假释案件具体应用法律的补充规定》（法释〔2019〕6号）第1条规定，贪污贿赂犯罪罪犯，拒不认罪悔罪，或者确有履行能力而不履行或者不全部履行生效裁判中财产性判项的，对之不予假释，一般不予减刑。被判处无期徒刑，符合减刑条件的，执行4年以上方可减刑。确有悔改表现或者有立功表现的，可以减为23年有期徒刑；确有悔改表现并有立功表现的，可以减为22年以上23年以下有期徒刑；有重大立功表现的，可以减为21年以上22年以下有期徒刑。无期徒刑减为有期徒刑后再减刑时，减刑幅度比照本规定

第2条的规定执行。两次减刑之间应当间隔2年以上。这样，对于贪污贿赂犯罪罪犯减刑、假释的条件、具体标准的认定，减刑的幅度及间隔要求较之于其他所有犯罪罪犯更为严格。

就3类犯罪罪犯的监外执行，最高人民法院、最高人民检察院、公安部、司法部、国家卫生计生委2014年10月24日发布、同年12月1日起施行的《暂予监外执行规定》（司发通〔2014〕112号）第6条第2款明确规定，适用保外就医应当从严审批，对患有高血压、糖尿病、心脏病等严重疾病，但经诊断短期内没有生命危险的，不得暂予监外执行。第2条第2款规定，对有关职务犯罪罪犯适用暂予监外执行，还应当依照有关规定逐案报请备案审查，具体则按照《减刑假释意见》第10条规定，对原厅局级以上职务犯罪罪犯减刑、假释、暂予监外执行的，裁定、决定或者批准后10日内，由省级政法机关向相应中央政法机关逐案报请备案审查。对原县处级职务犯罪罪犯减刑、假释、暂予监外执行的，裁定、决定或者批准后10日内，由地市级政法机关向相应省级政法机关逐案报请备案审查（省级政法机关裁定、决定或者批准的除外）。中央和省级政法机关对报请备案审查的减刑、假释、暂予监外执行案件，应当认真审查，发现问题的，立即责令下级政法机关依法纠正。

五、亦说反腐

谭君：多年来，党和国家的反腐斗争开展得如火如荼，取得了丰硕的成果。这是值得我们骄傲的一个方面。从另一方面讲，据最高人民法院的工作报告反映，贪污贿赂等职务腐败犯罪案件还是居高不下，并有攀升之势。如前所述，2014年至2019年5年多的时间内，贪污贿赂、渎职等案件与故意杀人、抢劫、绑架、放火、爆炸等严重暴力犯罪案件数量已经很接近。贪污贿赂犯罪只有官员才能实施，而其他犯罪一达到刑事责任年龄、具有刑事责任能力的人均可实施。这样，就可能实施犯罪的人群而言，职务犯罪占官员干部的比例则远远大于其他犯罪占能够构成犯罪的公民比例。还有，从被查处的官员来看，在党的十八大乃至十九大后几乎都没有收手，说明腐败犯罪行为还相当严重。这些现象的存在，说明我们的反腐工作或这或那还存在一些问题，还有这样或那样的方面需要引起注意。对此，您认为怎样呢？

贺小电：腐败违法犯罪行为，作为一种客观存在的社会现象，按照马克思的观点，在阶级社会中都会存在，只不过程度有所不同而已，直至消灭了阶级的共产主义才能完全消失。

在封建社会，官员腐败的现象屡禁不止，导致民不聊生，最终演变为通过暴力推翻一个朝代而由新的朝代代替。朝代更替过程中往往发生战争，导致国家生产力的崩溃，人们处于难以生存的状态，在新的朝代建立后，民众需要休养生息，而且朝代的统治者知道新的朝代来之不易，是血肉之躯以众多生命的代价经过长期艰苦卓绝的战争换来的，对于腐败犯罪的惩治常常更为严厉。但随着时间的推移，经济的发展，骄奢淫逸之风逐步兴起，腐败现象越来越重，不管惩罚措施多么严厉残酷，也无法阻止，最终演变民众闹事，不断抗争，然后范围越来越大，人数参与愈来愈多，变成农民起义，再风起云涌直至旧的朝代灭亡。所以，某个朝代由盛到衰直至被推翻垮台与腐败现象由小到大、由轻到重直到普遍泛滥、无法阻止收拾的现象呈现出一致性。可是，朝代的更替仅仅体现着封建家族统治的变换，整个封建制度则依旧沿袭。

在现代社会中，由政党治理国家。一个政党及其所构成的官僚体系倘若不能将官员违法犯罪的腐败现象控制在社会所能容忍的范围内，轻则危及社会稳定，造成社会治理代价的提高，重则引起社会动荡乃至执政党的更换。因为，官员的腐败行为与百姓的利益处于对立状态，在社会资源有限的情况下，官员通过权力分配资源，阻止资源在平等、竞争的背景下进行有效的配置，必然出现效率低下。人们不努力奋斗提高自己的劳动技术能力水平，都想轻易甚至不劳而获地通过诸如贿赂、赌博、卖淫、贩毒等具有瘟疫传染般的不法手段获取财富，如果听之任之，长此以往，必然社会风气糜烂，最终会导致社会的混乱，执政党丧失其执政的基础而垮台。

据上，强化反腐工作，对官员违法犯罪的腐败惩治一直保持高压态势，形成全社会视腐败现象为老鼠，在之出现时人人喊打的局面，乃是一个党、一个国家得以永葆繁荣昌盛的重要方面。

然而，反腐不仅是一个长期的过程，不能一蹴而就，不可毕其功于一役，而且是一个极其复杂的过程，它涉及社会方方面面。在这一过程中，采用的反腐体系、反腐制度规则、反腐的方法与措施等，都与一个社会的腐败现象严重程度、生产力发展水平、社会生产关系、执政党执政观念能力水平、政治经济文化的传统观念与做法等各方面都有着这样或那样的联系。任何现象都不可能至善至美，从这一角度来说，我国现有的反腐斗争并不是也不可能不存在任何问题。不过，它是反腐斗争主体尤其是方向大局正确的情况下所存在的一些需要改进的问题，属于反腐行动不断完善的方面。这些方面，从对职务违法犯罪腐败行为的惩治来讲，可以分为实体方面与程序方面分别进行分析。

谭君：那么，从实体方面讲，对职务违法犯罪腐败犯罪行为的惩治，主要有哪些方面需要加以注意与改进的呢？

贺小电：在我看来，主要有以下几点需要注意：

从法律、纪律等制度规范方面，需要考虑规则的有效执行性、规则之间的协调平衡性、规则的难以规避性、规则的恒定性等各个方面。

首先就规则能否有效得以切实执行方面，一项规定、一种规则一旦设立，就需要严格执行，否则只是停留在纸面上没有任何意义，而且还会因此滋生出人们蔑视规则、视规则如无物的思维惯性。所以，规则不在于过多，更不在于过细，过多过细了人们反而无所适从。规则永远有它的抽象性、适用范围，让适用者根据具体情况作出解释，更利于灵活面对异常复杂的社会生活的局面。

其次就规则的难以规避性方面，要注意防止犯罪分子利用规则漏洞逃避制裁。比如，对于交通违规的处罚，实行双轨制，一是扣分一是罚款。扣分不销在车辆转让和年检方面都受到限制，车主为此需要销分。有关系的车主便"想办法"解决，有关工作人员就有了寻租的空间，现实生活中于是出现专门为车主销分的中间人，专干这方面的事情，扣分制度的作用大打折扣。对此，我认为不如只罚款，对一般的没有造成任何事故的违法行为扣分，但该制度每年可定期消除一定的扣分，超过一定的扣分则采取罚款递增累计的办法让违法者遭受巨大损失的，以此来制止有关违法行为的发生，则可能更会有效。如超过一定次数的第1次违规，罚款200元，第2次罚款400元，第3次罚款800元，如此下去，违规越多，处罚越重，并严格执行，与屡教不改受到处罚就越重的规则设置原理也相吻合。然后，利用大数据严格计算违规行为产生的应缴罚款数额，每月或半月比较一次，已缴罚款与未缴罚款之和同应缴罚款之间的差额到一定的程度，则进行追查，以发现为他人减少或者免除应缴款记录的有关人员，而这在通过网络操作必有痕迹的情况下，并不是难事。经常检查比较，应该难以出现一个普通交通警察通过为他人减少、免除处罚记录而获取千万乃至数千万贿赂的怪事。

2010年3月至2017年11月，长沙市公安局交警支队处罚教育科处罚中心肖刚，在担任公安交通管理综合应用平台交通违法处理系统操作员期间，运用其拥有处理车辆非现场交通违法记录的免罚款、免计分权限，及错误执法数据修改、撤销，满分办结申请等职务便利，为他人牟取利益，先后1055次非法收受钟某等9名从事交通违法记录代办业务中介人员所送财物，共4246万余元。无独有偶，与肖刚同支队的科信大队原代理副大队长姚克锋2011年至2015年初，伙同情人在全国公安交通综合应用平台违法处罚系统中，对请托人电子违章记录擅自减分、免分、修改记录降低处罚金额，收受侯某好处费1092万余元。

再次就规则的协调平衡性方面，不仅要注意有关职务违法犯罪腐败行为前后规范的协调方面，又要注意这种规范与其他犯罪规范的协调方面。只有这样，才能让腐败违法犯罪行为受到其应有的惩罚，做到罚当其行，罪行与刑罚相适应。

如，贪污贿赂犯罪，从"79刑法"1980年1月1日起施行至今40余年间，定罪量刑标准已经进行了3次修正，而呈现4种情形：

①"79刑法"规定，收受贿赂如果没有致使国家或者公民利益遭受严重损失的，不论收受贿赂多少，最高刑为5年；致使国家或者公民利益遭受严重损失的，最高刑为有期徒刑15年。

②全国人大常委会1988年1月21日颁行《关于惩治贪污罪贿赂罪的补充规定》规定，贪污受贿5万元的，法定主刑量刑幅度为"10年以上有期徒刑或者无期徒刑"，其中，情节特别严重的处"死刑"。倘若没有自首、立功等法定减轻处罚情节，贪污受贿5万元，最低刑则为10年。

③根据"97刑法"（1997年3月修订）规定，贪污受贿10万元以上的，法定主刑量刑幅度为"10上有期徒刑或者无期徒刑"；情节特别严重的，处"死刑"。若无自首、立功等减轻处罚情节，贪污受贿10万元，最低刑为10年。

④根据《刑法修正案（九）》（2015年11月1日起施行）的规定，贪污受贿数额特别巨大或者有其他特别严重情节的，法定主刑量刑幅度为"10年以上有期徒刑或者无期徒刑"；数额特别巨大，并使国家和人民利益遭受特别重大损失的，则处"无期徒刑或者死刑"。其中"数额特别巨大"，按照司法解释的规定，一般情况下为贪污受贿300万

元上，出现"特别情形"的，贪污受贿数额在150万元以上。这样，要是没有自首、立功等法定减轻处罚情节，一般情况贪污受贿300万元，具有"特别情形"的贪污受贿150万元的，最低刑期才为10年。

其中，根据相关司法解释，贪污罪具有"贪污救灾、抢险、防汛、优抚、扶贫、移民、救济、防疫、社会捐助等特定款物的""曾因贪污、受贿、挪用公款受过党纪、行政处分的""曾因故意犯罪受过刑事追究的""赃款赃物用于非法活动的""拒不交待赃款赃物去向或者拒不配合追缴工作，致使无法追缴的""造成恶劣影响或者其他严重后果的"等6种情形的；受贿罪具有"曾因贪污、受贿、挪用公款受过党纪、行政处分的""曾因故意犯罪受过刑事追究的""赃款赃物用于非法活动的""拒不交待赃款赃物去向或者拒不配合追缴工作，致使无法追缴的""造成恶劣影响或者其他严重后果的"，或者"多次索贿的""为他人谋取不正当利益，致使公共财产、国家和人民利益遭受损失的""为他人谋取职务提拔、调整的"等情形的，属于"特别情形"。

由上可见，贪污受贿犯罪在不同时段的量刑，按照法律规定严重失衡，在司法实践中更是如此。1997年10月1日起至2015年，贪污受贿10万元就判处10年，数百万元就会被判处无期甚至死刑，但至2015年11月1日后到现在，受贿300万元以上7000万元（甚至更高）以下一般都是在10~15年之间量刑，受贿上亿才可能被判处无期，有的还是被判处有期，前后可以说极不平衡。

另，受贿300万元与受贿1000万元、2000万元、3000万元，在司法实践中，量刑就是一年半载的区别。因此，在一些人看来，就不如多收受点：没有抓到，自是赚的；抓到了也就是多判一两年，而且还有减刑、假释的机会，实际还没有这么大的区别。这正如，衣服弄得半湿不湿反而比全身弄得透湿更不舒服，故在受贿数额相当巨大而量刑却相差不大的情况下就容易促使他"一旦湿了身，不如洗个澡"，如此就会因为规则规定的不协调平衡而导致对贪污受贿犯罪现象惩罚作用难以发挥的现象出现。

不仅在同罪之间，在不同罪之间，也是如此。

如，单位行贿行为，不论数额多大，最高刑就是5年，因此行贿上千万元而被缓刑的大量存在，甚至免刑的都有，而因贿赂所获得的利益主要又归于了行贿单位。尤其是私营单位，设立者的主要目的乃是以公司的有限责任来规避对外的债务，公司所产生的收益通过各种途径如设立很多关联公司以相互签订虚假合同的形式经过多次转换而落入个人腰包，对外的债务则留给公司。另外，司法实践中存在大量的夫妻、父子或近亲属为全部股东或者他们占有公司的绝大多数股份，这些被绝对控股或者受特定人控制的公司以及独资公司，都属于单位。它们行贿后所得的利益虽然表面进了公司，可由于此时除了行贿的费用之外，其他成本则基本没有什么变化。因此，必然产生更多的利润，而这些利润则基本是因行贿而得，但最终还是通过分红、开支等各种形式进入了个人的口袋。还有不少项目实际是个人挂靠单位承包，只交纳管理费，利益所得全归自己所有。但在此类以单位名义承包工程项目过程中的行贿，一般也是认定为单位行贿，而真正的行贿者却得以逃脱法律的制裁。我认为这也正是一些人在有关招投标过程中通过贿赂辅之以串通招投标获取利益而又屡禁不止的重要原因之一。

包头市某百货有限公司及其总经理孙某某单位行贿2000万元，因到案后如实供述、追诉前主动交代，单位被处罚金；孙某某则免予刑事处罚。云南永保特种水泥股份公司及其总经理谭某单位行贿5810万元，因认罪态度较好，有悔罪表现；单位被处罚金400万元；谭某被判有期徒刑3年，缓刑4年。山西××有限公司及其直接责任人员管某单位行贿4500万元，因有坦白情节、有悔罪表现，单位被处罚金人民币400万元；管某被处有期徒刑3年，缓刑3年。

此外，国家工作人员的受贿与非国家工作人员的受贿，前者的危害性比后者大，在刑罚的设置上前者远远高于后者。相应地，单位对国家工作人员的行贿与单位对非国家工作人员的行贿的危害性，自然也是前者大于后者，前者的法定刑应当高于后者的法定刑。可是，按照《刑法》第393条规定，单位犯行贿罪的，对单位判处罚金，并对其直接负责的主管人员和其他直接责任人员，处5年以下有期徒刑或者拘役，并处罚金；按照《刑法》第164条规定："为谋取不正当利益，给予公司、企业或者其他单位的工作人员以财物，数额较大的，处三年以下有期徒刑或者拘役，并处罚金；数额巨大的，处三年以上十年以下有期徒刑，并处罚金。""为谋取不正当商业利益，给予外国公职人员或者国际公共组织官员以财物的，依照前款的规定处罚。""单位犯前两款罪的，对单位判处罚金，并对其直接负责的主管人员和其他直接责任人员，依照第一款的规定处罚。""行贿人在被追诉前主动交待行贿行为的，可以减轻处罚或者免除处罚。"据上，单位对国家工作人员行贿构成单位行贿罪的，直接责任人员的法定主刑的最高刑为5年。可是，单位对非国家工作人员行贿构成对非国家工作人员行贿罪，直接责任人员的法定主刑的最高刑则为10年，危害性大的法定刑反而还低，自会造成罪与罪之间的量刑不平衡。

基上，对于单位行贿犯罪，立法机关正在考虑修改，欲将之量刑的规定加以修改，以与其他相关行贿犯罪保持适度的平衡。根据《刑法修正案（十二）草案》的征求意见稿第7条规定，意将刑法393条修改为："单位为谋取不正当利益而行贿，或者违反国家规定，给予国家工作人员以回扣、手续费，情节严重的，对单位判处罚金，并对其直接负责的主管人员和其他直接责任人员，处三年以下有期徒刑或者拘役，并处罚金；情节特别严重的，处三年以上十年以下有期徒刑，并处罚金。因行贿取得的违法所得归个人所有的，依照本法第三百八十九条、第三百九十条的规定定罪处罚。"

又如，刑法第387条、第396条规定的单位受贿罪与私分国有资产罪、私分罚没财物罪，两者构成犯罪分别需要构成"情节严重"或者"数额较大"，相对于除"情节显著轻微"从而不构成犯罪外的贪污、受贿犯罪行为来说，构成犯罪的量刑条件"情节严重"或者"数额较大"肯定更为宽泛。另外，就量刑而言，对于有关直接责任的人员而言，前者只有一个法定量刑幅度"处五年以下有期徒刑或者拘役"；后者的2个法定量刑幅度分别为"数额较大的，对其直接负责的主管人员和其他直接责任人员，处三年以下有期徒刑或者拘役，并处或者单处罚金""数额巨大的，处三年以上七年以下有期徒刑，并处罚金"。相对于贪污、受贿最高刑可为极刑的量刑来说，可以说是天壤之别。而且这两种犯罪一旦实施，通常情况下的数额会比一般的贪污、受贿数额大，且基本上都是个人受益。还有的单位对受贿而来的财物，除少数留给单位，其他则分给个人；尤其是有的单位只有几个人，加上理论上通说认为，单位的内部机构如医院的某个科室、法院的某个庭室等也可以成为这些犯罪的主体，如此，构成犯罪的单位只有几人至少是人数不多的情况则更多，然在受贿或者私分的财物总数甚至有的个人所分得的财物量远远大于贪污、受贿之财物的情况下，依据刑法规定的量刑则远远低于后者，最高分别为5年、7年并且都有判处有期徒刑3年及其以下的法律基础，再加上司法实践具体适用时，考虑是单位犯罪、不是全部由一个人所得、涉及人多等因素，往往作为重点查处的可能性也小，即使查处往往亦会从轻考虑，判处缓刑的现象更成为可能。因此，我认为这些单位犯罪的量刑设置与贪污、受贿犯罪相比，刑罚过轻而不协调平衡。

因此，立法机关对单位受贿犯罪的量刑也在考虑修正。根据《刑法修正案（十二）

（草案）》的征求意见稿第4条规定，欲将刑法第387条第1款修改为："国家机关、国有公司、企业、事业单位、人民团体，索取、非法收受他人财物，为他人谋取利益，情节严重的，对单位判处罚金，并对其直接负责的主管人员和其他直接责任人员，处三年以下有期徒刑或者拘役；情节特别严重的，处三年以上十年以下有期徒刑。"

与此同时，对和单位受贿罪相对应的对单位行贿罪的法定量刑幅度，鉴于同单位受贿罪及行贿罪的法定量刑幅度的平衡，也在考虑修改，由原来的一个量刑幅度"三年以下有期徒刑或者拘役，并处罚金"增加到2个。具体根据《刑法修正案（十二）（草案）》的征求意见稿第6条规定，意将刑法第391条第1款修改为："为谋取不正当利益，给予国家机关、国有公司、企业、事业单位、人民团体以财物的，或者在经济往来中，违反国家规定，给予各种名义的回扣、手续费的，处三年以下有期徒刑或者拘役，并处罚金；情节严重的，处三年以上七年以下有期徒刑，并处罚金。"

还如，行贿犯罪按照刑法的规定，其法定量刑幅度根据刑法第390条的规定具有3个，分别为"处五年以下有期徒刑或者拘役，并处罚金""因行贿谋取不正当利益，情节严重的，或者使国家利益遭受重大损失的，处五年以上十年以下有期徒刑，并处罚金""情节特别严重的，或者使国家利益遭受特别重大损失的，处十年以上有期徒刑或者无期徒刑，并处罚金或者没收财产"。

单纯就犯罪数额而不考虑其他情节而言，最高人民法院、最高人民检察院2016年4月18日发布施行的《关于办理贪污贿赂刑事案件适用法律若干问题的解释》（以下简称《办理贪污贿赂案件解释》）第2条规定，数额分别在"一万元以上不满三万元""在二十万元以上不满三百万元的"或者"三百万元以上的"分别构成犯罪。根据刑法第383条第1款的规定，分别依法判处"三年以下有期徒刑或者拘役，并处罚金""三年以上十年以下有期徒刑，并处罚金或者没收财产""十年以上有期徒刑、无期徒刑或者死刑，并处罚金或者没收财产"。同样就单纯的犯罪数额而不考虑其他情节来说，根据该解释第7条、第8条、第9条规定，行贿分别"在3万元以上""一百万元以上不满五百万元"或者"五百万元以上"的，根据刑法第390条第1款规定，其法定量刑幅度分别为"五年以下有期徒刑或者拘役，并处罚金""五年以上十年以下有期徒刑，并处罚金""十年以上有期徒刑或者无期徒刑，并处罚金或者没收财产"。另外，基于司法实践中有的受贿数千万的都减轻了处罚，如河北省政协原副主席艾文礼受贿6478万余元，因主动投案如实供述罪行构成自首，且退还全部赃款，认罪认罚被判处有期徒刑8年，并处罚金300万元。如此，行贿18万元从理论上都有判处3~5年的可能，而受贿最高只能判处3年；或者行贿510万而具有自首或者立功、重大立功表现如果适用减轻处罚，按照刑法第63条关于"犯罪分子具有本法规定的减轻处罚情节的，应当在法定刑以下判处刑罚；本法规定有数个量刑幅度的，应当在法定量刑幅度的下一个量刑幅度内判处刑罚"的规定，即使再具有退还全部赃款、认罪认罚的从轻情节，最低也应判处5年，而受贿510万因自首或者立功、重大立功表现而适用减轻处罚的最低刑则为3年。如果参照艾文礼的量刑，后者完全可能处5年以下有期徒刑。事实上，司法实践中也已有这样的案例。如绍兴市政协原党组副书记、副主席陈建设受贿案，衢州市中级人民法院2019年9月24日公开宣判，鉴于陈建设具有主动投案并如实交代全部犯罪事实的自首情节，积极退缴全部违法所得，认罪、悔罪，具有法定、酌定减轻及从轻处罚情节，依法予以减轻，从而判处其有期徒刑4年，并处罚金60万元。如此，行贿罪的量刑与贪污受贿罪的量刑法定刑幅度，就因为刑法规定的不协调造成受贿罪的刑罚还可能轻于行贿罪的倒挂现象。

有鉴于此，为了克服这种违反"刑罚的轻重，应当与犯罪分子所犯罪行和承担的刑事责任相适应"的重罪重刑、轻罪轻刑的罪刑相适应原则，且与逻辑相悖的不正常倒挂现象，立法机关亦在考虑对行贿罪的量刑幅度重新设置，以保持刑法体系的平衡协调一致。根据《刑法修正案（十二）（草案）》的征求意见稿第5条规定，意将刑法第390条修改为："对犯行贿罪的，处三年以下有期徒刑或者拘役，并处罚金；因行贿谋取不正当利益，情节严重的，或者使国家利益遭受重大损失的，处三年以上十年以下有期徒刑，并处罚金；情节特别严重的，或者使国家利益遭受特别重大损失的，处十年以上有期徒刑或者无期徒刑，并处罚金或者没收财产。""有下列情形之一的，依照前款的规定从重处罚：（一）多次行贿、向多人行贿的；（二）国家工作人员行贿的；（三）在国家重要工作、重点工程、重大项目中行贿的；（四）在组织人事、执纪执法司法、生态环保、财政金融、安全生产、食品药品、（六）将违法所得用于行贿的。""行贿人在被追诉前主动交待行贿行为的，可以从轻或者减轻处罚。其中，犯罪较轻的，对调查突破重大案件起关键作用的，或者有重大立功表现的，可以减轻或者免除处罚。"

最后如，与贪污、受贿犯罪盗窃、诈骗犯罪之间的量刑不平衡。后者的量刑标准也修改过几次，《刑法修正案（九）》2015年11月1日施行前，盗窃、诈骗50万元与贪污、受贿10万元在无自首等减轻处罚情节的情况下的最低刑均为10年，但《刑法修正案（九）》施行后，前者还是10年，后者的量刑会在3～5年之间。我们说，罪刑相适应，罪重刑重，罪轻刑轻，盗窃、诈骗50万元刑期未变，而贪污、受贿50万元的刑期却发生了巨大的变化，而且在贪污贿赂腐败还相当严重的情况下，让人怎么理解罪刑相适应的刑罚原则，自然亦会产生立法机关或者司法机关关于盗窃、诈骗50万元与贪污、受贿50万元的危害性变化认识以什么作为判断标准的质疑。如果说，因为经济的发展、货币贬值、通货膨胀等原因要提高贪污、贿赂犯罪的量刑标准，那么，其他财产型犯罪的量刑标准是否都要变化，而且经济一直在发展，货币可能一直贬值，当然也可能升值，涉案金额的调整是否能够反映这种犯罪数额的真正价值。其实，犯罪数额如以货币计算，是可以加以恒定计算的。因为，现有的科学技术、经济统计方法可以对一个国家、地区的货币升值贬值等情况作出一个相对准确的估算。若对有关涉及数额的犯罪，充分考虑其危害性设定有关数额的标准后，然后每年根据货币升贬的系数由司法机关进行调整，那么，不论货币如何升值贬值，其犯罪数额的价值基本上是不变的，从而既可以保持法律规则的稳定，还可以让行为人一直有所预期，并不会因为货币升贬来导致其犯罪数额真正价值的变化，量刑也就不会因为货币升贬，而产生不平衡。

规范的相对稳定、保持恒定，是法律、纪律等规则指引作用等的内在本质的自然要求。只有相对稳定、恒定的规范，才能让人们形成预期而指导、规范自己的行为。不然，朝令夕改、经常变化，人们便会无所适从。而我国刑法自1997年修订。20余年来，已经通过了11个《刑法修正案》，还有一个单行法律，可以说刑法的面貌已经发生巨大改变。对于与人身财产、自由乃至生命相关的刑法，作如此频繁的修改，既与规范应有的稳定、恒定性相背，刑法的整个体系因为头痛医头、脚痛治脚而导致同一犯罪前后行为之间、所修改犯罪与他罪之间的不平衡，刑事司法应有的平衡性、公正性也会因此而遭受破坏。

对财产刑的适用还有待于强化。前面已经讲过，法律、司法解释对于罚金、没收财产适用的观念已经发生巨大变化。贪污贿赂犯罪虽然与公职人员的职务廉洁性相关，但对行为人来说，本质上则是通过以权谋取私利私情且主要是谋取不法利益。以是，强化对之财产的剥夺惩罚，有利于抑制腐败者的贪欲。俗话说："人为财死，鸟为食亡。"一些腐败分子之所以贪欲膨胀，与某些人的这种长期存在的观念也有着一定的关系。有些官员被查后，对刑期虽也关注，但对于财产刑的关注则更为强烈，有的甚至对后者重视的程度还重于前者。我曾经碰到一个官员，其妻子也是一个处级干部，与他妻子的每次见面，她所讲的就是财产、财产，至于丈夫的自由则很少提及。当然主要是因为财产刑的适用方面空间太大。

按照法律及其司法解释的规定，贪污贿赂等职务犯罪对罚金刑的判处，有最低限制，最高则可以达到贪污、受贿数额的2倍。没收财产刑，从法理上要重于罚金刑。这样，即使没收个人部分财产，也不能低于罚金刑的数额。但司法实践中的判决，罚金数额通常是远远低于上述规定。从网上查询，被判处有期徒刑的贪污受贿案件，除对中央政治局原常委、中央政法委原书记周永康之子周滨所犯受贿罪、利用影响力受贿罪判处的罚金数额特别巨大，受贿9804万余元、利用影响力受贿1.24亿余元，分别判处罚金1.9亿元、1.6亿元外，其他判处罚金的数额远远低于犯罪数额，如：河北省委原常委、政法委原书记张越受贿1.569亿余元，罚金500万元；河北省人大常委会原副主任张杰辉受贿1.27亿元，没收个人财产600万元；北京市政协原副主席李士祥受贿8819.万余元，罚金600万元；河北省政协原副主席艾文礼受贿6478万余元，罚金300万元；陕西省政府原副省长冯新柱受贿7047万余元，罚金700万元；财政部原副部长张少春受贿6698万余元，罚金600万元；全国人大教科文卫委原副主任王三运受贿6685万余元，罚金400万元；广东水利厅原厅长黄柏青受贿8000万余元，罚金500万元；中国证监会原副主席姚刚受贿6961万余元，罚金700万元；河北省委原常委、秘书长景春华受贿6054万余元，罚金400万元；海南农村信用社联合社原理事长吴伟雄受贿6398万余元，罚金350万元；陕西省委原常委、秘书长钱引安受贿6313万余元，罚金500万元；珠海市原市长李泽中受贿6100万余元，罚金350万元；陕西省政法委原副书记吴成新受贿5945万余元，罚金300万元，等等。

至于内蒙古政府原副主席白向群，犯有贪污、受贿及内幕交易、泄露内幕信息罪多罪，网上无法查询对其每罪判处刑罚的具体信息，只能了解其被判处罚金高达6250万元。但据分析，也主要是因之进行内幕交易、泄露内幕信息分别非法获利1717万余元、4052万余元所致。按照刑法规定，对内幕交易、泄露内幕信息罪应当对非法所得并处1倍以上5倍以下罚金，因此判处的罚金至少是5769万元。这样，因受贿8515万元、贪污

712万元判处的罚金最多乃为481万元。

还有，因贪污受贿被判处无期徒刑或者死缓的罪犯，依法被并处没收个人全部财产。但除了犯有巨额财产来源不明罪已经查明其家庭所有的财产外，法院在审判时几乎未对犯罪嫌疑人的家庭财产进行认定。这样，"并处没收个人全部财产"往往缺乏可操作性。这里的"个人全部财产"为多少，没有任何法律程序加以认定；如何认定也没有监督，从而出现真正追究起来没有依据而随意的现象。其实，在审判后再要去查清其家庭财产也不可能，尤其是在罪犯的财产未登记在自己名下的情况下，更是如此。所以，实际执行时，往往也是让犯罪者自愿交纳部分财产来加以解决。另外，即使因为巨额财产来源不明犯罪已经查清的所有财产，但也未通过法院判决将之个人财产与其他成员的财产加以分割，同样是事后在没有法定程序且缺乏监督的情况下确定。

所以，对贪污贿赂包括行贿者的财产刑处罚力度还有待于大大强化。不仅如此，要保证被判处的财产刑尤其是"并处没收个人全部财产"得到严格的执行，还应当在刑事诉讼中查清贪污贿赂者的家庭财产，并通过司法鉴定确定数额，然后对家庭财产属于犯罪者个人的部分在数额上加以明确。

如卢恩光个人行贿1278万元、单位行贿796万余元，在最高可以按照犯罪数额2倍判处罚金4148万余元的情况下，并未因他实际控制多家公司拥有巨额财产而充分适用财产刑，法院仅对之判处罚金300万元。如此，就无法至少是难以达到罚金财产刑设置意在加大财产刑处罚而抑制与贪欲相关的职务犯罪腐败行为现象的目的。罚金及没收部分财产的财产附加刑的判处，应当根据罪犯的个人财产来确定，这并不违背法律面前人人平等的原则，也不存在什么不公平的问题。按照法律本来就可以重罚，有财产的自然需要接受；没有财产的则没办法。另外，通过这样处理还可以像个人所得税、企业所得税等那样来调节高低收入的差距，防止贫富差距的过分扩大。

就贿赂犯罪财产刑的适用，相对于国外如美国对贿赂犯罪财产刑的处罚力度，我国在这方面的空间还很大：

如美国DPC医疗公司在天津的分公司——天津德普公司从1991年到2002年期间向中国的实验室工作人员及国有医院医生行贿162.3万美元的现金，以换取这些医疗机构购买DPC公司的产品和服务，违反了美国国会1977年通过的《反海外腐败法》。在2005年5月20日与美国司法部和美国证券交易委员会达成协议，同意向两者分别交付200万美元和204万美元的罚款，此外还要付出75万美元的预审费等费用，总计超过480万美元。

又如，在美国的上市国际公司康宝莱营养有限公司（Herbalife Nutrition Ltd）因2007到2016年的10年期间，为了促进和扩大在中国的业务，与他人合谋向中国官员行贿，并伪造账簿和记录加以掩盖，2020年8月28日与美国司法部以及纽约南区联邦检察官办公室达成暂缓起诉的协议，同意支付总计超过1.22亿美元的罚款，具体包括5500多万美元的刑事惩罚以及因一个相关问题而要支付给美国证券交易委员会（SEC）的大约6700万美元。而据美国司法部称说，考虑到康宝莱营养有限公司的良好合作态度还把对它处以的刑事罚款金额减少了1/4。

再如，爱立信2000年至2016年在中国、吉布提、印度尼西亚、科威特和越南等国，利用第三方代理商和顾问，向政府官员采取送取礼品、支付旅游费用、招待开支等方式进行贿赂，并通过虚假合同聘用、虚假发票付款在有关账簿和记录中加以掩盖，违反《反海外腐败法》。所以，在2019年12月6日，爱立信与美国司法部签订了为期3年的延期起诉协议（DPA），愿意支付5.2亿美元的罚款，以换取司法部同意推迟对这些指控的起诉，以及会在期限届满时将其撤销的承诺。此外，爱立信还同意解决由证券交易委员会提起的有关违反FCPA反贿赂条款和会计账目条款的民事指控，并为此支付了4.58亿美元的财务制裁，以及判决前的利息0.82亿美元。

最后如，欧洲飞机制造商空中客车公司因向政府官员行贿并隐瞒相关款项而与法国、英国和美国检方达成一项缴纳40亿美元罚金和解协议，并获大西洋两岸的法院正式批准。

对行贿犯罪的查处力度，还需要大大强化。前面谈到，基于贿赂往往发生于行贿受贿者之间，并主要靠他们的口供相互印证才可定案。为了查处受贿犯罪行为，对行贿者往往采取比较宽容的态度，只要他们如实交待便加以放过或以轻罪消化，以避免或者弱化他们的抵抗，故一个受贿者的背后，尽管涉及少则数人多则数十人的行贿者，真正入罪的并不多。这样，从个案上讲，有利于提高被查处官员案件的效率，但对腐败行为的有效、彻底防范，则有着不利的影响。一些"围猎"者，经常游离于官场之间，寻找着"围猎"的目标，在不同时段、不同地区，会对多人"围猎"，以谋取更多的私利。如有一个人，曾在郴州市委原书记，市委原副书记兼纪委书记，市委原常委、组织部原部长，湖南省交通厅原党组书记、副厅长的受贿案件中，均有他送钱谋利的行为，却都能过关。后在湖南省委某原常委的受贿案件中，又身陷其中，但在被羁押了2年多后，仍然走了出来。2021年，因某县委书记受贿案进去了一段时间，可最终还是安然无恙。在过去，行贿犯罪的构成条件之一主观上必须谋取不正当利益，规定的比较严格，即要求谋取实体上的违法利益与程序上要求国家工作人员违反有关法律规定的帮助，但后来认为在经济、组织人事管理等活动中谋取竞争优势都可以认定为谋取不正当利益时，在经济、人事等中的送钱行为基本上都可以纳入行贿违法犯罪的范畴，因为经济、组织人事管理活动中，基本上都存在着相互之间的竞争关系，而行贿行为也主要发生在经济、组织人事管理活动中。照此，行贿犯罪查处的案件应当远远高于受贿案件，少则数倍，多则数十倍，可事实恐怕并非如此。

2022年10月17日下午，在党的二十大新闻中心举办的第二场记者招待会，中央纪委副书记、国家监委副主任肖培指出，坚持受贿行贿一起查，是党的十九大、二十大作出的重要部署，也受到社会广泛关注。党的十八大以来，全国纪检监察机关共查处行贿人员6.3万人，全国检察机关共查处行贿人员3.6万人。"行贿者'围猎'、受贿者权钱交易，是腐败仍在发生的重要原因。""我们将按照二十大的部署，进一步提高打击行贿的精准性有效性，查清行贿问题，还要追缴行贿所得，同时还要保障企业的合法经营，保障涉案人和相关企业合法经营的权利，实现政治效果、纪法效果、社会效果等有机统一。"

对于贪污贿赂者的家庭财产、非法所得等的认定还需要严格规范。非法所得，应当依法追缴，合法财产的认定对于贪污贿赂者的罚金、没收财产的适用及其执行也有着重大意义。并处的罚金、没收个人部分财产就应越多，从而使之财产失去更多，承受更大的痛苦，以抑制贪污贿赂者获取不法财产的贪欲。

又如，对于孳息的认定没有统一规范。贪污受贿所得款项，倘若直接进行交易如购买黄金、房产或者用于借贷生息、投资入股获取红利等，由于没有参与更多的新的劳动价值，只是或者主要是随着经济等的发展而获利的，增值部分应当作为孳息予以追缴。不然，某人20世纪初受贿100余万元在北京、上海等一线城市购买1套房子，现在可能增值数倍甚至10余倍，还只按100万元追缴，实不公平。还如，某人收受贿赂将钱购买农村信用社（现一般改制为商业银行）股份并进行分红，只追究收受的贿赂数额或者将已经到期的股利予以没收，也不公平。这时，应当对股份价值评估，固然要将今后可能获得分红的因素考虑在内。而这在司法实践中，通常只按贪污受贿实际收受到的数额来追缴犯罪所得。当然也有例外。如百名红通人员第33号黄艳兰贪污3000.35万元后以之为首付款，先后购买上海市52套房产，部分出售、部分出租，至今未到案。桂林市中级人民法院按照《刑事诉讼法》新设的犯罪嫌疑人、被告人逃匿、死亡案件违法所得的没收程序对未出售给他人的23套房产及其出租收益，以及出售其他房产的所得均作为非法所得加以没收，就是如此。

反之，即使通过违法犯罪如行贿、串通招投标并未直接获取财产，而是获取某一工程，获得财富还需要进行资金、人力、物力等各项资源的投资才能获取利益，则该利益的获取虽与之前的违法犯罪行为有关，因为没有之前的违法获取，就不可能有后面的工程项目施工。然而，利益的获取显然不是因之前的违法犯罪行为所致，还要有劳动等新的投入其中。故，对这种获取的利益全部作为非法所得认定加以追缴，也不公平。可是，司法实践中却存在将这种利益全部视为非法所得要予以追缴的现象，事实上也不可能实现，于是司法机关与当事人之间协商确定一个上缴数额了事。在这一协商过程中，则包括当事人对主刑诸如缓刑、免刑或者不起诉的实体处理要求在内。其实，这时可以按照行贿罪、串通招投标罪加大罚金刑的适用力度来处理，既合法又有据。当然，有的行贿者自己并不做工程，而是居中"提篮子"，行贿有关官员获得工程后直接转手谋利，该直接转手谋利所得则应属于非法所得加以追缴。

还有，收受股权的问题，对于股权明显增值的，有的也只是按收受股权时的价值追缴犯罪所得，至多将已经获取的分红加以追缴，而对后来的可以继续获得的稳定分红，或者已经获取的非现金分红，如在房产工程项目中收受合伙股份，工程已经完毕，合伙人已经将项目工程所开发的房产分配至各合伙人名下，但未转化为现金的财产，则不加以考虑。此时，对于已经分红包括非现金的财产分红，自然应当作为收受股份的孳息加以没收；对于未分红的，能够明确后来的分红，则对该分红也予以没收。若因分红时间还较长等原因无法确定分红的，则应通过鉴定机构对股份进行评估并依法拍卖后将拍卖所得款没收。而现实中不少只是将股份按收受时的原有价值追回，而不根据具体情况具体处理。当然，这里存在另外一个问题，也就是收受的股份贬值，这时他人也不会按原值加以赎回。要按原值追回受贿款，也不公平。因此，对于收受股份的受贿犯罪，追缴的应当是股份，即使股份亏损也是如此。股份亏损若追不回，则视为赃款未能全部追回而依法作为犯罪情节在量刑中考虑。若当事人自愿补足的，则加以鼓励。

谭君： 上面从实体上对反腐斗争中还需要注意的主要问题做了一些分析，从程序上看，您认为对于贪污贿赂等腐败犯罪行为的惩治方面，还有哪些值得重视的地方？

贺小电： 如前所述，反腐斗争作为一项涉及方方面面的极其复杂的系统工程，需要注意重视的问题很多。但从程序包括途径、步骤、方式、手段等而言，我认为还应着重注意以下方面：

对官员腐败犯罪的追究，还需要进一步严格遵守程序依法进行。对于贪污贿赂等腐败犯罪的追究，起于纪委监委的调查程序，然后移送审查起诉、审判，每一流程都有严格的规定。但基于腐败犯罪证据客观证据相对少，尤其是受贿有的就是靠送收两人的口供才能定案，在完全封闭不让律师介入的情况进行审讯，有悖于有关犯罪追究应当公开的基本原则，对此，需要进一步规范。另外，将贪污贿赂者"留置"在没有法律统一规定的场所，更不利于监督，从而易引起诱供、骗供、指名问供甚至刑讯逼供的现象发生；还有，为了获取送钱方的口供，在不采取强制措施不承认的情况下，便让公安机关借涉嫌其他罪名为由指定监视居住将之事实上羁押，或者拘留逮捕以剥夺人身自由，并不让律师依法会见，在获取所认为需要的口供后便改变强制措施的做法，已是屡见不鲜。这无疑不是依法办事，在反腐斗争中应当注意查处腐败犯罪与人权保障的平衡。

还有，在审查起诉、审判阶段中，若当事人以前的陈述加以改变，就被认为属于翻供、不认罪而加以恐吓、威胁；对当事人要求进行非法证据排除审查的要求，不管有理无理都置之不理；对调查讯问过程中的影视录像不提供给辩护人查阅；在审查起诉阶段限制辩护人与当事人会见；对当事人、辩护人申请出庭的证人只是简单通知而不依法通过强制传唤等必要措施让之出庭，致使本应属于常态的证人出庭作证现象变成极为罕见的现象；对因为新的证人出现或者证人证词出现重大变化可能导致案件性质尤其是罪与非罪变化时，律师都可能遭受威胁；对于送钱的证人采取威胁如改变口供则应严厉追究等致使不敢出庭作证，即使这种出庭后改变陈述的做法也对事实的认定很难有所改变，等等，都是不严格司法的表现。如此而为，对于教育、警惕公民遵守法纪、培养尊法尚法的法律信仰的形成，自然是一种负面的影响，需要引起注意。

在刑罚执行阶段，不顾实际情况的一刀切，如对财产刑的执行，有财产而拒不执行的固然不能认为认罪悔罪，因为认罪悔罪不是口头上或者书面上作出口头表示即可，而需要以行动来表示。所以，对于此种罪犯的减刑、假释应当加以严格控制，以促使其主动执行判决所确定的财产刑，确保司法权威，避免在定罪后一边以口号或者书面悔过等的方式表达服从判决但在行动上又拒不执行而继续做过去的"两面人"。然而，也确实存在一些罪犯收受的贿赂数额不大，连逢年过节红包礼金收受的钱都作为犯罪数额作了认定，家庭成员工资不高，或者患有重病耗费过多，家庭经济困难，对于所判处的罚金等财产刑无法执行，甚至犯罪所得也无法缴清。此时，按照司法解释的要求，还是要依法减刑、假释。可是，一些监狱、法院的工作人员，却认为无法确定他们家庭的经济状况，实行"一刀切"，凡是不将法院认定的犯罪所得及判处的财产刑执行完毕者，一律不减刑、假释，无疑有悖于法律及其司法解释的规定。

在加强内部监督的同时，要注意内部之间监督本身的制约。早在18世纪40年代法国启蒙时期思想家，与伏尔泰、卢梭合称"法兰西启蒙运动三剑侠"的孟德斯鸠就说过："一切有权力的人都容易滥用权力，这是万古不易的一条经验。""要防止滥用权力，就必须以权力约束权力。"古今中外的历史一再证明，没有约束的权力必然产生腐败。

1956年9月，邓小平在党的八大明确提出执政党监督的制度建设任务，规定任何党员和党的组织都必须受到自上而下的和自下而上的监督，指出："我们需要实行党的内部的监督，也需要来自人民群众和党外人士对于我们党的组织和党员的监督。无论党内的监督和党外的监督，其关键都在于发展党和国家的民主生活，发扬我们党的传统作风，这就是毛泽东同志在第七次大会的政治报告中所提倡的'理论和实践相结合的作风，和人民群众紧密地联系在一起的作风以及自我批评的作风'。"要"从国家制度和党的制度上作出适当的规定，以便对于党的组织和党员实行严格的监督"。

1980年8月，邓小平在中共中央政治局扩大会议上再次强调："要有群众监督制度，让群众和党员监督干部，特别是领导干部。凡是搞特权、特殊化，经过批评教育而又不改的，人民就有权依法进行检举、控告、弹劾、撤换、罢免，要求他们在经济上退赔，并使他们受到法律、纪律处分。对各级干部的职权范围和政治、生活待遇，要制定各种条例，最重要的是要有专门的机构进行铁面无私的监督检查。"

对此，习近平总书记就权力与监督之间的关系问题在不同场合也发表过许多精辟的论述：

"任何人都没有法律之外的绝对权力，任何人行使权力都必须为人民服务、对人民负责并自觉接受人民监督。""要坚持用制度管权管事管人，抓紧形成不想腐、不能腐、不敢腐的有效机制，让人民监督权力，让权力在阳光下运行，把权力关进制度的笼子里。"

"抓好法规制度落实，必须落实监督制度，加强日常督察和专项检查。要用监督传递压力，用压力推动落实。对违规违纪、破坏法规制度踩'红线'、越'底线'、闯'雷区'的，要坚决严肃查处，不以权势大而破规，不以问题小而姑息，不以违者众而放任，不留'暗门'、不开'天窗'，坚决防止'破窗效应'。""各方面监督要严起来、实起来。无论党内监督，还是群众监督、社会监督、舆论监督，加强和改进的空间都还很大，有大量工作要做。要总结经验，健全体制机制，使各种监督更加规范、更加有力、更加有效。"

2020年1月13日，习近平总书记在第十九届中央纪律检查委员会第四次全体会议上指出："要保证权力在正确轨道上运行，坚持民主集中制，形成决策科学、执行坚决、监督有力的权力运行机制，督促公正用权、依法用权、廉洁用权。""要继续健全制度、完善体系，使监督体系契合党的领导体制，融入国家治理体系，推动制度优势更好转化为治理效能。要把党委（党组）全面监督、纪委监委专责监督、党的工作部门职能监督、党的基层组织日常监督、党员民主监督等结合起来、融为一体。要以党内监督为主导，推动人大监督、民主监督、行政监督、司法监督、审计监督、财会监督、统计监督、群众监督、舆论监督有机贯通、相互协调。""纪检监察机关要在强化自我监督、自我约束上作表率，牢固树立法治意识、程序意识、证据意识，严格按照权限、规则、程序开展工作，下更大气力把队伍建强、让干部过硬。"

经过长期而反复的实践，党和国家也构筑了比较完善而健全的监督体系，如党的监督，权力机关的法律监督，行政机关的行政监督，司法机关的司法监督，政协机关的各党派、团体等的民主监督，还有群众监督、舆论监督等社会监督，对于确保人民赋予的权力真正为民谋利，不断厚植、夯实党的执政群众基础既有重大的理论意义，又有重大的实践意义。

从总体上讲，党的监督（组织监督、纪律监督）、法律监督（人大监督、代表监督）、行政监督（法规监督、审计监督、上级监督）、司法监督（检察监督、审判监督）等乃属于权力体系内对自身权力及其运行的监督制约，属于内部监督的范畴；而民主监督、舆论监督、群众监督则属于权力体系外的对体系内的权力及其运行的监督制约，从而属于外部监督的范围。民主党派、无党派人士的监督，主要在于参政议政，提出批评建议，而由权力体系集中研究分析决定是否接受采纳，体现了民主集中制的特点。内部监督则更强调集中，当然也不乏民主因素，任何监督都要向下了解情况、征询意见，不过这种民主的过程完全由权力体系自身掌握，民主因素自然少于外部监督。党的十八大以来，日益强化的纪律监督尤其是巡视制度的不断完善，强调巡视的覆盖范围，采取"下沉一级"广泛听取群众对巡视对象等的反映、意见，民主的范围有所扩大，增强了这种监督的力量，取得了明显的效果。

但亦应看到，上述监督的效果如何，最终还是集中在体系权力内部，尤其是作出各种具体监督的决定者及其执行者，那么，必然又带来对决定者与执行者如何监督的问题。另外，横向监督，由于监督者的地位等各种因素，在官本位普遍存在的观念意识下，权力等级森严，上级官员完全控制制约下级官员的升迁废免，也就是大权力完全可以决定制约小权力，小权力、无权力必须依附于权力、大权力才更容易升迁并更容易获得更多资源分配，就会使得横向的处于相对较低地位或者没有权力作为后盾的外部监督，作用的发挥大打折扣。而处于高地位占有优势地位的监督，则更加强化，一旦过度则就可能走向滥用的另一极端。

由上，内部监督乃是一种由体系权力严格控制的内部监督，监督的决策者与执行者的人格品质对这种监督本身的效果起着主导甚至决定性作用。对被监督者通过各种监督所获得的信息，不对外公布，都由决定者、执行者掌握、控制，决定者可以根据情况对被监督者采取不同方式处置。处置符合明规则者，则大张旗鼓予以宣扬，不处理或者降格处理的，则让一定范围的人知道。这样，更易强化上级对下级的控制，下级更易依附上级。处于执行层面的人，于是更为强势，滋生腐败的现象就更易发生。如纪律腐败中的执行者——纪委监委的工作人员，被发现的滥用权力者也是其他部门的官员所无法比拟的。

民间戏称"曾矿长"，自称"'告不倒、查不倒、管不倒'的'三不倒'"，有"中国第一贪纪委书记"之称的郴州市委原副书记、纪委书记曾锦春，就是一个监督者滥用权力极为典型的样本。从1995年开始至2006年9月案发，他家积累的财产就高达

6805.76万元（含支出796.31万元），其中合法所得仅245.83万元，其他均为非法所得或者不正当所得：包括受贿3151.84万元、违法所得238.98万元、违纪所得44.79万元、人情收入160万元、将涉嫌犯罪所得用于投资借款而产生的孳息1643.16万元等，另有无法说明来源的巨额财产952.72万元。在盘踞郴州市纪委书记位上的11年间，用足用活了"猫捉老鼠"的权力，以"双规"为工具，说"立案就立案，说双规就双规，说放人就放人"，仅2001～2002年，就借"双规"拘禁党员干部、非党员群众30多人，并将手伸向民营企业，插手当地矿山、工厂、基建、房产、司法、银行、组织人事等各个领域，谋取不义之财。

2001年，宜章县民营企业家王文汉以广东省乐昌市南岭铁路美光有限公司（下称南岭铁路）欠付煤款400万元为由向法院提起诉讼。案件审理期间，发现法官完全倒向对方，便给曾送了6万元。当天晚上已是凌晨0：30左右，曾当着王的面要同时在场的县纪委书记转告主审法官，判王赢，否则就将法官送郴州"双规"。案件判决迟迟不下，王又给曾送去2万元，曾约法官一起同王吃饭时要求3天结案，法官没有按期结案，则被"双规"。换了法官后为此很快判了下来，南岭铁路支付王款项170万元。可在二审，对方也找到了曾，曾便调转枪口。二审先是发回重审。尔后，重审一审降低南岭铁路的支付款，到重审二审，在郴州市中级人民法院有关领导到曾办公室汇报时，曾则说"我个人建议，看看王文汉有无主体资格"。为此，经过3年左右的折腾，2004年4月二审判决王文汉败诉。王要款未成，不想还倒赔了7万元诉讼费，于是，向有关部门举报"两头通吃"的曾锦春，不想一份份举报材料兜了一圈后又回到曾的手里，之后便开始了他直至2009年9月曾案发2年多的噩梦：

2004年8月30日深夜，王的妻子从被吵醒的电话里听到一个陌生男人的声音："让王文汉老实点，不然你就等着给他收尸吧！"

2005年1月，有人开始追杀王文汉，并且放出风声："只要看到王文汉敢在郴州市出现，就立即把他做掉。"于是王逃到北京，有朋友告诉说曾已经知道他在北京，让他赶快换个地方，他于是又逃到深圳。期间70多岁的父亲因癌症住院开刀，王已经买好回郴州的车票，还没上车却又接到表弟的电话："千万别回来！有几个陌生人成天在病房外守着，好像还在打听你的消息。"万般无奈之下，只好放下行李。

2005年12月25日下午4点，4台载着20多个神色凶狠，手持猎枪、大刀、铁棍的男子来到王与他人投资的安顺煤矿，叫嚷着砸开厂房门窗，往桌子、床铺上浇上汽油后付之一炬，东西烧得差不多了，那帮人才离开，并留下一句话："告诉王文汉，这只是开始，如果他再找曾书记麻烦，那就给自己准备棺材吧！"[1]

湖南省首条民营公路的投资人、桂阳县公路建设有限责任公司法定代表人李民主，因拒不按曾的要求纳贡交纳30万～50万元的"保护费"，2000年11月1日，与另外2人被郴州市纪委以"虚报注册资金"的名义"双规"，连续7天遭受日以继夜的审讯。50多天后，郴州市监察局告诉他交钱就可以回家，他实在熬不住了，只得答应交钱，连违纪款、50多天工作人员的食宿费和临时人员的工资共计20多万元，交纳后尽管获得了自由，可只是暂时的，此后再受2次拘禁，并被桂阳县人民政府以侵吞国有资产等罪名发出通告动用几百人强行将李投资的收费站接管[2]。

2005年10月，桂阳县贵达矿井股东黄江武、肖兴旺因某矿工妨害公务被拘留，为报复时任县公安局副局长赵德忠，黄、肖2人给曾送去8万元，赵为此未能逃出被"双规"的命运。

……

此外，买官卖官、安插亲戚，也是曾的拿手好戏。据统计表明，有40多个亲戚在郴州的各个部门工作。插手组织人事，安排心腹人员到国土、建设等政府职能部门，不仅直接可以收受好处，还为将手延伸至矿业、建筑工程等领域谋取巨额利益提供了方便。但在郴州市委原书记李大伦被"双规"后，在湖南省纪检机关2006年7月25日召开的会议上，他却第1个发言"怒斥"李的买官卖官问题，可就在当晚又在会议地点向1位老板索贿20万元。

干扰司法手段方式多样，"四人告状联盟"的彭北京与黄生福合作开办一水泥厂，黄要求退股与彭产生纠纷诉至法院胜诉。湖南省人民检察院曾考虑对郴州市中级人民法院的判决提请抗诉，曾锦春得知后就带领几名市委常委赶到长沙，以郴州籍湖南省人大代表对省检察院投反对票威胁迫使放弃抗诉。后来又亲自给郴州市中级人民法院

① 李富永、黄粒粟：《郴州黑恶势力下私企生存调查，贪官不倒民企必倒》，载 http://www.sina.com.cn，《中华工商时报》，2007 年 5 月 22 日。

② 李富永、黄粒粟：《郴州黑恶势力下私企生存调查，贪官不倒民企必倒》，载 http://www.sina.com.cn，《中华工商时报》，2007 年 5 月 22 日。

院长及执行庭长打招呼，要求"执行好"该案，并亲自坐镇宜章县驱使郴州市中级人民法院执行局进行清点评估程序直接将彭北京等人赶出工厂，然后低价拍卖让黄生福接手[①]。

如此等等，曾锦春为何可以在所管辖地区各个领域"通吃"，官员们不敢其的违法犯罪行为有丝毫反抗，就是因为他掌握着所有官员的升迁罢免甚至失去自由的监督大权。

这样，内部监督对官员具有极强的威慑力量，正确适用对于反腐斗争来说必然事半功倍。但是，凡事也有另一方面，就是若被滥用，不仅会抵消由此带来的反腐成果，而且还可能对反腐斗争造成极大的损害。这是因为：决心查处他人腐败者不一定自己不腐败，如苏荣、王珉、王三运、白恩培、周本顺、秦光荣、金道铭等作为省委书记或者纪委书记，对本地官员都有着监督作用，而他们本身就是腐败者，让他们监督下级，只能异化为党同伐异，培植个人势力的手段。他们直接保护或者查处某些厅级干部、县委书记，而厅级干部、县委书记同样又可以保护或者查处圈内或者圈外的人。这样，内部监督就会变成腐败者培植自己势力、打击圈子外力量的手段。

又如，巡视实行巡视者与巡视对象之间的不固定，有利于防范之间相互勾结。然而，在信息如此发达的情况下，一个有一定地位的人，只要有心，总可以找上，除非监督者铁面无私、能够抵抗住各种诱惑。作为巡视组的人员，一般的金钱美色可能在短时间内难以将之击倒，但地位、权力的魔力则是官场之人很难迈过的一道坎。

还如，巡视者本身若有问题，被他人抓住把柄，或者其有私心私利，也容易被诱惑，在巡视期间也可能利用自己的权力寻租，为他人大事化小、小事化了。这绝非不可能，数千年来的巡视制度总有这方面的反例来加以说明。

如上等等，以集中权力为主要特征的内部监督，要是不与以民主为主要特征的外部监督相结合，就可能将捉老鼠的"猫"变成反噬内部监督正能量的"虎"。

另外，巡视制度作用非常大，由于我国人口众多，权力体系也异常庞大，不可能经常巡视。按照现有要求，也是5年巡视1次。这样，总有一些胆大妄为者铤而走险，总

[①] 刘中元：《"曾矿长"曾锦春腐败链全调查》，http://www.sina.com.cn，世纪经济报道，2008年4月29日。

不如经常处于舆论等外部监督中，让人时刻警醒。

强化内部监督的同时，要充分发挥外部监督制约权力的作用。

外部监督，民主党派的监督、无党派人士的监督、社会团体的监督等，如前所述，对于经济、文化等各项事业具有相当重大的作用，但对于官员腐败监督，则难有所作为。

群众监督，法律尽管赋予群众可以书信、上访等方式进行举报的权利，但目前来看，效果并不是很理想。举报往往是石沉大海，难以有所回应。前面提到的，被许多干部举报10多年才拉下马，如蒋艳萍；有的被100名干部实名举报多年仍然升迁，如王月喜；曾锦春在管辖地区如此为所欲为10多年，举报信一摞一摞，就是在2006年9月被查处前，"湖南省纪委曾3次派人到郴州调查曾锦春，当时的结论是：曾锦春是一个基本合格的纪委书记"。一些干部腐败时间很长、边腐边升，要么内部监督根本未能发生作用（包括没有举报以及举报没有人真正去落实查处），要么就是外部监督形同虚设。从这点来说，必须强化各种监督中的民主因素。

舆论监督具有揭露各种社会腐败尤其是官员腐败的职业冲动，尤其具有将腐败现象暴露在阳光下的这一其他监督少有或者没有的功能，倘若能够有效充分发挥，对于腐败现象必然能够产生强大的震慑、威吓、教育、警示作用。这是因为，任何腐败行为都是与明规则相悖的，见不得阳光，一遇到阳光，就犹如妖魔鬼怪，原形毕露。所以，腐败者虽然担心受到查处，但不可能查处所有的贪官污吏，自己总有可能成为漏网之鱼，从而存在侥幸心理。可人做了坏事，最大的担心，就是让天底下的人知道，即自己的丑事暴露在阳光下而人人皆知。要是坏事很大，必然遭到查处。这也是很多官员都不愿意面对媒体及其记者的原因。当然，舆论监督也有可能失真，如报道故意歪曲事实，这样，就需要通过法律加以规范。倘若报道不实者，则就要依法入罪，以保证记者严守"真实乃新闻生命"的规则。

另外，舆论等外部监督，要是在有效规制能够适度加以控制的情况下对一定范围内的官员进行监督，还可以减少监督成本。因为，媒体所形成的舆论监督成本是由社会承担的。而且，由于舆论监督的经常性、时效性、主动性、范围的广泛性，与内部监督比较起来，都存在较大的优势。关键在于通过法律制度等规制以保证监督内容的客观性、真实性。

其实，任何官员的贪污贿赂、腐败堕落，都有一个过程，有一个从小贪到大贪的渐变过程。在这个过程中，总会有这样或那样的迹象可寻。收受贿赂后，也会有各种各样的表现，如其或其家人消费水平远远超出其工资收入。毕竟像国家能源局煤炭司正处长级的原副司长魏鹏远收受他人贿赂2.1亿余元，尚有巨额财产明显超过合法收入，不能说明来源，家中搜出现金2亿余元仍然骑着自行车上班，称自己一分受贿款未花的极个别现象乃为罕见。事实上，许多官员的腐败无论是男的还是女的，通常都还伴有包养情人现象，在长期腐败、边腐边升中也不乏举报，之所以未能及时查处，只是没有人去认真深查、彻查或者有人保护而已。如果引入适度的媒体监督介入，他们基于职业的冲动，更容易及时发现贪腐现象，既减少发现成本，又可以制止腐败官员的行为继续，对这样的官员也是一种保护，同时警示其他官员，有利于腐败的防治。

谭君： 那么，舆论监督中的监督者主要是媒体的记者是否可能与被监督者进行勾结而将被监督的事件加以"和谐"呢？

贺小电： 这种可能性并非一定不会存在，这种情况在现实生活中已出现，而且还有记者以职业便利对被监督者进行敲诈勒索事件现象的发生。如"2016年5月至2016年7月，《华夏时报》两次刊登'蔡国华私分巨额公款'等负面报道，根据蔡国华要求，云南实力董事长彭宇兴向《华夏时报》总编辑吕平波支付撤稿费1000万元，后该报出具撤稿公函"。"网络大V"陈杰人就利用开办的自媒体经常炒作一些负面事件，并借报道不法事实进行舆论监督之名而向不法者敲诈勒索巨额财物。后来案发，并同时因其他多罪由桂阳县人民法院判处刑罚后数罪并罚，决定执行有期徒刑15年，并处罚金701万元。但我认为，凡事要看主流。腐败作为不可能完全避免的社会现象，其发生与存在有着各种各样的复杂原因，原因没有完全消除，腐败也就不能根本消除。而监督包括舆论监督，只能尽量防范、减少腐败现象的发生。作为"无冕之王"的记者等有关人员所具有的法定监督权，可以说属于准公权力的范畴，只不过是不以国家权力后盾。现实中，确实存在着新闻媒体与腐败分子相互勾结的现象，如不报道已经知悉的被监督者的腐败行为，与对方交易获取利益。

这里面还有一个报料人的监督问题。因为，媒体的线索来源不可能都是自己发现的，往往有一定渠道。这样，报料人可能同时向多个媒体提供，某一媒体如进行交易，可能失去有效的线索来源渠道。还有，媒体主要靠民众的关注提高自己的名声，并由此获得赞助、广告等维持生存的收益。对于一些官员的腐败丑闻报道往往更易引起人的好奇心理，官员、演员、社会各界的精英要是能够允许媒体监督，媒体也好，民众也罢都会更加注意。尤其媒体众多，又不属地管辖，相互竞争，你交易了这个，也很难交易那个。这样，腐败者为"和谐"对己不利的监督，成本大大增加。

谭君：下面我们接着谈，反腐斗争中程序中需要注意的一些主要问题。

贺小电：对于反腐斗争中，我认为现在很火热的认罪认罚、自首从宽的现象也需要注意，不要走向极端。腐败犯罪分子的罪行轻重，乃是对之裁量刑罚的最为主要根据，不然，就没有必要设置罪重重判、罪轻轻判的罪刑相适应原则。其实，罪刑相适应原则也是法律面前人人平等原则得以贯彻落实的基本要求与具体体现。要是罪重可以随意轻判、罪轻又予以重判，法律面前人人平等在刑事司法过程中无疑就会遭受损害。而认罪认罚、自首，只是事后对之前行为的悔悟，虽可以减少国家追究犯罪的成本，如因主动投案少了抓捕所花费的人力、物力、财力，认罪认罚表明其自愿重新做人，减少教育感化的成本，对他们从轻减轻处罚少判一定刑罚，还可以少耗费国家有限的司法资源及刑罚执行资源。

但是，凡事都得有个度，不能一有自首、认罪认罚，就都将之运用到极致甚至过分扩大从宽处罚的幅度。绍兴市政协原副主席陈建设2003年收受他人贿赂625万元，因自首、退赃等被判处有期徒刑4年。要是在2000年前案发，没有自首情节至少要判无期；有自首情节被判刑15年也是大概率事件，现在减轻处罚判处4年；那么对于受贿100万元、20万元的犯罪分子，法院又该怎样量刑呢？

另外，鼓励自首还需要注意自首的动机、环境、效果等相关方面的各种因素。自首是否属于因其他行为控制之后将没有发现的他罪主动交待的准自首；自首是否在身边之人被查处自己也已被组织注意甚至准备采取措施迟早会被发现不过是早晚问题的高压下的自首；自首是否彻底，只是将已经露出或者可能露出问题加以交待的自首，等等，都需要具体情况具体分析，以适度确定对当事人从宽量刑的范围。

如，2020年8月4日，《经济参考报》发表的调查报道《青海"隐形首富"：祁连山非法采煤获利百亿至今未停》称，青海兴青工贸工程集团有限公司借着修复治理的名义，在祁连山南麓腹地煤矿进行掠夺式的、堪称"开膛破肚"的采挖。从2006年以来，该公司涉嫌从海西州天峻县木里煤田聚乎更煤矿无证非法采煤2600多万吨，获利超百亿元，其董事长马少伟甚至被称为青海"隐形首富"。随后，海西蒙古族藏族自治州委常委、柴达木循环经济试验区党工委常务副书记、管委会正厅级常务副主任梁彦国，海西州人民政府党组成员、柴达木循环经济试验区党工委委员、管委会专职副主任兼木里煤田管理局局长李永平（副厅级）先后落马，马少伟亦被采取强制措施。青海省副省长、海西蒙古族藏族自治州委书记、柴达木循环经济试验区党工委书记文国栋则主动投案自首。

又如，2016年6月6日，长沙市规划局原副局长、郴州市城乡规划委员会原常务副主任周江1995年至2008年收受贿赂44.3561万元、美元2.3万元，因接到通知后主动到纪委接受调查并如实供述收受他人贿赂及滥用职权的事实而被认定为自首，以受贿罪判处有期徒刑3年。2017年8月14日，因裁定减刑7天刑满释放出狱。不想在2019年3月18日，湖南省纪委省监委又将之涉嫌违法问题线索指定郴州市纪委市监委办理。在中纪委文章《三堂会审，刑满释放后为何又被监委调查》中，郴州市纪委市监委第6审查调查室副主任刘洪峰介绍，"2019年初，中央纪委国家监委在初核湖南省人大常委会原副主任向力力案时，发现郴州市城乡规划委员会原常务副主任周江在郴州工作期间存在严重违纪违法问题。周江与向力力关系密切，2009年2月，时任郴州市市长的向力力特意将周江从长沙借调至郴州市城乡规划委员会任常务副主任。""周江作为'过来人'，经历过纪委审查、检察院侦查、法院审判和监狱执行全过程，具有极强的侥幸心理、畏罪心理和优势心理，办案难度大，调查前期，不回答办案人员提出的任何问题，办案人员把周江案作为'零口供'案件办理，全面收集证据。"2020年2月13日，永兴县人民法院对周江作出一审判决，认定他2009年至2014年借干股分红、低价购房、借款收息等方式收受他人贿赂104万余元、港币10万，并为妻子与他人共同投资的公司滥用职权造成国家利益损失价值为2282万余元，案发后退缴赃款及违法所得1900万元。因具有滥用职权的行为，在第1次接受监察期间自动到案后主动作了交待系自首等从轻或者减轻处罚情节，被以受贿罪、滥用职权罪两罪并罚决定执行有期徒刑5年，并处罚金40万元。诸如此类就应加以注意，对于自首者，不能简单地就其主动交待的问题进行核对，该深入调查的应当调查，以免腐败者借之用来避重就轻减轻自己的罪责，逃避更大的惩罚。对于自首的问题，应当实事求是加以认定，如周江在第1次接受纪委监察机关调查时就交待了为妻子与他人共同投资的公司滥用职权谋取不法利益而给国家造成2282万元的巨大损失，检察机关、法院竟然都置之不理，连非法所得都没有追缴，若不是因向力力案发牵出其他人受贿行为，该滥用职权犯罪不仅不会得到追究，获得如此巨大的不法利益也可以继续拥有享受，真是不可思议。

尤其是认罪认罚，仅是签写一纸认罪认罚书，要是获取较大的刑罚利益，更应注意。毕竟，大多数腐败犯罪分子都通常表现为"两面人"，台上一套、台下一套，表面一套、暗里一套的表演功夫已经很强，已被查处的腐败官员一再印证了这一点。还有，对认罪认罚从宽幅度的适用，还要注意与其他犯罪适用的平衡，以防止"有钱人""有权人"借认罪认罚的制度来规避法律制裁。当然，对于一些证据存在疑问，若不认罪就很可能脱罪的认罪认罚，从宽幅度无疑要大；而对于有确实充分证据证明的犯罪事实，认罪与否不影响犯罪的认定，只是表明其主观上有可能更容易接受改造，重新做人的意愿与可能，与前者还是有着很大的不同，需要在从宽处罚上有所区别。

反腐斗争中需要注意充分运用现代科学技术的成果。现代科学技术，尤其是信息收集、交流技术的日新月异，为查处贪污贿赂腐败犯罪分子提供了便利。若通过适当的制度，在大数据面前，腐败犯罪分子都难有遁形的机会。如将身份证作为一个人所有信息收集、储存的信息库，设置查询者的权限，所有交易都要通过身份证的使用并将之记录在身份证中，使用时必须利用指纹，交易时限制大数额现金支付，对官员及其一定范围内的人员进行捆绑监督，与同一对象交易次数较多，时不时调查交易是否真实及其原因；公司、企业等单位也可以建立身份识别制度，实行同一身份证号办理多张卡的使用制度，通过大数据不时对重点人员进行监督，那么，借用亲戚等特定关系人的身份证开设账号、登记房产、反复进行虚假交易套取利益、收受现金贿赂等腐败行为就可以大大遏制。

在法治的轨道上反腐。反腐作为官员治理的一个重要方面，在国家、社会治理体系中属于极为重要的方面，也为民众所关注。所以，无论是对腐败官员的严厉惩罚还是从宽处罚，无论是对官员的实体处罚还是对之腐败犯罪事实的调查、认定、起诉、审判以及执行等追究的程序过程，都应当严格遵循法治，让民众感受到法治的威严与力量。如此关于人身自由甚至生命的重大事项都能够依法进行，那么，其他事情就更容易在法治的轨道上进行。反之，这么重大的事项都不依法，随意任性甚至肆意妄为，凭长官意志行事，必然给民众"造成法治原来不过如此，要用时讲法，不用时则可置之高阁"的不良印象，法治的信仰就无法形成，事事依法而为、遵法守法、崇法尚法的习惯也就难以养成，法治的实施就会大打折扣，长此以往，法治的力量就会越来越弱，依法治国也只能成为一句空话。故，作为刑事治理一个重要部分的腐败犯罪行为的治理，实行法治从某种意义上来说，乃是刑事法治的最为基础也是最难做到的方面。数千年来的历史表明，官员治理包括犯罪腐败官员治理的难度都远远大于普通刑事犯罪治理，前者往往涉及权力体系的各个方面，牵一发而动全身，拔出一萝卜可能带出很多泥。官员的刑事惩治依法公平公正做到了，也给其他刑事犯罪的治理及其他各方面的治理带来了榜样，事事都得依规矩行事，依法度而为。否则，就会起着坏典型的作用，致使其他犯罪乃至其他各方面的治理都容易偏离法治的轨道而使法治遭受或轻或重的影响甚至损害。以是，国家要法治，就离不开刑事的法治，而刑事的法治，则又以官员犯罪腐败的法治为方向标。有人说，法治就像一个木桶，刑事法治就是这一木桶的最短那块木板。一个木桶盛水的多少，并不取决于最长的那块木板，而是取决于最短的那块木板。这样，刑事法治乃是法治的底线，是一个国家法治的最为基本的要求。作为刑事法治方向标的官员犯罪腐败的法治，其在刑事法治乃至整个国家法治中的作用，就可见一斑。

法治用规则规范人们的行为，属于社会对人的要求，而与人爱自由的天性相矛盾。可是，人的这一天生想自由而少受限制又与人人共同相处的社会性相左，需要在两者之间寻找有效的平衡。能够有效平衡规度人的自由个性与人共同生活需要适度限制个人自由而满足大家能够共同相处的社会秩序的社会共性，则就是最佳的规则。固然，这种最佳规则，往往难以找到。毕竟人一多，对各种各样行为自由等的认识、要求都不相同，从而会产生规则在两者之间的左右失衡。对于腐败犯罪行为来说，将何种程度的腐败规制为犯罪，让犯罪分子得到何种程度的惩罚，以控制在不严重危害国家安全、社会稳定至少是能够控制容忍的范围内，也非易事。规制过严，惩罚失度，严刑峻法，虽可收到一时之效，但历史反复证明，不可能长久，最终均以失败而告终。失之过宽，腐败犯罪行为横行无忌，屡禁不止，久而久之，自然会走向腐败的极端，最终导致国家衰败、人民遭受更大的苦难。故，对于惩治官员违法犯罪的腐败之法，在规则设置上就要宽严有度，而不能随意而为。

设置宽严有度的反腐违法犯罪的体系，乃是反腐得以长久持续进行的基础。在此基础上，还要注意法之恒定，不能朝令夕改。法的规范、指引行为功能作用的充分发挥，主要依靠长期稳定的法律来保障。若法律施行一段时间一变，或者今天这规则、明天那规则，官员无所适从，必然导致危害同样大的腐败违法犯罪因犯罪时间、案发时间等不同造成前后结果差异巨大，以致罪刑相适应、法律面前人人平等原则受到破坏，同时也会导致其他相关犯罪或者均以犯罪数额为适用刑罚主要根据的犯罪的体系规制不平衡，也是需要考虑的事情。

关于法律等规范的恒定，更要注意选拔干部规则制度的恒定。任何工作包括反腐工作，都离不开干部本身。干部选得不好，不讲法治规则，违法犯罪腐败现象发生就不可避免。而干部如何提拔，很多似不恒定。如一个新上任的县委书记，以改革选贤任能为名，就可以要求全县科级实职干部重新竞争上岗，就极易演变为权力的寻租滥用。没有当权的希望通过竞争上位；当权的在实权部门的则不想调动而保留原位。一些单位，在中层干部中随意规定年龄限制，超过了某一年龄就不得参与中层领导职位的竞任，而不同的领导对年龄要求又有不同的规定，有的甚至设定的任职条件只有个别人符合，如此等等，自然不属于以规则来选拔干部并以法治思维来治理。

有了完善的规则，还需要人的严格遵守。规则、规范再怎么完善，要是不能严格遵循，也只是形同虚设。正如2000多年前的孟子所说，徒法不足以自行。法律规则的完善，乃是法治的基础；而法律规则的严格遵守运用则是法律规则设置的目的意旨所在，成熟而完善的法治也只能在法律规则的严格遵守适用的情况下才能实现，才能达到它用以治理国家，保持国家、社会稳定发展、繁荣昌盛的价值与功能。

而要保证法律规则的全面严格遵守适用，实现真正的法治，则不能仅仅满足于法律的规制，还需要一种对法律的信仰，贯穿于深植于人们的观念意识中，贯彻落实到人们的工作、学习、生活等所有行为中。

法律规则由于用来规范约束人们的行为，会给个人行为自由带来这样或那样的限制。故，对法律的信仰不可能天生就有，它是一种社会的产物，需要长期的春风细雨润物般的潜移默化的教育，并需要从小开始培养。这方面，我认为还做得不够。法治贯穿着人生的始终，从生到死，吃喝拉撒，无论是工作学习还是日常生活，无处不在，无时不有。所以，对严格遵守法度规则的教育，应放在极高的位置上。我们说，政治、科学、文化等教育重不重要，当然重要。任何国家，缺少了政治、科学、文化等任何社会所必要的元素，都是一个有问题的社会，各种教育都需要。但是，教育也有层次之分，政治、科学、文化等不是每个人都会需要的，如不是每个人都会成为科学家，不是每个人都会参与政治，然而每个人都与法律有关，就是政治、经济、文化等其他社会各个方面也都要由法律规则等来规范，都得遵守法律规则，这是社会保持和谐稳定并得以保证政治、经济、科学、文化等各方面发展的基本前提与基础。

而保持一个国家、社会稳定的根本保障是什么呢？人类经过数千年的历史探索，并通过现代社会的反复实践证明，就是法治。法律规则规定人们能够做什么、不能做什么，可以做什么、应当做什么、不应当做什么，以及应做不做、不应做而做可能导致的法律后果，并由国家公安机关、国家安全机关、人民检察院、法院等国家机关对违法犯罪行为予以惩戒强制执行，对遵守法纪规则的行为予以鼓励，以保证法律的全面严格遵守实施。倘均若如此，国家、社会怎么不会稳定、怎么不会长治久安。这样，从某种意义上来说，国家、社会长期稳定的程度，与一个国家、社会的法治水平呈现出正比例关系。一般情况下，法治水平越高、法治程度越成熟，国家、社会就会越稳定，人们安居乐业、幸福生活的水平就越高，反过来，又会促使国家的经济、政治、文化等其他方面的全面繁荣与发展。

曾经有人问我，科学与规则，两者谁更重要。我说，这正如空气与水一样，两者都是人不可缺少的赖以生存的东西，离开其一，人就无法长期生存。这样的东西，可以说很多、很多。然而，两者对人生存的紧急程度是不一样的，空气缺少几分钟就可能导致人死亡，而水缺少则要数天半月的时间才能产生致人死亡的结果。是以，两者对人来说，虽然都是不可或缺的东西，但在重要、紧急的程度上来讲，是有层面的。要是在空气与水之间两者只能作出一种选择，除非没有生存欲望的人都先会选择空气。同样，科学与规则也是如此。我说，汽车给我们带来很多便利，所以我要汽车，在乡下汽车不多的地方，没有交通规则，尚可驾驶使用，没有问题。可是到了城市，没有交通规则，那就会乱成一团，这时的汽车就没有任何意义。故，让人在交通规则与汽车两者只能选一样时，在乡下我会选汽车，而在城市我则会选交通规则。也就是，在后者我宁愿不要汽车也要交通规则。否则，科学越发达，导致汽车数量越多、车速越快，在没有交通规则时给人类造成的危害、带来的灾难就更大。

以免疫组库测序、个体化医疗、生物信息学和系统生物学为主要研究对象的生物学家贺建奎，南方科技大学原副教授，2018年12月19日入选Nature年度十大科学人物。

2018年11月26日则因"基因编辑婴儿"事件引发轩然大波。业内专家对之实验的动机和必要性、实验过程的合规性、实验影响的不可控性提出质疑。1年多后的2019年12月30日，由"基因编辑婴儿"引发的贺建奎非法行医案由深圳市南山区人民法院一审公开宣判，查明他与张仁礼、覃金洲未取得医生执业资格，追名逐利，故意违反国家有关科研和医疗管理规定，逾越科研和医学伦理道德底线，贸然将基因编辑技术应用于人类辅助生殖医疗，非法实施以生殖为目的的人类胚胎基因编辑和生殖医疗活动，扰乱医疗管理秩序，情节严重，于是以非法行医罪判处贺有期徒刑3年，并处罚金300万元。

由上，法治观念意识与科学观念意识，从重要性上来讲，我认为前者还要重于后者。其实，以法律为研究对象的法学本身也是一种科学，而且要摆在最重要的位置，从娃娃抓起，养成遵守规则的习惯。这种意识观念形成并深植于人们的脑海中，人们能够自觉遵守法律的规则，那么，国家、社会的运转自然有序，那些与法律规则相悖，危害国家、社会秩序稳定、发展的违法犯罪行为，必然会减少，法治的水平、完善成熟程度反过来因为法治习惯的形成会越高，从而形成相互促进的良性循环的局面。

当然，法治观念意识的培养，并不意味着人人都要学习法律，而是要培养形成对规则的尊重与遵守的观念与习惯。说科学观念意识的培养从层次上讲要放在法律规则观念意识培养的后面，不是说不学习科学及其他文化。科学文化乃是国家、社会前进发展的基本力量。因此，人从小就开始学习数学、物理、化学等基础科学，也包括语言、政治、经济等社会科学的部分内容。对法律来说，则不是重在学习其有关原理、概念、法条，这本身是一项非常复杂的东西，而是要养成遵守规则如班纪班规、交通规则的习惯，了解遵守规则的必要性及不遵守规则的后果。事实上，学校每项事务治理的背后都有规则的作用。如每课时有多长，都很明确。下课铃一响，便是学生自由活动作短暂休息调整的自由时间，老师就不应延长课堂时间。课间的休息，学生要注意时间意识，上课铃一响，就应按时到课堂，而不能迟到。在上学期间经常迟到的人，就很难形成守时的规则意识，在社会交往中就易遭受各种挫折。学生排队、站队，要按一定的秩序如高矮规则，集合位置在什么地方也有规则；家庭生活、成员之间也有各自相处的规则，如尊重隐私、给小孩一定的生活空间；如何与他人相处，之间的底线是什么；怎样对待自己与他人的财物，损坏了他人财物有什么后果；怎么对待身边的动物，哪些动物应当保护，哪些动物不能杀害，哪些动物皮、骨的制品不能买卖……均需要通过一定的规则

（包括习惯）来界定。这种规则观念要区分层次，其底线是什么，违反了就要受到处罚，必须付出相应的代价，在规则底线的基础上，才应提倡更高尚的道德。我认为，作为一个公民，首先应是一个法律人，然后再是一个更有道德情怀的人。倘若先要求做一个道德人而不是做一个法律人，而现实生活中绝大多数又是法律人，现实与教育脱节甚至相反，则不仅难以养成规则意识，反而让人怀疑以前接受的有关观念都是虚假的说教。道德其实也是一种规范规则，只不过是一种比法律规则规范要求更高的规则，最低的法律规则意识要是都难以形成，要想形成更高的道德规则意识，则更加困难。只有平时通过这些规则的作用及违反规则的后果反复有意识地教育，并通过老师、家长的表率作用长期潜移默化的熏陶来逐步养成，而不是一味地老是强调听家长、老师、班干部、大队干部等领导的话，老师、领导的话要听，但要在规则的范围内。只有这样，才有利于逐步培育、形成法治所必要的平等独立完全依规则行事的法律人格。

法治不仅需要信仰，而且还需要严格落实到具体的行为中。只有依法而为的行为才能得到鼓励，才能达到行为的目的，取得行为追求的结果；违法犯罪行为不仅不能获得预期的目的，反而还要因此付出必要的代价。这就需要对违法犯罪行为通过严厉的惩罚、对合法行为通过旗帜鲜明的奖赏来实现。这是因为，作为一种信仰，不可能每个人都能形成，即使形成由于各种各样的原因都可能违背自己平时的信仰而作出违法犯罪的事情。所以，没有法律信仰很难有法治，可有了对法律的信仰，并不能说一定就有法治，信仰只是法治实现的必要条件之一，而非充分条件。法治的状态则有赖于方方面面条件的实现。这样，在法律信仰形成的基础上，事事考虑到法律是否允许来规划指引自己的行为，乃是法治得以全面实现的另一重要方面。在这一方面，一个家庭、一个单位、一个团体等所有人之聚合体，其主导者是否具有法律信仰，是否有崇法尚法，是否严格遵守法纪，往往起着"领头雁"的作用。他的榜样作用好，法律规则在该聚合体内就更能充分得到遵守，规范指引人们行为的功能与作用就能得到更充分的实行。对于一个国家、社会来讲，官员乃是所有群体的"领头雁"，他们遵法守法、崇法尚法对于国家、社会法治观念意识的形成、强化有着重要影响。好的榜样作用，法治风尚就会蔚然成风；反之，坏的典型经常发生，法治的风尚就无法形成，即使形成也会逐渐衰败。而官员的违法犯罪腐败行为无疑是一种坏的典型，是对法治根基的侵蚀，需要引起我们的注意。

对法治有了信仰，要在工作中严格落实。有的级别很低的官员，如科员、科级干部，能够利用职务便利贪污受贿数以百万、千万甚至上亿的财富，要么是制度存在漏洞，这种情况应是少数；要么则是上级没有严格按照法律规则严格履行自己的职责。如一个科员级交通警察，利用登录交通违法处罚系统的权力，擅自通过消除他人交通违法纪录以减分减罚、免分免罚，或者修改交通违法行为的性质降低处罚等来谋取上千万、数千万的利益，给国家造成巨大损失，主要原因就是规则本身的问题，如交通违法扣分的处理，销分后怎么确定是按照规定的条件来扣分的难以查实。既然如此，如前所述，可以取消扣分制度完全以罚款来代替，并按照交通违法的多少每次罚款的数额按一定的规则递增，以让屡教不改的交通违法者因为违法次数的增多承受更重的处罚来约束自己的驾驶行为。对于交通违法的罚款，是否得以缴纳，只要平时注意监督，如通过定期分析交通违法行为罚款在某一时段应当缴纳的罚款数额、已经缴纳的罚款数额以及还未缴纳的罚款数额。前者与后两者之和应当大体平衡。若发现较大失衡，加以追查，由于登录交通违法处罚系统消除或者改变违法记录，会有痕迹，通过技术追查就可以发现是谁所为。对于这种下级实施的违法犯罪腐败行为，没能及时发现查处，主要乃是上级或者平级未严格按照法律规定履行自身职责导致的，一般不存在害怕下级的问题，除非有把柄让下级抓住或者与下级相互勾结，这又是另一回事。另外，直接上级因为不履行职责而导致下级犯罪腐败行为得以长期存在乃严重发生的，则应调查上级在履职过程中是否存在玩忽职守的现象，促使上级对下级违法犯罪行为的注意防范。

有了对法律的信仰，认真履行自己的工作职责，可以加强对下级违法犯罪的监督，但对上级违法犯罪的监督问题，若在不平等的环境下，则难以解决。也就是要让处于不平等地位的下级对上级进行监督，以早日发现上级的违法犯罪行为，难度很大。

应当指出，这里的不平等地位，并非指因为职务高低所形成的不平等地位。若如此，所有聚合体都会存在因为职务等级的不同而出现这种地位不平等的问题，那样下级对上级违法犯罪的监督就永远没有办法。上级要怎么办，下级只有怎么办，下级就无法按照法律规则履行自己的职责，每人的职责规定就没有任何意义，如单位会计、出纳对一把手违法犯罪支取公款的要求，只有符合规则的才能支取，否则就不能支取，从职责上讲本来就是相互监督。又如，负责招投标工作的人员，若依法按照招投标程序来确定中标者，上级违法犯罪的事先指定中标人就没有任何意义。不然，上级一打招呼就按上级的要求做，为了满足程序要求，就找人串通招标、投标，根本不履行自己的职责。这样，严格履行自己的职责，是对其他侵犯自己法定职责的违法犯罪行为的制约监督。而现实生活中，下级对于上级违法犯罪指使自己不依法行使职责的行为，没有任何监督之力，很少有下级不按上级指示去办的，就是缺乏平等的地位。这种平等的地位，乃是基于平等的人格依法平等地独立履行自己职责的地位。简言之，下级与上级之间若没有平等的法律独立人格，完全按照职务的高低来确定之间的关系就会让下级处于对上级的依附地位。

若是人与人之间培养成了不依职务高低而依职责要求来确定自己行为的平等法律人格，并落实到行动中，下级对上级的违法犯罪基于自己依法独立履行自己的职责进行制约监督，就有可能。否则，就很难做到。平等地依法履行职务的独立人格的形成，不仅仅是一个法律规则问题。在现代社会里，这个问题已经解决，也就是，在人格上、法律地位上，人人都是独立平等的个体，都需要依法履行自己的职责。但是，法律规则并不等于现实，法律上的人格平等、依法履行自己的职责，并非现实中的下级真正能够与上级处于一种法律人格平等的状态。那么，问题出在什么地方呢？就是现实中下级与上级之间根本没有人格地位上的平等，才导致下级对上级的违法犯罪行为要求而没有办法制约，就算是上级的不法要求，也可能迎合照办。这样，上级的权力就像钻出了法律的笼子而任性妄为，贪污贿赂、滥用职权、玩忽职守，就频频发生。

综上，反对腐败的斗争具有长期性、复杂性的特点，需要树立打持久战的观念，只有依据严明的法治，通过长期的努力，才能久久为功，以达到标本兼治。任何手段、任何方法，不论它多么严酷、多么有力，都只能起到一时治标的作用，长期稳定而有耐性的法治规则才能最终解决问题，进而将官员违法犯罪的腐败现象控制在可控可容的范围内。可法治的反腐，最为重要的为两点：一曰对法治的信仰，遵法守法的习惯、风气形成；一曰作为法治所必需的依法履行职务的平等独立的法律人格及地位的培养与形成！